교원 임용 완벽 대비

필수 이론

# 장영희 전공중국어

장영희 편저

## ① 교육론과 어학개론

---

**21년의 노하우, 탄탄한 기본기 강의, 최적의 원문첨삭 강의!**
최소의 필수 원문을 파악할 수 있다.

**단기 합격, 고득점 합격 기반 강의!**
중국어 임용 기본을 잡을 수 있다.

**오랜 경험으로 1차·2차 완벽 지도!**
일년에 합격할 수 있는 기본기를 완벽하게 파악할 수 있다.

미래가치

# 머리말

  국공립 중등교원 자격시험을 대비한 강의를 시작한지 벌써 21년이 되었다. 어느 사이에 이렇게 긴 세월이 흘렀는지 지난 시간을 숫자로 적어보니 새삼 믿기 어려울 정도의 긴 세월이다.

  국공립 중등교원 자격시험은 1차 필기시험, 2차 심층면접과 수업 실연으로 최종 합격자를 가린다. 1차 필기시험 합격자 인원수는 최종 합격자의 150%를 선발하여, 2차 시험에서 최종 인원을 선발한다. 1차 필기시험의 범위는 대학교에서 이수한 주요 과목의 기본 내용이다. 그런데 현실적으로 대학마다 개설과목과 배우는 범위가 차이가 나고, 또 시험을 원만하게 대비하기 위하여 이런 과목의 주요 내용에 대한 이해를 바탕으로 암기와 답안 작성 훈련이 어느 정도 필요하다. 최근 실시되는 중등교원 선발 중국어 임용시험은 그 방식이 중국어 원문으로 서술형 답을 작성하는 식이기 때문에 일정한 기간 안에 합격하기 위하여 전략적 학습을 해야 함은 필수적이다. 적절한 수험서를 선택하여 공부하는 것이 효율적일 것이다.

  이 교재는 중국어 교육과정과 교육론, 그리고 어학개론에 관하여 한글 위주로 설명하여 초보 학습자가 쉽게 이해할 수 있도록 하였다. 이 교재는 1차 시험을 위하여 반드시 알아야 할 내용을 거의 포함하고 있기 때문에 한글로 된 기본서이면서 필독서라고 볼 수 있다. 초보 학습자 입장에서는, 우선 한글 위주의 교재로 내용을 먼저 이해한 후에 원서로 학습하는 것이 효과적인 방법이다. 1차 시험문제가 원문 문제임을 감안하여 원서와의 연계성과 효율적 수험대비를 위하여 본 교재에는 원서를 근거한 주요 내용을 실었다. 그리고 최근 개정판에는 현대한어(增订六版)에 의거하여 예문과 내용을 수정하였다. 시험을 원만하게 치르기 위해서는 기본서를 학습한 후 원서로 공부하고, 또 문제풀이를 통하여 익숙하게 연습해 볼 필요가 있다.

  시험이란 항상 합격과 불합격이 있다. 0.1점의 차이도 따져서 합격과 불합격을 구분해야 하기 때문에 불합격자 입장에서는 때로는 잔인함이 있다. 지루한 고난의 수험생활을 이겨내고 좀 더 행복한 수험생활을 하기 위해서는 '긍정적 마인드'가 절실하게 필요하다. 행복은 밖에 있는 게 아니라 내 마음에서부터 비롯되는 것이라는 지극히 평범한 말의 실현은 '긍정적 마인드'에서부터 이루어진다.

  이 책은 수험교재로 편집되었기 때문에 주요 내용 정리 위주의 교재임을 밝혀둔다. 자료의 근거가 되는 여러 책들의 저자 선생님들께 일일이 양해를 구하지 못하였음에 감히 양해를 구하며 감사함을 전한다. 끝으로 이 책의 출간을 위하여 애쓰신 미래가치 출판사 실장님 외 관계자분들께 감사드린다.

2021년 12월 11일
장영희

## 제1편 교육과정

### 제1장 2015 개정 교육과정 · 11
- 01 총론 주요 개정 내용 · 11
- 02 교과 교육과정 주요 개정 내용 · 13
- 03 현행 교육과정 대비 신구 대조표 · 16
- 04 중국어 교육과정 · 18

## 제2편 중국어 교육론

### 제1장 서론 · 59
- 01 용어 정의 · 59
- 02 언어의 특징 · 60
- 03 언어학의 발전과 제2언어 교학 · 62
- 04 심리학과 제2언어 교수법 · 66

### 제2장 언어 습득 이론 · 70
- 01 학습과 습득의 구분(学习与习得的区分) · 70
- 02 아동 제1언어 습득 주요 이론 · 71
- 03 제2언어 습득 주요 이론과 가설 · 74

### 제3장 제2언어 교수법 · 82
- 01 학습론 · 82
- 02 인지파와 경험파 교수법(认知派与经验派教学法) · 83
- 03 인본파와 기능파 교수법(人本派与功能派教学法) · 96

### 제4장  수업활동과 지도안 작성 ·············································· 107
 01  수업 지도안 작성 ························································· 107
 02  성공적 수업이란? ························································ 116
 03  평가 ············································································ 118
 04  교재론 ········································································· 123
 05  어음·어휘·어법 지도법 ············································ 126

## 제3편  어학개론

### 제1장  서론 ·································································· 133
 01  중어학의 범위 ···························································· 133
 02  汉语 ············································································ 133
 03  현대 한어의 특징 ······················································· 141

### 제2장  语汇 ·································································· 145
 01  어휘 단위 ··································································· 145
 02  단어의 구조 ································································ 152
 03  단어의 의미 ································································ 156
 04  의항과 의소 ································································ 160
 05  어의장(语义场) ·························································· 164
 06  단어 뜻과 언어 환경과의 관계 ·································· 171
 07  现代汉语 어휘 구성 ·················································· 172
 08  熟语 ············································································ 180
 09  단어의 발전·변화와 단어의 규범화 ························· 187

| 제3장 | 语音 | 190 |
|---|---|---|
| | 01 语音의 성격 | 190 |
| | 02 语音 단위 | 193 |
| | 03 어음 기록 부호 | 198 |
| | 04 辅音과 声母 | 203 |
| | 05 元音과 韵母 | 206 |
| | 06 声调 | 213 |
| | 07 音节과 音节 구조 | 217 |
| | 08 음의 변화(音变) | 235 |
| | 09 音位 | 243 |
| | 10 어조(语调) | 249 |
| | 11 어음의 규범화 | 252 |
| | 12 注音方法 | 255 |
| | 13 시기별 음운 | 258 |
| 제4장 | 文字 | 260 |
| | 01 现代汉字의 특징 | 260 |
| | 02 중국 문자학의 명칭과 유래 | 263 |
| | 03 汉字 字形의 변천 | 266 |
| | 04 현대문자 – 简体字 | 281 |
| | 05 汉字 구조(汉字结构) | 285 |
| | 06 六书 | 289 |
| | 07 표준한자(规范汉字) 사용 | 320 |

## 차례

### 부록

| | | |
|---|---|---|
| 제1장 | 2015 개정 중국어 교육과정(중국어판) | 327 |
| 제2장 | 2015 개정 교육과정 질의·응답 자료 | 353 |
| 제3장 | 2022 개정 교육과정 총론 주요사항 발표 - 더 나은 미래, 모두를 위한 교육 - | 373 |
| 제4장 | 현대중국어의 외래어 | 380 |
| 제5장 | 汉语拼音正词法基本规则 | 387 |

# 제01편 교육론

제1장  2015 개정 교육과정

# 제01장 2015 개정 교육과정

제7차 교육과정은 2000년 3월 1일 초등학교 1, 2학년부터 단계적으로 시행되어, 2004년 3월 1일 고등학교 3학년이 시행되었다. 그리하여 초·중·고등학교 전 학년에 걸쳐 시행되던 중 국가 사회적 환경과 교육수요의 변화로 7차 교육과정의 수정보완 필요성이 증대되어 '2007 개정 교육과정'이 발표되었으며, 2009년에는 "2009 개정 교육과정"이 발표되었다. 그리고 2015년에는 '2015 개정 교육과정'이 발표되어 2016년부터 '자유학기제'가 전국 모든 중학교에서 실시되고 있으며, 현재 '자유학년제'가 거의 모든 중학교에서 실시되고 있다. 2015 교육과정은 2017년 초등학교 1~2학년에 적용되기 시작하여 2020년에는 중3과 고3에 적용되었다. 2021년에는 '2022 교육과정 총론'이 발표되었다. 2022년 하반기에 새 교육과정을 최종 확정·고시할 예정이며, 2024년부터 초등학교 1~2학년, 2025년부터 중·고등학교에 연차 적용한다.

교사는 교직을 원만하게 수행하기 위하여 현재 시행중인 교육과정의 이념을 이해하고, 또 시행되고 있는 구체적 사항들을 이해하고 있어야만 한다. 교원임용 시험을 준비하기 위해서는 현재 시행되고 있는 교육과정과 또 시험범위에 속하는 교육과정이 무엇인지 확인하고 그 교육과정을 반드시 훤하게 숙지해야 한다.

## 01 총론 주요 개정 내용

□ 2015 개정 교육과정은 현행 교육과정(2009 개정 교육과정)이 추구하는 인간상을 기초로 **창조경제 사회가 요구하는 핵심역량을 갖춘 '창의융합형 인재'상을 제시하였다.**

> ▶**창의융합형 인재** : 인문학적 상상력, 과학기술 창조력을 갖추고 바른 인성을 겸비하여 새로운 지식을 창조하고 다양한 지식을 융합하여 새로운 가치를 창출할 수 있는 사람

○ 또한 이를 구체적으로 구현하기 위해 **추구하는 인간상\*** 과 창의융합형 인재가 갖추어야 할 핵심역량으로 △자기관리 역량, △지식정보처리 역량, △창의적 사고 역량, △심미적 감성 역량, △의사소통 역량, △공동체 역량을 제시하였다.

  *자주적인 사람, 창의적인 사람, 교양 있는 사람, 더불어 사는 사람

☐ 주요 개정 방향은 다음과 같다.
　○ 첫째, 인문·사회·과학기술에 관한 기초 소양 교육을 강화한다.
　　- 이를 위해 초·중등 교과 교육과정을 개편하여 인문학적 소양을 비롯한 기초 소양 함양 교육을 전반적으로 강화하고,
　　- 특히 고등학교에 기초 소양 함양을 위해 문·이과 구분 없이 모든 학생이 배우는 공통 과목*을 도입하고, 통합적 사고력을 키우는 '통합사회' 및 '통합과학' 과목을 신설하였다.
　　　* 국어, 수학, 영어, 한국사, 통합사회, 통합과학, 과학탐구실험

　○ 둘째, 학생들의 "꿈과 끼"를 키울 수 있는 교육과정을 마련한다.
　　- 단위학교의 교육과정 편성·운영의 자율성을 확대하여 학생의 진로와 적성을 고려한 다양한 선택 과목 개설이 가능하도록 하고,
　　- 자유학기제 전면 실시('16년)에 대비하여, 중학교 한 학기를 '자유학기'로 운영할 수 있는 근거를 마련하였다.

　○ 셋째, 미래 사회가 요구하는 핵심역량의 함양이 가능한 교육과정을 마련한다.
　　- 교과별로 꼭 배워야 할 핵심 개념과 원리 중심으로 학습내용을 정선하여 감축하고, 교수·학습 및 평가 방법을 개선하여 학생들의 학습 부담을 줄이고 진정한 배움의 즐거움을 느낄 수 있도록 한다.

> ▶ (교과교육에 관한 국제적 경향) 싱가폴을 비롯한 선진국의 교과교육과정은 적은 양을 깊이 있게(less is more) 가르쳐 학습의 전이를 높이고 심층적인 학습이 이루어지도록 하여 학습의 질을 중시하고 있음

☐ 학교 급별 주요 개정 사항은 다음과 같다.
　○ 초등학교의 경우, 1~2학년(군)에 한글교육을 강조하는 등 유아 교육과정(누리과정)과 연계를 강화하고,
　　- 초등 1~2학년 수업시수를 주당 1시간 늘리되, 학생들의 추가적인 학습 부담이 생기지 않도록 창의적 체험 활동 시간을 활용해 체험 중심의 '안전한 생활'*을 편성·운영하도록 하였다.
　　　* 안전한 생활은 생활안전/교통안전/신변안전/재난안전 4개 영역으로 설정하여 지식보다는 체험 중심 학습으로 자연스럽게 안전한 생활습관과 의식을 습득하게 함

　○ 중학교는 한 학기를 '자유학기'로 운영할 수 있는 근거를 마련함으로써, 학생들이 중간·기말고사에 대한 부담에서 벗어나 체험 중심의 교과 활동과 함께 장래 진로에 대해 마음껏 탐색할 수 있도록 하였다.

- 또한, 학생들이 소프트웨어에 대한 기초 소양을 충실히 갖추어 나갈 수 있도록, **소프트웨어 교육 중심의 정보 교과**를 필수 과목으로 지정하여 재미있고 흥미로운 교육과정을 개발하였다.

○ 고등학교는 학생들이 '**공통 과목**'을 통해 기초소양을 함양한 후 학생 각자의 적성과 진로에 따라 맞춤형으로 교육받을 수 있도록 '**선택 과목**'(일반 선택/진로 선택)을 개설하도록 하고,
- 학생의 진로에 따른 선택권을 확대하기 위해 **진로 선택 과목을 3개 이상 이수**하도록 하는 지침을 마련하였다.
- 아울러, 기초교과 영역(국어, 수학, 영어, 한국사) 이수단위를 교과 총 이수단위의 **50%를 넘을 수 없도록** 하여 균형학습을 유도하고,
- 특성화고 교육과정은 전문교과를 공통과목, 기초과목, 실무과목으로 개편하여 국가직무능력표준(NCS)과 연계를 강화하였다.

## 02 교과 교육과정 주요 개정 내용

□ 교과별 주요 개정 사항은 다음과 같다.
  ○ **국어**의 경우, 초등 저학년(1~2학년)의 한글교육을 체계화·강화하여 학생들이 입학 후 최소 45차시 이상 꾸준히 배울 수 있도록 하고,
  - 체험 중심의 연극수업 강화*, 1학기 1권 독서 후 듣기·말하기, 읽기, 쓰기가 통합된 수업 활동을 통해 인문학적 소양을 갖출 수 있도록 하였다. 이러한 의미 있는 독서경험은 학생들을 성인이 된 후에도 꾸준히 책을 읽는 평생 독자로 이끌 것으로 기대된다.
  *(초) 5·6학년군 국어 연극 대단원 개설 / (중) 국어 연극 소단원 신설

  ○ **수학**의 경우, 초등학교 1학년에서 고교 공통 과목까지는 모든 학생들이 수학에 흥미와 자신감을 잃지 않도록 학생 발달단계와 국제적 기준(Global Standards)을 고려하여 **학습내용의 수준과 범위를 적정화**하였으며,
  *성취기준 이수 시기 이동, 내용 삭제·추가·통합 등
  - 이후에는 학생의 진로와 적성에 따른 맞춤형 교육과 수월성 추구가 이루어질 수 있도록 '실용 수학', '경제 수학', '수학과제 탐구', '심화 수학Ⅰ, Ⅱ' 등을 신설함으로써 선택 과목을 재구조화하였다.

○ 아울러, 수학적인 논리적 사고력을 기르고 수학에 대한 흥미도를 높이기 위해 **활동과 탐구 중심**으로 교수·학습 방법을 제시하고,
  – 수업 내용과 실제 평가와의 괴리가 발생하지 않도록 '**평가 방법 및 유의 사항**'을 신설하여, 교육과정을 벗어난 내용을 평가하지 않도록 안내함으로써 실질적인 학습부담 경감을 실현하고자 하였다.

> ※ 평가 방법 및 유의 사항 예시
> - (초) 무게 단위 사이의 관계에 대해 평가할 때, 1g과 1t 사이의 단위 환산은 다루지 않는다.
> - (중) 경우의 수는 두 경우의 수를 합하거나 곱하는 경우 정도로만 다룬다.
> - (고) 집합의 개념이나 집합의 포함관계는 개념을 이해하는 수준에서 간단히 평가한다.

○ 영어의 경우, 초·중학교에서는 '듣기'와 '말하기'에 중점을 두고 **고등학교에서 '읽기', '쓰기'** 학습을 강조하는 등, 언어발달 단계와 **학생발달 수준**을 고려하여 **의사소통 중심 교육**을 강화하였다.

> ◆ 언어발달 단계 및 학생발달 단계를 고려하여 성취기준 조정
> - 듣기 비율 : (초등) 31% → (중학교) 26% → (고등학교) 24% [점진적 감소]
> - 말하기 비율 : (초등) 31% → (중학교) 30% → (고등학교) 19% [점진적 감소]
> - 읽기 비율 : (초등) 20% → (중학교) 26% → (고등학교) 28.5% [점진적 증가]
> - 쓰기 비율 : (초등) 18% → (중학교) 18% → (고등학교) 28.5% [점진적 증가]

  – 또한 국제경쟁력 차원에서 기본적으로 학습해야 할 어휘 수(3천개)는 유지하되, 어휘 목록과 언어형식을 학교 급별로 구분 제시함으로써 학생 발달수준에 따른 체계적인 교육이 가능하도록 하였다.

○ 사회 교과는 지식의 단순 나열이 아니라 초-중-고의 계열성을 고려하여 사회과학적 핵심 개념과 일반화된 지식을 중심으로 교육과정의 내용구조를 체계화하였다.
  – 고등학교 문·이과 공통으로 신설되는 '통합사회'는 인간을 둘러싼 자연과 사회 현상에 대해 시간적, 공간적, 사회적, 윤리적 관점을 적용하여 사회 현상을 종합적으로 이해하는 과목으로 개발하였으며,
  – 특히, 협력학습, 프로젝트 수업 등 학생 활동 중심의 수업을 통해 문제해결력, 의사결정력 등 핵심역량을 함양할 수 있도록 학습량을 적정화하고, 탐구활동의 예시를 제시함으로써 하나의 정답을 찾기 보다는 '다양한 답이 가능한 수업'을 할 수 있도록 안내하였다.

○ 과학의 경우 "모두를 위한 과학(Science for all) 교육"을 목표로, 초등 '슬기로운 생활', 초·중학교 '과학', 고1 '통합과학'까지는 주위의 자연현상에 대한 궁금증을 과학적인 기초 개념과 연결시켜 이해함으로써 앎의 즐거움을 경험하도록 재미있고 쉽게 구성하고,
  - 고2학년 이후에는 자신의 진로를 고려하여 진로 선택 과목 및 심화 과목 이수가 가능하도록 유기적으로 과목을 구성하였다.
    ※ 진로에 따라 물리학Ⅱ, 화학Ⅱ, 생명과학Ⅱ, 지구과학Ⅱ를 선택이수하고, 고급 물리학, 고급 화학 등 전문교과 과목을 통해 수월성 교육 실시
  - 초·중학교 '과학'에 물의 여행, 에너지와 생활, 과학과 나의 미래, 재해·재난과 안전, 과학기술과 인류문명 등 통합단원을 신설하고, 고등학교 문·이과 공통 과목으로 '과학탐구실험'을 개설하는 등 탐구 활동과 체험 중심의 학습을 강화하였다.
  - 고등학교 학생들이 자연 현상을 통합적으로 이해할 수 있도록 신설한 '통합과학'의 경우 이론적 지식들을 학습자의 선행 경험과 연계하여 친근한 상황 속에서 학습할 수 있도록 학교 밖 현장 체험, 실생활 학습 등을 통해 흥미롭고 재미있게 구성하였다.

○ 초등 5~6학년 실과에 도입되는 소프트웨어 교육은 놀이 중심의 알고리즘 체험과 교육용 도구를 활용한 프로그래밍 체험을 통해 쉽고 재미있게 배움으로써 학생들의 학습 부담이 늘지 않도록 하고, 중·고등학교에서는 실생활의 문제들을 컴퓨터 과학의 원리를 활용하여 효율적으로 해결하는 능력을 함양하도록 구성하였다.
  - 특히, 창조경제 사회의 구성원으로서 학생들이 정보윤리 의식을 함양할 수 있도록 소프트웨어 저작권에 대한 이해와 정보기술의 올바른 사용법을 실천할 수 있도록 하였다.

## 03 현행 교육과정 대비 신구 대조표

| 구분 | | | 주요 내용 | |
|---|---|---|---|---|
| | | | 2009 개정 | 2015 개정 |
| 교육과정 개정 방향 | | | ○ 창의적인 인재 양성<br>○ 전인적 성장을 위한 창의적 체험활동 강화<br>○ 국민공통교육과정 조정 및 학교교육과정 편성·운영의 자율성 강화<br>○ 교육과정 개편을 통한 대학수능시험 제도 개혁 유도 | ○ 창의융합형 인재 양성<br>○ 모든 학생이 인문·사회·과학기술에 대한 기초 소양 함양<br>○ 학습량 적정화, 교수·학습 및 평가 방법 개선을 통한 핵심역량 함양 교육<br>○ 교육과정과 수능·대입제도 연계, 교원 연수 등 교육 전반 개선 |
| 총론 | 공통사항 | 핵심역량 반영 | ○ 명시적인 규정 없이 일부 교육과정 개발에서 고려 | ○ 총론 '추구하는 인간상' 부문에 6개 핵심역량 제시<br>○ 교과별 교과 역량을 제시하고 역량 함양을 위한 성취기준 개발 |
| | | 인문학적 소양 함양 | ○ 예술고 심화선택 '연극' 개설 | ○ 연극교육 활성화<br>  - (초·중) 국어 연극 단원 신설<br>  - (고) '연극'과목 일반선택으로 개설<br>○ 독서교육 활성화 |
| | | 소프트웨어 교육 강화 | ○ (초) 교과(실과)에 ICT 활용 교육 단원 포함<br>○ (중) 선택교과 '정보'<br>○ (고) 심화선택 '정보' | ○ (초) 교과(실과) 내용을 SW 기초 소양 교육으로 개편<br>○ (중) 과학/기술·가정/정보 교과 신설<br>○ (고) '정보' 과목을 심화선택에서 일반선택 전환, SW 중심 개편 |
| | | 안전교육 강화 | ○ 교과 및 창체에 안전 내용 포함 | ○ 안전 교과 또는 단원 신설<br>  - (초1~2) 「안전한 생활」 신설(64시간)<br>  - (초3~고3) 관련 교과에 단원 신설 |
| | | 범교과학습 주제 개선 | ○ 39개의 범교과 학습 주제제시 | ○ 10개 내외 범교과학습 주제로 재구조화 |
| | | NCS 직업 교육과정 연계 | <신설> | ○ 교육과정 구성의 중점 등에 반영 |

| | | | | |
|---|---|---|---|---|
| 총론 | 고등학교 | 공통과목 신설 및 이수단위 | ○ 공통과목 없이 전 학년 선택과목으로 구성 | ○ 공통과목 및 선택과목으로 구성<br>○ 선택과목은 일반선택과 진로선택으로 구분<br>- 진로선택 및 전문교과를 통한 맞춤형 교육, 수월성 교육 실시 |
| | | 특목고 과목 | ○ 보통교과 심화과목으로 편성 | ○ 보통교과에서 분리하여 전문교과로 제시 |
| | | 국·수·영 비중 적정화 | ○ 교과 총 이수단위의 50%를 초과할 수 없음 | ○ 기초 교과(국·수·영·한국사) 이수단위 제한 규정(50%) 유지(국·수·영 90단위 → 84단위) |
| | | 특성화고 교육과정 | ○ 특성화고 전문 교과로 제시 | ○ 총론(보통교과)과 NCS 교과의 연계 |
| | 중학교 | 자유학기제 편제 방안 | <신설> | ○ 중학교 '교육과정 편성·운영의 중점'에 자유학기제 교육과정 운영 지침 제시 |
| | 초등학교 | 초1, 2 수업시수 증배 | <개선> | ○ 주당 1시간 증배, '안전한 생활' 신설<br>- 창의적 체험활동에서 체험중심 교육으로 실시 |
| | | 누리과정 연계 강화 | <신설> | ○ 초등학교 교육과정과 누리과정의 연계 강화(한글교육 강화) |
| 교과교육과정 개정 방향 | | | <개선> | ○ 총론과 교과교육과정의 유기적 연계 강화 |
| | | | <개선> | ○ 교과교육과정 개정 기본방향 제시<br>- 핵심개념 중심의 학습량 적정화<br>- 핵심역량을 반영<br>- 학생참여중심 교수·학습방법 개선<br>- 과정중심 평가 확대 |
| 지원체제 | | 교과서 | <개선> | ○ 흥미롭고 재미있는 질 높은 교과서 개발 |
| | | 대입 제도 및 교원 | <개선> | ○ 교육과정에 부합하는 수능 및 대입 제도 도입 검토<br>- 수능 3년 예고제에 따라 '17년까지 '21학년도 수능 제도 확정<br>○ 교원양성기관 질 제고, 연수 확대 |

## 04 중국어 교육과정

### 중국어 Ⅰ

### 1. 성격

교통과 정보통신 기술의 비약적 발전에 의하여 세계가 하나의 생활권으로서 각국의 정치, 경제, 기술, 문화 등이 서로 연결되어 있는 오늘날, 외국어 습득과 외국 문화의 이해는 세계 시민이 갖추어야 할 매우 중요한 자질이 되었다. 외국어를 학습하는 것은 외국어로 교류할 수 있는 수단을 갖추는 것뿐만 아니라 동시에 다른 나라 사람들의 사고방식과 문화를 경험할 수 있는 좋은 기회가 된다. 최근 우리나라도 다문화 사회로 점차 변화해 가고 있는데, 다양한 언어와 문화에 대한 이해와 소통을 기반으로 하는 평화롭고 안정적인 공동체를 이루기 위해서도 다양한 외국어 교육은 보다 활성화되어야 한다.

중국은 넓은 국토와 풍부한 자원, 많은 인구를 가진 나라로서 최근 비약적인 경제 성장을 바탕으로 국제 사회에서 막강한 영향력을 행사하고 있다. 중국어는 세계에서 가장 많은 사람들이 사용하는 언어이자 유엔(UN)의 공식 언어 중 하나이며, 한자 문화권의 대표적인 언어이다. 중국은 역사적으로 오래 전부터 우리나라와 매우 밀접한 관계를 맺어 왔으며, 현재 정치, 경제, 외교, 문화 등 많은 면에서 상호 의존관계가 높은 나라이다. 한중 수교 이후 경제 교류는 물론이고 많은 인적 교류가 이루어지고 있으며, 최근 한류의 영향으로 문화 교류 및 관광도 급속히 확대되는 추세이다. 국제 사회에서 중국의 위상과 우리나라와의 밀접한 관계를 생각할 때 중국어는 우리나라 외국어 교육과정에서 반드시 중요하게 다루어야 할 언어라고 할 수 있다.

제2외국어 교과는 외국어를 이용한 의사소통 능력과 외국 문화 이해를 통한 세계 시민 의식, 외국어로 된 다양한 정보를 활용할 수 있는 정보 처리 능력 등을 교과의 중요한 역량으로 삼고 있다. 학습자들은 중국어를 배움으로써 중국 사람들과 일상적인 의사소통을 할 수 있는 능력을 갖추고, 중국어로 표현된 문화적 가치와 정보를 향유할 수 있게 될 것이다. 또한 이로써 학습자들은 세상에 대한 견문을 넓히고, 포용과 창조의 덕목을 갖춘 세계 시민으로 성장할 수 있을 것이다.

'중국어Ⅰ' 과목은 중국어를 처음 배우는 학습자를 대상으로 기초적인 의사소통 능력을 배양할 수 있도록 하는 과목이며, 중국 문화의 이해를 통해 타 문화를 존중하는 자세를 갖출 수 있도록 하는 과목이다. 또한 '중국어Ⅰ'은 '중국어Ⅱ' 과목을 학습하기 위한 기초를 다지는 과목이다.

## 2. 목표

일상생활에 필요한 기초적인 중국어를 습득하고 중국어에 대한 지속적인 흥미와 자신감을 기른다. 또한 중국 문화와 우리 문화의 상호 이해를 통해 중국어로 의사소통하려는 적극적인 태도와 능력을 배양한다.

가. 기초적인 의사소통 기본 표현을 이해하고, 상황에 맞게 적극적으로 활용한다.
나. 중국 문화의 이해를 바탕으로 의사소통 능력을 함양하고, 중국 문화와 우리 문화에 대한 상호 이해를 바탕으로 세계 시민으로서의 균형 잡힌 태도와 자세를 기른다.
다. 다양한 매체와 자료를 활용하여 중국어 및 중국에 관한 정보를 조사하고 처리하는 능력을 기른다.

## 3. 내용 체계 및 성취기준

### 가. 내용 체계

| 영역 | 핵심 요소 | 내용 | 기능 |
|---|---|---|---|
| 언어적 내용 | 발음 및 문자 | • 현대 중국어의 표준 발음 및 한어병음<br>• 한자(간화자 포함) [기출2004-1] | • 발음을 듣고 변별하기<br>• 발음을 듣고 의미 파악하기<br>• 발음을 듣고 따라 말하기<br>• 질문에 대답하기<br>• 상황에 맞게 말하기<br>• 정확하게 소리 내어 읽기<br>• 읽고 의미 파악하기<br>• 읽고 대의 파악하기<br>• 발음을 듣고 받아쓰기<br>• 정보 채워 넣기<br>• 간단한 문장 쓰기 |
| | 어휘<br>[기출2004-1] | • 일상생활의 의사소통에 필요한 어휘의 의미<br>＊[별표Ⅱ]에 제시된 기본 어휘를 중심으로 400개 내외의 낱말을 사용한다. | |
| | 문법<br>[기출2004-1] | • 중국어의 기본 어순<br>• 기본 어휘의 용법<br>• 주요 구문<br>＊[별표Ⅰ]에 제시된 의사소통 기본 표현 및 [별표Ⅱ]에 제시된 기본 어휘표를 참고한다. | |
| | 의사소통 표현 | • 사교의 표현, 감정 및 의사 표현, 사실 및 정보 전달, 요구 및 승낙 표현, 생활 관련 표현 등 의사소통 능력을 효율적으로 기를 수 있는 내용<br>＊[별표Ⅰ]에 제시된 의사소통 기본 표현을 참고한다. | |
| 문화적 내용 | 문화<br>[기출2004-1] | • 중국 개관<br>• 언어 문화<br>• 생활 문화<br>• 예술 문화<br>• 전통 문화<br>＊이 외에 인물, 지리, 역사, 자연 등도 다룰 수 있다. | • 의사소통 상황에 적용하기<br>• 모둠활동하기<br>• 체험하여 이해하기<br>• 상호 비교하기 |

## 나. 성취기준

(1) 듣기

> [12중Ⅰ-01-01] 발음을 듣고 성모, 운모, 성조를 변별한다.
> [12중Ⅰ-01-02] 낱말이나 간단한 문장을 듣고 의미를 파악한다.
> [12중Ⅰ-01-03] 기초적인 의사소통 표현을 듣고 의미를 파악한다.
> [12중Ⅰ-01-04] 간단한 글이나 대화를 듣고 내용을 이해한다.

(가) 학습 요소 : 기본 어휘표, 의사소통 기본 표현
- 사교의 표현 : 만남, 인적 사항, 연락처, 약속, 축하/기원, 헤어짐
- 감정 및 의사 표현 : 감사, 사과, 기쁨/즐거움, 만족/불만, 동의/반대, 칭찬/감탄, 걱정/위로, 책망, 놀람/의외
- 사실 및 정보 전달 : 묘사, 설명, 경험, 비교, 선택, 추측, 조건
- 요구 및 승낙 표현 : 명령/금지, 부탁, 건의/제안, 승낙/거절
- 생활 관련 표현 : 시간, 날짜/요일, 날씨, 구매, 식사, 건강, 통신, 취미, 장소/교통, 학교생활

(나) 성취기준 해설
- 발음에는 성조, 성모, 운모가 모두 포함되어 있다. 주요 모음과 각 성조의 배합, 성모 및 운모의 교체를 통해서 성조, 성모, 운모를 듣고 구별할 수 있도록 한다.
- 낱말이나 문장, 간단한 대화 등을 듣고 우선 대략의 의미를 파악하는 데 중점을 둔다.

(다) 교수·학습 방법 및 유의 사항
 ① 교수·학습 방법
- 발음을 듣고 그에 해당하는 성조, 성모, 운모를 고르게 한다. 이때 음절보다는 단어를 위주로 하여 들려줌으로써 실제 의사소통에 사용되는 발음을 들려 줄 수 있도록 한다.
- 억양에 따라서 평서문, 의문문, 감탄문, 명령문을 구별하고 그에 따라 적절히 반응하거나 행동하게 한다. [기출2012-2]
- 낱말이나 간단한 문장을 반복하여 듣고 의미를 그림이나 동작으로 표현하게 한다.
- 기초적인 의사소통 표현을 듣고 적절하게 반응하게 한다.
- 기초적인 의사소통 표현이 활용된 짧고 쉬운 영상을 보고 의미를 유추하게 한다.
- 간단한 글이나 대화를 듣고 핵심어를 파악하여 전체적인 의미와 화자의 의사소통 의도를 파악하게 한다.
- 간단한 글이나 대화를 듣고 맥락에 맞게 문장 순서를 배열하게 한다.

② 유의 사항
- 듣기 영역은 듣고 말하기, 듣고 쓰기 등과 같이 다른 언어 기능과 통합하여 활용할 것을 권장한다.
- 발음 듣기 연습은 음절 단위부터 시작하여 낱말, 표현 단위로 확장한다.
- 발음을 듣고 학습지에서 해당하는 발음을 고르게 할 경우 현대 중국어에 없는 발음(예 ja, zin, gi 등)을 오답지로 제시하지 않는다.

(라) 평가 방법 및 유의 사항
- 낱말이나 간단한 표현의 발음을 듣고 성조, 성모, 운모를 변별할 수 있는지를 평가한다.
- 낱말이나 간단한 표현을 듣고 발음에 따른 의미를 구분할 수 있는지를 그림, 동작, 자료 등을 이용하여 평가한다.
- 기초적인 의사소통 표현이나 간단한 대화를 듣고 상황과 의미를 정확하게 파악하는지를 평가한다.
- 기초적인 의사소통 표현을 듣고 내용과 관련된 질문에 답할 수 있는지를 평가한다.

(2) 말하기

[12중Ⅰ-02-01] 낱말이나 간단한 문장을 듣고 따라 말한다.
[12중Ⅰ-02-02] 기초적인 의사소통 표현을 발음에 유의하여 말한다.
[12중Ⅰ-02-03] 개인 및 일상생활에 관한 질문을 듣고 상황에 맞게 대답한다.
[12중Ⅰ-02-04] 일상생활에서 요구되는 간단한 대화를 한다.

(가) 학습 요소 : 기본 어휘표, 의사소통 기본 표현
- 사교의 표현 : 만남, 인적 사항, 연락처, 약속, 축하/기원, 헤어짐
- 감정 및 의사 표현 : 감사, 사과, 기쁨/즐거움, 만족/불만, 동의/반대, 칭찬/감탄, 걱정/위로, 책망, 놀람/의외
- 사실 및 정보 전달 : 묘사, 설명, 경험, 비교, 선택, 추측, 조건
- 요구 및 승낙 표현 : 명령/금지, 부탁, 건의/제안, 승낙/거절
- 생활 관련 표현 : 시간, 날짜/요일, 날씨, 구매, 식사, 건강, 통신, 취미, 장소/교통, 학교생활

(나) 성취기준 해설
- 성조, 성모, 운모에 유의하여 낱말이나 간단한 문장을 따라 말한다.
- 기초적인 의사소통 표현을 상황에 맞게 말한다.

(다) 교수·학습 방법 및 유의 사항
- 낱말이나 간단한 문장을 듣고 학습자가 그에 따라 정확하게 발음하게 한다.
- 낱말이나 간단한 문장을 듣고 상대방에게 이어 전달하여 말하는 모둠 활동을 통해 반복 연습을 하게 한다.
- 사교의 표현 및 생활 관련 표현 등과 관련된 질문을 듣고 적절하게 대답하게 한다.
- 교실 안의 사물을 가리키며 묻고 대답하게 한다.
- 학습한 문장을 억양에 유의하여 자연스럽게 말하게 한다.
- 상황을 제시하고 그에 적합한 의사소통 기본 표현을 말하게 한다.
- 시간, 구매, 통신 등 다양한 주제를 활용하여 묻고 답하는 연습을 하게 한다.
- 학습한 의사소통 기본 표현을 바탕으로 유사한 상황으로 재구성하여 간단한 역할극으로 연습하게 한다.

(라) 평가 방법 및 유의 사항
① 평가 방법
- 낱말이나 간단한 문장을 비교적 정확한 발음으로 말할 수 있는지를 평가한다.
- 학습한 짧은 문장이나 쉬운 대화에 대한 질문에 간단하게 답할 수 있는지를 평가한다.
- 기초적인 의사소통과 관련된 질문에 적절하게 대답할 수 있는지를 평가한다.

② 유의 사항
- 수행평가를 실시할 때는 의사소통 기본 표현을 상황에 맞춰 활용할 수 있는지를 평가한다.

(3) 읽기

[12중Ⅰ-03-01] 한어병음이나 한자로 표기된 낱말이나 문장을 정확하게 소리 내어 읽는다.
[12중Ⅰ-03-02] 문장이나 간단한 글을 읽고 의미나 정보를 파악한다.
[12중Ⅰ-03-03] 대화문이나 짧은 글을 읽고 주제나 요지, 세부 내용을 파악한다.

(가) 학습 요소 : 기본 어휘표, 의사소통 기본 표현
- 사교의 표현 : 만남, 인적 사항, 연락처, 약속, 축하/기원, 헤어짐
- 감정 및 의사 표현 : 감사, 사과, 기쁨/즐거움, 만족/불만, 동의/반대, 칭찬/감탄, 걱정/위로, 책망, 놀람/의외
- 사실 및 정보 전달 : 묘사, 설명, 경험, 비교, 선택, 추측, 조건
- 요구 및 승낙 표현 : 명령/금지, 부탁, 건의/제안, 승낙/거절

• 생활 관련 표현 : 시간, 날짜/요일, 날씨, 구매, 식사, 건강, 통신, 취미, 장소/교통, 학교생활

(나) 성취기준 해설
- 한어병음이나 한자로 표기된 낱말이나 문장을 보고 소리 내어 읽는다.
- 문장이나 간단한 글을 읽고 의미를 파악한다.
- 간단한 메모, 편지, 전자우편 등을 읽고 중심 내용이나 세부 내용을 파악한다.
- 간단한 지시문이나 안내문, 지도 등을 읽고 정보를 파악한다.

(다) 교수·학습 방법 및 유의 사항 [기출2021-A5]
- 한어병음이나 한자로 제시된 낱말이나 표현을 읽고 정확하게 발음하게 한다.
- 성조 및 성조 변화에 유의하여 정확하게 읽는다.
- 끊어 읽기에 유의하여 문장을 자연스럽게 낭독하게 한다.
- 문장이나 간단한 글을 읽고 이에 해당하는 내용이나 그림 등을 고르게 한다.
- 간단한 글이나 대화문을 읽고 주제나 요지, 맥락을 파악하게 한다. [기출2020-A1] [기출2019-B1] [기출2016-A9]

(라) 평가 방법 및 유의 사항 [기출2019-B8]
① 평가 방법
- 한어병음이나 한자로 표기된 낱말이나 간단한 문장을 정확하게 소리 내어 읽을 수 있는지를 평가한다.
- 짧고 간단한 글을 읽고 주제나 요지, 세부 내용을 파악할 수 있는지를 평가한다.

② 유의 사항
- 한어병음이나 한자를 보고 읽는 능력을 형성 평가를 통하여 수시로 점검하여 피드백을 줄 수 있도록 한다.
- 낱말이나 문장의 의미나 내용을 이해하였는지를 평가할 때 한어병음이나 한자를 제시하는 것뿐만 아니라 설명이나 그림, 자료 등을 제시할 수도 있다.

(4) 쓰기

> [12중Ⅰ-04-01] 낱말이나 간단한 문장을 한어병음이나 한자로 정확하게 쓴다.
> [12중Ⅰ-04-02] 낱말이나 간단한 표현으로 정보를 기입한다.
> [12중Ⅰ-04-03] 낱말의 용법과 어순에 유의하여 문장을 작성한다.
> [12중Ⅰ-04-04] 주어진 상황에 맞게 간단한 글을 작성한다. [기출2020-B4]

(가) 학습 요소 : 기본 어휘표, 의사소통 기본 표현
- 사교의 표현 : 만남, 인적 사항, 연락처, 약속, 축하/기원, 헤어짐
- 감정 및 의사 표현 : 감사, 사과, 기쁨/즐거움, 만족/불만, 동의/반대, 칭찬/감탄, 걱정/위로, 책망, 놀람/의외
- 사실 및 정보 전달 : 묘사, 설명, 경험, 비교, 선택, 추측, 조건
- 요구 및 승낙 표현 : 명령/금지, 부탁, 건의/제안, 승낙/거절
- 생활 관련 표현 : 시간, 날짜/요일, 날씨, 구매, 식사, 건강, 통신, 취미, 장소/교통, 학교생활

(나) 성취기준 해설
- 학습 수준에 따라 기본 어휘를 한어병음 또는 한자로 정확하게 쓴다.
- 문장을 기본 어순과 낱말의 용법에 맞추어 작성한다.
- 간단한 서식에 필요한 정보를 기입한다.
- 간단한 메모나 편지, 전자우편, 일기 등을 작성한다.

(다) 교수·학습 방법 및 유의 사항 [기출2017-B8]
- 처음에는 낱말이나 간단한 문장을 한어병음으로 쓰게 하고, 점차적으로 한자를 사용하여 쓰게 한다. [기출2013-1]
- 빈칸에 낱말이나 간단한 표현을 넣어 문장을 완성하게 한다.
- 일상생활과 관련된 간단한 서식에 필요한 정보를 기입하게 한다.
- 주어진 낱말을 어순에 맞게 배열하여 문장을 완성하게 한다.
- 간단한 글이나 대화문을 읽고 질문에 대한 답을 간단한 문장으로 적게 한다.
- 일상생활의 주제나 서식을 주고 이에 맞게 간단한 글을 작성하게 한다.
- 학습한 대화나 글에서 낱말과 간단한 표현만 바꿔 유사한 글을 쓰게 한다.
- 낱말 및 문장을 제시하고 그 문장을 활용한 간단한 글을 쓰게 한다.

(라) 평가 방법 및 유의 사항 [기출2017-B8]
① 평가 방법
- 낱말이나 간단한 문장을 듣고 한어병음이나 한자로 받아쓸 수 있는지를 평가한다.
- 간단한 문장을 읽고, 내용을 유추하여 빈칸에 들어갈 알맞은 낱말을 쓸 수 있는지를 평가한다.
- 낱말의 용법과 어순에 유의하여 문장을 쓸 수 있는지를 평가한다.
- 학습한 문장을 활용하여 편지, 메모 등을 작성할 수 있는지를 평가한다.

② 유의 사항
- 한어병음과 한자 쓰기의 정확성을 평가하되 학생들의 수준에 맞추어 조절함으로써 중국어에 대한 학습 동기를 잃지 않도록 한다.

(5) 문화

> [12중Ⅰ-05-01] 중국 문화를 이해하고 의사소통 상황에 적용한다.
> [12중Ⅰ-05-02] 다양한 활동을 통해 중국 문화를 체험하고 이해한다.
> [12중Ⅰ-05-03] 중국 문화에 대한 다양한 자료를 활용하여 모둠 활동에 참여한다.
> [12중Ⅰ-05-04] 중국 문화와 우리나라 문화를 비교하고 문화의 다양성을 존중하는 태도를 갖는다.
> [기출2021-B5]

(가) 학습 요소 : 기본 어휘표, 의사소통 기본 표현, 문화 관련 정보
- 중국 개관 : 국기, 언어, 소수민족, 인구, 행정구역 등
- 언어 문화 : 인사, 호칭, 숫자, 해음(諧音), 언어 예절 등
- 생활 문화 : 여행, 운동, 가족, 하루 일과, 학교 생활, 건강, 취미, 교통수단, 식사 등
- 예술 문화 : 경극, 음악, 영화, 문학 등
- 전통 문화 : 명절, 전통적인 의식주, 전통 놀이, 전통 공예 등
- 기타 : 인물, 지리, 자연 등

\* 상기 제시 문화 내용을 선택적으로 다룰 수 있다.

(나) 성취기준 해설
- 중국 문화에 대한 이해를 바탕으로 기초적인 의사소통 표현을 상황에 맞게 적용할 수 있다.
- 중국 문화의 다양성에 대하여 조사하고 이해한다.
- 중국 문화와 우리 문화를 상호 비교하면서 문화의 다양성을 존중하는 태도를 기른다.
- 중국 문화에 대한 이해를 통하여 다양한 가치를 존중하는 세계 시민으로서의 자세를 가질 수 있게 한다.

(다) 교수·학습 방법 및 유의 사항 [기출2016-B8]
① 교수·학습 방법
- 생일, 가족, 음식 등 중국인의 일상생활과 관련된 문화를 이해하고 이와 관련된 간단한 표현을 연습하게 한다.
- 전통 의상, 전통 놀이, 전통 공예 등 중국인의 전통 문화와 관련된 다양한 활동을 진행하여 중국 문화를 직접 체험하게 한다.
- 중국 영화, 음악, 경극 등을 감상해 보고 중국의 예술 문화에 대해 이해하게 한다.

- 중국 영화나 만화, 가요 등 학생들이 좋아할 만한 자료들을 소개하고, 영화 감상문을 작성하게 하거나 노래를 여러 차례 따라 불러 자연스럽게 암기하게 한다.
- 중국 문화와 관련된 다양한 자료를 조사해 보고 이를 모둠별로 발표하게 한다.
- 중국 문화를 소개하는 소책자, 홍보 포스터 등 다양한 안내 자료를 만들게 한다.
- 학습한 중국 문화와 관련된 대화 상황을 설정해 주고 모둠별로 역할극을 통해 이해한 내용을 표현해 보게 한다.
- 중국 문화에 대해 알아보고 우리나라 문화와의 차이점 및 유사점을 비교하여 발표하게 한다.

② 유의 사항
- 문화 내용 설명 시 필요한 경우에는 우리말을 사용할 수 있다.
- 문화 내용은 최근의 객관적이고 공신력 있는 자료를 위주로 구성한다.
- 문화 학습의 궁극적 목적은 중국어 의사소통 능력 배양에 도움이 되는 것에 있음을 주지하고 교수학습 방법을 계획한다.

(라) 평가 방법 및 유의 사항
- 의사소통과 관련된 일상생활 문화를 이해하는지를 평가한다.
- 한·중 문화 비교를 통해, 양국 문화의 공통점과 차이점을 이해하는지를 평가한다.
- 중국 문화에 대한 이해 정도, 중국 문화와 우리 문화의 비교를 통한 문화의 다양성을 존중하는 태도 등을 한국어로 기술하게 하여 평가한다.
- 수행평가로 모둠 활동을 통하여 중국 문화를 조사하거나 체험하고 발표하는 활동 등을 할 수 있다.
- 모둠별 협동 학습을 통하여 창의적인 중국 문화 소개 자료를 만들 수 있는지 평가한다.

## 4. 교수·학습 및 평가의 방향

### 가. 교수·학습 방향

(1) 교육과정의 성격과 목표에 맞도록 교수·학습 계획을 수립한다.
- 협력을 통해 공통 과제를 해결하는 경험을 하도록 하고, 이를 통해 타인에 대한 배려와 공동체 의식 함양 등 인성 교육을 강화할 수 있는 방법도 고려한다.
- 의사소통 능력 신장을 통해 상호 이해의 폭을 넓히고 더불어 개인의 창의성 계발이 함께 이루어지도록 한다.
- 교수·학습의 궁극적 목표가 의사소통 기능 [기출2011-2]의 습득이 되도록 교수·학습 계획을 수립한다.
- 중국 문화에 대한 이해를 통하여 다양한 가치를 존중하는 세계 시민으로서의 자세를 가질 수 있게 한다.

(2) 학습 내용을 분석하여 교수·학습 계획을 수립한다.
- 듣기, 말하기, 읽기, 쓰기의 4가지 기능[기출2011-2]을 유기적으로 연계하여 지도하는 통합적 교수·학습 방식을 지향한다.
- 학습한 내용을 실제 상황에 활용할 수 있도록 학습 활동을 주제 및 상황별로 전개한다.
- 의사소통 중심의 연습과 반복을 통해 학습한 내용을 다양한 일상적 상황에 맞게 적극적으로 활용할 수 있도록 한다.
- 문화적 내용을 소재로 하여 언어 기능을 연습하는 등 언어 기능과 문화의 통합적 교수·학습을 지향한다.
- 학생의 성취수준과 학습 동기를 고려한 학습자 중심의 교수·학습 계획을 수립한다.
- 한국어 사용을 줄이고 중국어를 최대한 활용한 주제 및 상황별 학습을 진행하여 실제 의사소통 능력을 배양한다.

(3) 학습 동기 유발 방법, 활동 유형(개인, 짝, 모둠, 전체), 학생 중심 수업 활동, 수업 내용 확인 활동 등이 포함되도록 교수·학습 계획을 수립한다.
- 학생들의 외국어 사용 능력, 학습 유형 및 전략 등을 고려하여 학생 중심의 수업 활동이 이루어지도록 다양한 교수·학습 방법을 선정한다.
- 학생들의 동기를 유발하고 흥미와 자신감을 기를 수 있도록 역할극, 게임, 노래 등을 활용한다.
- 짝 활동, 모둠 활동 등의 상호작용을 적극 활용하여 학생들의 자발적 참여를 유도한다.
- 정보 통신 기술 및 기타 다양한 교수·학습 자료들을 학생들 스스로 활용하여 중국 문화를 이해하도록 수업을 전개한다.
- 학생 중심의 과제 및 체험 학습을 통해 자기 주도적 학습이 이루어지도록 한다.
- 자발적인 학습 상황을 전개하여 자유로운 분위기에서 발표할 수 있도록 한다.
- 학습 효과를 높일 수 있도록 그림이나 사진, 녹음 자료, 동영상 등의 각종 시청각 자료 및 컴퓨터나 인터넷을 이용한 자료를 적극 활용한다.
- 학교 여건, 수준, 특성 등을 감안하여 교수·학습 방법을 선택적으로 활용할 수 있다.

## 나. 평가 방향

(1) 교육과정의 성격과 목표에 맞도록 평가 계획을 수립한다.
- 교수·학습의 기본 방향인 인성 교육, 의사소통 능력 신장, 세계 시민 의식 배양에 기반을 두고 평가 방향을 정한다.
- 평가의 객관성을 유지하기 위해 명확한 평가 기준을 사전에 설정한다.
- 평가 결과는 개별 지도에 활용하는 한편, 향후 교수·학습 계획에 반영한다.
- 포트폴리오를 활용하여 학습 과정에 대한 기록을 남기고 자기 평가 자료로 활용한다.

(2) 학습 내용을 분석하여 평가 계획을 수립한다.
- 기본 어휘와 의사소통 기본 표현을 중심으로 일상생활과 관련된 기초적인 중국어를 이해하고 표현하는 언어 활용 능력을 평가한다.
- 성취기준 도달 여부를 확인하기 위한 형성 평가[기출2020-B1]를 수시로 실시하여 교수·학습의 일환으로서의 평가가 되도록 한다.
- 평가 문항은 성취기준에 근거하여 개발함으로써 평가를 통해 학생들의 성취기준 도달 여부를 알 수 있도록 한다.
- 지엽적이고 예외적인 사항보다는 기본적이고 중요한 사항을 중심으로 평가한다.
- 단순한 암기 능력이 아닌 지식 활용 능력을 평가할 수 있도록 실생활과 관련된 내용과 상황을 문항의 소재로 활용한다.
- 학습 활동의 성격에 따라 유창성과 정확성의 비중을 탄력적으로 조절한다.
- 학습한 내용을 중심으로 듣기, 말하기, 읽기, 쓰기 능력을 고르게 평가한다.
- 개별 언어 기능에 대한 평가와 더불어 통합 언어 기능에 대한 평가[기출2020-B1]도 적절히 시행한다. [기출2012-5]
- 문화 영역은 기초적인 지식보다는 의사소통과 관련된 일상생활 문화를 잘 이해하고 있는지를 중점적으로 평가한다.

(3) 학습 동기 유발 방법, 활동 유형(개인, 짝, 모둠, 전체), 학생 중심 수업 활동, 수업 내용 확인 활동 등이 포함되도록 평가 계획을 수립한다.
- 교수·학습이 진행되는 도중에 형성 평가를 실시함으로써 학생이 배운 성취기준을 제대로 익혔는지 점검하고, 학습상의 문제점을 파악하여 도움을 주고, 학생의 추후 학습에 대한 방향을 제시한다.
- 적극적인 수업 참여를 유도하기 위해 학습자의 의사소통 활동 참여도를 평가에 반영한다. [기출2012-5]
- 성취기준의 특성을 고려하여 지필 평가와 수행평가 중 보다 적절한 평가 방법을 선정한다.
- 통합 언어 기능에 대한 평가는 교수·학습 과정에서 통합적 과제를 수행하도록 하면서 관찰 평가, 자기 평가, 학생 상호 평가 등 다양한 방법으로 실시한다.
- 정보를 수집하고 종합하는 능력이나 협업하여 의사소통하거나 문제를 해결하는 능력도 평가할 수 있도록 한다.
- 문화 관련 정보 통신 및 기타 교수·학습 자료 탐색과 활용 능력은 수행평가를 통해 가급적 직접 평가 방법을 활용한다.
- 가급적 수행평가는 수업 활동과 연계하여 실시하고, 수업 중에 수행평가가 어떻게 시행될 것인지 구체적으로 계획하여 학생들한테 공지하고, 채점 기준을 구체적으로 마련하여 공정한 평가를 한다.
- 학교 여건, 수준, 특성 등을 감안하여 평가 방법을 선택적으로 활용할 수 있다.

## 중국어 Ⅱ

### 1. 성격

　교통과 정보통신 기술의 비약적 발전에 의하여 세계가 하나의 생활권으로서 각국의 정치, 경제, 기술, 문화 등이 서로 연결되어 있는 오늘날, 외국어 습득과 외국 문화의 이해는 세계 시민이 갖추어야 할 매우 중요한 자질이 되었다. 외국어를 학습하는 것은 외국어로 교류할 수 있는 수단을 갖추는 것뿐만 아니라 동시에 다른 나라 사람들의 사고방식과 문화를 경험할 수 있는 좋은 기회가 된다. 최근 우리나라도 다문화 사회로 점차 변화해 가고 있는데, 다양한 언어와 문화에 대한 이해와 소통을 기반으로 하는 평화롭고 안정적인 공동체를 이루기 위해서도 다양한 외국어 교육은 보다 활성화되어야 한다.

　중국은 넓은 국토와 풍부한 자원, 많은 인구를 가진 나라로서 최근 비약적인 경제 성장을 바탕으로 국제 사회에서 막강한 영향력을 행사하고 있다. 중국어는 세계에서 가장 많은 사람들이 사용하는 언어이자 유엔(UN)의 공식 언어 중 하나이며, 한자 문화권의 대표적인 언어이다. 중국은 역사적으로 오래 전부터 우리나라와 매우 밀접한 관계를 맺어 왔으며, 현재 정치, 경제, 외교, 문화 등 많은 면에서 상호 의존관계가 높은 나라이다. 한중 수교 이후 경제 교류는 물론이고 많은 인적 교류가 이루어지고 있으며, 최근 한류의 영향으로 문화 교류 및 관광도 급속히 확대되는 추세이다. 국제 사회에서 중국의 위상과 우리나라와의 밀접한 관계를 생각할 때 중국어는 우리나라 외국어 교육과정에서 반드시 중요하게 다루어야 할 언어라고 할 수 있다.

　제2외국어 교과는 외국어를 이용한 의사소통 능력과 외국 문화 이해를 통한 세계 시민 의식, 외국어로 된 다양한 정보를 활용할 수 있는 정보 처리 능력 등을 교과의 중요한 역량으로 삼고 있다. 학습자들은 중국어를 배움으로써 중국 사람들과 일상적인 의사소통을 할 수 있는 능력을 갖추고, 중국어로 표현된 문화적 가치와 정보를 향유할 수 있게 될 것이다. 또한 이로써 학습자들은 세상에 대한 견문을 넓히고, 포용과 창조의 덕목을 갖춘 세계 시민으로 성장할 수 있을 것이다.

　'중국어Ⅱ' 과목은 '중국어Ⅰ' 과목에서 습득한 기초적인 언어 내용과 기능을 확장하고 심화하는 과목으로서, 조금 더 높은 수준의 듣기, 말하기, 읽기, 쓰기 활동과 중국 문화에 대한 이해를 통해 의사소통 능력을 한층 배양하는 과목이다.

### 2. 목표

　일상생활에 필요한 다양한 중국어를 습득하고 중국어에 대한 지속적인 흥미와 자신감을 기른다. 또한 중국 문화와 우리 문화의 상호 이해를 통해 중국어로 의사소통하려는 적극적인 태도와 능력을 배양한다.

가. 다양한 의사소통 표현을 이해하고, 상황에 맞게 적극적으로 활용한다.
나. 중국 문화에 대한 이해를 바탕으로 의사소통 능력을 함양하고, 중국 문화와 우리 문화에 대한 상호 이해를 바탕으로 세계 시민으로서의 균형 잡힌 태도와 자세를 기른다.
다. 다양한 매체와 자료를 활용하여 중국어 및 중국에 관한 정보를 조사하고, 중국어로 교류할 수 있는 능력을 기른다.

## 3. 내용 체계 및 성취기준

### 가. 내용 체계

| 영역 | 핵심 요소 | 내용 | 기능 |
|---|---|---|---|
| 언어적 내용 | 발음 및 문자 | • 현대 표준 중국어의 발음 및 한어병음<br>• 한자(간화자 포함) | • 발음을 듣고 의미 파악하기<br>• 질문에 대답하기<br>• 상황에 맞게 말하기<br>• 정확하게 소리 내어 읽기<br>• 읽고 의미 파악하기<br>• 읽고 대의 파악하기<br>• 정보 채워 넣기<br>• 서식에 맞추어 글쓰기<br>• 짧은 글 쓰기 |
| | 어휘 | • 의사소통에 필요한 어휘의 의미<br>* [별표Ⅱ]에 제시된 기본 어휘를 중심으로 800개 내외의 낱말을 사용한다. | |
| | 문법 | • 중국어의 다양한 어순<br>• 기능어 및 상용 어휘의 용법<br>• 각종 구문 및 문장 간의 연결<br>* [별표Ⅰ]에 제시된 의사소통 기본 표현 및 [별표Ⅱ]에 제시된 기본 어휘표를 참고한다. | |
| | 의사소통 표현 | • 사교의 표현, 감정 및 의사 표현, 사실 및 정보 전달, 요구 및 승낙 표현, 생활 관련 표현 등 의사소통 능력을 효율적으로 기를 수 있는 내용<br>* [별표Ⅰ]에 제시된 의사소통 기본 표현을 참고한다. | |
| 문화적 내용 | 문화 | • 중국 개관<br>• 언어 문화<br>• 생활 문화<br>• 예술 문화<br>• 전통 문화<br>* 이 외에 인물, 지리, 역사, 자연 등도 다룰 수 있다.<br>* '중국어Ⅰ'의 내용에 준하되, 필요에 따라 심화된 내용을 다룰 수 있다. | • 의사소통 상황에 적용하기<br>• 모둠 활동하기<br>• 체험하여 이해하기<br>• 상호 비교하기<br>• 조사하여 설명하기 |

## 나. 성취기준

(1) 듣기

> [12중Ⅱ-01-01] 낱말이나 관용적 표현을 듣고 의미를 파악한다.
> [12중Ⅱ-01-02] 의사소통 표현이나 문장 등을 듣고 의미를 파악한다.
> [12중Ⅱ-01-03] 짧은 글이나 대화를 듣고 맥락을 파악한다.

(가) 학습 요소 : 기본 어휘표, 의사소통 기본 표현
- 사교의 표현 : 만남, 인적 사항, 연락처, 약속, 축하/기원, 헤어짐
- 감정 및 의사 표현 : 감사, 사과, 기쁨/즐거움, 만족/불만, 동의/반대, 칭찬/감탄, 걱정/위로, 책망, 놀람/의외
- 사실 및 정보 전달 : 묘사, 설명, 경험, 비교, 선택, 추측, 조건
- 요구 및 승낙 표현 : 명령/금지, 부탁, 건의/제안, 승낙/거절
- 생활 관련 표현 : 시간, 날짜/요일, 날씨, 구매, 식사, 건강, 통신, 취미, 장소/교통, 학교생활

(나) 성취기준 해설
- 낱말이나 관용적 표현, 의사소통 표현, 짧은 글이나 대화문 등을 듣고 의미를 파악한다.

(다) 교수·학습 방법 및 유의 사항
① 교수·학습 방법
- 낱말이나 관용적 표현을 반복하여 듣고 의미를 찾게 한다.
- 관용적 표현이나 의사소통 표현을 듣고 모둠별로 내용을 질문하고 답하게 한다.
- 의사소통 표현이 활용된 간단한 영상을 보고 내용을 유추하게 한다.
- 짧은 글이나 대화를 듣고 흐름에 맞게 순서를 배열하게 한다.

② 유의 사항
- 듣기 영역은 듣고 말하기, 듣고 쓰기 등과 같이 다른 언어 기능의 성취기준과 통합하여 활용할 것을 권장한다.

(라) 평가 방법 및 유의 사항
- 낱말이나 관용적 표현을 듣고 발음과 의미를 정확하게 파악할 수 있는지를 평가한다.
- 의사소통 표현이나 문장 등을 듣고 상황과 의미를 정확하게 파악하는지를 평가한다.
- 짧은 글이나 대화를 듣고 흐름에 맞게 순서를 배열할 수 있는지를 평가한다.
- 짧은 글이나 대화를 듣고 관련된 정보를 파악할 수 있는지를 평가한다.

(2) 말하기

> [12중Ⅱ-02-01] 발음 및 억양에 유의하여 문장을 정확한 발음으로 말한다.
> [12중Ⅱ-02-02] 개인 및 일상생활에 관한 비교적 긴 질문을 듣고 상황에 맞게 대답한다.
> [12중Ⅱ-02-03] 의사소통 표현이나 문장 등을 상황에 맞게 자연스럽게 말한다.
> [12중Ⅱ-02-04] 일상생활에서 요구되는 비교적 긴 대화를 자연스럽게 표현한다.

(가) 학습 요소 : 기본 어휘표, 의사소통 기본 표현
- 사교의 표현 : 만남, 인적 사항, 연락처, 약속, 축하/기원, 헤어짐
- 감정 및 의사 표현 : 감사, 사과, 기쁨/즐거움, 만족/불만, 동의/반대, 칭찬/감탄, 걱정/위로, 책망, 놀람/의외
- 사실 및 정보 전달 : 묘사, 설명, 경험, 비교, 선택, 추측, 조건
- 요구 및 승낙 표현 : 명령/금지, 부탁, 건의/제안, 승낙/거절
- 생활 관련 표현 : 시간, 날짜/요일, 날씨, 구매, 식사, 건강, 통신, 취미, 장소/교통, 학교생활

(나) 성취기준 해설
- 발음 및 억양에 유의하여 문장이나 표현을 정확한 발음으로 말한다.
- 비교적 긴 질문을 듣고 적절하게 대답한다.
- 의사소통 표현을 주제나 상황에 맞게 말한다.

(다) 교수·학습 방법 및 유의 사항
- 발음과 억양에 유의하여 비교적 긴 문장을 듣고 정확하게 따라 말하게 한다.
- 비교적 긴 문장을 읽고 상대방에게 내용을 이어 전달하게 한다.
- 질문을 듣고 상황이나 주제에 맞게 대답하게 한다.
- 의사소통 기본 표현을 활용하여 주제와 상황에 맞게 말하게 한다.
- 다양한 의사소통 주제를 활용하여 짝과 함께 묻고 답하는 연습을 하게 한다.
- 의사소통 기본 표현을 바탕으로 유사한 상황을 재구성하여 역할극을 해 보도록 한다.

(라) 평가 방법 및 유의 사항
- 비교적 긴 문장이나 대화를 정확한 발음으로 어순에 맞게 말할 수 있는지를 평가한다.
- 학습한 문장의 내용에 대한 질문에 적절하게 대답할 수 있는지를 평가한다.
- 의사소통 표현이나 문장 등을 상황에 맞게 말할 수 있는지를 평가한다.
- 모둠별 역할을 나누어 의사소통 기본 표현을 상황에 맞춰 활용할 수 있는지 수행평가 등을 통하여 평가한다.

(3) 읽기

> [12중Ⅱ-03-01] 낱말이나 문장을 발음에 유의하여 정확하게 읽는다.
> [12중Ⅱ-03-02] 비교적 긴 문장이나 짧은 글을 읽고 의미나 정보를 파악한다.
> [12중Ⅱ-03-03] 짧은 글이나 대화문을 읽고 주제나 대의를 파악한다.

(가) 학습 요소 : 기본 어휘표, 의사소통 기본 표현
- 사교의 표현 : 만남, 인적 사항, 연락처, 약속, 축하/기원, 헤어짐
- 감정 및 의사 표현 : 감사, 사과, 기쁨/즐거움, 만족/불만, 동의/반대, 칭찬/감탄, 걱정/위로, 책망, 놀람/의외
- 사실 및 정보 전달 : 묘사, 설명, 경험, 비교, 선택, 추측, 조건
- 요구 및 승낙 표현 : 명령/금지, 부탁, 건의/제안, 승낙/거절
- 생활 관련 표현 : 시간, 날짜/요일, 날씨, 구매, 식사, 건강, 통신, 취미, 장소/교통, 학교생활

(나) 성취기준 해설
- 한어병음이나 한자로 표기된 문장을 정확한 발음으로 읽는다.
- 비교적 긴 문장이나 짧은 글, 대화문을 읽고 의미를 파악한다.

(다) 교수·학습 방법 및 유의 사항
- 억양이나 끊어 읽기에 유의하여 문장을 자연스럽게 낭독하게 한다.
- 비교적 긴 문장이나 짧은 글을 읽고 핵심 정보를 간단하게 요약해 보게 한다.
- 짧은 글이나 대화문을 읽고 맥락을 파악하게 한다.
- 짧은 글이나 대화문을 읽고 전체적인 의미를 유추하여 발표하게 한다.

(라) 평가 방법 및 유의 사항 [기출2019-B8]
- 비교적 긴 문장을 소리 내어 정확히 읽을 수 있는지를 평가한다.
- 비교적 긴 문장이나 짧은 글을 읽고 주제와 대의를 파악하는 능력을 평가한다.
- 비교적 긴 문장이나 짧은 글을 읽고 우리말로 정확히 해석할 수 있는지를 평가한다.
- 짧은 글이나 대화문을 단락으로 나눈 뒤, 흩어진 단락의 내용을 유추해 재배열할 수 있는지 평가한다.
- 일상생활에서 사용하는 짧은 실용문을 읽고 내용을 유추하는 능력을 평가한다.

(4) 쓰기

> [12중Ⅱ-04-01] 낱말이나 문장을 한어병음이나 한자로 정확하게 쓴다.
> [12중Ⅱ-04-02] 서식에 맞추어 간단한 글을 작성한다.
> [12중Ⅱ-04-03] 낱말의 용법과 어순에 유의하여 비교적 긴 문장을 정확하게 쓴다.
> [12중Ⅱ-04-04] 주어진 상황에 맞게 짧은 글을 작성한다. [기출2020-B4]

(가) 학습 요소 : 기본 어휘표, 의사소통 기본 표현
- 사교의 표현 : 만남, 인적 사항, 연락처, 약속, 축하/기원, 헤어짐
- 감정 및 의사 표현 : 감사, 사과, 기쁨/즐거움, 만족/불만, 동의/반대, 칭찬/감탄, 걱정/위로, 책망, 놀람/의외
- 사실 및 정보 전달 : 묘사, 설명, 경험, 비교, 선택, 추측, 조건
- 요구 및 승낙 표현 : 명령/금지, 부탁, 건의/제안, 승낙/거절
- 생활 관련 표현 : 시간, 날짜/요일, 날씨, 구매, 식사, 건강, 통신, 취미, 장소/교통, 학교생활

(나) 성취기준 해설
- 한어병음이나 한자로 낱말이나 문장을 정확하게 쓴다.
- 비교적 긴 문장을 어순과 낱말의 용법에 맞추어 작성한다.
- 서식이나 상황에 맞추어 짧은 글을 작성한다.

(다) 교수·학습 방법 및 유의 사항
- 문장을 한어병음이나 한자로 써 보게 한다.
- 조건이나 질문을 제시하여 문장을 완성하게 한다.
- 서식에 맞추어 간단한 글을 작성하게 한다.
- 인터넷 사이트에 중국어로 입력하여 정보를 검색한다.
- 간단한 글이나 대화문을 읽고 질문에 대한 답을 문장으로 적게 한다.
- 학습한 표현을 활용하여 상황에 맞게 문장을 써서 모둠별로 하나의 글을 작성하게 한다.
- 의사소통 기본 표현을 활용하여 주제에 맞는 짧은 글을 쓰게 한다.
- 일상생활, 학교생활 등 다양한 주제를 주고 자신의 생각을 간단하게 작성하게 한다.

(라) 평가 방법 및 유의 사항
- 심화 수준의 낱말이나 문장을 듣고 한어병음이나 한자로 정확히 쓸 수 있는지를 평가한다.

- 비교적 긴 문장을 읽고, 내용을 유추하여 빈칸에 들어갈 알맞은 낱말을 쓸 수 있는지를 평가한다.
- 학습한 내용을 완전한 문장으로 요약하여 쓸 수 있는지를 평가한다.
- 학습한 표현이나 문장을 활용하여 다양한 서식에 맞추어 짧은 글을 작성할 수 있는지를 평가한다.

(5) 문화

> [12중Ⅱ-05-01] 중국 문화를 이해하고 의사소통 상황에 적용하여 표현한다.
> [12중Ⅱ-05-02] 다양한 활동을 통해 중국 문화를 체험하고 이해한다.
> [12중Ⅱ-05-03] 중국 문화에 대해 조사해 보고 이를 설명한다.
> [12중Ⅱ-05-04] 중국 문화에 대한 다양한 자료를 활용하여 모둠 활동에 참여한다.
> [12중Ⅱ-05-05] 중국 문화와 우리나라 문화를 비교하고 문화의 다양성을 존중하는 태도를 갖는다.

(가) 학습 요소 : 기본 어휘표, 의사소통 기본 표현, 문화 관련 내용
- 언어 문화, 생활 문화, 예술 문화, 전통 문화 등을 다루되 중국어 Ⅰ보다 심화된 내용을 다룬다.
- 인물, 지리, 역사, 자연, 사회 문제, 가치관 등도 다룰 수 있다.

(나) 성취기준 해설
- 중국 문화의 다양성에 대하여 조사하고 이해한다.
- 중국 문화와 우리 문화를 상호 비교하면서 문화의 다양성을 존중하는 태도를 기른다.
- 중국 문화에 대한 이해를 바탕으로 기초적인 의사소통 표현을 상황에 맞게 적용할 수 있다.

(다) 교수·학습 방법 및 유의 사항
- 언어 문화 및 일상생활과 관련된 문화의 특징을 이해하여 의사소통 상황에서 이를 고려하여 말하게 한다.
- 중국의 예술 문화를 감상하고 이에 대한 감상문을 작성하게 한다.
- 중국의 정책이나 사회 이슈를 조사하고 우리나라와 비교하여 발표나 토론을 진행한다.
- 한·중 양국 문화를 비교하여 발표나 토론을 진행한다.
- 중국의 경제, 사회, 문화 등의 분야를 나누고 모둠별로 중국 신문을 만들어 발표한다.

(라) 평가 방법 및 유의 사항
- 중국 문화에 대한 짧은 글을 읽고, 요약하거나 정리하여 중국어로 발표할 수 있는지를 평가한다.

- 학습한 문화 주제의 한·중 문화 비교를 통해, 한국어로 자신의 입장이나 의견을 논리적으로 기술할 수 있는지를 평가한다.
- 인터넷을 활용해 학습한 문화 주제 관련 정보를 검색하여 발표할 수 있는지를 평가한다.
- 모둠별 협동 학습을 통하여 창의적인 중국 문화 소개 자료를 만들 수 있는지를 평가한다.

## 4. 교수·학습 및 평가의 방향

### 가. 교수·학습 방향

(1) 교육과정의 성격과 목표에 맞도록 교수·학습 계획을 수립한다.
- 협력을 통해 공통 과제를 해결하는 경험을 하도록 하고, 이를 통해 타인에 대한 배려와 공동체 의식 함양 등 인성 교육을 강화할 수 있는 방법도 고려한다.
- 의사소통 능력 신장을 통해 상호 이해의 폭을 넓히고 더불어 개인의 창의성 계발이 함께 이루어지도록 한다.
- 교수·학습의 궁극적 목표가 의사소통 기능의 습득이 되도록 교수·학습 계획을 수립한다.
- 중국 문화에 대한 이해를 통하여 다양한 가치를 존중하는 세계 시민으로서의 자세를 가질 수 있게 한다.

(2) 학습 내용을 분석하여 교수·학습 계획을 수립한다.
- 듣기, 말하기, 읽기, 쓰기의 4가지 기능을 유기적으로 연계하여 지도하는 통합적 교수·학습 방식을 지향한다.
- 학습한 내용을 실제 상황에 활용할 수 있도록 학습 활동을 주제 및 상황별로 전개한다.
- 의사소통 중심의 연습과 반복을 통해 학습한 내용을 다양한 일상적 상황에 맞게 적극적으로 활용할 수 있도록 한다.
- 문화적 내용을 소재로 하여 언어 기능을 연습하는 등 언어 기능과 문화의 통합적 교수·학습을 지향한다.
- 학생의 성취수준과 학습 동기를 고려한 학습자 중심의 교수·학습 계획을 수립한다.
- 한국어 사용을 줄이고 중국어를 최대한으로 활용한 주제 및 상황별 학습을 진행하여 실제 의사소통 능력을 배양한다.

(3) 학습 동기 유발 방법, 활동 유형(개인, 짝, 모둠, 전체), 학생 중심 수업 활동, 수업 내용 확인 활동 등이 포함되도록 교수·학습 계획을 수립한다.
- 학생들의 외국어 사용 능력, 학습 유형 및 전략 등을 고려하여 학생 중심의 수업 활동이 이루어지도록 다양한 교수·학습 방법을 선정한다.

- 학생들의 동기를 유발하고 흥미와 자신감을 기를 수 있도록 역할극, 게임, 노래 등을 활용한다.
- 짝 활동, 모둠 활동 등의 상호작용을 적극 활용하여 학생들의 자발적 참여를 유도한다.
- 정보 통신 기술 및 기타 다양한 교수·학습 자료들을 학생들 스스로 활용하여 중국 문화를 이해하도록 수업을 전개한다.
- 학생 중심의 과제 및 체험 학습을 통해 자기 주도적 학습이 이루어지도록 한다.
- 자발적인 학습 상황을 전개하여 자유로운 분위기에서 발표할 수 있도록 한다.
- 학습 효과를 높일 수 있도록 그림이나 사진, 녹음 자료, 동영상 등의 각종 시청각 자료 및 컴퓨터나 인터넷을 이용한 자료를 적극 활용한다.
- 학교 여건, 수준, 특성 등을 감안하여 교수·학습 방법을 선택적으로 활용할 수 있다.

**나. 평가 방향**

(1) 교육과정의 성격과 목표에 맞도록 평가 계획을 수립한다.
- 교수·학습 방법의 기본 방향인 인성 교육, 의사소통 능력 신장, 세계 시민 의식 배양에 기반을 두고 평가 방향을 정한다.
- 평가의 객관성을 유지하기 위해 명확한 평가 기준을 사전에 설정한다.
- 평가 결과는 개별 지도에 활용하는 한편, 향후 교수·학습 계획에 반영한다.
- 포트폴리오를 활용하여 학습 과정에 대한 기록을 남기고 자기 평가 자료로 활용한다.

(2) 학습 내용을 분석하여 평가 계획을 수립한다.
- 기본 어휘와 의사소통 기본 표현을 중심으로 일상생활과 관련된 기초적인 중국어를 이해하고 표현하는 언어 활용 능력을 평가한다.
- 성취기준 도달 여부를 확인하기 위한 형성 평가를 수시로 실시하여 교수·학습의 일환으로서의 평가가 되도록 한다.
- 평가 문항은 성취기준에 근거하여 개발함으로써 평가를 통해 학생들의 성취기준 도달 여부를 알 수 있도록 한다.
- 지엽적이고 예외적인 사항보다는 기본적이고 중요한 사항을 중심으로 평가한다.
- 단순한 암기 능력이 아닌 지식 활용 능력을 평가할 수 있도록 실생활과 관련된 내용과 상황을 문항의 소재로 활용한다.
- 학습 활동의 성격에 따라 유창성과 정확성의 비중을 탄력적으로 조절한다.
- 학습한 내용을 중심으로 듣기, 말하기, 읽기, 쓰기 능력을 고르게 평가한다.
- 개별 언어 기능에 대한 평가와 더불어 통합 언어 기능에 대한 평가도 적절히 시행한다.
- 문화에 대한 평가는 기초적인 지식뿐만 아니라 의사소통과 관련된 문화 내용을 잘 이해하고 있는지 여부를 중점적으로 평가한다.

(3) 학습 동기 유발 방법, 활동 유형(개인, 짝, 모둠, 전체), 학생 중심 수업 활동, 수업 내용 확인 활동 등이 포함되도록 평가 계획을 수립한다.
- 교수·학습이 진행되는 도중에 형성 평가를 실시함으로써 학생이 배운 성취기준을 제대로 익혔는지 점검하고, 학습상의 문제점을 파악하여 도움을 주고, 학생의 추후 학습에 대한 방향을 제시한다.
- 적극적인 수업 참여를 유도하기 위해 학습자의 의사소통 활동 참여도를 평가에 반영한다.
- 성취기준의 특성을 고려하여 지필 평가와 수행평가 중 보다 적절한 평가 방법을 선정한다.
- 통합 언어 기능에 대한 평가는 교수·학습 과정에서 통합적 과제를 수행하도록 하면서 관찰 평가, 자기 평가, 학생 상호 평가 등 다양한 방법으로 실시한다.
- 정보를 수집하고 종합하는 능력이나 협업하여 의사소통하거나 문제를 해결하는 능력도 평가할 수 있도록 한다.
- 문화 관련 정보 통신 및 기타 교수·학습 자료 탐색과 활용 능력은 수행평가를 통해 가급적 직접 평가 방법을 활용한다.
- 수행평가는 가급적 수업 활동과 연계하여 실시하고, 수업 중에 수행평가가 어떻게 시행될 것인지 구체적으로 계획하여 학생들한테 공지하고, 채점 기준을 구체적으로 마련하여 공정한 평가를 한다.
- 학교 여건, 수준, 특성 등을 감안하여 평가 방법을 선택적으로 활용할 수 있다.

[별표 I]

## [의사소통 기본 표현]

○ 다음은 고등학교 교육과정에서 이수하기를 권장하는 의사소통 기본 표현이다. 여기에 제시되지 않는 상황이나 주제도 설정할 수 있다.
○ 다음에 제시된 의사소통 기본 표현은 문장의 구조, 문장의 종류, 기타 문법에 관한 사항을 참고할 수 있도록 하였다.

### 1. 사교의 표현

| | | |
|---|---|---|
| 가. 만남 | | 你好！<br>好久不见！<br>最近怎么样？<br>早上好！<br>我来介绍一下，这位是张老师。<br>认识你很高兴。<br>欢迎！欢迎！ |
| 나. 인적 사항 | | 你叫什么名字？/ 我叫○○○。<br>您贵姓？/ 我姓○。<br>你多大了？/ 我今年十七岁。<br>他今年多大年纪了？<br>你弟弟几岁了？<br>你是哪国人？/ 我是韩国人。<br>我是○○高中二年级的学生。 |
| 다. 연락처 | | 你的手机号码是多少？<br>你的邮件地址是什么？<br>我怎么跟你联系？ |
| 라. 약속 | | 咱们什么时候见面？<br>下午两点在学校门口见，不见不散。 |
| 마. 축하, 기원<br>[기출2012-3] | | 祝你生日快乐！<br>祝贺你！<br>新年快乐！<br>恭喜恭喜！ |

| | | |
|---|---|---|
| 바. 헤어짐 | | 再见！<br>明天见！<br>时间不早了，该回家了。<br>我走了。／ 慢走。 |

## 2. 감정 및 의사 표현 [기출2021-A1]

| | | |
|---|---|---|
| 가. 감사 | | 谢谢！／ 不谢！<br>太感谢你了！／ 不客气！<br>非常感谢您帮助我。 |
| 나. 사과 [기출2012-3] | | 对不起。／ 没关系。<br>真抱歉，我来晚了。 |
| 다. 기쁨, 즐거움<br>[기출2021-A1] | | 太高兴了！<br>今天玩儿得很开心。 |
| 라. 만족, 불만 | | 我觉得不错。<br>挺好的。<br>还行。<br>好是好，不过有点儿贵。 |
| 마. 동의, 반대 | | 我也这么想。<br>可不是嘛！<br>我听你的！<br>我不同意你的意见。 |
| 바. 칭찬, 감탄<br>[기출2014-1] | | 你汉语说得不错！／ 哪儿啊。<br>真棒！<br>好极了！ |
| 사. 걱정, 위로 | | 我怕做不好。<br>加油！<br>别担心。 |
| 아. 책망 [기출2011-6] | | 你怎么现在才来？<br>你为什么不接电话？<br>你不该这么做。 |

자. 놀람, 의외

真的吗？
怎么回事？
真没想到！
真是太突然了！

## 3. 사실 및 정보 전달

가. 묘사 [기출2020-A1]
[기출2019-B1][기출2009-2]
[기출2006-1]

他人很好。
教室里干干净净的。
那里的风景美极了。

나. 설명 [기출2012-3]

我们班有三十个学生。
我是从韩国来的。
我昨天在网上买了一些书。

다. 경험
[기출2019-B1][기출2006-1]

你去过中国吗？
这部电影我看过两遍。
我以前没吃过北京烤鸭。

라. 비교
[기출2009-2][기출2006-1]

这个跟那个一样大。
哪个更好？
哥哥比我大三岁。
今天没有昨天暖和。

마. 선택

在这儿吃还是带走？
喝咖啡或者喝绿茶都可以。
不是你去，就是我去。

바. 추측 [기출2020-A1]

他会来的。
说不定他已经到了。
今天他没来，可能病了。
看样子，要下雪。

사. 조건

要是有空，就去看一下吧。
明天不下雨，我就去。
有问题的话，就来找我。

## 4. 요구 및 승낙 표현

가. 명령, 금지
: 站起来！
你得好好儿听课。
不要迟到。
上课别说话。
请勿拍照。

나. 부탁
: 请把门关好。
麻烦你帮我照张相。
借我用用，行不行？
你能教教我吗？

다. 건의, 제안
[기출2012-3]
: 多喝点儿水。
最好明天去。
你来我家玩儿吧。
我们一起去，怎么样？

라. 승낙, 거절
[기출2019-B1][기출2013-2]
[기출2012-3][기출2006-1]
: 好吧。
没问题。
不行。
不好意思，我有事，去不了。

## 5. 생활 관련 표현

가. 시간
: 现在几点了？/ 八点二十分。
我每天早上六点起床。
我来北京已经一年多了。
你汉语学了多长时间了？

나. 날짜, 요일
: 今天星期几？
你的生日是几月几号？
你是哪年出生的？

다. 날씨
: 今天天气怎么样？/ 晴转多云。
外面下着雨。
今天最高气温是多少度？
春天风沙很大。

| | |
|---|---|
| 라. 구매 | 这个多少钱一斤？<br>苹果怎么卖？<br>有没有大一点儿的？<br>便宜点儿吧。<br>可以试试吗？<br>我要两个。<br>一共一百八。<br>找您五块钱。 |
| 마. 식사 | 你想吃点儿什么？你来点吧。<br>我爱吃辣的。<br>来一碗牛肉面。<br>请慢用。<br>我已经吃饱了，不吃了。<br>尝尝这个菜，味道怎么样？ |
| 바. 건강 | 你哪儿不舒服？<br>有点儿头疼。<br>不用打针，吃点儿药就行。<br>这药怎么吃？一天三次，一次两片。<br>早睡早起身体好。 |
| 사. 통신 | 喂！是王老师吗？/ 我就是。您是哪一位？<br>请稍等。<br>你打错了。<br>我给你发短信。<br>你上网查查。<br>我发的邮件收到了吗？ |
| 아. 취미 | 你有什么爱好？<br>我不会打太极拳，我想学。<br>我是一个棒球迷。 |
| 자. 장소, 교통 | 请问，地铁站怎么走？<br>洗手间在哪儿？ |

|  |  |
|---|---|
|  | 一直走，到十字路口往右拐。<br>走十分钟就到了。<br>我是坐火车来的。<br>来不及了，打车去吧。<br>路上堵车了。<br>电影院离这儿不太远，我们走着去吧。 |
| 차. 학교생활 | 下星期就要考试了。<br>她去图书馆借书。<br>谁教你们汉语？<br>我忘了带作业。<br>这个字怎么念？<br>老师，请再说一遍！ |

[별표 Ⅱ]

# [기본 어휘표]

○ 이 표에 제시된 기본 어휘의 사용을 권장한다.
○ 낱말은 발음, 의미, 기능의 차이가 있더라도 형태를 기준으로 한 번만 제시한다. [기출2010-7]
○ 아래의 경우는 기본 어휘로 간주한다.
   - 수사(기수, 서수, 자릿수). 예) '一', '两', '零', '一百', '第一', '千', '万', '亿' 등
   - 요일, 계절, 명절, 기념일 등을 나타내는 낱말. 예) '星期天', '礼拜一', '春天', '中秋节', '国庆节' 등
   - 고유명사(인명, 지명, 국가명, 언어명 등).
   - 단음절 방위사 및 이것과 '边', '面', '头'가 결합된 방위사. 예) '东', '前', '左', '里', '东边', '上面', '里头' 등
   - 복합방향보어. 예) '~上来', '~上去', '~起来', '~过去' 등
   - '们'이 결합된 낱말. 예) '我们', '他们', '咱们' 등
○ 기본 어휘가 결합하여 만들어진 낱말이 원래 낱말의 의미를 그대로 유지하는 경우는 기본 어휘로 간주한다. 예) '头疼', '开门', '早饭', '绿茶', '冷水', '不行', '不够' 등
○ 기본어휘에 포함된 '이합사(离合词)'가 형태소를 분리하여 사용될 경우 각각 기본어휘로 간주한다. [기출2010-7]
○ 기본어휘에 포함된 중첩어는 각 형태소도 기본어휘로 간주한다. 예) '谢谢', '妈妈' 등
○ 기본어휘에 접미사 '儿'이 부가되거나 생략되더라도 기본어휘로 간주한다. 예) '花儿', '鸟儿', '一点儿' 등
\* 기본 어휘표에 제시된 발음 표기는 『现代汉语词典』(제6판)에 따라 제시함.
   단, 발음 중 방언, 성씨 등 일상생활에서 거의 사용하지 않는 것은 제외함.

| | | | | | |
|---|---|---|---|---|---|
| 啊 | ā, á, ǎ, ·a | 搬 | bān | 饱 | bǎo |
| 矮 | ǎi | 半 | bàn | 抱 | bào |
| 爱 | ài | 办 | bàn | 报 | bào |
| 爱好 | àihào | 办法 | bànfǎ | 报名 | bào//míng |
| 安静 | ānjìng | 办公室 | bàngōngshì | 抱歉 | bàoqiàn |
| 安排 | ānpái | 帮忙 | bāng//máng | 杯 | bēi |
| 吧 | ba | 帮助 | bāngzhù | 杯子 | bēi·zi |
| 把 | bǎ | 棒 | bàng | 倍 | bèi |
| 爸爸 | bà·ba | 棒球 | bàngqiú | 被 | bèi |
| 白 | bái | 包 | bāo | 本 | běn |
| 班 | bān | 包子 | bāo·zi | 本来 | běnlái |

| | | | | | |
|---|---|---|---|---|---|
| 鼻子 | bí·zi | 层 | céng | 传统 | chuántǒng |
| 比 | bǐ | 差 | chā, chà, chāi | 窗户 | chuāng·hu |
| 比较 | bǐjiào | 茶 | chá | 床 | chuáng |
| 比如 | bǐrú | 查 | chá | 词 | cí |
| 比赛 | bǐsài | 差不多 | chà·buduō | 词典 | cídiǎn |
| 必须 | bìxū | 长 | cháng, zhǎng | 次 | cì |
| 毕业 | bì//yè | 常 | cháng | 聪明 | cōng·míng |
| 边 | biān, ·bian | 常常 | chángcháng | 从 | cóng |
| 遍 | biàn | 尝 | cháng | 错 | cuò |
| 变化 | biànhuà | 场 | chǎng | 打 | dǎ |
| 表示 | biǎoshì | 唱 | chàng | 打开 | dǎ//kāi |
| 表演 | biǎoyǎn | 超市 | chāoshì | 打算 | dǎ·suàn |
| 别 | bié | 炒 | chǎo | 打招呼 | dǎ zhāo·hu |
| 别人 | biérén | 车 | chē | 打针 | dǎ//zhēn |
| 病 | bìng | 车站 | chēzhàn | 大 | dà |
| 不 | bù | 成绩 | chéngjì | 大概 | dàgài |
| 不但 | bùdàn | 城市 | chéngshì | 大家 | dàjiā |
| 部分 | bù·fen | 吃 | chī | 大学 | dàxué |
| 不过 | bùguò | 迟到 | chídào | 大衣 | dàyī |
| 不好意思 | bù hǎoyì·si | 出 | chū | 戴 | dài |
| 擦 | cā | 出发 | chūfā | 带 | dài |
| 猜 | cāi | 出生 | chūshēng | 大夫 | dài·fu |
| 才 | cái | 出现 | chūxiàn | 担心 | dān//xīn |
| 菜 | cài | 初中 | chūzhōng | 但是 | dànshì |
| 菜单 | càidān | 出租(汽)车 | | 当然 | dāngrán |
| 参观 | cānguān | | chūzū (qì)chē | 当 | dāng, dàng |
| 参加 | cānjiā | 厨房 | chúfáng | 倒 | dǎo, dào |
| 餐厅 | cāntīng | 除了 | chú·le | 到 | dào |
| 操场 | cāochǎng | 穿 | chuān | 得 | dé, ·de, děi |
| 草 | cǎo | 船 | chuán | 的 | ·de |

| | | | | | |
|---|---|---|---|---|---|
| 地 | ·de, dì | 度 | dù | 放 | fàng |
| 的话 | ·dehuà | 短 | duǎn | 放心 | fàng//xīn |
| 灯 | dēng | 短信 | duǎnxìn | 非常 | fēicháng |
| 等 | děng | 段 | duàn | 飞机 | fēijī |
| 低 | dī | 锻炼 | duànliàn | 分 | fēn |
| 弟弟 | dì·di | 对 | duì | 封 | fēng |
| 地方 | dì·fāng | 队 | duì | 风 | fēng |
| 地铁 | dìtiě | 对不起 | duì·buqǐ | 风景 | fēngjǐng |
| 地图 | dìtú | 多 | duō | 风沙 | fēngshā |
| 地址 | dìzhǐ | 多么 | duō·me | 服务员 | fúwùyuán |
| 点 | diǎn | 多少 | duō·shǎo | 附近 | fùjìn |
| 点心 | diǎn·xin | 饿 | è | 父母 | fùmǔ |
| 店 | diàn | 而且 | érqiě | 复习 | fùxí |
| 电话 | diànhuà | 儿子 | ér·zi | 负责 | fùzé |
| 电脑 | diànnǎo | 耳朵 | ěr·duo | 该 | gāi |
| 电视 | diànshì | 发烧 | fā//shāo | 干 | gān, gàn |
| 电梯 | diàntī | 发现 | fāxiàn | 干净 | gānjìng |
| 电影 | diànyǐng | 发音 | fāyīn | 敢 | gǎn |
| 电影院 | diànyǐngyuàn | 发展 | fāzhǎn | 感到 | gǎndào |
| 电子邮件 | diànzǐ yóujiàn | 发 | fā | 赶快 | gǎnkuài |
| 掉 | diào | 翻译 | fānyì | 感冒 | gǎnmào |
| 顶 | dǐng | 反对 | fǎnduì | 感谢 | gǎnxiè |
| 丢 | diū | 饭 | fàn | 刚 | gāng |
| 东西 | dōng·xi | 饭店 | fàndiàn | 刚才 | gāngcái |
| 懂 | dǒng | 方便 | fāngbiàn | 高 | gāo |
| 动物 | dòngwù | 方法 | fāngfǎ | 高考 | gāokǎo |
| 都 | dōu, dū | 方面 | fāngmiàn | 高兴 | gāoxìng |
| 读 | dú | 方向 | fāngxiàng | 高中 | gāozhōng |
| 堵车 | dǔ//chē | 房间 | fángjiān | 告诉 | gào·su |
| 肚子 | dù·zi | 访问 | fǎngwèn | 歌 | gē |

| | | | | | |
|---|---|---|---|---|---|
| 哥哥 | gē·ge | 还 | hái, huán | 换 | huàn |
| 个 | gè | 还是 | hái·shi | 黄 | huáng |
| 各 | gè | 孩子 | hái·zi | 回 | huí |
| 个子 | gè·zi | 寒假 | hánjià | 回答 | huídá |
| 给 | gěi | 好 | hǎo, hào | 会 | huì |
| 跟 | gēn | 好处 | hǎochù | 活动 | huódòng |
| 更 | gèng | 好久 | hǎojiǔ | 火车 | huǒchē |
| 工夫 | gōng·fu | 好看 | hǎokàn | 或者 | huòzhě |
| 公交车 | gōngjiāochē | 好听 | hǎotīng | 机场 | jīchǎng |
| 公斤 | gōngjīn | 好像 | hǎoxiàng | 鸡 | jī |
| 公里 | gōnglǐ | 号 | hào | 鸡蛋 | jīdàn |
| 公司 | gōngsī | 好吃 | hǎochī | 机会 | jīhuì |
| 恭喜 | gōngxǐ | 号码 | hàomǎ | 极 | jí |
| 公园 | gōngyuán | 喝 | hē | 急 | jí |
| 工作 | gōngzuò | 和 | hé | 几 | jǐ |
| 狗 | gǒu | 河 | hé | 寄 | jì |
| 够 | gòu | 合适 | héshì | 季节 | jìjié |
| 故事 | gù·shi | 黑 | hēi | 既然 | jìrán |
| 刮 | guā | 黑板 | hēibǎn | 继续 | jìxù |
| 挂 | guà | 很 | hěn | 家 | jiā |
| 拐 | guǎi | 红 | hóng | 加油 | jiā//yóu |
| 关 | guān | 后来 | hòulái | 价格 | jiàgé |
| 关系 | guān·xi | 后天 | hòutiān | 检查 | jiǎnchá |
| 关心 | guānxīn | 互相 | hùxiāng | 简单 | jiǎndān |
| 关于 | guānyú | 护照 | hùzhào | 间 | jiān, jiàn |
| 广播 | guǎngbō | 花 | huā | 见 | jiàn |
| 贵 | guì | 画 | huà | 件 | jiàn |
| 国 | guó | 话 | huà | 健康 | jiànkāng |
| 国家 | guójiā | 坏 | huài | 见面 | jiàn//miàn |
| 过 | guò, ·guo | 欢迎 | huānyíng | 将来 | jiānglái |

| | | | | | |
|---|---|---|---|---|---|
| 讲 | jiǎng | 京剧 | jīngjù | 课 | kè |
| 交 | jiāo | 精神 | jīngshén, jīng·shen | 客气 | kè·qi |
| 教 | jiāo, jiào | 久 | jiǔ | 客人 | kè·rén |
| 脚 | jiǎo | 旧 | jiù | 空 | kōng, kòng |
| 角 | jiǎo | 就 | jiù | 空气 | kōngqì |
| 饺子 | jiǎo·zi | 举 | jǔ | 口 | kǒu |
| 叫 | jiào | 句 | jù | 哭 | kū |
| 教室 | jiàoshì | 句子 | jù·zi | 苦 | kǔ |
| 接 | jiē | 觉得 | jué·de | 裤子 | kù·zi |
| 节 | jié | 决定 | juédìng | 块 | kuài |
| 结果 | jiéguǒ, jiē//guǒ | 咖啡 | kāfēi | 快 | kuài |
| 结婚 | jié//hūn | 卡 | kǎ | 快乐 | kuàilè |
| 节目 | jiémù | 开 | kāi | 筷子 | kuài·zi |
| 节日 | jiérì | 开始 | kāishǐ | 矿泉水 | kuàngquánshuǐ |
| 结束 | jiéshù | 开玩笑 | kāi wánxiào | 困难 | kùn·nan |
| 姐姐 | jiě·jie | 开心 | kāixīn | 拉 | lā |
| 解决 | jiějué | 看 | kàn | 辣 | là |
| 借 | jiè | 看见 | kàn//jiàn | 来 | lái |
| 介绍 | jièshào | 考 | kǎo | 来不及 | lái·bují |
| 斤 | jīn | 考试 | kǎo//shì | 蓝 | lán |
| 今年 | jīnnián | 烤鸭 | kǎoyā | 篮球 | lánqiú |
| 今天 | jīntiān | 咳嗽 | ké·sou | 老 | lǎo |
| 紧张 | jǐnzhāng | 渴 | kě | 老虎 | lǎohǔ |
| 进 | jìn | 可 | kě | 老师 | lǎoshī |
| 近 | jìn | 可爱 | kě'ài | 了 | ·le, liǎo |
| 进步 | jìnbù | 可能 | kěnéng | 累 | lèi |
| 精彩 | jīngcǎi | 可是 | kěshì | 冷 | lěng |
| 经常 | jīngcháng | 可惜 | kěxī | 离 | lí |
| 经过 | jīngguò | 可以 | kěyǐ | 梨 | lí |
| 经济 | jīngjì | 刻 | kè | 离开 | lí//kāi |

| | | | | | |
|---|---|---|---|---|---|
| 礼貌 | lǐmào | 马上 | mǎshàng | 哪 | nǎ, ·na |
| 礼物 | lǐwù | 买 | mǎi | 哪里, 哪儿 | |
| 厉害 | lì·hai | 卖 | mài | | nǎ·lǐ, nǎr |
| 历史 | lìshǐ | 馒头 | mán·tou | 那 | nà |
| 连 | lián | 满 | mǎn | 那里, 那儿 | |
| 联系 | liánxì | 满意 | mǎnyì | | nà·lǐ, nàr |
| 脸 | liǎn | 慢 | màn | 那么 | nà·me |
| 练 | liàn | 忙 | máng | 那样 | nàyàng |
| 练习 | liànxí | 猫 | māo | 奶奶 | nǎi·nai |
| 凉 | liáng | 毛 | máo | 男 | nán |
| 凉快 | liáng·kuai | 帽子 | mào·zi | 难过 | nánguò |
| 辆 | liàng | 没(有) | méi(·yǒu) | 难 | nán |
| 亮 | liàng | 每 | měi | 呢 | ·ne |
| 聊天 | liáo//tiān | 美 | měi | 内容 | nèiróng |
| 了解 | liǎojiě | 美丽 | měilì | 能 | néng |
| 留 | liú | 妹妹 | mèi·mei | 你 | nǐ |
| 流利 | liúlì | 们 | ·men | 年 | nián |
| 楼 | lóu | 门 | mén | 年级 | niánjí |
| 路 | lù | 门口 | ménkǒu | 年纪 | niánjì |
| 录音 | lùyīn | 迷 | mí | 年轻 | niánqīng |
| 乱 | luàn | 米 | mǐ | 念 | niàn |
| 旅行 | lǚxíng | 米饭 | mǐfàn | 鸟 | niǎo |
| 旅游 | lǚyóu | 面 | miàn | 您 | nín |
| 绿 | lǜ | 面包 | miànbāo | 牛 | niú |
| 绿茶 | lǜchá | 民族 | mínzú | 牛奶 | niúnǎi |
| 嘛 | ·ma | 明白 | míng·bai | 农村 | nóngcūn |
| 吗 | ·ma | 明年 | míngnián | 弄 | nòng |
| 妈妈 | mā·ma | 明天 | míngtiān | 努力 | nǔlì |
| 麻烦 | má·fan | 名字 | míng·zi | 暖和 | nuǎn·huo |
| 马 | mǎ | 拿 | ná | 女 | nǚ |

| | | | | | |
|---|---|---|---|---|---|
| 女儿 | nǚ'ér | 气温 | qìwēn | 日 | rì |
| 爬 | pá | 铅笔 | qiānbǐ | 容易 | róngyì |
| 怕 | pà | 钱 | qián | 肉 | ròu |
| 拍 | pāi | 前天 | qiántiān | 如果 | rúguǒ |
| 拍照 | pāi//zhào | 墙 | qiáng | 伞 | sǎn |
| 排球 | páiqiú | 轻 | qīng | 散 | sàn, sǎn |
| 旁边 | pángbiān | 清楚 | qīng·chu | 散步 | sàn//bù |
| 胖 | pàng | 晴 | qíng | 色 | sè |
| 跑 | pǎo | 情况 | qíngkuàng | 晒 | shài |
| 跑步 | pǎo//bù | 请 | qǐng | 山 | shān |
| 泡菜 | pàocài | 请假 | qǐng//jià | 商店 | shāngdiàn |
| 朋友 | péng·you | 请客 | qǐng//kè | 上 | shàng |
| 批评 | pīpíng | 请问 | qǐngwèn | 上课 | shàng//kè |
| 便宜 | pián·yi | 球 | qiú | 上网 | shàng//wǎng |
| 票 | piào | 取 | qǔ | 上午 | shàngwǔ |
| 漂亮 | piào·liang | 去 | qù | 上学 | shàng//xué |
| 苹果 | píngguǒ | 去年 | qùnián | 烧 | shāo |
| 乒乓球 | pīngpāngqiú | 全部 | quánbù | 稍 | shāo |
| 瓶 | píng | 劝 | quàn | 少 | shǎo |
| 平安 | píng'ān | 裙子 | qún·zi | 社会 | shèhuì |
| 破 | pò | 然后 | ránhòu | 深 | shēn |
| 普通话 | pǔtōnghuà | 让 | ràng | 身体 | shēntǐ |
| 骑 | qí | 热 | rè | 什么 | shén·me |
| 奇怪 | qíguài | 热情 | rèqíng | 声 | shēng |
| 旗袍 | qípáo | 人 | rén | 生词 | shēngcí |
| 其实 | qíshí | 人口 | rénkǒu | 生活 | shēnghuó |
| 其他 | qítā | 人民币 | rénmínbì | 生气 | shēngqì, shēng//qì |
| 起 | qǐ | 认识 | rèn·shi | 生日 | shēngrì |
| 起床 | qǐ//chuáng | 认为 | rènwéi | 声音 | shēngyīn |
| 汽车 | qìchē | 认真 | rènzhēn | 省 | shěng |

| | | | | | |
|---|---|---|---|---|---|
| 时候 | shí·hou | 谁 | shéi | 套 | tào |
| 时间 | shíjiān | 水 | shuǐ | 特别 | tèbié |
| 十字路口 | shízì lùkǒu | 水果 | shuǐguǒ | 特点 | tèdiǎn |
| 使用 | shǐyòng | 水平 | shuǐpíng | 疼 | téng |
| 事 | shì | 睡觉 | shuì//jiào | 踢 | tī |
| 是 | shì | 说 | shuō | 提高 | tí//gāo |
| 试 | shì | 说话 | shuōhuà | 体育 | tǐyù |
| 市场 | shìchǎng | 说明 | shuōmíng | 替 | tì |
| 世界 | shìjiè | 死 | sǐ | 天 | tiān |
| 事情 | shì·qing | 送 | sòng | 添 | tiān |
| 收 | shōu | 宿舍 | sùshè | 天气 | tiānqì |
| 收拾 | shōu·shi | 酸 | suān | 甜 | tián |
| 手 | shǒu | 算 | suàn | 条 | tiáo |
| 手表 | shǒubiǎo | 虽然 | suīrán | 条件 | tiáojiàn |
| 首都 | shǒudū | 岁 | suì | 跳舞 | tiào//wǔ |
| 手机 | shǒujī | 所以 | suǒyǐ | 听 | tīng |
| 瘦 | shòu | 所有 | suǒyǒu | 听说 | tīngshuō |
| 输 | shū | 他 | tā | 停 | tíng |
| 书 | shū | 她 | tā | 挺 | tǐng |
| 书包 | shūbāo | 它 | tā | 通过 | tōngguò |
| 书法 | shūfǎ | 台 | tái | 同学 | tóngxué |
| 舒服 | shū·fu | 太 | tài | 同意 | tóngyì |
| 叔叔 | shū·shu | 太极拳 | tàijíquán | 头 | tóu, ·tou |
| 属 | shǔ | 太阳 | tài·yáng | 头发 | tóu·fa |
| 暑假 | shǔjià | 谈 | tán | 头疼 | tóuténg |
| 数 | shǔ, shù | 汤 | tāng | 突然 | tūrán |
| 树 | shù | 糖 | táng | 图书馆 | túshūguǎn |
| 数学 | shùxué | 躺 | tǎng | 脱 | tuō |
| 帅 | shuài | 讨论 | tǎolùn | 袜子 | wà·zi |
| 双 | shuāng | 讨厌 | tǎo//yàn | 外国 | wàiguó |

| 外语 | wàiyǔ | 洗手间 | xǐshǒujiān | 新年 | xīnnián |
| 完 | wán | 洗澡 | xǐ//zǎo | 新闻 | xīnwén |
| 玩 | wán | 下 | xià | 信 | xìn |
| 完成 | wán//chéng | 下课 | xià//kè | 星期 | xīngqī |
| 完全 | wánquán | 下午 | xiàwǔ | 星星 | xīng·xing |
| 碗 | wǎn | 先 | xiān | 行 | xíng, háng |
| 晚 | wǎn | 先生 | xiān·sheng | 行李 | xíng·li |
| 晚会 | wǎnhuì | 咸 | xián | 姓 | xìng |
| 晚上 | wǎn·shang | 洗 | xǐ | 幸福 | xìngfú |
| 往 | wǎng | 现代 | xiàndài | 性格 | xìnggé |
| 网 | wǎng | 现在 | xiànzài | 兴趣 | xìngqù |
| 网站 | wǎngzhàn | 香 | xiāng | 熊猫 | xióngmāo |
| 忘 | wàng | 香蕉 | xiāngjiāo | 休息 | xiū·xi |
| 忘记 | wàngjì | 相信 | xiāngxìn | 需要 | xūyào |
| 喂 | wèi | 想 | xiǎng | 许多 | xǔduō |
| 位 | wèi | 响 | xiǎng | 学 | xué |
| 为 | wéi, wèi | 像 | xiàng | 学生 | xué·shēng |
| 味道 | wèi·dào | 向 | xiàng | 学习 | xuéxí |
| 为了 | wèi·le | 消息 | xiāo·xi | 学校 | xuéxiào |
| 为什么 | wèi shén·me | 小 | xiǎo | 雪 | xuě |
| 文化 | wénhuà | 小姐 | xiǎojiě | 呀 | yā, ·ya |
| 问 | wèn | 小时 | xiǎoshí | 颜色 | yánsè |
| 问好 | wèn//hǎo | 小心 | xiǎoxīn | 严重 | yánzhòng |
| 问题 | wèntí | 小学 | xiǎoxué | 演出 | yǎnchū |
| 我 | wǒ | 笑 | xiào | 眼睛 | yǎn·jing |
| 午饭 | wǔfàn | 些 | xiē | 眼镜 | yǎnjìng |
| 勿 | wù | 鞋 | xié | 样子 | yàng·zi |
| 希望 | xīwàng | 写 | xiě | 要求 | yāoqiú |
| 习惯 | xíguàn | 谢谢 | xiè·xie | 药 | yào |
| 喜欢 | xǐ·huan | 新 | xīn | 要 | yào |

| | | | | | |
|---|---|---|---|---|---|
| 要紧 | yàojǐn | 因为 | yīn·wèi | 运动 | yùndòng |
| 要是 | yào·shi | 音乐 | yīnyuè | 杂志 | zázhì |
| 爷爷 | yé·ye | 银行 | yínháng | 再 | zài |
| 也 | yě | 应该 | yīnggāi | 在 | zài |
| 也许 | yěxǔ | 赢 | yíng | 再见 | zàijiàn |
| 页 | yè | 影响 | yǐngxiǎng | 脏 | zāng, zàng |
| 一般 | yībān | 永远 | yǒngyuǎn | 早 | zǎo |
| 一边 | yībiān | 用 | yòng | 早上 | zǎo·shang |
| 一点儿 | yīdiǎnr | 用功 | yònggōng | 怎么 | zěn·me |
| 一定 | yīdìng | 邮件 | yóujiàn | 怎么样 | zěn·meyàng |
| 衣服 | yī·fu | 邮局 | yóujú | 增加 | zēngjiā |
| 一共 | yīgòng | 游戏 | yóuxì | 炸酱面 | zhájiàngmiàn |
| 一会儿 | yīhuìr | 游泳 | yóu//yǒng | 站 | zhàn |
| 一起 | yīqǐ | 有 | yǒu | 张 | zhāng |
| 一切 | yīqiè | 有点儿 | yǒudiǎnr | 着急 | zháo//jí |
| 医生 | yīshēng | 有名 | yǒu//míng | 找 | zhǎo |
| 一下 | yīxià | 有意思 | yǒu yì·si | 照顾 | zhàogù |
| 一样 | yīyàng | 又 | yòu | 照片 | zhàopiàn |
| 医院 | yīyuàn | 鱼 | yú | 照相机 | zhàoxiàngjī |
| 一直 | yīzhí | 愉快 | yúkuài | 着 | ·zhe, zháo |
| 以后 | yǐhòu | 雨 | yǔ | 这 | zhè |
| 已经 | yǐjīng | 元 | yuán | 这里, 这儿 | zhè·lǐ, zhèr |
| 以前 | yǐqián | 原来 | yuánlái | | |
| 以外 | yǐwài | 原谅 | yuánliàng | 这么 | zhè·me |
| 以为 | yǐwéi | 远 | yuǎn | 这样 | zhèyàng |
| 椅子 | yǐ·zi | 愿意 | yuàn·yì | 真 | zhēn |
| 意见 | yì·jiàn | 约 | yuē | 正在 | zhèngzài |
| 艺术 | yìshù | 月 | yuè | 之 | zhī |
| 意思 | yì·si | 月亮 | yuè·liang | 支 | zhī |
| 阴 | yīn | 云 | yún | 知道 | zhī·dào |

| | | | | | |
|---|---|---|---|---|---|
| 只 | zhī, zhǐ | 猪 | zhū | 走 | zǒu |
| 纸 | zhǐ | 主要 | zhǔyào | 足球 | zúqiú |
| 只好 | zhǐhǎo | 主意 | zhǔ·yi | 组织 | zǔzhī |
| 只是 | zhǐshì | 住 | zhù | 嘴 | zuǐ |
| 只要 | zhǐyào | 祝 | zhù | 最 | zuì |
| 钟 | zhōng | 祝贺 | zhùhè | 最后 | zuìhòu |
| 中间 | zhōngjiān | 注意 | zhù//yì | 最近 | zuìjìn |
| 中午 | zhōngwǔ | 转 | zhuǎn, zhuàn | 昨天 | zuótiān |
| 中学 | zhōngxué | 准备 | zhǔnbèi | 左右 | zuǒyòu |
| 终于 | zhōngyú | 桌子 | zhuō·zi | 做 | zuò |
| 种 | zhǒng, zhòng | 字 | zì | 坐 | zuò |
| 重 | zhòng, chóng | 自己 | zìjǐ | 座 | zuò |
| 重要 | zhòngyào | 自行车 | zìxíngchē | 作业 | zuòyè |
| 周末 | zhōumò | 总(是) | zǒng(shì) | | |

현재 대학 학부과정으로 중국어 교육학과가 개설된 학교가 거의 없다. 그래서 상대적으로 다른 외국어 교육론에 비하여 중국어 교육론 관련 전공자와 연구가 적은 편이다. 최근에 와서 연구자와 연구가 많이 나오고 있기는 하나 전면적 연구는 아직 미흡하여 앞으로 연구가 많이 필요한 분야인 것으로 보인다. 본서는 수험 교재이기 때문에 시험대비의 편의를 위하여 주요 자료를 모은 성격이 강하다. 중국어 교육론 이론분야에서는 ≪对外汉语教育学引论≫에서 관련 자료들을 위주로 번역 재편집하고, 또 주요 원문을 실었다.

# 제02편

# 중국어 교육론

**제1장** 서론
**제2장** 언어 습득 이론
**제3장** 제2언어 교수법
**제4장** 수업활동과 지도안 작성

## 제 01 장 서론

교육론과 어학개론

## 01 용어 정의

**(1) 제1언어와 제2언어(第一语言和第二语言)**

　　이것은 사람들이 획득하는 언어의 앞뒤 순서에 따라서 구분되는 개념으로, 언어 교학 이론 중에서 가장 많이 사용하는 전문용어이다. 제1언어는 사람이 태어난 이후에 가장 먼저 접촉하고 획득하게 되는 언어이다. 제2언어는 사람들이 제1언어를 획득하고 난 이후에 다시 학습하고 사용하는 다른 하나의 언어이다. 예를 들면, 한국에서 아이들이 태어난 이후 그들의 제1언어는 대부분 한국어이다. 성장하면서 영어 또는 일본어 등의 다른 국가의 언어를 더 학습하게 되면 이것이 바로 그들의 제2언어이다. 어떤 사람은 제3언어, 제4언어를 학습하고 사용할 수 있다. 때로는 어떤 유아가 태어난 이후 동시에 두 가지 혹은 몇 종류의 제1언어를 습득하고, 게다가 이러한 제1언어가 동등하게 숙련되고 활용할 수 있는 정도에 도달하면, 이것은 '이중 언어' 혹은 '다중언어' 현상(双语或多语现象)이라 칭한다.

**(2) 모국어와 외국어(母语和外语)**

　　이것은 국가의 경계에 따라 구분하는 것이다. 모국어는 본국, 본 민족의 언어를 말하고, 외국어는 외국의 언어를 말한다. 일반적인 상황에서 모국어는 사람들의 제1언어이다. 한국 사람들은 대부분 한국어가 모국어이면서 제1언어가 된다고 할 수 있다. 하지만 몇몇 외국에 거주하는 이민자들 경우, 자녀들이 출생한 후 가장 먼저 접촉하고 획득하는 언어는 아마도 이민 국가의 언어이지 모국어가 아니다. 그러므로 제1언어와 모국어 이 두 가지의 개념을 완전히 동등하다고 할 수 없다. 같은 이치로, 제2언어도 반드시 외국어라고 할 수 없다. 국외의 이민자들 예를 들면, 그들의 자녀들이 현지 언어를 제1언어로 받아들인 후 나중에 모국어를 학습할 수가 있기 때문이다.

(3) **목표어**(目的语, target language)

이것은 사람들이 정통하기를 희망하면서 배우고 있는 언어를 말한다(指正在学习并希望掌握的语言). 그 언어가 외국어이든지 제1언어가 아닌 모국어이든 정통하려고 열심히 학습하는 목표가 되는 언어는 모두 '목표어'라고 할 수 있다.

## 02 언어의 특징

(1) **언어는 일종의 부호체계이다**(语言是一种符号系统)

"언어는 부호체계이다" 이것은 언어구조의 본질적 속성이다. 부호를 사용하여 객관적 사물을 나타내며, 형식(形式)과 의미(意义) 두 방면이 있다. 언어의 물질적 형식은 소리(声音:形式)이다. 언어부호는 소리와 의미의 결합체이다. 예를 들어 'yú ˊ'이 소리(形式)와 각종 '鱼'가 개괄하는 의미(물에 생활하는 척추동물로 비늘과 지느러미를 지니며 아가미로 호흡하며 대부분 식용으로 제공된다)가 합쳐지면 중국어의 '鱼yú'라는 부호가 되고 현실속의 '물고기'를 대표하게 된다. 부호의 형식과 의미의 결합은 임의적이고 어떤 필연적인 관계가 없다. 언어 중의 음과 의미의 결합도 완전히 "오랜 세월에 걸쳐 일반화되어 정해진 约定俗成" 것이고 사회습관에서 정해진 것이다.

(2) **언어는 말 속에 존재한다**(语言存在于言语之中)

스위스 언어학자 소쉬르(索绪尔 F. de Saussure)에 의하면, 언어는 말에 대한 추상과 개괄이고 어음, 어휘, 어법의 규칙적 체계를 가리키며(语言是对言语的抽象和概括, 常常指作为社会惯例的语音、词汇、语法的规则系统), 말은 언어의 표현형식이다(言语是语言的表现形式). 사람들은 언어의 어휘와 어법 수단을 이용해 구체적인 말을 만들게 된다.

(3) **언어는 생성성이 있다**(语言有生成性)

사람들은 매일 다른 말을 한다. 그런데 사람의 대뇌가 저장하고 있는 것은 매일 사용하는 구체적 말이 아니라 규칙체계이다. 언어는 생성성이 매우 뛰어나다. 제한적인 언어 규칙을 사용하여 무한한 의미를 표현하는 언어형식을 만들 수 있다.

(4) **언어는 인류 가장 중요한 소통도구이다**(语言是人类最重要的交际工具)

언어는 인류의 소통도구이며 또한 인류가 세계를 인식하는 도구이면서 예술창작의 도구이다. 그러나 언어가 인류의 소통도구라고 하는 것은 가장 본질적 사회기능이다. 여기에서 소통(交际

communication)라는 단어의 의미는 사람과 사람 간에 사상 교류를 통하여 정보와 사상을 서로 전하며 이러한 소통활동은 일상생활과 경제, 정치, 문화, 과학, 교육 등 여러 면에서 이루어진다. 이러한 소통이 이루어지지 않으면 사회는 존재하기도 발전하기도 어렵다.

(5) **언어는 인류의 사유 도구이다**(语言是人类的思维工具)

사유란 사람의 대뇌가 객관세계에 대하여 진행하는 인식활동과정으로 기술사유, 형상사유, 개념사유로 구분될 수 있다. 인류의 주요 사유 활동인 개념사유는 반드시 언어(단어와 문장词和句子)를 빌어 개념, 판단, 추리 등 형식을 통하여 진행된다. 언어는 사유의 도구로서 인류의 주요 사유활동은 언어와 분리 될 수 없으며, 사유과정은 반드시 언어를 통하여 실현되고, 사유의 결과도 반드시 언어를 통하여 고정·완전화·보존·전파된다.

(6) **언어는 특정사회에서 만들어져서 그 사회문화를 체현한다**(语言产生于特定的社团并体现该社会的文化)

세계의 언어는 5천여종에 달한다. 그 언어들 간에는 '보편적 특성普遍特征'이 있으나 전 인류가 공통으로 사용하는 언어는 존재하지 않는다. 언어는 대체적으로 민족에 따라 다르며 서로 다른 민족은 생활환경과 사회문화배경·사유방식이 모두 서로 다르다. 이러한 점은 언어의 서로 다른 특징을 형성하게 된다. 언어는 민족과 사회문화와 분리될 수 없다. 언어의 문화의 일부분이며 문화의 영향을 받으며 문화를 반영하고 문화를 담고 있는 그릇이다. 언어를 이해하려면 반드시 언어가 반영하는 문화를 이해해야 하며 문화를 이해하려면 반드시 문화를 담고 있는 언어를 이해해야 한다.

(7) **언어는 인류만 가지고 있다, 인류만이 언어를 배우고 운용할 수 있는 특수생리기관을 지니고 있다**(语言是人类独有的, 只有人类才具备学习和运用语言的特殊生理基础)

언어는 인류만 지니고 있으며, 인류가 다른 동물과 구분되는 중요한 표지이다. 동물은 자신들은 언어가 없다. 학자들의 연구에 따르면 동물들은 나름대로 의사소통 방식이 있으나 제한적 소통방식이며 인류의 언어와는 근본적으로 다르다. 동물들은 인류언어의 본질적 특성을 지니지 않으며 "언어语言"라고 칭할 수 없다.

## 03 언어학의 발전과 제2언어 교학

인류가 언어를 연구한 역사는 이미 2천 여 년이 되었다. 중국, 인도, 그리스는 고대 언어연구의 3대 중심이었다. 중국 언어연구는 훈고학과 문자학에서 시작되었다. 초기 중국 언어학 관련 저서로는 기원전 2세기 秦汉 교체기 무렵 ≪尔雅≫, 西汉 扬雄의 ≪方言≫, 1세기 무렵 东汉 许慎의 ≪说文解字≫ 등이 있다. 3세기 이후 중국음운학서가 나왔으며, 인도에서는 기원전 3세기에 巴尼尼의 ≪梵语语法≫이, 그리스에서는 기원전 3세기에 狄奥尼修斯의 ≪席希腊语语法≫이 나왔다. 그러나 19세기 이전 언어학은 철학과 음운학 등 학과에 부속되었으며 독립적 학과로 형성되지 못했다. 19세기 초에 이르러 비로소 역사비교언어학이 흥기하면서 언어를 전문연구대상으로 인식하였으며 독립적인 학과로 형성되었다.

언어학은 한 세기 이상 발전과정을 거치면서 4개의 주요 흐름을 형성하였다 : 역사비교언어학(历史比较语言学)・구조주의 언어학(结构主义语言学)・변형생성어법이론(转换生成语法)・기능주의언어학(功能主义语言学)이다. 이런 언어학파들은 각각 제2언어교학에 큰 영향을 미쳤다.

### 원문과 정리

语言学一个多世纪的发展中，出现了四个主要思潮，代表了语言学发展的四个阶段:历史比较语言学、结构主义语言学、转换生成语法和功能主义语言学。

a. 历史比较语言学(18세기 말 19세기 초 出现. 독일이 중심) – 语法-翻译法
b. 结构主义语言学(1906년 스위스 제네바 出现) – 听说法・视听法
c. 转换生成语法(20세기 중기 미국 出现) – 认知法
   语言习得机制, 普遍语法가설
d. 功能主义语言学(60년대 말 70년대 유럽 중심) – 交际法

### (1) 역사비교언어학(历史比较语言学)

역사비교언어학은 18세기 말, 19세기 초에 출현했으며, 중심은 독일에 있다. 이 학파는 역사비교 방법을 사용하여, 어음과 어형(품사)의 비교를 통하여 언어의 발전과 변화를 연구하고 언어 간의 혈연관계를 발견하고 언어 계보를 분류하였다. 주로 인도유럽어계의 각종 언어가 서로 다른 시기에 구조상 같은 특징이 있는 것을 연구하고, 그 공통적인 기원을 찾았다. 처음에 영국 학자 W. Jones는 1786년에 논문을 발표하여, 인도의 범어와 유럽의 라틴어・그리스어와 게르만어 등이 공통적인 기원이 있다는 것을 제기했다. 이러한 하나의 놀랄만한 발견은 역사비교언어학 연구의 서막을 열었다.

역사비교언어학이 흥기함으로써 언어학은 독립적인 하나의 학과가 되었다. 한 세기의 탐색과 연구를 거쳐서, 세계의 많은 언어의 동원 관계를 밝혔으며, 세계 언어의 계보 분류를 세우고, 언어학의 발전에 매우 큰 공헌을 하였다. 역사비교언어학 시기에는, 언어를 지식으로 삼아 언어 간의 공통점을 연구, 비교, 강조하였다, 이것은 가장 오래된 교학법에 영향을 주었는데, 어법지식을 요목으로 하고, 모국어의 번역 대비를 기본수단으로 삼는 어법번역법(语法翻译法)에 영향을 주었다. 역사비교언어학은 언어의 역사비교를 강조한 나머지, 동 시기 언어 연구를 소홀히 하였으며 체계적 연구가 부족하다.

### (2) 구조주의언어학(结构主义语言学)

20세기 언어학은 새로운 발전시기에 접어들었다. 소쉬르(索绪尔)언어 이론의 핵심은 언어는 부호체계이며, 이 체계는 수많은 작은 체계들로 구성되었다는 것이다. 부호는 '형식(能指)'과 '개념(所指)' 두 부분으로 이루어졌으며, 이 두 부분의 관계는 임의적인데, 일단 형성된 후에는 또한 약정성이 있다. 부호체계 내부의 언어단위 간에는 '조합관계 组合关系'와 '취합관계 聚合关系'가 존재한다. 소쉬르(索绪尔)은 또한 '语言'와 '言语'를 구분하였으며, '내부언어학(언어 본래의 구조)'와 '외부언어학(언어와 사회, 민족, 문화, 정치 등의 관계)'를 구분하였다. 그는 또한 특별히 역사언어학에 대하여 서로 다른 시기 언어의 변천에 대해 연구한 '历时语言学(动态语言学)'과 어느 한 시기에 존재하는 언어의 형태에 관한 연구인 '共时语言学(静态语言学)'을 구분하였으며, 언어의 공시 연구를 주장하였다.

소쉬르(索绪尔)의 학설은 역사비교언어학의 한계를 극복했으며, 언어연구의 새로운 영역을 개척했으며, 언어학연구의 새 시기인 구조주의 언어학 시기를 열었으며, 새 언어학에게 혁명성 변화를 가져다 주었다. 20세기 전반시기에, 소쉬르(索绪尔)의 학설을 기초로 유럽언어학은 구조주의 사조가 나타났다. 30년대에 3개의 학과가 있었다 : 언어부호의 기능을 강조하는 布拉格 기능 언어학파, 언어부호간의 각종 관계를 강조하는 哥本哈根언어부호학파, 공시에 언어 사실을 묘사하는 미국의 묘사언어학파이다.

1900년대 상반기에 홍행한 구조주의 학파는 미국을 중심으로 발달했으며 언어학 발전사에 있어서 매우 중요한 위치를 차지하고 있다. 그 특출한 성과는 언어의 구조 관계에 대해 전면적으로, 깊이 있게 묘사를 하였으며, 하나의 완전한 구조 분석과 구조 묘사의 방법을 형성했다는 것이다. 언어학 본래의 발전에 대해 거대한 영향을 끼쳤을 뿐만 아니라, 보통 의미의 방법론으로서 기타 학파의 연구에 영향을 끼쳤다. 구조주의 언어학의 시기에는, 언어를 일종의 도구와 수단으로 삼았으며, 자극과 반응을 통해서 언어를 익혔으며, 각종 언어 간의 차이를 강조하고, 서로 다른 언어계통과 구조형식의 연구를 중시하고 묘사하였다. 이것은 구어중심으로 반복적 문형연습과 모방으로 이름이 난 청각 구두식 교수법(听说法)과 시청각 교수법(视听法)에 영향을 주었다.

이 학파의 문제점은 언어 연구가 주로 언어형식, 구조의 분석에만 집중되었으며, 언어의미의 연구에 대해 소홀했다는 것이다.

### (3) 변형생성어법(转换生成语法)

20세기 중기, 미국에서 변형생성어법학파가 출현하였다. 그 지표는 촘스키의 ≪句法结构≫의 출현이다. 구조주의의 진영출신인 촘스키는 언어연구의 대상과 연구의 목적 등의 문제에서부터 구조주의언어학을 맹렬히 비판하였다. 그는 전통언어학이든 구조주의언어학이든 모두 '언어가 무엇인가'라는 근본적인 문제에 대답할 수 없고, 언어가 어떻게 사람에 의해 장악되는지 설명할 수 없다고 여겼다. 그는 구조주의 언어학에서 사람들이 하는 실제 말만을 연구대상으로 삼는 것을 반대하였다. 그는 사람들의 내면화된 언어규칙체계인 '언어능력(语言能力 linguistic competence)'과 언어능력의 실제운용, 즉 사람들이 실제적으로 말하는 말인 '언어표현(语言表现 linguistic performance)'으로 구분하였다. 언어표현이 전면적으로 언어능력을 반응할 수 없고, 제한된 실제 말인즉 '언어표현'으로만 구조분석을 한다면, 언어의 본질을 드러낼 수 없으며, 인류 언어 창조성의 특징을 설명할 방법이 없다. 사람들이 무한대의 언어를 구사할 수 있음을 설명하기 위하여 그는 '언어습득체계(语言习得机制 language acguisition)'와 '보편어법(普遍语法 universal grammar)'의 가설을 제기했다. 이렇게 하여 언어학의 촉각을 인류 인지 영역을 향해 펼칠 수 있고, 언어의 심리 과정을 탐구할 수 있다. 변형생성어법의 시기에는, 언어를 일종의 능력으로 보았다. 이러한 능력에 의지해서, 사람들은 복잡하면서 규칙의 지배를 받는 언어생성체계를 파악할 수 있으며, 창조적으로 언어를 운용하였다. 이러한 관점에서 학습자의 지력의 발휘를 중시하였고, 어법규칙의 인지를 강조하는 인지법(认知法)의 이론의 기초가 되었다.

언어연구의 새로운 영역을 개척해서, 변형생성어법학파의 출현을 '촘스키 혁명'이라고 한다. 비록 40년 이래 이 학파가 다른 발전단계를 거쳐, 학파 안팎으로 많은 쟁론이 있었고, 또한 각종 분파학파를 형성했지만, 그러나 변형생성어법은 여전히 당대언어학중 영향이 가장 큰 학파 중의 하나이다.

### (4) 기능주의 언어학(功能主义语言学)

구조주의는 물론 변형생성어법학파의 연구 중점은 언어의 형식이다. 촘스키는 단지 언어능력만 연구했을 뿐, 언어 사용과 기능에 대해서는 배제하였다. 60년대 말과 70년대에 기능주의 언어학이 부흥하기 시작하여, 언어연구의 중점이 언어형식에서 언어기능으로 전향되었으며, 이것은 언어학 연구영역을 또 한번 넓히게 하는 계기가 되었다. 기능주의 학파의 대표인물에는 영국의 할리데이(韩礼德 M.A.K. Halliday), 프랑스의 마티넷(马丁內 A. Martinet) 등 유명한 언어학자들이 있으며, 유럽이 중심이다.

할리데이는 불스(弗斯 J. R. Firth)의 이론을 계승 발전시켰으며, 언어의 계통과 구조에 대한 충분한 연구 기초 하에, 기능각도에서 언어를 연구하였다. 언어의 의의와 기능을 연구하는데 치중하여, 언어를 어떻게 사용하는지를 연구하고, 언어와 사회의 관계 및 언어기능과 언어계통의 관계를 분석하였다. 할리데이는 기능 어법이론의 계통을 세웠으며, '체계어법 系統語法'이라는 틀로 언어의 기능을 설명하였다.

기능주의 언어학은 언어를 일종의 사회현상으로 인식하고 언어의 사회기능을 연구 할 것을 강조하였다. 이 이론은 의사소통능력을 길러 의사소통교수법(交際法)에 영향을 주었다.

위에 언급한 주요 언어학파의 이론은, 특히 언어관이 제2언어 지도에 직접적인 영향을 주었고, 가장 직접적으로 영향을 받은 것은 각각의 제2언어 교수법 종류의 형성과 변화발전이다.

**원문참고** ≪对外汉语教育学引论, 刘珣, 北京语言大学出版社≫

(1) 历史比较语言学

历史比较语言学出现于１８世纪末、１９世纪初，心在德国。该学派采用历史比较的方法，通过语言和词形的比较研究语言的发展和演变，发展了语言之间的亲缘关系并建立了语言的谱系分类。当时主要是研究印欧系各种语言在不同时期结构上的相同特点，寻找其共同的来源。

历史比较语言学的兴起，使语言学成为一门独立的学科。经过一个世纪的探索研究，弄清了世界上很多语言的同源关系，建立了世界语言的谱系分类，为语言学的发展做出了很大贡献。历史比较语言学有其局限性：它强调了语言的历史比较，忽视了语言的共时研究；孤立地研究语言单位，缺乏对语言系统性的研究。

(2) 结构主义语言学

索绪尔语言理论的核心是语言是符号系统，这一系统由很多小系统组成;符号由"能指"(形式)和"所指"(概念)两部分构成，这两部分的关系是任意性的，一旦形成以后又是约定性的;符号系统内部语言单位之间存在"组合关系"和"聚合关系"。索绪尔还区分了"语言"和"言语"，区分"内部语言学"(语言本身的结构)和"外部语言学"(语言与社会、民族、文化、政治等的关系)。

(3) 转换生成语法

乔姆斯基提出区分"语言能力"(linguistic competence)—人们内化了的语言规则体系和"语言表现"(linguistic performance)—语言能力的实际运用，即人们实际说出来的话语。认为语言表现不能全面反映语言能力，只就有限的实际话语(语言表现) 进行结构分析，不能揭示语言的本质，无法解释人类语言创造性的特征。语言学需要研究的是能使人掌握语言的规则体系、说出无限话语的人类的认知结构中的语言能力。

(4) 功能主义语言学

韩礼德継承和发展了弗斯的理论，在对语言的系统和结构进行充分研究的基础上，从功能角度研究语言。着重探讨语言的意义和功能，研究语言如何使用，分析语言与社会的关系，以及语言功能于语言系统的关系。韩礼德建立了系统-功能语法理论，以"系统语法"为框架论述语言功能。

## 04 심리학과 제2언어 교수법

심리학은 역사가 매우 유구한 과학이고, 정신본질과 그 활동에 대한 탐구로 말하자면, 고대 그리스에서 이미 상당한 수준에 도달했으나, 장기간 계속 철학의 일부분으로만 존재했다. 1879년 독인 철학자이며 생물학자인 冯特(W. Wundt)가 莱比锡대학에서 세계최초로 심리학으로서 심리학실험실을 창설했고, 심리학을 독립적 학과로 실험하기 시작하였다. 백여 년 동안 서양 심리학은 매우 많은 유파와 사조가 출현했고, 언어교학에 영향을 미쳤다.

(1) **구조주의** (构造主义心理学)

구조주의학파의 창시자는 冯特이나, 전형적 대표인물은 오히려 그의 제자인 영국 심리학자 铁欣纳(E. B. Titchener)이다. 그 학파는 내성적 방법을 통하여 심리구조를 연구할 것을 주장했다.

① 심리학은 사람들의 직접경험을 연구해야 한다고 여긴다.
② 사람의 경험은 感觉·意象·激情 세 원소로 분류되고, 모든 복잡한 심리현상은 모두 이 원소들로 구성된다.
③ 연구방법에 있어서 구조주의는 내성적(内省) 방법을 강조한다. 그러나 전통적 내성이 아니라 内省과 实验을 결합한 것이며, 실험심리학방법을 운용하여 실험자는 자기의 직접경험에 대하여 정확한 관찰과 기록의 기초 하에 연구한다.

(2) **기능주의** (机能主义心理学)

기능주의는 구조주의와 서로 대립하는 학파로, 그 창시한 사람으로는 미국의 저명한 심리학자 詹姆士(W. James)를 들 수 있는데, 대표인물로는 또 杜威 등이 있다.

① 기능주의 심리학은 의식(意识)의 작용을 중시한다.
② 의식을 연구할 것을 주장하지만 의식을 개별 심리원소의 집합으로 보지 않고 끊임없이 이어지는 과정으로 본다.

③ 사람의 심리는 전체적인 것(整体)이며, 개별 원소로 분할할 수 없다.
④ 의식의 구성성분에 관심이 있기보다는 의식의 작용과 기능을 중시하며 연구한다.

기능주의의 이 특징은, 미국 심리학이 실제 생활의 발전의 길을 향하도록 촉진했다. 연구 방법 면에서 내성법을 채용할 것을 주장하였지만, 객관적인 실험과 측량을 더욱 중시하였다.

### (3) 게슈탈트 심리학(格式塔心理学)

20세기 초 독일에서 구조주의를 반대하는 학파가 출현하였는데, 바로 게슈탈트심리학이고, 그 창시자는 韦特海默(M. Wertheinmer), 考夫卡(K. Kolfka), 柯勒(Kohler)이다.

① '게슈탈트'란 독일어로 '전체(整体)'라는 뜻이다. 게슈탈트 심리학은 '完形学派'라고도 한다.
② 의식을 원소로 분해하는 것을 반대하며, 심리를 전체적 조직체(整体组织)로 보고 연구할 것을 주장한다.
③ 전체(整体)는 각 부분으로 나눠질 수 없으며, 부분을 다 조합해도 전체(整体)와 서로 같지 않다. 전체(整体)는 부분의 조합보다 크다.
④ 종합적 방법으로 심리현상을 연구하며, 지각, 학습, 문제해결 등 방면에 대량의 실험연구를 할 것을 주장한다.
⑤ '시청각교수법'의 전체(整体)구조의 학습이론에 영향을 미쳤다.

### (4) 행위주의 심리학(行为主义心理学)

20세기의 미국 심리학계에 구조주의와 기능주의를 반대하는 다른 한 사조가 출현하였는데 행위주의다. 이 파는 구조주의와 기능주의를 반대한 파로 학습과정과 외부행위의 측량을 강조하였다. 창시자는 미국심리학가 왓슨(华生 J. Watson)과 후기 주요대표 인물은 스키너(斯金纳 B. F. Skinner)다. 이 학파는 다음과 같은 특징을 지니고 있다.

① 행위주의는 두 개의 특징이 있는데 첫째는 의식(意识)을 부인하고, 사람의 행위만 연구할 것을 주장한다는 것이고 다른 하나는 내성을 반대한다. 객관적 실험방법을 주장한다.
② 왓슨은 심리학은 자연과학이며, 심리학의 목적은 사람의 행위를 예견하고 제어하는데 있다고 여긴다. 의식은 볼 수 없고, 신뢰할 만하지 못하기 때문에 객관적 연구를 할 수 없다. 따라서 심리학 연구대상은 관측하고 측량 가능한 외부행위여야 한다. 왓슨은 러시아의 파브로프(巴甫洛夫)의 경전성 조건반사 학설의 영향을 받아서 '자극-반응'이라는 모형을 건립하여 경전성 행위주의 이론이 되었다.
③ 조기 행위주의자의 '자극-반응' 모형은 자극과 반응의 직접연계를 강조하였으며, 사람의 뇌와 신경중추의 심리활동의 작용을 부정하였다.

④ 30년대 신행위주의 학자 톨만(E. C. Tolman)은 자극과 반응 사이에 개체 인지 중개과정을 연구하였는데, 자극과 반응 중간에 반응을 대표하는 내부 심리과정인 필요·동기·지각·재인식·기능 등의 '중개변량中介变量'을 더 하였다.
⑤ 신행위주의 대표인물 스키너는 조작주의 철학을 영향을 받아서, 조작 행위주의(操作行为主义)를 이론을 제기하였다.
⑥ 행위주의는 20세기 상반기에 의료·교육·인사관리 등의 영역에 응용되었다.
⑦ 제2언어 학습방면에서는 청각구두식 교수법(听说法), 시청각교수법(视听法), 단계 교학법(程序教学法) 등이 행위주의의 영향을 받았다.
⑧ 사람은 동물과 마찬가지로 외부 행위가 있다고 여겼다. 따라서 사람을 동물과 동등시 하여 사람의 사유 활동에 대하여 소홀시 했다는 비평을 받는다.

행위주의 심리학이 인간은 동물과 같으며 따라서 인간의 사유 활동을 경시한 점은 이 이론이 50년대 이후 점점 쇠약해지게 하는 이유가 되었다.

### (5) 정신분석학파(精神分析学派)

심리학의 정신분석학파는 본세기 초 오스트리아(奥地利维) 빈의 정신과의사 프로이드(弗洛伊德)가 만들어 낸 것이다. 이 이론은 정신병 환자 치료의 임상실험에서 비롯되었다.

① 프로이드는 인간의 심리는 두 부분으로 이루어져 있으며, 하나는 의식이고, 다른 하나는 무의식이라고 여겼다.
② 인간의 모든 사상과 행동의 근원은 마음 깊은 곳의 본능과 원시적인 충동인데, 그중에서도 특히 성충동은 그렇다. 이러한 본능과 충동은 무의식을 통해 인간의 사상을 지배하여, 인간의 정상적인 행동과 비정상적인 이상행동으로 나타나게 된다.
③ 인간이 출생 후 욕망이 사회의 표준에 용인되지 않아서 억압당하며, 만족을 얻지 못하고 무의식중으로 억압되게 될 때, 이것은 정신병을 일으키는 중요한 원인이 된다.
④ 환자와의 대화, 꿈의 분석과 자유연상 등의 수단을 통해, 환자가 말을 하도록 유도하고, 긴장된 심리를 완화시켜 치료의 목적에 도달하게 된다.

프로이드의 정신분석학설은 지대한 영향을 끼쳤는데, 이 학설은 인간의 전체 활동 중에서 무의식 요소의 작용을 지나치게 강조하여, 기본적으로 맹목적인 본능과 충동으로 형성된 무의식이 인간의 행동을 결정한다고 여겼다. 이러한 관점은 많은 심리학자들로부터 거부당했다.

(6) **인지심리학**(认知心理学)

인지심리학은 본세기 초에 출연하였고, 60년대에 행위주의 심리학의 약점이 드러나게 되면서 신속하게 발전하게 되었다.

① 넓은 뜻의 인지는 사람의 의식 활동을 말하며, 인지 심리학은 사람의 인지과정을 연구하고, 또 인지를 사람의 전체 심리 활동의 과정으로 여겼다.
② 인지 심리학은 사람을 자극의 피동적 접수자로 보는 것이 아니고, 정보의 가공자(信息加工者)로 일종의 풍부한 내적 자원을 가지고 있으며, 이러한 자원과 주위환경을 이용하여 상호작용 일으킬 수 있도록 하는 적극적인 유기체로 보았다.
⑤ 사람의 뇌에서 정보에 대해 가공의 과정을 거치는 것이 인지 과정으로, 인지 심리학은 사람 내부의 고급 심리학 과정의 연구를 강조하였다.

학문의 영역을 정보론(信息论)·제어론(控制论)·계통론(系统论)과 컴퓨터 과학으로 분류하였으며, 이 이론은 현대 인지 심리학에 대해서도 큰 영향을 미쳤다. 인지 심리학은 '인지법' 교수 유파의 이론적 기초가 되었다.

(7) **인본주의 심리학**(人本主义心理学)

인본주의 심리학은 60년대 미국에서 생겨난 심리유파이다.

① 인본주의 심리학에서는 첫 번째 임무는 사람을 이해하고 인성의 본질을 드러내는 것이며, 사람의 신격화나 동물화를 반대했다.
② 인본주의 심리학은 사람의 가치와 존엄을 강조했으며, 사람의 자유의식을 강조했다. 사람은 자신의 재능을 발전시키고, 자아실현의 욕구가 있다고 했다.
③ 인본주의 심리학은 전통 심리학인 행위주의와 정신 분석학파를 비판했으며, 심리학 방향의 새로운 방향을 대표하고 있다.
④ 60년대에 상담법, 침묵법 등 인본주의 교수법의 이론 기초가 되었다.

행위주의 심리학, 인지 심리학과 인본주의 심리학은 학습이론에 영향을 크게 미쳤으며, 관련 교수법 형성에 큰 작용을 하였다. 이 중 관심을 가질만한 것은 인지 심리학과 인본주의 심리학의 발전이다. 이는 심리학 발전의 새로운 추세를 대표하며, 이후 제2언어교학 이론 발전에 큰 작용을 할 것이다.

교육론과 어학개론

# 제02장 언어 습득 이론

## 01 학습과 습득의 구분(学习与习得的区分)

60년대부터 서양의 일부학자들은 '학습(学习 learning)'과 '습득(习得 acguisition)'을 구분하였다. 70년대 중기 미국 언어학자 크라셴(克拉申 S. Krashen)은 한보 더 나아가 '학습과 습득 가설'을 체계적으로 주장하였다.

① '습득'은 자연스러운 언어 환경에서 의미의 소통에 목적을 둔 의사 소통 활동을 통해 부지불식간 얻게 되는 언어이다.
② '습득'의 전형적인 예는 아이가 제1언어를 습득하는 것이다.
③ '학습'은 교실환경에서 전문적인 교사의 지도하에 엄격하게 수업계획과 교과서에 따라서 말하고·연습하고·기억하는 등의 활동을 통하여 언어규칙을 계획성 있고 체계적이며, 의식적으로 마스터하는 것이다.
④ '습득'시의 주의력은 언어의 기능과 의미에 집중된다.
⑤ '습득'은 많은 시간을 필요로 하고, '습득'의 효과는 일반적으로 좋다.

**원문참고** ≪对外汉语教育学引论, 刘珣, 北京语言大学出版社≫

早从60年代开始, 西方的一些学者就提出区分语言的学习(learning)与习得(acguisition)两种不同的学习。70年代中期美国语言教学理论家克拉申(S.Krashen)又进一步系统地提出了学习与习得假设。
① "习得"是在自然的语言环境中, 通过旨在沟通意义的言语交际活动, 不知不觉(潜意识)地获得一种语言。
② "习得"的典型的例子是儿童习得第一语言。
③ "学习"是指在课堂环境下有专门的教师指导, 严格按照教学大纲和课本, 通过讲、练习、记忆等活动, 有计划、有系统、也是有意识地对语言规则的掌握。
④ 习得时注意力主要集中在语言的功能和意义方面。
⑤ 习得需要大量的时间, 习得的效果一般都比较好。

## 02 아동 제1언어 습득 주요 이론

### (1) 자극-반응론(刺激-反应论)

이것은 행위주의 심리학 이론이다. 40년대와 50년대에 성행을 이루었고 대표적인 인물은 斯金纳이다. 행위주의자들은 엄격하게 과학 방법을 사용해서 인류에게 관찰되는 행위에 대해 객관적인 연구가 진행될 것을 강조했다. 연구자 내부의 의식사고 활동에 대해서는 반대했다. 그들은 언어를 일종의 인류의 행위로 보았고, 연구자의 언어행위를 통해 제1언어학습 이론 건립을 시도하였다.

행위주의자는 언어란 선천적으로 주어진 것이 아니라, 후천적으로 얻은 것이라고 여겼고, 외부조건은 제1언어학습 과정 중에서의 작용에 있다고 강조하였다. 이런 행위는 인류의 기타 행위와 같이, '자극-반응-강화'의 유형을 통해 습관으로 양성되고 습득된 것이다. 환경적인 외부 요인이 모든 것을 결정하기 때문에 반드시 모방[기출2020-B3]·강화·중복 등 외부 요소에 의해 제1언어를 습득해야 한다고 하였다. 갓난아이가 세상에 나올 때는 백지상태와 같아서 세상에 대해, 언어에 대해 어떠한 선천적인 지식이 없다. 완전히 환경으로 인하여 그런 행위가 만들어진 것이다. 아동이 말을 배운다는 것은 환경이 주는 자극에 대해 반응을 도출해 낸 것이다. 처음에는 성인언어를 모방한다. 만약 이 모방이 잘 근접해가면 성인들로부터 칭찬을 받을 것이고 이때 아이의 반응은 강화될 것이다. 이런 식으로 끊임없이 근접한 모방의 강화로 인하여 아동의 말은 성인들의 말과 유사해지고 차츰 차츰 더욱더 복잡한 문장을 습득하게 된다.

### (2) 선천론(先天论)

선천론은 '내재론'이라고도 불리어지며, 대표인물은 촘스키(乔姆斯基)이다. 촘스키 언어학 이론은 특히 80년대 초 제기된 '보편어법(普遍语法)' 이론의 기초 하에 형성된 아동의 제1언어 습득 이론이다. 촘스키는 언어는 행위주의자가 말한 '습관의 총 집합체(习惯的总和)'가 아니라, 추상적 규칙 하에 이루어진 복잡한 체계라고 여겼다. 사람들은 언어를 습득할 때, 결코 단순한 모방 기억에 의해서가 아니라 복잡한 규칙의 '내면화(內化)'를 통하여 자동적인 활용 정도에 도달하게 되며 이는 언어 이해와 구사의 기초가 된다. 사람들의 언어 활용이란 단순히 기억한 언어를 모방하는 것이 아니다. 언어행위 자체는 창조성이 매우 강하기 때문에 사람들은 말을 할 때 뇌 안의 일정한 언어 규칙 체계를 활용하여 무한한 문장을 이해하게 되고 또 만들어 간다고 여겼다.

아동이 어떻게 이 언어의 규칙 계통을 이해하여 제1언어를 습득할 수 있는가?

촘스키는 인간은 선천적으로 언어를 습득하는 특수 능력을 가지고 있는데, 일종의 유전적 요소를 받아 결정되는 '언어습득 장치(语言习得机制 language acquisition device, 简称 LAD)'로 나타난다고 생각했다. 이 특수 장치는 사람의 다른 기능과 분리되어 독립적으로 존재하며, 지력과 직접적인 관계가 없다. 일반적으로 12세 이전에 그 작용을 발휘한다. 언어 습득장치(语言习得机制)는 두 부분을 나뉘는데 하나는 미정의 참수형식으로 나타나(待定的参数形式)며 이것은 인류 언어가 보편적으로 가지고 있는 언어원칙으로 이를 '보편어법 普遍语法(universal grammar)'이라고 일컫는다. 타고난 언어 습득 장치가 모든 것을 결정하기 때문에 뇌의 보편어법을 통하여 아동은 자연스럽게 언어의 규칙체계를 내면화 할 수 있게 된다고 보았다. 보편 어법은 인류언어의 공통성을 반영하였고 구체적 어법 규칙이나 어느 언어의 어법을 가리키는 것이 아니라, 인류의 모든 언어의 심층구조 중에 존재하는 언어의 가장 본질적인 것을 말한다. 예를 들면, 모든 언어에는 모음이 있고, 의미에 영향을 미치는 어순이 있고, 주어·술어·목적어 등 문장의 구성부분이 모두 있고, 시간 관계를 표시하는 수단이 있는 등을 말한다.

언어습득 장치의 또 다른 한 부분의 역할은 언어 정보를 평가하고 접촉하는 실제 언어의 핵심부분에 대하여 언어의 구체적 참수치를 정한다. 영아의 대뇌의 '초기 언어상태'는 언어의 보편원칙과 미정의 참수치 상태. 아동이 모국어와 같은 제1언어의 구조를 접할 때 알게 모르게 보편어법을 이용하여 그 언어의 규칙을 인식해간다. 또 점차적으로 가설을 형성하고 그런 후에 언어 속에서 획득한 정보를 활용하여 피드백하며, 평가능력을 운용하여 이 가설을 분석 검증한다. 이런 과정은 연쇄적이며 또 점차 누적되어가는 것인데 이렇게 하여 아동은 점차 그 언어 규칙을 인식하고 언어 능력을 발전시키게 된다. 때문에 언어습득과정은 가설-검증의 연역과정이다. 이러한 과정을 통하여 아동은 두뇌 안의 언어 참수치 값을 구체적으로 정하게 된다.

선천론은 인류가 선천적으로 가지고 있는 언어 습득 능력을 강조한다. 새는 선천적으로 날 수 있는 능력을 가지고 있고, 사람은 선천적으로 걷는 능력이 있는 것처럼 언어 획득의 근본 원인이 선천적으로 결정된다고 인식했다.

선천론은 아동들의 모국어 습득 과정은 주동적·적극적·창조적 과정이며, 자극-반응론자들이 말한 자극에 의한 피동적인 모방·반응·강화·중복의 과정이 아니라고 주장한다.

## (3) 인지론(认知论)

인지론의 이론 기초는 스위스의 유명한 아동심리학자 피아제(皮亚杰 J. Piaget)의 발생 인식론이다. 피아제는 인간은 유전적인 심리기능을 가지고 있으며, 그것은 인간과 환경의 상호작용을 결정하고, 또한 인간은 환경에서부터 학습한다고 주장하였다. [기출2015-A3] 환경과의 작용의 결과로 아동의 인지구조를 형성하고 발전시킨다는 것이다. 인지구조를 구성하는 요소를 도식(图式 schema)이라고 부른다. 사람들의 머릿속에는 운전하는 도식, 밥 짓는 도식 등 여러 가지의 도식이 저장되어 있다. 도식은 심리활동의 조직구조이며, 또한 인류가 사물을 인식하는 기초다. 이는 환경에게서 학습한 산물이다. 인지의 발전은 동화·순응·평형이라는 세 가지 기본 과정을 거치게 된다. 아동은 새로운 사물이나 새로운 경험을 만나게 될 때 원래 가지고 있던 도식과 그것을 결합시키려고 한다. 또 그것을 본인의 일부분으로 만들고자 하는데, 이것을 '동화(同化 assimilation)'라고 한다. 만약 동화가 성공하면 자신의 인식을 외부세계와 일치시키려 하고, 잠시 '평형(平衡 equilibrium)'을 이루게 된다. 만약 원래의 도식으로 받아들이지 못하게 되면, 아동은 원래의 도식을 조정하거나 새로운 도식을 만들어 환경에 적응하려 하는데 이것을 '순응(順応 adaptation)'이라고 한다. 순응의 결과 또한 인식을 외부 세계와의 일치로 향하게 하고, 새로운 평형으로 이르게 한다. 예를 들어 영아가 입을 사용하여 젖을 빠는 것은, 그가 태어날 때부터 가지고 있었던 도식이다. 그가 젖꼭지·손가락·완구를 보고 빨고자 하는 것은 '동화'를 하려는 것이다. 이후에 어떤 것을 빨 수 있었다면, 이것은 새로운 경험이 이미 가지고 있는 도식에 의해 흡수되었다는 것을 의미한다. 어떤 것을 빨 수 없거나, 또 어떤 것에 대하여 빠는 방법과 힘이 다르다면, 이것은 그의 행위도식을 변경하여, 새로운 도식을 세우게 됨을 말하는데 이것이 바로 '순응'이다. 도식은 '동화'와 '순응'을 통하여 끊임없이 발전한다. '동화'는 개체의 환경에 대한 작용이고, '순응'은 환경의 개체에 대한 작용이다. '평형'은 언제나 동태적이며, 늘 낮은 수준의 평형에서 비교적 높은 수준의 평형으로 바뀌어간다.

인식론이 아동의 제1언어 습득에 대한 관점은, 아동의 머릿속에는 신비한 언어 습득 기능이 없으며, 보편어법이라는 것은 더더욱 존재하지 않으며, 단지 인류는 선천적인 인지체제와 인식능력을 가지고 있다는 것이다. 인지체제와 인식능력은 환경과 상호작용하며, 환경에게서 학습한다. 아동 언어의 발전은 개체가 객관적인 환경과 서로 작용하는 과정 중에, 동화·순응 그리고 잠깐 동안의 평형을 거치면서, 끊임없이 한 단계에서 새로운 단계로 발전해나가는 것이다. 언어능력을 인지능력의 일부분으로 보았다.

(4) **언어 기능론**(语言功能论)

대표 인물은 영국의 언어학자 할리데이(韩礼德)다. 위에서 설명한 세 학파는 모두 언어 구조의 각도에서 제1언어 습득을 탐구했는데, 언어기능론은 언어의 의사소통 기능 측면에서 아동의 언어 발달을 연구하였다. 성인의 언어 체계 가운데 언어구조는 그 중 일부분일 뿐이고, 의미를 표현하는 수단의 하나일 뿐이다. 아동이 언어를 습득하는 것은 어떻게 의미를 표현하는지, 어떻게 언어를 이용해 일하고 의사소통을 하는지를 배우기 위해서이다. 그러므로 더 중시해야할 것은 언어의 의미체계와 용법체계를 숙달하는 것이다. 언어의 구조적 측면에서만 아동의 언어 습득을 연구하면, 아동이 왜 성인의 언어 체계를 습득해야하는지, 아동의 언어 체계가 어떻게 성인의 언어체계로 넘어가는지를 설명할 수 없다. 반드시 한 단계 더 나아가 아동이 어떻게 이러한 구조를 이용해 의사소통을 하는지를 살펴보아야한다. 아동이 모국어를 습득하는 과정을 차츰차츰 언어를 이용해 기능을 표현해 내는 것을 탐구하고 숙달하는 여러 가지 방식의 과정으로 보아야 한다. 사실 아동은 말을 배우기 이전에 이미 비언어적 수단인 소리 지르기, 손으로 가리키기, 어른의 옷자락을 잡아당기기 등을 이용해 의미를 표현하는데, 이때 아동의 언어체계에는 아직 성인의 언어 구조가 존재하지 않는다. 그러므로 아동의 언어체계는 의미 체계이며,

언어는 의미체계로부터 차츰차츰 발전해온 것이라고 할 수 있다. 아동은 성인의 언어를 빌려 표현해 내고, 간단한 것에서 복잡한 것으로 발전하고, 의사소통 중에 아동의 언어체계는 점점 성인의 언어체계에 가까워져 일치하게 되는 것이다.

기능론은 언어의 핵심인 언어의 의사소통 기능 각도에서 제1언어 습득 과정을 설명하였다. 언어 기능이론은 의사소통식 교수법 유파의 형성에 영향을 주었다. 이 이론은 아동의 언어 의미와 기능의 숙달에 대한 연구를 중시하였으며 언어구조의 발전에 대하여는 중시하지 않았다.

모든 이론은 각각 특징을 지니기 때문에 서로 대립하기 보다는 서로 보완적이다. 실제로 제1언어 습득은 여러 가지 요소의 영향을 받게 되는데, 이러한 영향에는 언어적 요소도 있고, 비언어적 요소도 있고, 인지심리와 사회 요소도 포함한다. 또 언어의 구조 형식에도 연관되고, 언어의 의미기능과도 관련된다. 아동의 제1언어 습득은 다음과 같은 종합적 특징을 지닌다.

① 아동의 제1언어 습득은 선천적 언어 습득능력과 후천적 환경의 작용의 결과이기 때문에 언어 규칙의 내면화가 필요하고, 또한 모방·훈련을 통해 언어습관을 기르는 것이 필요하다.
② 아동의 언어능력의 발달은 전체의 인지능력 발전의 일부분이고, 아동의 성장발육과정과 함께하는 것이다.
③ 아동의 제1언어 습득은, 언어구조 특히 어법체계의 습득을 포함하고, 언어기능 및 언어 활용과 연관되는 문화지식의 습득을 포함하는데 이 몇 가지는 동시에 진행된다.
④ 아동의 제1언어의 습득은 의사소통 활동 중에 실현된다.

## 03 제2언어 습득 주요 이론과 가설

### (1) 대비 분석 가설(对比分析假说)

전이(迁移 transfer)는 심리학 개념이다. 학습 과정 중에서 이미 얻은 지식, 기능, 방법, 태도 등이 새로 배우게 되는 지식과 기능에 대해 끼치게 되는 영향을 가리킨다. 이러한 영향 중 어떤 것은 긍정적이면서 촉진적인 작용을 하게 되는데 이를 '정전이(正迁移 posirive transfer)'라고 한다. 어떤 것은 방해하는 작용을 하게 되는데 '부전이(负迁移 negative transfer)'라고 하며, '간섭(干扰)'이라고도 한다.

'부전이'로 인하여 제2언어 습득에 어려움이 있게 되고 또 학생들은 실수를 하게 된다. 이 가설은 제2언어 습득의 주된 장애물은 제1언어(모국어)의 간섭이므로, 두 종류의 언어의 구조 차이를 비교해봄으로서 제2언어 습득의 난점과 쉽게 일으킬 수 있는 오류를 미리 예측하여 수업할 때 이러한 점을 인식하여 모국의의 간섭을 극복하고 새로운 습관을 형성하는데 도움이 되도록 한다.

(2) **중간 언어 가설**(中介语假说) [기출2010-5]

중간언어는 '과도기 언어(过渡语)' 혹은 '경계언어(语际语)'라고 칭하기도 한다. 제2언어 습득 과정 중 형성되는 제1언어도 아니면서 제2언어도 아닌 학습의 발전에 따라 점점 '目的语'에 근접해가는 동태적 언어체계를 말한다. 중간언어는 또한 매 언어발전 단계에서의 '静态'적 언어체계이기도 하다. 그 단계를 하나의 조각편(切片)으로 볼 수 있으며, 학습자가 目的语 제로 출발점에서 점차 目的语로 다가가는 언어발전 궤도로 중간언어 전체과정은 언어발전의 모든 단계를 서로 이은 연속체로 볼 수도 있다. 중간언어는 아래와 같은 특징을 지닌다.

① 중간언어는 언어 발전과정 중에서 학습자가 만들어 낸 제1언어와 目的语 사이의 독특한 언어체계이다. 그것은 자체 규율이 있으며, 어음·어휘·어법 등에 모두 나타난다.
② 중간언어는 고정불변한 것이 아니고, 계속해서 변화하는 동적인 언어체계이다. 새로운 지식과 새로운 규칙이 주입되면 전에 배웠던 규칙과 구조도 끊임없이 수정·조정되는 것이다.
③ 중간언어는 학습자가 목적어에 대한 규율이 아직 완전히 이해되지 않은 상황에서 불완전한 귀납과 추론으로 인하여 발생하는 언어체계인 것이다.
④ 중간언어의 오류는 반복성이 있다. 오류는 수정을 받고도 계속적으로 나타난다.
⑤ 중간언어의 오류는 완고성(顽固性)이 있다. 제2언어 학습 중 언어는 계속적으로 발전되지 않고 중간에 발전이 정체하거나(僵化) 퇴보(化石化 fossilization) [기출2020-B3] 하는 경향이 있기도 하다. 이러한 원인은 제1언어의 부정적 영향을 제거하지 못하거나, 학습자가 자신의 오류는 의사소통에 방해가 되지 않는다고 여기거나, 혹은 목적어의 어떤 면에 대하여 편견이 생겨 받아들이지 못하거나 하는 것 등이다.

(3) **내재 대강과 습득 순서 가설**(内在大纲和习得顺序假说)

학습자가 무엇을 배울 때, 수동적으로 교사의 학습커리큘럼에 따르고 배우는 것이 아니라 어린 아이가 모국어를 습득할 때처럼 자신만의 규칙과 순서가 있다고 보았다. 이 순서는 언어형식의 난이도에 따라 정해지는 것이 아니다. 제2언어의 습득도 자체의 진전궤도가 있는데, 제2언어를 습득할 때 '내면의 대강(内在大纲)'이 규정한 순서에 따라서 입력된 정보를 처리한다는 것이다. 내재 대강은 실제로 인류가 언어를 이해하는 객관적·보편적 규율이다. 사람들이 언어를 익히는 과정에서 이 객관적·보편적 규율이 영향을 받게 되며, 교사는 단지 제한된 범위에서 수업과정을 통제할 수 있을 뿐, 학습자의 입력된 언어에 대한 내면화 과정을 완전히 통제할 수는 없다고 보는 것이다.

교사의 수업계획과 학생의 내면적 습득 규율인 내재대강이 서로 일치하지 않을 때 제2언어의 습득에 영향을 미치게 된다. 그래서 이 내재 대강을 어떻게 확실히 하느냐가 제2언어 습득 연구의 중요한 문제이다.

### (4) 입력 가설(输入假说)

　　70년대 말부터 시작하여 미국 언어 교육가 크라센(克拉申)은 제2언어 습득에 대해 일련의 가설을 제기했다. 1985년 그의 저작 ≪输入假说:理论与启示≫에서 습득과 학습 가설(习得与学习假说)・자연 순서 가설(自然顺序假说)・모니터 가설(监控假说)・입력 가설(输入假说)・감정 여과 가설(感情过滤假说) 이 다섯 가지 가설을 귀납하여 '입력가설' 이론이라 총칭했다. 이 이론은 제2언어 습득 연구 중 가장 영향력이 큰 이론으로 여겨졌다. 그러나 동시에 많은 논쟁의 이론을 불러일으키기도 했다.

① 습득과 학습(习得与学习假说)

　　크라센은 성인은 두 종류의 확연히 다른 제2언어 획득 방법이 있다고 생각했다. 하나는 '습득'이다. '습득'이란 잠재적으로 이루어지며 어린 아이들이 자연스럽게 제1언어를 획득하는 과정에서 이루어지는 것이다. 다른 한 종류의 방법은 의식적인 언어 획득 과정으로 '학습'이다. 이것은 명확하고 또 규칙적으로 언어를 이해하고 파악하는 과정이다. 일반적으로 일상생활을 통하여 자연스럽게 얻어지는 '습득'과 달리 체계적 수업을 통하여 이루어지는 것이 바로 '학습'이다. 크라센은 '습득'을 매우 중요시했다. '학습'을 보조적인 것으로 보았다. '학습'을 통해 획득된 언어로는 자신의 생각을 자연스럽게 표현하기에는 어려움이 있다고 보았다. 사람들과 소통할 때 유창하게 제2언어를 구사할 수 있는 것은 '습득'을 통해 가능하다고 보았다. '습득'과 '학습' 가설은 크라센 '입력 이론'의 기초다. 크라센은 성인의 제2언어 획득 중에 잠재적인 '습득'의 작용을 지나치게 강조하고 의식적인 수업 활동, 특히 교실에서의 수업의 작용을 낮게 평가했다. 이로 인하여 많은 사람들의 비판을 불러 일으켰다.

② 자연 순서 가설(自然顺序假说)

　　크라센은 커더(科德)의 내재대강가설에 찬동하여 사람들의 언어습득 규칙에는 예측가능한 공통의 순서가 있다고 여겼다. 어떤 것은 먼저 습득하고 어떤 것은 나중 습득한다는 것이다. 크라센은 실험을 통하여 제2언어로 영어의 형태소를 습득할 때 고정 순서가 있다는 결론을 내렸다. 이 순서는 학습자의 모국어와 나이에 영향을 받지 않는다. 이를 '自然顺序'라고 칭한다.

③ 모니터 가설(监控假说)

　　사람의 두뇌는 두 가지의 독립적인 언어체계를 갖는다. 하나는 잠재의식 체계이고, 다른 하나는 의식 체계이다. '습득'에 의하여 제2언어를 유창하게 사용할 수 있지만, '학습'으로 얻어진 의식적인 언어지식과 규칙에 의하여 학습자가 언어를 유창하게 하기 에는 부족함이 많다고 보는 것이다. 의식적인 체계는 언어행위에서 단지 감독자, 편집자로서 통제(monitor)역할만 한다. 이러한 통제는 말하기 전과 말하는 중에도 심지어는 말을 한 후에도 작용한다.

④ 입력 가설(输入假说)

크라센은 제2언어 연구에서 가장 의미 있는 가설은 입력가설이라고 여겼다. 이 가설은 아래의 몇 가지 의미를 가진다. 첫째, 크라센은 인류가 언어를 익히는 유일한 방식은 정보에 대한 이해라고 생각하였는데, 그것은 바로 이해 가능한 입력을 통하여 언어지식을 습득하는 것이다. 사람의 주의력은 입력된 정보 그 자체에 있는 것이지 언어의 형식에 있는 것이 아니다. 입력은 그들의 능력보다 조금 높은 단계로 지속적으로 할 때 그 다음 단계의 언어 구조는 점차 자연스럽게 습득이 된다고 보았다. 언어 구조는 자연스러운 언어의 의사소통 과정 중에도 습득된다. 둘째, 입력된 언어정보는 지나치게 어려워도 안 되고, 지나치게 쉬워도 안 된다는 것을 크라센은 "i+1"으로 나타내었다. i는 학습자의 현재 언어수준을 나타내며, 자연 순서상 현재 처한 어떤 단계이다. i+1은 다음 단계에서 도달해야하는 언어구조의 수준으로, 현재 학습자의 언어 수준보다 약간 높으며, 학습자는 아래 위 문장, 특정한 언어 환경 또는 도표, 교구 등의 비언어 수단을 통해 i+1의 정보를 이해하고 다음 단계의 언어구조를 습득한다. 크라센의 입력가설은 듣기 이해의 중요성을 강조하고 있다. [기출2020-B3]

⑤ 감정 여과 가설(感情过滤假说)

감정여과가설은 병풍효과가설(屏蔽效应假说)이라고도 한다. 제2언어 학습자는 학습과 생활 중 각양각색의 목표 언어(目的语)와 접할 기회를 가진다. 이것은 모두 '입력(输入)'이라 할 수 있다. 그러나 입력된 언어정보는 때로는 흡수되지 않기도 한다. 설령 가장 쉬운 것, 이미 이해한 입력이라도 흡수되지 않는 경우가 있다. 교실에서의 제2언어 학습은 항상 '입력(输入)'이 '흡수(吸收)'보다 많다. 언어에 대한 뇌의 막힘 현상은 입력된 가설에 대해 감정이 여과작용을 하기 때문이다. 때문에 '감정여과(the affective filter)'라 하고, 혹자는 입력을 막는 병풍이 만들어진다고 한다. 이러한 여과나 병풍을 조성하는 것은 심리 요소이다. 학습 동기·학습 언어에 대한 태도·자신감·긴장감·방어 상태·창피함과 두려움·정신과 신체 상태는 모두 병풍효과를 만들 수 있고 입력을 제어할 수 있다.

종합적으로 크라센은 제2언어 습득의 실현의 결정적 요소는 두 가지로 보았다. 첫째, 습득자는 반드시 이해 가능한 입력을 이해해야 하고, 둘째, 습득자는 입력에 대해 감정상 받아들일 개방적인 태도를 지녀야 한다는 것이다. 이해 가능한 입력과 병풍 효과를 낮추고 긴장감의 최소화가 더해져야 제2언어를 좀 더 효과적으로 습득할 수 있게 된다. 이것은 크라센이 제시한 제2언어 습득의 기본 원칙이다.

(5) 보편 어법 가설(普遍语法假说)

앞에서 제1언어 습득 이론을 논할 때 이미 촘스키의 보편어법이론을 소개한 바 있다. 보편어법이론은 어법 이론일 뿐 아니라 언어습득이론이다. 언어습득이론에 있어서 보편어법이론을 통하여 제1언어가 어떻게 습득되는지 그리고 언어습득 장치가 어떻게 작용하는지를 설명할 수 있다. 촘스키는 영아의 '최초 언어상태'는 인류 언어의 공통적인 언어규칙과 미정의 언어 참수(未定值的语言参数)를 갖고 있다고 여긴다. 영아가 구체적 언어, 예를 들어 모국어와 접촉할 때 이런 미정의 언어 참수는 가설-검증을 거쳐 구체적 참수가 정해지면서 점차 모국어의 규칙 체계가 형성된다. 이것이 '언어원칙참수 语言原则参数'이론이다. 문제는 성년이 제1언어를 마스터한 후 다시 제2언어를 배울 때 보편어법이 작용하는 가이다. 제1언어 습득 과정 중 이미 참수치가 확정된 후 제2언어를 학습할 때 참수치가 다시 정해질 수 있는가? 많은 학자들은 실험과 연구를 통하여 서로 다른 결과를 발표했다. 학자들이 발표한 이론은 제2언어를 습득할 때 보편어법 이론이 적용된다는 설과 적용되지 않는다는 설 두 가지로 구분된다.

① 제2언어를 습득 할 때도 보편어법 이론이 적용된다는 설을 살펴보면 다음과 같다. 제2언어 습득 중 보편어법이 작용하여 제2언어를 접촉할 때 다시 참수치가 정해진다고 한다. 학습 초기 단계에서는 종종 제1언어의 참수치를 사용하기 때문에 초기에는 제1언어의 구사에 실수가 나타난다. 점점 더 많은 제2언어를 접촉하게 되면 제1언어의 참수치를 조정하거나 새로운 참수치를 형성하게 된다. 예를 들어 베트남 학습자가 모국어를 습득할 때 이미 참수치가 '관형어는 중심어의 뒤'라고 정해졌다면, 중국어를 학습할 때 초기에는 종종 관형어가 뒤에 오는 실수가 나타난다. 하지만 후에 참수치가 '관형어는 중심어의 앞'이라고 조정하게 되고 '관형어는 중심어 앞'이라는 중국어의 구조를 습득하게 된다. 어떤 학자들은 또 언어의 어떤 특정 현상으로 이 관점을 지지하기도 한다. ㉠ 제2언어 학습자는 종종 여러 가지 오류를 나타내지만 이런 오류는 보편어법이 허용하는 범위 안에서 일어나며 또 일정한 규칙성을 가지고 있다. ㉡ 학습자의 제2언어에 관한 지식은 그들이 보거나 듣는 언어재료에서부터 얻어지는 것이 아니다. 또 한마디 들으면 한마디 배우는 식도 아니다. 이런 지식들은 보편어법에서 오는 것이다. 이런 언어 현상을 예로 제2언어를 학습할 때도 보편어법이 적용된다고 보는 것이다.

② 제2언어를 습득할 때는 보편어법 이론이 적용되지 않는다는 설을 살펴보면 다음과 같다. 이와 관련된 실험에 의하면 언어참수치가 두 번 바뀔 수 없다는 것이다. 아동들은 제1언어를 습득할 때, 대뇌 중에 선천적인 언어기능체계인 보편어법을 이용하여 본능적으로 자연스럽게 배우게 된다. 하지만 사람이 성장기를 지나고 나면 좌·우뇌의 역할이 구분되는데 이 때 대뇌중의 추리 사유 기능 체계가 발전하게 된다. 성인이 제2언어를 배울 시기가 되면 선천적 언어 기능체계가 더 이상 작용하지 않는다는 것이다. 이 시기에는 대뇌 중의 추리 사유 기능 시스템이 작용하게 되는데 일종의 수학, 물리학 같은 분야의 의식적 학습을 하게 된다. 이 관점을 고수하는 학자는 또 다음과 같은 주장을 한다. ㉠ 정상적인 아동들은 대부분 제1언어를 마스터할 수 있다. 그런 반면에 성인이 제2언어를 성공적으로 배울 수 있는 확률은

매우 낮기 때문에 모국어 수준까지 다다르기는 매우 어렵다. ⓒ 성인은 제2언어를 배울 때 감정적 요소의 영향을 받지만 유아는 이런 영향을 받지 않는다. ⓒ 성인이 제2언어를 배울 때 설사 연령, 환경 조건이 모두 같다하더라도 배움의 빠르고 늦음이 큰 차이를 나타낸다. 그런데 아동은 설사 처한 환경이 달라도 그들 간의 언어 발달에는 큰 차이가 없다. 이러한 이유로 이들은 제2언어를 습득할 때 보편어법 이론이 적용되지 않는다고 주장한다.

보편 어법 이론이 제2언어습득을 설명하는 데에는 서로 다른 견해가 있지만 80년 대 중기 이래로 보편어법이론은 제2언어 습득 연구에 큰 영향을 미쳤다.

### (6) 문화 적응 가설(文化适应假说)

슈만(舒曼 J. Schumann)에 의해 제시된 문화적응가설(the Acculturation Theory)은 문화와 언어의 관계에서 출발하여, 제2언어 습득의 과정을 점진적으로 목적 언어의 문화에 적응해 가는 과정으로 보며, 제2언어 습득의 전체를 문화적 적응의 일부로 보고, 제2언어의 학습자가 목적 언어 문화에 적응하는 정도에 따라 목적 언어 숙련도가 결정된다고 보았다. 문화 적응이라고 하는 것은 학습자와 목적 언어권 사회의 사회적, 심리적 결합을 가리킨다. 그러므로 학습자와 목적 언어 문화의 사회적 거리와 심리적 거리가 제2언어 습득에 영향을 미치는 주요 원인이 되는 것이다.

> **원문참고** ≪对外汉语教育学引论, 刘珣, 北京语言大学出版社≫

(1) 对比分析假说

迁移(transfer)是心理学的概念, 指在学习过程中已获得的知识、技能和方法、态度等对学习新知识、技能的影响。这种影响有的起积极、促进的作用, 叫正迁移(positive transfer), 有的起阻碍的作用, 叫负迁移(negative transfer), 也叫干扰。

负迁移造成第二语言习得的困难和学生的错误。这一假说认为第二语言习得的主要障碍来自第一语言(母语)的干扰, 需要通过对比两种语言结构的异同来预测第二语言习得的难点和易产生的错误, 以便在教学中采用强化手段突出这些难点和重点, 克服母语的干扰并建立新的习惯。

(2) 内在大纲和习得顺序假说

学习者不是被动地服从教师的教学安排、接受所教的语言知识, 而是跟儿童习得母语一样, 有其自身的规律和顺序。这一顺序并非完全按照语言形式的难易, 有迹象显示它与课堂上所教的语法规则的顺序并不一样。可见第二语言习得也有一个自身的进展轨迹, 是按其内在大纲所规定的程序对输入的信息进行处理。内在大纲实际上是人类掌握语言的客观的、普遍的规律, 教师只能在有限的范围内控制教学过程, 无法完全控制学习者对输入的语言的内化过程。当教师的教学安排与学生的习得规律、即内在大纲不一致时，就会影响到第二语言的习得。因此，如何弄清这一内在大纲就成了第二语言习得研究的一个重要问题。

(3) 习得与学习假说

　　早从60年代开始，西方的一些学者就提出区分语言的学习(learning)与习得(acguisition)两种不同的学习。70年代中期美国语言教学理论家克拉申(S.Krashen)又进一步系统地提出了学习与习得假说。
① "习得"是在自然的语言环境中，通过旨在沟通意义的言语交际活动，不知不觉(潜意识)地获得一种语言。
② "习得"的典型的例子是儿童习得第一语言。
③ "学习"是指在课堂环境下有专门的教师指导，严格按照教学大纲和课本，通过讲、练习、记忆等活动，有计划、有系统、也是有意识地对语言规则的掌握。
④ 习得时注意力主要集中在语言的功能和意义方面。
⑤ 习得需要大量的时间，习得的效果一般都比较好。

　　习得时注意力主要集中在语言的功能和意义方面，集中在语言如何有效地表达思想以及语言所表达的信息上(语言的内容)，而不是语言形式，语言形式的掌握、语言知识的获得往往是潜意识的；学习，特别是在传统教学法的影响下，其注意力往往集中于语言的形式方面，有意识地、有系统地掌握语音、词汇、语法等，甚至在很大程度上忽视了语言的意义。

(4) 输入假说

　　克拉申认为这是第二语言研究中最有意义的假说，是用来回答人们是怎样习得语言这个问题的。这一假说有以下几层意思。第一，克拉申认为人类获得语言的唯一方式是对信息的理解，也就是通过吸收可理解的输入(comprehensible input)习得语言知识。人们的注意力集中在输入的信息本身，而不是语言形式上。当他们理解了输入的信息，并且让输入多少包括一点超过他们能力的语言时，语言结构也就习得了，语言结构也是在自然的语言交际过程中习得的。如果信息(像课堂教学中有时出现的那样)没有意义，或者由于某种原因学习者不理解，就不可能产生学习效果。第二，输入的语言信息既不要过难也不要过易，克拉申用"i+1"来表示。i代表学习者目前的语言水平，也就是在自然顺序上所处的某一阶段。i+1则是下一阶段应达到的语言结构的水平，即稍稍高出他目前的语言水平，让他通过上下文、一定的语境或借助于图片、教具等非语言手段，来理解i+1的信息，从来也就习得了该信息所包含的下一阶段的语言结构。

克拉申的输入假说强调听力理解的重要性，特别是可理解的输入在语言获得中的重要作用，是很有意义的。

(5) 监控假说

人的头脑中有两个独立的语言系统，一是潜意识的系统，一是有意识的系统。流利地运用第二语言靠习得，而通过学习所获得的有意识的语言知识和规则，并不能使学习者表达得更为流利。有意识的系统在语言行为中只有一项功能，即只能作为一个监督者、一个编辑，起监控(monitor)的作用，对输出的语言形式进行检查和控制(注意：学习只是对表达有这一作用，对理解则不起作用)。这种监控可能在说话前，也可能在说话同时甚至是说话之后进行校正。

(6) 情感过滤假说

此假说也称屏蔽效应假说。第二语言学习者在学习和生活中有各种各样接触目的语的机会，这都是输入。但输入的语言信息有时并没有被吸收，即使最容易的、已经理解了的输入也总是被吸收。第二语言课堂学习也总是输入大于吸收。人类头脑中这种对语言的堵塞现象，是由于情感对输入的信息起了过滤作用，称为"情感过滤"(the affective filter)，或者说成为把输入挡在外边的屏障。

(7) 普遍语法假说

在讨论第一语言习得理论时，我们已经介绍过乔姆斯基的普遍语法理论。普遍语法理论不仅是语法理论，也是语言习得的理论，用来解释第一语言是如何习得的、语言习得机制是如何发挥作用的。乔氏认为婴儿的"最初语言状态"包括人类语言共有的语言原则和尚未定值的语言参数。婴儿接触到具体的语言(如母语)通过假设-验证给这些语言参数定值，逐渐形成他母语的规则系统。这就是上一节谈的"语言原则参数"理论。问题在于成年人掌握第一语言之后再学习第二语言，普遍语法是否仍起作用？ 在第一语言习得中已经确定了的参数值，能否根据第二语言给参数再定值？ 很多学者做了大量的实验与研究，所得的答案是不同的。

(8) 文化适应假说

由舒曼(J. Schumann)提出的文化适应假说(the Acculturation Theory)，从文化与语言的关系出发，把第二语言习得的过程看做是逐步适应目的语文化的过程，把整个第二语言习得看做是文化适应的一部分，认为第二语言学习者对目的语文化的适应的程度决定该目的语掌握的程度。所谓文化适应是指学习者与目的语社团的社会和心里的结合，因此，学习者与目的语文化的社会距离与心里距离，就成了影响第二语言习得的主要因素。

# 제 03장 제2언어 교수법

## 01 학습론

학습이론은 혹은 '학습론'이라고 칭한다. 학습론은 학습과정 중의 심리활동 규율을 연구하는 이론이다. 이것은 심리학에 속하는 학과이기도 하다. 양대 주요 학습론은 '행위주의 학습이론'과 '인지학습 이론'이다. 그 외에 이 두 가지를 절충한 이론인 '지-행위주의 학습이론'과 60년대 이후 출현한 '인본주의 학습이론'이 있다. '인본주의 학습이론'은 전통적 양대 학습론을 비판하면서 일어난 이론이다.

- 行为主义学习理论
- 认知学习理论
- 知-行为主义学习理论
- 人本主义学习理论

### (1) 행위 주의 학습 이론(行为主义学习理论)

학습이란 사람과 동물이 환경의 지배를 받아 경험을 통하여 피동적으로 형성되는 행위의 변화이다. 이 과정 중에 사람의 주관적 사상이나 사유 활동을 완전히 배제한다. 행위주의 학습이론은 경전 조건 작용과 조작성 조건 작용의 기초 하에 만들어진 자극-반응 학습이론으로 서양 학습 이론의 중심이었다.

### (2) 인지 학습 이론(认知学习理论)

인지학습이론은 이성주의 철학의 영향을 받아서, '학습'이란 학습자가 환경과 객관사물에 대한 주동적인 '认识'와 '行为'의 주동적 '변화(改变)'로 보았다. 즉 학습이란 주체적 '认知过程'이지 외부 환경에 의해 지배되어 피동적으로 이루어지는 자극-반응의 연계와 행위습관의 변화로 보지 않는 것이다. [기출2015-A3]

언어학 이론과 심리학 이론은 제2언어교수법과 서로 밀접한 관련성이 있다. 이들 간의 관계를 살펴보면 다음과 같다.

제2언어 교수법 주요 유파 분류표

| | 수업 중 자각적 학습 중시 | | | 수업 안 밖 자연적 습득 중시 | |
|---|---|---|---|---|---|
| | 인지파(认知派) | 경험파(经验派) | 인본파(人本派) | 기능파(功能派) |
| 제2언어 교수법 | • 어법번역법 (语法翻译法)<br>• 자각대비법 (自觉对比法)<br>• 인지법(认知法) | • 직접법(直接法)<br>• 강독법(阅读法)<br>• 상황설정법(情景法)<br>• 청각구두식교수법 (听说法)<br>• 시청각교수법(视听法) | • 상담식교수법 (团体语言学习法)<br>• 침묵식교수법 (默教法)<br>• 전신반응교수법 (全身反应法)<br>• 암시법(暗示法) | • 의사소통중심교수법 (交际法) |
| | 자각실천법(自觉实践法) | | 자연법(自然法) | |
| 언어학 이론 | 변형생성어법이론 (转换生成语法理论) | 구조주의 언어학 (结构主义语言学) | 기능주의 언어학 (功能主义语言学) | |
| 심리이론 | 인지심리학 (认知心理学) | 연결-행위주의심리학 (联结-行为主义心理学) | 인본주의 심리학 (人本主义心理学) | |

## 02 인지파와 경험파 교수법(认知派与经验派教学法)

인지파 교수법은 어법 번역법이 대표적이다. 이 파에 속한 교수법의 주요 특징은 학습자들의 언어규칙에 대한 자각적 이해를 강조한다. 경험파 교수법은 직접식 교수법이 대표적이며, 직접식 교수법은 대량의 언어 모방과 훈련으로 습관을 형성할 것을 강조한다. 1970년대 이전 언어 교학에 영향을 크게 미친 교수법이다.

(1) **어법 번역법**(语法翻译法 Grammar-Translation Method) [기출2007-2]

어법 번역법은 '传统法'이나 '古典法'으로 불리기도 하는데, 이것은 체계적인 어법지식 교수를 그 요점으로 하고, 모국어를 번역수단으로 하여, 주로 제2언어의 읽기 쓰기 능력을 기르는 교수법이다. 제2언어학사상 가장 오래된 교수법으로 유럽에서 그리스어·라틴어를 지도할 때 사용되었다.

어법번역법의 언어학의 기초는 역사비교언어학으로 모든 언어는 공통의 원시언어에서 기원이 되었으며 언어규율과 어휘가 나타내는 개념은 같으며 어휘의 발음과 쓰는 형식이 다를 뿐이라고 여긴다.

● 주요 특징
① 목적어의 서면언어를 이해함으로써, 독해와 작문능력을 기르고 아울러 지적능력을 발전시키는 것을 주요 목표로 하며, 구어와 듣기는 중요시 하지 않는다.
② 체계적인 어법지식을 교수의 주요 내용으로 하며, 어법 교수에 연역법을 이용하여, 어법 규칙에 대한 상세한 분석을 진행하고, 학생으로 하여금 숙지하게 함과 동시에 번역연습을 통해 견고함을 더한다.
③ 어휘의 선택은 완전히 교재의 본문 내용에 의해 결정하고, 번역에 관한 새 단어 표를 이용하여 수업한다. 문장은(句子)는 수업과 연습의 기본단위이다.
④ 모국어를 이용하여 수업하며, 번역은 주요 교수수단이자 연습수단, 평가수단이다.
⑤ 학습 규범의 서면어를 강조하고, 원문을 중시하고, 명작 문학을 읽는다.

● 장점
① 중국어로 문학 작품을 읽는다든지, 연구 자료 등을 번역한다든지 하는 경우에는 유용한 방법이다.
② 사전이나 참고서를 이용하여 혼자서 학습할 수 있다.
③ 문법 규칙에 따라서 충실히 번역해 가기 때문에, 정확성을 기대할 수 있다.
④ 중국어에 대한 청해 능력이나 회화 능력이 부족한 교사라도 가르칠 수 있다.
⑤ 교수 방법에 그다지 어려움이 없다.

● 단점
① 이 교수법은 번역에 너무 의존하기 때문에, 듣고 말하는 능력 습득이 곤란하다. 따라서 실용적인 어학력을 필요로 하는 학습자를 대상으로 하는 교육으로는 적당하지 못하다.
② 쓰여진 문자를 하나하나 학습자의 모국어로 번역하며 내용을 이해하기 때문에, 어떤 경우에나 항상 번역하려고 하는 습관이 몸에 베이게 되어 청해 학습이나, 회화 학습에 오히려 장애 요인이 되는 경우가 있다.
③ 구두 연습보다는 문법 중심, 교사 중심의 수업이 진행되기 때문에 정확한 발음을 구사할 수 있는 능력이 부족하다.
④ 이 교수법은 교사 중심의 학습 방법이기 때문에 학습자는 교사의 일방적인 지시에 따르며, 학습자들끼리의 상호작용은 거의 볼 수 없다.

## (2) 직접법(直接法 Direct Method) [기출2007-2]

직접법은 '改革法' 혹은 '自然法'이라고도 하는데, 19세기 말~20세기 초에 서구에서 탄생되었고, 주요 국가는 프랑스와 독일이다. 이것은 어법 번역법과 반대되는 교수법으로, 구어 교수를 기초로 주장하며, 유아시기 모국어 획득의 자연과정에 근거하여 목적어를 이용하여 직접 객관 사물에 연결 짓고, 모국어에 의지하지 않고 번역의 과정을 거치지 않도록 하는 제2언어 교수법이다.

● 주요 특징
① 목적어와 그것이 대표하는 사물을 직접 연결한다. 교수 중에는 모국어와 번역을 배척하고, 각종 직관수단을 사용하여 목적 언어를 이용해 목적어 학습을 한다. 단어는 실제 사물・그림 혹은 동작을 통해 제시하거나 가르친다.
② 우선 어법 규칙을 공부하는 것이 아니라, 직접적인 감각과 지각에 의해 모방・연습・기억함으로써 자동적인 습관을 형성한다. 일정한 단계에서 이미 획득한 언어 재료 중의 어법 규칙에 대해 필요한 총결과 귀납을 진행한다.
③ 구어를 교학의 기초로 하여, 우선 듣고 말하고, 후에 읽고 쓰기를 지도한다. 구어를 첫째로 하고, 우선 말을 배운 다음 서면어를 배우는 것이 언어 학습의 자연스런 절차이다. 어음교학을 중시하고, 어음(语音)・어조(语调)・어속(语速)의 규범을 강조한다.
④ 문장(句子)을 교학의 기초 단위로 하고, 전체 문장을 배우고, 올바른 문장 활용으로 시작하되, 단 음이나 고립단어로는 시작하지 않는다. 문장은 언어교재의 기본 단위로, 어휘의 뜻은 문장을 통해서만이 정확하게 이해할 수 있다.
⑤ 당시 통용되는 언어를 기본 교재로 삼고, 명작 문학 중의 우아함이나 이미 시대에 지난 언어가 아닌 생동감 있고 살아있는 언어를 공부한다. 일부 상용 언어재료에서 시작하여, 상용단어, 상용구를 그 사용 빈도수에 따라 과학적으로 선별한다.

직접법의 한계는 지나치게 유아의 모국어 학습규율을 강조한 나머지 성인들의 제2언어 학습의 특징에 대한 이해가 부족하고 교실 수업에 대한 고려도 부족하다. 경험을 지나치게 중시하며 사람의 적극적 주동적 학습에 대한 강조가 부족하며 어법규칙에 대한 이해도 소홀히 한다. 초기 직접법은 모국어에 대한 주의가 부족하여 모국어로 약간만 언급해도 쉽게 이해될 수 있는 문제인데 지나치게 목적어 사용을 견지하여 학습자의 이해력에 영향을 미치기도 한다. 또한 교사의 제2언어 구사력에 대한 요구가 지나치게 높고, 실제 수업을 진행할 때는 다 적용하기가 어려운 경우가 있다.

● 장점
① 교사가 항상 목적 언어(目的语 target language)만을 사용하기 때문에 그 언어와의 자연적인 접촉이 많다.
② 교사가 항상 목적 언어(目的语 target language)만을 사용하기 때문에 학습자가 외국어를 공부하고 있다고 하는 만족감이 강하다.
③ 그림, 동작, 실물 등을 보고 유추하고, 추측하는 것이 중심이 되기 때문에 시간을 들여 생각하게 되고, 생각하면서 이해하게 되어, 학습한 것에 대한 정착이 용이하다.

● 단점
① 학습의 규모를 적게 하여야 한다.
② 실물이나 그림 등을 이용하여 지도하여야 하기 때문에 어휘가 제한 될 수 있고 흥미 있는 장면을 만들어 내기 힘들다.
③ 의미를 이해시키기 힘들다.
④ 추상적인 어휘를 도입하기 힘들다.
⑤ 언어학습의 경험을 가지고 있는 학습자에게 설명 없이 가르치는 것은 쉬운 일이 아니다.
⑥ 추상어의 제출이 늦어지므로 성인을 대상으로 수업을 진행할 경우, 결정적인 약점이 될 수 있다.

(3) **상황 설정법**(情景法 Situational Language Teaching) [기출2012논술교과교육-1]
　　상황 설정법은 본 세기 20~30년대에 영국에서 만들어진 구어능력의 배양을 기초로 삼고, 의미 있는 상황을 통한 목적어 기본구조 단련의 학습을 강조하는 학습법이다. 상황 설정법은 조기에 구어법(口语法 Oral Approach)이라고 칭해졌으며, 대표인물은 영국의 저명한 교육가 파머(帕默 H. E. Palmer)와 혼비(霍恩比 A. S. Hornby)다.

● 주요 특징
① 교학의 목적은 듣기·말하기·읽기 네 가지 언어 기능의 실제적 이해이고, 언어기능은 또 언어 구조의 이해를 통해 얻어지는 것이다.
② 언어 교학은 구어에서 시작되고, 교재는 우선 입말 훈련에 사용되고 난 후 서면어 형식을 지도한다.
③ 수업 용어는 목적 언어(目的语)다.
④ 새로운 언어 포인트는 상황 설정 안에서 소개하고 연습한다.
⑤ 어휘 선택 순서를 활용하여 기본 어휘 교학을 확실히 한다.
⑥ 우선 쉽게, 나중에 어렵게 하는 원칙에 따라 어법 항목에 대해 급을 나누고 배열한다.
⑦ 학생이 일정 어휘와 어법 기초를 갖춘 후, 독해와 작문을 가르친다.

● 상황 설정법의 교학 과정
① 교사가 여러 차례 새 어휘와 구조를 시범적으로 보여주면서 학생들에게 단체 모방을 하게 한다.
② 학생들에게 개별 발음 훈련을 한다.
③ 이미 알고 있는 문형문답을 이용하여 새 문형을 도입한다. 문답, 작문, 제시어 등을 통하여 새 문형 연습을 한다. 학생들로 하여금 스스로 오류를 수정하도록 한다.

직접법과 비교해 볼 때 상황 설정법은 목적 언어의 교학을 활용한 구어 지도를 강조한다. 듣기와 말하기를 먼저 지도한 후 읽기와 쓰기를 지도하고, 어법은 귀납법을 사용하여 지도하고, 어휘 교학은 뜻에 대한 해석을 피하는 등의 내용은 직접법의 특징을 이어받았다. 그러나 수업 내용에 대한 체계적인 선택과 안배, 특히 어휘와 어법에 대한 통제, 수업 도중 상황설정 활용 면에서는 직접법에 비하여 큰 발전을 이루었다.

(4) **열독법**(阅读法 Reading Method)

열독법은 20세기 초에 생겼으며, 영국 저명한 언어교육자 웨스터(韦斯特 M. West)가 대표인물이다. 이것은 직접강독을 통하여 강독능력을 배양하는 것을 목적으로 하는 교수법이다. 구어 교수 중심의 직접법은 20세기에 이르러 점차 쇠미하였는데, 구어 교학에 대한 요구가 지나치게 높았기 때문에 현실과 분리되었으며, 학습자들은 제한된 학습시간 안에 규정된 목표를 달성하기 어려웠을 뿐만 아니라 교사도 목적어 구사 수준이 직접법 교학요구에 적응하기가 어려웠다. 독해기능 파악은 가장 실용적이면서 다른 기능에 비해 상대적으로 비교적 쉬운데, 이것은 가장 교학목적에 도달할 가능성이 높고, 학습자 또한 성취감을 얻음으로써 학습의 적극성과 자신감이 증가된다. 독해 능력 배양에서부터 시작하여, 학습자는 일정한 어감이 생기고, 학습자가 말을 할 때 실수를 적게 범하고, 훨씬 빨리 목적어를 배울 수 있다고 주장한다. 파머(帕默)가 '구어가 기초다' 한 것과 다르게 웨스터는 '독해가 기초다'라고 강조했다.

(5) **자각 대비법**(自觉对比法)

자각대비법은 모국어와 목적어의 번역과 구조 비교를 통해, 스스로 느껴서 목적어를 이해하는 방법이다. 자각대비법은 직접법에 반대되는 교수법으로 어법 번역법을 계승 발전시킨 교수법이라 할 수 있다. 구 소련에서 주로 사용된 교수법이다.

● 주요 특징
① 모국어에 의거하여 스스로 자각하여 번역하고 대비하는 것은 자각 대비법의 가장 중요한 특징이다. 교학의 전 과정이 모국어를 이용하여 목적어를 설명해야하고, 학습자의 모국어 지식과 기능을 충분히 이용한다.

② 언어지식의 교육을 중시하고, 언어규범의 지도 아래 언어를 실천하고, 맹목적 언어 실천을 피하기 위해 이론지식 해설을 먼저 할 것을 강조한다.
③ 언어의 형식과 의미를 기초로 한 후 모방과 연습을 진행한다.
④ 분석에서 종합에 이른다. 우선 문장의 구성요소를 배운 후 전체 문장과 본문을 배운다. 분석 없이 기계적으로 받아들이는 일이 없도록 한다.
⑤ 서면어를 기초로 하고, 문학언어를 기초교재로 하며, 구어 교재는 중요시 하지 않고, 듣기와 말하기가 앞서는 것을 반대한다.

(6) **청각 구두식 교수법**(听说法 Audiolingual Method) [기출2010-2] [기출2007-2]

청각 구두식 교수법은 1940년대 미국에서 만들어진 제2언어 교수법이다. 반복적 문형연습을 통하여 구어 듣기와 말하기 능력을 배양할 것을 강조하며, '문형법(句型法)', '구조법(结构法)'이라고도 한다.

청각 구두식 교수법의 언어학 이론 기초는 말에 대한 자세한 분석과 서로 다른 언어 간의 구조를 비교하는 미국의 구조주의 언어학이다. 구조주의 언어학은 제2언어에 대한 지도를 할 때 구어부터 시작하며, 언어구조를 이해함으로서 목적 언어(目的语)를 잘 할 수 있다고 강조한다. 청각 구두식 교수법의 심리학 기초는 사람과 동물의 행위를 모두 자극-반응 궤도로 귀납하는 행위주의 심리학이다. 특히 스키너의 조작성행위주의(操作行为主义)는 언어 행위는 자극과 반응의 연결과 강화(强化)로 습관이 형성되는 것으로 인식하며, 제2언어교학은 대량의 모방과 반복적 훈련을 통하여 새로운 언어습관이 형성되는 것임을 강조하였다.

청각 구두식 교수법은 제2언어교수법 발전사상 하나의 이정표가 되었다. 이론과 실천 두 가지 측면에서 모두 제2언어교수법의 발전을 촉진시켰다. 청각 구두식 교수법은 처음으로 언어학과 심리학 이론을 교수법 이론의 기초로 삼았으며 교수법 체계가 과학적이라는 평가를 받는다. 청각 구두식 교수법은 직접법의 주요원칙을 계승하였다. 예를 들면 구어 교수를 기초로 하며 목적 언어를 사용하여 목적 언어를 가르치고, 문장을 기초 단위로 하며, 반복적 훈련과 언어 실천을 통하여 어법 규칙을 이해하도록 하는 것이다.

● 주요 특징
① 듣기와 말하기를 우선으로 하고, 구어가 우선이며 서면어는 그 다음이다. 읽기와 쓰기는 보조로 한다.
② 반복 훈련과 모방·반복·기억의 방법을 이용해 습관을 형성한다.
③ 교학 내용은 언어의 기본구조인 문형(句型) 중심으로 이루어져야 하며, 문형 연습을 통해 목적어를 마스터 하도록 한다.

④ 모국어의 사용을 배척하거나 제한적으로 사용하고, 가능한 한 직관수단(直观手段)을 사용하거나 상황·언어 환경 등을 통하여 목적어를 직접 이해하고 표현하도록 한다.
⑤ 모국어와 목적어 비교, 목적어 내부의 언어구조 비교를 통하여 학습자의 어려운 점을 찾아내고 교학 중점을 확정한다.
⑥ 제때 엄격하게 학습자의 오류를 교정하여 잘못된 습관 양성을 피하도록 한다.
⑦ 현대화된 교학 기술 수단, 예를 들어 슬라이드, 녹음, 영화, TV를 이용하여 여러 종류의 경로를 거쳐 자극을 강화한다.

● 장점
① 철저한 구두 연습을 통한 듣기와 말하기의 연습을 할 수 있다.
② 다수 집단이나 학습자 사이에 실력 차가 있어도 사용할 수 있는 교수법이다.
③ 초급은 물론, 중급에서도 사용할 수 있다.
④ 원칙적으로는 모국어의 화자가 교사이기 때문에 정확한 발음을 습득할 수 있다.

● 단점
① 행위주의 심리학을 기초로 하여 사람과 동물을 동등시하며 외국어 학습을 어떻게 동물을 훈련시킬 것인가와 동등시 했다. 학습자는 자극에 대한 반응과 강화를 통하여 새로운 언어 습관을 형성할 뿐이다. 즉 사람의 인지 능력의 능동 작용을 부인하여 기계적 훈련을 지나치게 강조하여 무미건조함에 빠질 우려가 있다. 학습자의 흥미유발이 이루어지지 않을 뿐만 아니라 학생들의 언어기초지식에 대한 이해와 언어 활용 능력의 배양을 소홀히 하였다.
② 구조주의 언어학은 지나치게 언어의 구조형식을 중시하고 언어내용과 의미를 소홀히 하여, 언어구조를 철저하게 이해하기만 하면 다른 사람을 이해할 수 있으며 자신을 표현할 수 있다고 여겼다. 그 결과 학습자는 일부 정확한 문장을 유창하게 말할 수 있지만, 일정한 상황에서는 의사소통할 수 있는 능력을 갖추기 어려웠다.

(7) **시청각 교수법**(视听法 Audio-Visual Method)

시청각 교수법은 50년대 프랑스에서 생겨난 제2언어 교수법이다. 이것은 일정한 상황에서 청각 감지와 시각 감지의 결합을 강조하는 교수법이다.

시청각 교수법의 유래는 직접법과 청각 구두식 교수법이다. 이 두 가지의 장점을 계승 발전시켜 구어를 중시하고 목적어를 사용하여 직접 가르치며 반복훈련(反复操练)을 강조하고, 모국어와 목적어의 비교하에 교학 내용을 확정하도록 하였다. 동시에 청각 구두식 교수법이 상하 문장이나 일정 언어상황에서 고립되어 무미건조한 기계적 훈련을 하는 결점을 극복하여 창조적으로 상황을 제기하여 시각과 청각을 서로 결합하여 언어의 전체적인 구조를 감지토록(**整体结构感知**) 하는 교수법체계이다.

● 주요 특징
① 시각과 청각의 감지를 서로 결합한다. 실물·그림·영상 등을 통하여 언어와 형상을 직접 연계시킬 것을 주장하고, 또 직접 목적 언어 사용을 주장한다.
② 언어와 상황이 긴밀히 결합된다. 사람들의 의사소통활동은 항상 일정한 상황에서 이루어지며, 언어 활동 또한 항상 상황의 제약을 받는다. 시청각교수법은 일상생활 언어를 선택하여 안배한다. 또한 창조적으로 실제 상황에 근접하여 듣기·말하기·읽기·쓰기를 진행하며 언어 활용 능력을 배양하는데 유리하도록 한다.
③ 언어의 전체적 구조를 감지할 것을 중요시한다(整体结构感知). 시청각 교수법은 화면과 완전한 대화 장면을 통하여 어음·어조·어휘·어법을 전체적으로 깨달을 수 있도록 한다.
④ 우선 구어를 가르치고 후에 서면어를 지도한다.

### (8) 자각 실천법(自觉实践法)

자각 실천법은 구 소련에서 20세기 60년대 이후로 광범위하게 사용 된 외국어 교수법이다. 학습자가 자각하여 일정 정도의 언어 이론과 지식 기초를 습득한 것을 기반으로 다량의 언어 연습을 통해 목적어를 자각적으로 활용 할 수 있게 된다는 주장이다.

● 주요 특징
① 자각성 원칙
    학습자가 자각적으로 어법 이론지식을 마스터해 단어의 의미를 이해하고 문장의 실제 용법을 파악함으로써 언어 활용 활동을 이끈다.

② 실천성(활용성)원칙
    제2언어 습득의 결정적 요소는 다량의 언어 실천이며 70년대에 한층 더 의사소통 중심의 언어 활용이 강조되었다. 이러한 의사소통 활동은 제2언어 교육의 근본 목적이며 주요한 교육 수단이다.

③ 기능·상황·제재의 결합원칙
    언어 재료의 선택과 조직화 부분에서 의미 - 기능과 상황-문형, 제재의 몇 가지 부분을 교묘하게 결합시킨다. 즉 의사 소통법을 받아들여 언어 의사소통의 중요성에서 출발해 일정한 언어 의미, 기능항목을 선택하는 방법에서 출발하여 전형적인 장면에서 전형적인 문장유형을 선택하는 구조법을 결합한다.

④ 구어 우선 원칙
    직접법의 주장을 받아들여 특히 입문이나 초급단계에서는 구어가 리드하는 방법을 사용한다. 구어 교육의 기초 아래 서면어 교육을 진행한다.

⑤ 문장 중심 원칙

직접법이나 구조법과 같이 문장을 언어의 단위라고 인식하며, 문장의 기초 하에 단어와 어법을 배우는 것은 학습자의 언어 사용 능력을 길러 주는데 도움이 된다고 여긴다.

⑥ 종합성 원칙

말·어휘·어법·수사·민속 등의 방면 및 듣기·말하기·읽기·쓰기 기능에서 종합적으로 교육을 실시하여 언어 사용 능력을 기른다. 그러나 동시에 필요한 부문별 학습도 빠져서는 안 되고 단계별로 어떠한 한 방면의 학습에 치중 할 수 있다.

⑦ 모국어 고려 원칙

교실에서는 되도록 목적어를 사용하며 목적어와 학습자의 사유 간에 연계가 이루어지도록 한다. 초급단계에서는 제한적으로 학생의 모국어를 사용 할 수 있다. 번역과 대조는 하나의 교육 수단이 될 수 있다. 그러나 번역이 강의의 주요 수단이 되어서는 안 된다. 대조는 반드시 실제 언어 훈련 중에서 사용되어야 하며 강해에 사용되어서는 안 된다.

이상의 특징에서 알 수 있듯이 자각 실천법은 이론체계상 기본적으로 직접교수법 파에 속한다. 그러나 동시에 어법번역법의 장점도 취하여 종합적인 성격을 띠게 되었다. 자각 실천법은 60년대 이래 소련 외국어 교육 개혁을 구현했으며 외국어 학습법에서 각종 유파의 융합이라는 새로운 추세를 반영했다.

(9) 인지법(认知法 Cognitive Approach) [기출2009-4]

인지법은 '인지-부호법(认知-符号法)'이라고 불리기도 하는데 60년대 미국에서 만들어졌으며 대표 인물은 미국 심리학자 캐롤(卡鲁儿 J. B. Carroll)이다. 인지법 이론은 청각 구두식 교수법에 대한 비판으로 주로 출현했다. 청각 구두식 교수법은 언어 실천과 구조형식을 중시하고 이론과 의미를 경시하고, 기계적 반복 훈련을 중시하며 목적어의 민활한 활용을 경시하여 수준 높은 제2언어 인재를 배양하기 어렵다는 비판을 받았다. 인지법은 제2언어 교학가운데 지력의 작용을 발휘하여 말·어휘·어법지식의 의미 있는 학습을 통하여 언어규칙을 이해·발견·마스터하도록 하며, 듣기·말하기·읽기·쓰기방면에서 전면적으로 창의적 언어 활용을 중시하였다. 인지법의 주장은 청각 구두식 교수법과 대립되며, 어법 학습과 지력의 발전을 강조하는 어법 번역법을 긍정적으로 받아들였기 때문에 '현대 어법 법역법(现代语法翻译法)'으로 불리기도 한다.

● 주요 특징
① 학습 과정에서 학습자의 지력을 충분히 발휘하도록 한다. 관찰·기억·사유·상상등의 활동을 통해 언어 지식체계를 내면화 시켜 정확하게 언어를 활용하는 능력을 기르는 것을 강조한다. 동물적인 자극-반응적 학습을 반대한다.
② 어법의 이해·숙련의 원칙을 기초로 해서 대량의 의미 있는 연습(有意义的练习)을 진행하고, 연역법 학습원칙을 주장한다. 기계적 모방을 반대하며 문형 연습도 문형의 구조, 의미를 이해 한 후 진행할 것을 주장한다. 또한 과도한 이론 설명을 반대한다. 교사의 설명은 학습 활동 총 시간의 5분의 1을 넘어서는 안 된다고 주장한다.
③ 학생을 중심으로 하여, 학생에게 학습에 대한 강한 확신과 흥미를 길러주는 것을 중시한다. 학생의 자학 능력 배양을 중시하며 학생의 적극성과 주동성을 충분히 이끌어 낼 수 있도록 한다.
④ 듣기·말하기·읽기·쓰기를 동시에 진행하며 처음 시작부터 전면적인 훈련을 진행한다. 구어와 서면어를 똑같이 중시된다.
⑤ 학습자는 적절히 모국어를 사용 한다. 특히 모국어와 목적어를 비교하며, 모국어를 이용해 비교적 추상적인 언어 현상을 설명하여 목적어 학습에 도움을 준다. 그러나 모국어의 남용은 반대한다.
⑥ 학습자의 오류에 대해서는 명확히 대처한다. 학습 과정에서 오류가 발생했을 때 오류에 대해 분석하며 상황에 따라 각기 다른 처리 방법을 취하도록 한다. 오류를 반드시 수정해야 한다는 것에는 반대한다. 과도한 오류 수정으로 학생들이 오류를 범할까 두려워하므로 언어 활용에 영향을 주고 심지어 학습의 자신감을 잃게 되는 것을 방지하기 위해서이다.

**원문참고** ≪对外汉语教育学引论, 刘珣, 北京语言大学出版社≫

认知派与经验派教学法
(I) 语法翻译法
　　语法翻译法又称"传统法"或"古典法"，是以系统的语法知识教学为纲，依靠母语，通过翻译手段，主要培养第二语言读写能力的教学法。
　　语法翻译法的主要特点是:
① 以理解目的语的书面语言、培养阅读能力和写作能力以及发展智力为主要目标，不重视口语和听力的教学。
② 以系统的语法知识为教学的主要内容，语法教学采用演绎法，对语法规则进行详细地分析，要求学生熟记并通过翻译练习加以巩固。
③ 词汇的选择完全由课文内容所决定，用对译的生词表进行教学;句子是讲授和练习的基本单位。

④ 用母语进行教学，翻译是主要的教学手段、练习手段和评测手段。
⑤ 强调学习规范的书面语，注重原文，阅读文学名著。

(2) 直接法

直接法又称"改革法"或"自然法"，19世纪末20世纪初产生于西欧，主要是法国和德国。这是与语法翻译法相对立的教学法，是主张以口语教学为基础，按幼儿习得母语的自然过程，用目的语直接与客观事物相联系而不依赖母语、不用翻译的一种第二语言教学法。

直接法的主要特点是：

① 目的语与它所代表的事物直接联系，教学中排除母语，排除翻译，采用各种直观手段用目的语学习目的语(第一批词通过实物、图画或动作演示来讲授)，课堂教学常用扮演角色或演戏的方式。
② 不是先学习语法规则，而是靠直接感知，以模仿、操练、记忆为主形成自动的习惯。在一定阶段对已获得的语言材料中的语法规则进行必要的总结和归纳。
③ 以口语教学为基础，先听说后读写。认为口语是第一性的，先学话后学书面语是学习语言的自然途径。重视语音教学，强调语音、语调、语速的规范。
④ 以句子为教学的基本单位，整句学、整句运用，而不是从单音或孤立的单词开始。句子是言语交际的基本单位，词语的意义只有在句子中才能明确掌握，词语连成句子也便于记忆。
⑤ 以当代通用语言为基本教材，学习生动的、活的语言，而不是文学名著中典雅、但已过时的语言。从有限的常用语言材料开始，对常用词、常用句式按其使用频率进行科学的筛选。

(3) 情景法

情景法是本世纪二三十年代产生于英国的一种以口语能力的培养为基础、强调通过有意义的情景进行目的语基本结构操练的教学法。

情景法的主要特点是：

① 教学目的是对听说读写四种言语技能的实际掌握，而言语技能又是通过掌握语言结构而获得的。
② 语言教学从口语开始，教材先用于口头训练然后再教书面形式。
③ 课堂用语是目的语。
④ 新的语言点要在情景中介绍并操练。
⑤ 运用词汇选择程序，以确保基本词汇的教学。
⑥ 按先易后难的原则对语法项目进行分级排列。
⑦ 在学生具备一定的词汇语法基础后，再进行阅读和写作教学。

(4) 阅读法

掌握阅读技能最为实用，为学习者所需要，相对其他技能来说也比较容易，是最有可能达到教学目的的，学习者也因有成就感而增强了学习积极性和信心。从培养阅读能力开始，学习者有了一定的语感，到学习口语时就可以少犯错误，更快地学好目的语。因此与帕默强调"口语是基础"不同，韦斯特强调"阅读是基础"。

(5) 自觉对比法

自觉对比法是主张通过母语与目的语的翻译和结构对比，自觉掌握目的语的一种教学方法。自觉对比法是以直接法为对立面，客观上成了语法翻译法的继承和发展。

自觉对比法的特点是：

① 依靠母语自觉进行翻译对比是自觉对比法最重要的特点，教学全过程都要用母语来讲目的语，以充分利用学习者的母语知识和技能。
② 重视语言知识的教学，在语言规则的指导下进行实践，强调先讲解理论知识以避免盲目的实践。
③ 在理解语言形式和意义的基础上再进行模仿、练习。
④ 由分析到综合，先学习构成句子的要素然后再整句、课文，以免囫囵吞枣。
⑤ 以书面语为基础，以文学语言为基本教材，不重视口语的教学，反对听说领先。

(6) 听说法

听说法是本世纪40年代产生于美国的第二语言教学法。强调通过反复的句型结构操练培养口语听说能力，又称"句型法"或"结构法"。

听说法的特点是：

① 听说领先，口语是第一位的，书面语是第二位的，读写为辅。
② 反复操练，用模仿、重复、记忆的方法形成习惯。
③ 教学内容以组成语言的基本结构—句型为中心，通过句型练习掌握目的语。
④ 排斥或限制使用母语、尽量用直接手段或借助于情景、语境，直接用目的语理解或表达。
⑤ 对比母语与目的语以及目的语内部的语言结构，找出学习者的难点，以确定教学重点。
⑥ 严格、及时地纠正学习者的错误，避免养成错误的习惯。
⑦ 利用现代化的教学技术手段如幻灯、录音、电影、电视，从多种途径强化刺激。

(7) 视听法

视听法是50年代产生于法国的一种第二语言教学法。它强调在一定的情景中听觉(录音)感知与视觉(图片影视)感知相结合的教学方法。

视听法的特点是：

① 视觉感知和听觉感知相结合。
② 语言和情景紧密结合。人们的交际活动总是在一定情景中进行的，语言活动也总是受情景制约。
③ 整体结构感知。视听法通过一组组图像和一段段完整的对话、使语言、语调、语汇、语法在对话中被整体感知。
④ 先口语教学，后书面语教学;听说领先，教材以对话为主，进行集中强化教学。

(8) 自觉实践法

　　自觉实践法是前苏联２０世纪６０年代以来广泛采用的外语教学方法。主张学习者在自觉掌握一定语言理论知识基础上，主要通过大量语言实践活动达到直觉运用目的语。

　　自觉实践法的主要特点是：

① 自觉性原则。强调学习者要自觉掌握语法理论知识并理解语义和句子的实际用法，用来指导语言实践活动。可以采取理论先行的方法，也可以用在实践后进行理论概括的方法。
② 实践性原则。第二语言习得的决定性因素是大量的语言实践，７０年代进一步强调交际性的语言实践。这种交际活动不仅是第二语言教学的根本目的，也是主要的教学手段和途径。
③ 功能、情景、题材相结合的原则。在选择和组织语言材料方面，把意念－功能和情景－句型及题材几个方面巧妙地结合在一起，即吸取交际法从语言交际需要出发选择一定语义－功能项目的做法，同时结　合结构法在典型情景中选择典型句型的做法，并组织在一定的题材之中。
④ 口语领先原则。吸取直接法的主张，特别是在入门和初级阶段体现口语领先原则，在口语教学基础上进行书面语教学。
⑤ 以句法为基础的原则。与直接法、结构法相同，认为句子是语言的单位，在句子的基础上学习单词和语法有利于培养学习者的语言活动能力。
⑥ 综合性原则。语音、词汇、语法、修辞、民俗等方面以及听说读写技能综合进行教学，以培养语言活动能力。但同时也不排除必要的分科教学，在不同阶段对某一方面有所侧重。
⑦ 考虑母语的原则。课堂上尽可能使用目的语，使目的语与学习者的思维建立联系。在初级阶段不排除有限度的使用学生的母语。翻译和对比可以作为一种教学手段，但翻译不宜作为主要的讲练手段；对比　应体现在实际语言训练之中，而不是用于讲解。

　　以上特点可以看出，自觉实践法在理论体系上基本应属于直接法一派，但同时吸取了语法翻译发的长处，成为更具有综合性教学方法。自觉实践法体现了６０年代以来苏联外语教学改革的经验，也体现了当今外语教学法各种流派融合的新趋向，很值得我们认真研究和借鉴。

(9) 认知法

认知法又称认知-符号法，60年代产生于美国，代表人物是美国心理学家卡鲁尔(J. B. Carroll)

认知法的特点是：

① 在学习过程中要充分发挥学习者智力的作用，强调通过观察、记忆、思维想象等活动，内化语言的知识体系，获得正确运用语言的能力，反对动物性的刺激-反应的学习。
② 强调在理解、掌握语法规则的基础上，进行大量有意义的练习，提倡演绎法的教学原则。反对机械模仿(句型操练也应在理解句型的结构、意义基础上进行)，同时也反对过多的知识讲解(教师的讲解不应超过教学活动总时间的五分之一)。
③ 以学生为中心，重视培养学生强烈的学习信心和浓厚的学习兴趣。强调以学生的活动和操练为主，注意培养学生的自学能力，充分调动学生的积极性和主动性。
④ 听说读写齐头并进，从一开始就进行全面训练，口语和书面语并重。
⑤ 适当使用学习者的母语，特别是进行母语与目的语的对比，可用母语解释一些比较抽象的语言现象，以利于目的语的学习，但反对滥用母语。
⑥ 正确对待学习者的错误，在学习过程中出现错误不可避免，对错误要进行分析，采取不同的处理办法。反对有错必纠，防止因纠错过多使学习者怕出错而影响到语言的运用甚至失去学习信心。

## 03 인본파와 기능파 교수법(人本派与功能派教学法)

1960년대에서 70년대에는 제2언어교수법에 탐색이 매우 활발하게 진행되던 시기로 유파로 다양하게 출현되었다. 그 중 주요 교수법 가운데는 인본주의 심리학을 영향을 받아 인문 방면 요소를 많이 고려하였다. 특히 학생중심 교육을 중시하고 가르침이 배움을 위해 봉사해야 할 것을 강조하고 교학 가운데 감정적 배려와 학생과 사제 간의 친밀한 관계 건립함으로서 학생들의 주동성을 발휘가 잘 이루어질 수 있도록 도왔다. 이러한 교수법에는 상담식 교수법(团体语言学习法)·침묵식 교수법(默教法)·전신반응 교수법(全身反应法)·암시법(暗示法)·자연법(自然法) 등이 있다.

70년대에는 또한 사회언어학과 기능주의 언어학의 영향을 받은 영향력이 가장 큰 교수법인 의사소통교수법(交际法)이 출현하여 학생들의 언어 소통 능력 배양을 중시하였다.

(1) **상담식교수법**(团体语言学习法 Community Language Learning) [기출2009-4]

상담식 교수법은 60년대 미국에서 만들어졌다. 대표 인물은 미국심리학자 커랜(柯伦 C. A. Curran)이다. 소그룹 토론형식을 이용하여 교사와 학생을 환자와 의사와의 관계에 비유하여 설명하였다. 학습과정을 상담과정으로 보았기 때문에 '상담법(咨询法 Counseling Learning)'이라고도 한다. 커랜은 자극-반응의 행위주의 심리학과 인지심리학은 모두 학습 문제를 설명할 수 없으며 효과적인 교학모형도 제기할 수 없다고 여겼다. 근본적 문제 해결법은 바로 학습과정 중 감정 요소를 중시하고, 사제 간 서로 신뢰와 지지의 창의성 관계를 건립하여 학생들로 하여금 좋은 심리상태를 형성하는 것이 중요하다고 했다. 이 교수법에서는 교사와 학생 관계를 의사와 환자의 관계로 비유하는 거 외에 카운셀러와 클라이언트로 비유하기도 하는데, 교사는 카운셀러의 입장에서 학습자는 클라이언트가 되어, Community의 전원이 하나가 되어 과제를 해결하는 방법으로 수업을 진행할 것을 요구한다. 상담식 교수법의 이론 기초는 인본주의 심리학이다.

● 상담식 교수법이 강조하는 학습의 6개 기본 요소

① **安全感**(security)

성인들은 외국어를 학습 할 때 자신의 무지 탄로와 실패 노출을 두려워하며 자신의 자존감을 보호하려고 한다. 이러한 점은 학습자로 하여금 심리적 장애를 형성하게 하여 학습의 저해 요소가 된다. 이 교수법은 교사와 학생간의 신뢰 관계를 매우 중요시하는데 이러한 신뢰 관계 형성을 위하여 상담과 심리치료를 모방하여 사제 간 의사와 환자 간 관계처럼 상호 이해 관계를 만들도록 한다. 즉 교사는 권위적 지위를 버리고 학생을 존중하며 학생을 평가하지 않으며, 학생은 교사를 완전 신뢰하여 쌍방이 서로 안정감을 이루도록 한다. 이렇게 할 때 비로소 학생의 긴장과 초조감을 최소화 할 수 있으며 가볍고 유쾌한 수업 분위기를 만들 수 있다.

② **집중과 진취심**(attention-aggression)

가볍고 유쾌한 학습 분위기 안에서 학생들은 느슨하고 편안한 상태에 처하게 된다. 이런 분위기 속에서 학생들의 자율성이 왕성하게 일어날 수 있다. 교사는 그들에게 배우도록 강요하지 않고, 학생들은 배우고 싶어 하는 것을 스스로 마스터 할 수 있게 되며, 주동성과 적극성을 충분히 발휘할 수 있다. 학생들은 수업에 적극적으로 참여할수록 주의력을 집중할 수 있고, 교사의 시범을 용감하게 따라하고 연습할 기회를 많이 가지게 된다. 이런 과정을 통하여 자신감도 높아진다.

③ 기억력과 사고(retention-reflection)

　　수업 도중 침묵의 시간을 충분히 가지도록 하여 학생들로 하여금 단체 학습 활동에서 접하는 언어 재료, 즉 수업 내용에 대해 사고·흡수·기억을(수업 도중 녹음한 내용을 다시 들려주거나 판서를 할 수 있다) 하게 한다. 지식과 언어재료는 사고를 거친 후에 더욱 견고해지게 되고 또 기억하고 활용하는데 더 유리한 상태가 된다.

④ 변별(discrimination)

　　학생들은 말·어휘·어법규칙에 대한 정오와 차이점, 심지어는 세밀한 부분까지도 모두 변별할 수 있고, 더 나아가 언어 요소 간의 관계를 이해하고 언어 활용의 정확성을 높일 수 있다.

● 교수·학습 방법
① 학습자는 둥그렇게 앉고, 가운데에는 녹음기와 마이크를 놓는다.
② 조언자 교사는 원 밖에 위치한다.
③ 학습자는 마이크를 잡고 손을 든다. 조언자는 그 학습자의 뒤로 간다.
④ 학습자는 표현하고 싶은 것을 모국어, 또는 모국어와 목표 언어로 말한다. 조언자는 목표 언어로 번역한다. 목표 언어로 말한 경우, 발음이나 문법을 정정하여 그 학습자에게 전달한다.
⑤ 그것을 모방하여 바르게 말할 수 있을 때까지 학습자는 가지고 있던 마이크를 사용하여 테이프에 녹음한다. 이와 같이 발화를 녹음기에 녹음하면서 회화를 진행해 간다. 일정 시간이 지나, 어느 정도 회화가 가능한 시점에서는 지금까지 녹음한 내용이 그 날의 교재가 된다.
⑥ 회화를 재생한다.
⑦ 조언자는 재생한 회화를 판서하고 학습자는 그것을 쓴다. 학습한 구문이나 거기에서 사용된 어휘를 이용하여, 학습자끼리 조를 편성하여 회화문을 만든다.
⑧ 학습이 끝나면, 조, 혹은 그룹, 조언자가 교실에서 느낀 점 등을 이야기한다. 이 경우 듣는 사람은 자기의 의견이나 주장을 하지 않는다.

(2) **침묵법(默教法)**

　　침묵법은 미국 교육가 게테그노(加特诺 C. Gattegno)가 60년 초 만든 제2언어 교수법이다. 이 교수법은 교사는 교실에 가능한 한 말을 적게 하고 학생들이 언어활동에 가능한 한 많이 참여할 것을 요구한다.

　　침묵식 교수법의 주요 이론 기초는 푸루나(布鲁纳)의 '학습 발견' 교육사상이다. 학습은 문제 해결식·창의적 발견식 활동이어야 하며 학생은 중요한 활동자이지 피동적 청자가 아니라고 인식한다. 성공적 제2언어 학습은 모국어 습득처럼 '자연(自然)'에 의지하는 것이 아니라 '인위적 방법 人为的方法'에 의하는데, '인위적 방법'이란 바로 '침묵'과 '적극적인 시도'를 통하여 언어습득에 스스로 몰입하는 것을 말한다. '침묵'을 학습의 가장 좋은 도구로 여겼다. 침묵은 사람의 의식을 불러일으키고 기억을 유지시키는 좋은 방법이다. 침묵법은 또 듣기와 말하기 능력 배양을 중시하는 교수법이다.

● 특징
① 학생이 주체가 된다. 학생의 학습은 선생님의 가르침보다 더 중요하다.
② 교사의 침묵은 이 교수법의 가장 큰 특징이다. 학생의 수준이 높아질수록 교사는 더욱더 말을 줄인다.
③ 직관적 교구를 충분히 사용한다. 컬러막대나 컬러 괘도, 지시봉 및 실물, 동작, 제스쳐 등의 수단을 사용해 선생님의 말로 하는 해설을 대신한다.
④ 일반적으로 교사는 학생의 오류를 고쳐 주지 않는다. 교사는 학생의 성공과 실패에 대해 자신의 감정을 쉽게 드러내지 않는 중립적 관찰자 자세를 취하고 학생 스스로 오류를 수정하도록 이끈다.
⑤ 학생 간의 상호 활동을 강조한다. 그리고 학생들 간의 관계는 경쟁관계가 아닌 상호 협력 관계이며 오류에 대하여 서로 도와 수정할 수 있도록 하며 함께 문제를 해결할 수 있도록 도와주는 관계라는 것을 주지시킨다.
⑥ 구어를 먼저 익히고 문장 중심으로 한다. 먼저 듣기 말하기 능력을 기르고 이어서 읽기 쓰기 능력을 기른다.
⑦ 어휘를 언어 학습의 핵심으로 본다. 단어를 기능에 의거해 분류하고 일정한 순서에 따라 학습한다. 어휘의 선택을 강조하고 소량의 단어로 대량의 문장을 만든다.

(3) **전신반응법**(全身反応法 Total Physical Response, TPR) [기출2013논술교과교육-1] [기출2009-4]

전신반응 교수법은 60년대 초기 미국에서 만들어졌으며, 70년에 성행하였다. 창시인의 미국 실험심리학자 아셔(阿舍尔 James T. Asher)이다. 이 교수법은 언어 학습 행위의 조화를 중시하며 신체 동작을 통해 제2언어를 가르친다.

● 주요 교학 원칙
① 수업의 총체적 목적은 학생의 회화 능력을 기르는 것이나 학생의 표현 능력을 발전시키기 전에 먼저 목적어에 대한 이해 능력을 기르도록 한다. 또한 충분한 듣기 훈련을 한 후에 말하기 훈련을 하도록 한다. 이렇게 함으로서 학생들은 스트레스를 줄이고, 말하기 기능은 더욱 견고한 기초를 가질 수 있다. 이미 형성된 듣기 능력은 다른 기능으로 전환될 수 있다.
② 전신 동작의 반응을 통해 이해력을 훈련하는데 이러한 방법은 학습자가 목적어를 마스터하는 데 도움이 된다. 지령어를 통하여 지시사항을 이행하는 것은 그 자체가 기본적 언어 소통행위이며, 또한 언어 훈련에 있어 효과적 방법이다. 전신반응은 수업의 주요 활동이다.

③ 학습자가 말할 준비가 다 되어 목적어를 말할 요구가 생겼을 때 그때 그들로 하여금 말을 하게 한다. 또한 말 훈련은 학습자가 반 친구들에게 지시어로 시작하도록 한다.
④ 학생들의 심리적 부담을 경감시키기 위해 학생들이 초조해하지 않도록 환경을 조성한다. 학생들은 스트레스가 없는 유쾌한 분위기에서 더욱 효과적인 학습을 할 수 있다.

● 장점
① 학습자는 무리하게 처음부터 이야기할 것을 요구받지 않으므로 불안감이나 긴장에서 해방되어 듣기활동에 집중할 수 있고, 교사도 자연스러운 음성이나 속도로 발화할 수 있어서 청취력의 향상에 효과적이다.
② 교수기술이 비교적 용이하고, 문법 설명이 필요하지 않다.
③ 응용범위가 넓고, 다른 교수법이나 교재와의 병용이 비교적 용이하다.
④ 매개어로의 설명을 필요로 하지 않기 때문에 그 시간을 연습에 집중시킬 수 있다.
⑤ 발화력보다는 청해력이 우선이지만, 읽기나 쓰기를 포함한 언어의 4기능의 종합적 습득도 어느 정도 가능하다.
⑥ 전체적으로 자유로운 분위기에서 즐거운 학습이 가능하다.
⑦ 입문기의 학습자나 이야기하는 능력이 부족한 학습자에게 효과적이다.
⑧ 몸을 움직여 기억하기 때문에, 집중력이 떨어지는 사람에게 효과가 있다.

● 단점
① 청해력에서 발화력으로 이행하는 것이 용이한 것은 아니다.
② 발음의 지도나 교정이 불충분하다.
③ 학습자들의 자발적 발화가 생기기 어렵다.
④ 어린이가 아닌 학습자에게는 학습 내용이 실제의 자연스런 언어 운용과 거리가 있다. 성인의 학습자에게 지시되는 동작이 '학습을 위해서'라고 해도 그 같은 동작에 반감을 가질 수 있다.
⑤ 추상 개념의 도입이 어렵고, 명령문을 들려주는 것만으로, 어휘나 문법 규칙을 가르칠 수 있을까 하는 의구심이 있다.

전신반응 교수법이 어법구조와 어휘 학습을 중시하고, 훈련을 중시하는 점은 청각구두식 교수법(听说法或称结构法)의 영향을 크게 받았다. 한편 또 이 교수법은 인본주의 심리학을 기초로 하여 교사가 주도적 역할을 하여 무엇을 어떻게 가르칠지를 결정하고 학생은 연기자로 주로 지령에 따라 행동을 한다. 그리고 이 교수법에서는 어떻게 학생의 긴장감을 줄이고 가벼운 수업 분위기를 만들어 주어 학습 효율을 높일까를 늘 고민하고 실천할 것을 요구한다. 따라서 실질적으로 학생중심 수업이라 할 수 있다.

### (4) 암시법(暗示法 Suggestopedia) [기출2009-4]

암시법은 불가리아 정신의학자이면서 심리학자·교육자인 로자노프(罗扎诺夫 G. Lozanov)가 60년대 중기에 만든 것이다. 암시법은 암시를 통해 사람의 몸과 마음 두 방면의 잠재력을 개발하고 고도의 학습 동기를 불러일으키는 동시에 가장 좋은 학습 조건을 조성할 것을 강조한다. 의식적·무의식적 활동이 서로 결합하여 학습자가 편안하고 주의력이 고도로 집중되는 심리상태 하에서 효과적으로 학습을 진행하는 것을 강조하는 학습 방법이다.

소위 '암시'라는 것은 '건의(建议)' 혹은 '유도(诱导)'로서 로자노프의 해석에 따르면, 이 암시라는 것은 의식의 영역 혹은 무의식의 영역에서 작용을 발휘하여, 사람의 잠재력을 불러일으키며, '암시'를 통하여 평상시 능력의 몇 배를 뛰어넘는 기억과 창의성을 발휘하게 된다.

로자노프는 교육은 반드시 심리·생리학과 같이 연계되어야 하며, 교학 활동 중 다음과 같은 심리와 생리 규율 3가지 기본원칙을 충분히 고려해야 할 것을 제기했다.

① 학습 활동은 모든 대뇌 조직이 참여하는 것이어야 한다. 좌뇌와 우뇌가 같이 작용하여야 더욱 좋은 효과를 얻을 수 있다.
② 학습 활동 중에는 분석과 종합이 동시에 진행되어야 한다.
③ 학습자의 의식 과정과 초 의식 과정은 동시에 진행되어야 한다.

● 주요 특징
① 쾌적하고 우아한 환경과, 가볍고 화애로운 분위기를 만든다. 음악 반주를 활용하면 정신과 근육이 더욱 편안한 상태가 되며 또한 학습 활동에는 좌·우뇌가 모두 작용한다. 이렇게 되면 외부에서 오는 정신적 스트레스로 인한 긴장감을 해소할 수 있고 기억력과 상상력을 불러일으켜 학습을 위한 이상적 조건이 조성된다.
② 학습자의 의식적 활동을 움직일 뿐만 아니라 각종 암시수단과 형성된 편안한 마음자세를 통하여 무의식의 작용을 충분히 발휘하고, 의식과 무의식의 조화로운 발전을 이루어 학습자의 학습 잠재력을 발굴하게 된다.
③ 교사와 수업 재료의 권위성을 중시하고, 학습자는 유치화를 통하여 고도의 자신감을 가질 수 있게 한다. 학습자에 대한 많은 칭찬과 인정·잘못에 대한 지적을 최소화하며, 숙제에 대하여는 강제성을 지니지 말고, 시험에 대한 스트레스를 없이하여 긴장 심리를 피하도록 한다.
④ 학습자의 심리장애를 제거하고 잠재력을 충분히 발휘하도록 하여 언어재료 입력 양을 확대한다. 암시교수법 요목이 정한 언어재료는 다른 제2언어 교수법보다 몇 배가 더 많다.

### (5) 자연법(自然法 Natural Approach)

자연법은 70년대 후기 미국에서 생겨난 새로운 교수법으로 제창자는 미국 캘리포니아대학 서반아어 부교수 터렐(特雷尔 Tracy Terrel)과 미국 언어 교육학자 크라센(克拉申)이다. 자연법은 자연환경 가운데서 모국어 습득과 제2언어 습득에 대한 관찰과 연구에 근거하여 비자연적 조건 아래 수업을 하는 교실 수업에서 언어 입력을 하여 이해 능력을 우선적으로 배양하고 '습득(习得)'을 통하여 제2언어를 장악하도록 하는 교수법이다.

크라센의 학습과 습득 가설에 의하면 습득은 매우 중요한 것이다. 학습을 통하여 얻은 자각적 지식으로는 외국어 대화를 유창하게 할 수 없기 때문에 수업은 반드시 '습득' 위주로 해야 하며, 구조 형식보다는 내용을 중시하는 의사 소통 활동을 진행해야 한다고 주장한다.

● 주요 특징
① 학습자의 구어와 서면어 의사 소통 능력 양성이 수업의 목적이다. 수업 활동은 전부 의사 소통 진행 과정이다.
② '이해(理解)'의 중요성을 강조한다. 언어 학습은 '이해'에서 시작해야 하여 듣기와 읽기 활동을 강화하고 그 뒤에 회화를 진행한다. [기출2020-B3] '이해'에 집중하기 위해 학습자가 모국어로 문제에 대답하는 것을 허용한다.
③ 자연습득을 강조한다. 수업은 내용 중시·정보 교류를 중시하는 의사 소통 활동 형태로 전부 진행하며, 학습자에게 언어 습득의 기회를 적극적으로 제공한다. 언어 형식면에 있어서, 강해와 연습은 수업 외 활동으로 돌린다. 어휘량은 구조의 정확성보다 더 중요하다.
④ 표현의 적극성에 영향을 주지 않도록 하기 위하여 일반적으로 학습자의 오류를 수정하지 않는다. 필기 숙제에 대한 오류만 수정해 주고 또한 스스로의 교정을 강조한다.
⑤ 가볍고 유쾌한 학습 분위기를 조성하여 학습 정서를 최적화하고 감정의 여과를 떨어뜨리고 학습자의 필요와 흥미에 따라 학습 내용을 정한다.

이 교수법은 학생중심 원칙을 부각시켰다. 그리고 감정요소를 중시하며 유쾌하고 가벼운 수업분위기를 주장하며, 인본파 교수법의 특징을 구현했다.

### (6) 의사 소통법(交际法 Communicative Approch) [기출2021-B1] [기출2009-4]

의사 소통법은 '의사 소통 언어 교학(交际语言教学 Communicative Language Teaching)'이라고도 불리는데, 이 교수법이 출현된 초기에는 '기능법(功能法 Functional Approach)' 혹은 '의미-기능법(意念-功能法)'이라고 불렸다. 1970년대부터 유럽을 중심으로 발전해 온 외국어의 종합적 교수법이다. 이 교수법은 언어를 문법 항목이나 문형, 어휘 등의 구성 요소로 분해하지 않고 언어를 커뮤니케이션의 총체로서 파악하여 언어를 사용하는 장면과 결부시켜 실제적인 전달 능력을 익히게 하려고 하는 교수법이다. 현행 우리나라 7차 교육과정의 대부분의 외국어 교과 교육은 이 의사 소통 중심 교수법의 원칙에 따라 편성되어 있다.

● 주요 특징
① 제2언어의 학습 목적은 창의적으로 언어를 활용하여 의사소통 능력을 기르는 것임을 명확히 제시하며 언어 활용의 정확성과 적합성을 요구한다.
② 언어재료 선택에 있어서는 기능과 의미를 중심으로 학습자의 실제적 요구에 맞춰 인위적인 '교과서 언어'가 아닌 사실적이고 자연스러운 언어 재료를 선택한다.
③ 학습 과정은 의사 소통화의 과정이다. 의사 소통은 학습의 목적이면서 학습의 수단이다. 수업 중 실제 의사 소통과 비슷한 상황을 만들고 조별 활동 방식을 통하여 대량의 의사소통 활동을 통해 의사 소통하는 능력을 키우고 교실 안에서와 교실 밖 생활에서의 의사소통을 결합시킨다.
④ 의사 소통의 주요 형식인 '말'을 교육의 기본 단위로 한다. 어음·어휘·어법은 말하는 상황을 통해 종합적으로 학습한다. 필요한 문형 연습 역시 말하는 능력을 마스터하기 위한 것으로 말과 함께 결합해 진행한다.
⑤ 단일 항목 기능 연습과 종합적 기능 연습을 결합시킨다. 단일 항목 기능 연습을 빠뜨려서는 안 되지만 종합성 훈련 위주로 하며, 최종적으로는 종합적 언어 활용을 달성할 수 있도록 한다.
⑥ 화제에 따라 나선형(螺旋式地安排语言材料) [기출2013-A2]으로 언어 재료를 배열하여 기능과 구조를 '말' 가운데 결합 시키고 수업 양과 난이도 점진적 방식으로 이루어지질 수 있도록 수업을 계획한다. 즉 매 화제는 몇 번씩 반복하고 [기출2013-A2] 매번 조금씩 난이도를 높인다.
⑦ 의사 소통의 내용과 정보의 전달을 강조한다. 언어 형식에 대해 엄격한 요구를 하지 않고 학습자의 학습 과정 중 발생하는 언어적 오류는 일정 부분 용인한다. 의사소통에 영향을 주지 않는 오류는 되도록 수정하지 않고 학습자의 의사 소통 활동에 대한 주동성과 적극성을 최대한 격려한다.
⑧ 배운 것은 활용한다(学以致用)는 원칙하에 전공 분야가 다르면 언어학습 내용도 달리한다. 서로 다른 의사소통 목적에 따라 언어 재료 선택과 수업 방식을 달리한다. 목적에 따라 언어 재료의 선택 및 듣기·말하기·읽기·쓰기 기능 연습 방면에서 모두 중점 내용이 다르다.

**원문참고** ≪对外汉语教育学引论，刘珣，北京语言大学出版社≫

人本派与功能派教学法

(1) 团体语言教学法
　① 团体语言教学法也称为咨询法(Counseling Learning)，代表人物为柯论，此派重视学习过程中的情感因素，建立师生间相互信任、相互支持的创造性关系，从而使学生形成良好的心理状态。
　② 在轻松愉快的学习雰围中，学生处于放松的状态，他们想学的就容易学会，其主动性和积极性才能得以充分发挥。
　④ 课堂上要有足够的静默时间，让学生对集体学习活动接触到的语言材料即课堂内容，进行思考、吸收和记忆。

(2) 默教法
　　沉默被看做是学习最好的工具，正是在沉默而不是重复练习中，学习者能集中精力于所要完成的任务及完成任务可能用的方法。
　① 以学生为主体，学生的学比教师的教更重要，教服从于学。
　② 教师的沉默是最大特点。
　③ 充分利用直观教具，使用彩色棒、彩色挂图、指示棒以及失物、动作、手势等手段，以代替教师的口头讲解。
　④ 教师一般不改正学生的错误，作为一个中立的观察者对学生的成功失败不轻易表露自己的情绪，而是让学生自己改正错误。
　⑤ 强调学生之间的交互活动。学生之间的关系不是竞争而是相互合作，相互帮助纠正错误，共同解决问题。
　⑥ 口语领先，以句子为本位;先培养听说能力，随后培养读写能力。
　⑦ 把词灰看作语言学习的核心，将词按功能进行分类，依照一定的顺序学习。强调词汇的选择，用少量的词创造大量的句子。

(3) 全身反应法
　　创始人是美国心理学家阿舍儿(JamesT。Asher)，此法强调语言学习行为的协调，通过身体动作教授第二语言。
　① 教学的总目标是培养学生的口语能力，但在发展学生的表达能力之前应先培养其对目的语的理解能力，也就是先进行充分的听力理解训练后才能转入说的训练。
　② 通过全身动作的反应来训练理解能力，有利于学习者掌握目的语。

③ 要减轻学生的心理压力，使学生在少焦虑的状态下学习语言并有成就感。营造愉快的学习氛围，学生可学得更快。

(4) 暗示法

暗示法是一种强调通过暗示，开发人的身心两方面的潜力，激发高度的学习动机并创造最佳学习条件，有意识的和无意识的活动相结合，让学习者在放松而又注意力高度集中的心理状态下进行有效学习的教学方法。

基本原则

① 学习活动应由整个大脑组织参与。
② 教学中的分析与综合应同时进行。
③ 学习者的意识过程和超意识过程应同时地、不可分割地进行。
教学中的分析与综合应同时进行。

(5) 自然法

自然法是70年代后期产生于美国的新教学法，其倡导者是美国加洲大学西班牙语副教授特雷尔(Tracy Terrell)和美国语言教育家克拉申。

自然法的特点是：

① 以培养学习者的口头和书面交际能力为教学目的，课堂活动全部用来进行交际。
② 强调理解的重要性，语言学习应从理解开始，加强听和读的活动，推迟口语表达。为了集中于理解，允许学习者用母语回答问题。
③ 强调自然习得，课堂全部用于进行注重内容、注重信息交流的交际活动，给学习者提供语言习得的机会。
④ 一般不纠正学习者的错误，以免影响其表达的积极性，只有在笔头作业中才纠正错误，并强调自我纠正。
⑤ 创造轻松愉快的学习气氛，优化学习情绪，降低情感过滤，根据学习者的需要和兴趣确定教学内容。

(6) 交际法

交际法又称"交际语言教学"较早称为"功能法"、"意念-功能法"，是以语言功能和意念项目为纲、培养在特定的社会语境中运用语言进行交际能力的一种教学法。

其特点是：

① 明确提出第二语言教学目标是培养创造性地运用语言进行交际的能力，不仅要求语言运用的正确性，还要求得体性。

② 以功能和意念为纲，根据学习者的实际需求，选取真实、自然的语言材料，而不是人为的"教科书语言"
③ 教学过程交际化，交际既是学习的目的也是学习的手段，在教学中创造接近真实交际的情景并多采用小组活动的形式，通过大量语言交际活动培养运用语言交际的能力，并把课堂交际活动与课外生活中的交际结合起来。
④ 以语言交际的主要形式-话语为教学的基本单位，语音、词汇、语法主要通过话语情景综合教学，必要的句型操练也是为掌握话语能力服务的，并结合话语进行。
⑤ 单项技能训练与综合性技能训练相结合，不排斥单项技能训练，但要以综合性训练为主，最后达到在交际中综合运用语言的目的。
⑥ 通过按话题螺旋式地安排语言材料，将功能与结构结合在话题之中，循序渐进地组织教学，每一话题有几次循环，每次逐渐增加难度。
⑦ 强调语言交际的内容和信息的传递，不苛求语言形式，对学习者在学习过程中出现的语言错误要有一定的容忍度，不影响交际的错误能不纠就不纠，尽量鼓励学习者语言交际活动的主动性和积极性。
⑧ 根据学以致用的原则，有针对性地对不同专业的学习者进行"专用语言"的教学，突出不同交际目的和方式、不同交际范围里所使用的目的语的特点，在所选用的语言材料及听说读写语言技能训练方面都体现不同的则重点。

# 제04장 수업활동과 지도안 작성

좋은 수업을 실천하기 위하여 교사와 학생의 쌍방의 노력이 필요하지만 교사의 역할은 더욱 중요하다. 또 좋은 수업이란 학습목표를 원만하게 달성하는 수업이다. 원만한 수업구성을 위하여 학생들을 격려하고 학생들의 적극성과 주동성을 이끌어 내고, 또 수업 활동 중 행해지는 여러 가지 시범 활동 등은 모두 교사가 학습목표를 원만하게 달성하기 위한 활동이다.

## 01 수업 지도안 작성

수업 지도안은 중국어로 '教学方案'으로 약칭으로 '教案'이라고도 한다. 수업 지도안은 교사가 수업을 어떻게 하느냐에 대하여 미리 연구하고 구상하여 필요한 내용을 기록하는 것으로 이런 수업 전 활동은 성공적 수업에 절대적 영향을 미친다. 수업 지도안을 잘 작성하는 것도 중요하지만 또 잘 작성한 지도안에 따라 성공적 수업을 하느냐는 더욱 중요하다.

수업 내용이 무엇이냐에 따라 지도안 내용이 달라지는 것은 당연하다. 수업 지도안은 일반적으로 도입-전개-결말로 구성되는데 고정불변의 격식이라고 보기는 어렵다. 부분적으로 교사가 수업 활동의 효과를 고려하여 제작할 수 있다. 수업활동의 중심은 전개부분이다. 아래 지도안은 고등학교 '강독' 수업에 해당하는 지도안으로 단계별로 시간 안배와 들어갈 요소들을 도표로 그려보면 다음과 같다.

(1) 수업 지도안 격식

| 단원명<br>(单元名) | | | | 차시<br>(课时) | 3/5 |
|---|---|---|---|---|---|
| 반(班级) | | | | 날짜<br>(日期) | |
| 학습목표<br>(教学目标) | | | | | |
| 수업 절차(教学步骤) | | | | | |
| 阶段<br>(时间) | 학습 내용<br>(学习内容) | 수업 활동(教学活动) | | 학습도구<br>(教学道具) | |
| | | 교사 教师 | 학생(学生) | | |
| 导入<br>(8分) | • 인사(问候)과 출석체크(点名)<br>• 전시 학습 복습(夏习)<br>• 학습목표제시<br>(展示教学目标)<br>• 동기유발<br>(激发学习兴趣) | | | 교재(教材)<br>ppt<br>컴퓨터와 멀티미디어<br>电脑多媒体<br>카드(卡片)<br>실물(实物) | |
| 展开<br>(34分) | • 주요 문형 학습<br>学习主要句型<br>(语法教学)<br>• 본문강독(讲解课文)<br>• 심화연습(扩展练习) | • 读：领读、齐读，分角色轮读，个别朗读。<br>• 讲：解释课文意思(翻译，学生推测后，教师整理)<br>• 练：根据课文内容提问。根据课文内容判断对错。 | | 교재(教材)<br>ppt<br>컴퓨터와 멀티미디어<br>电脑多媒体<br>카드(卡片)<br>활동도구<br>(活动道具) | |
| 总结<br>(8分) | • 정리(整理)<br>• 평가(评价)<br>• 과제부여(布置作业)<br>• 차시예고<br>(介绍下节课内容) | | | ppt<br>시험지(试卷) | |

지도안의 격식에 들어가야 할 요소는 작성자에 따라 대동소이하다. 반드시 들어가야 할 주요 내용은 들어가되 세부적 절차라든가 시간분배 등은 약간 다를 수 있다. 수업시간과 단계별 시간 안배는 다음과 같이 할 수 있다.

※ 도입 6분  전개 38분  결론 6분 (고등학교 50분 수업 기준)
　　　 7　　　　 36　　　　7
　　　 8　　　　 34　　　　8

※ 도입 4분  전개 32분  결론 4분 (중학교 45분 수업 기준)
　　　 6　　　　 33　　　　7
　　　 6　　　　 34　　　　6

## (2) 수업 지도안 작성

교사는 수업을 시작함에 앞서 여러 가지 수업 준비 작업이 필요하다. 우선 교재를 면밀하게 분석하여 내용을 정확히 인지해야 한다. 동시에 수업 방향과 수준을 정확하게 설정하기 위해서 가르칠 대상인 학생들의 흥미와 수준과 특징 등을 분석하여야 한다. 그런 후 교수 방법을 정할 수 있다. 그리고 한 차시 수업을 하기 전에 차시별 수업 지도안을 작성함으로서 수업을 치밀하게 준비할 수 있다.

### ① 학습목표(教学目标)

● **학습목표 제시방법** [기출2021-B5] [기출2020-A6] [기출2019-A8] [기출2016-B8]

학습목표는 수업의 전체적 설계 중 매우 중요한 문제다. 학습 목표가 정해진 후에 비로소 수업 내용과 수업 원칙·수업 절차·수업 평가 등을 정할 수 있다.

학습목표는 도달 가능한 구체적 동사를 사용하여 명시적으로 표현하는 것이 바람직하다. 학습목표에 대한 다양한 중국어 표현을 소개하면 다음과 같다.

| 표현방식 | 사용항목 | 예시 |
|---|---|---|
| • 熟练掌握~ | • 课文内容<br>• 生字/生词/句型/······的用法 | • 熟练掌握课文内容<br>• 熟练掌握生词"爱好","会"······<br>• 熟练掌握关于爱好的句型<br>• 熟练掌握"会"的用法 |
| • 可以/能用~<br>  进行~ | • 造句/替换练习<br>• 交际活动<br>  (谈论爱好，点菜，问路等) | • 能用"会"进行造句<br>• 可以用中国语(本课主要句型)谈论爱好 |
| • 学会~ | • 语法项目(······的用法)<br>• 交际活动(······的表达方式) | • 学会谈论爱好的表达方式<br>• 学会程度补语的用法 |
| • 了解~ | • 文化<br>• 常识 | • 了解一般中国人的爱好 |

- 영역별 학습목표(教学目标) 사례
  ㉠ 语音方面
  - 准确掌握(zh,ch,sh……)的发音／声调／变调
  - 了解有关词重音／词组重音／句调的规律
  - 掌握朗读和会话中的词重音／词组重音／句调
  - 在朗读和会话中能正确运用

  ㉡ 生词方面
  - 熟练掌握课文中出现的词语并能运用
  - 会认会写课文中出现的汉字
  - 理解补充生词的词义

  ㉢ 课文方面
  - 熟练准确地朗读课文
  - 掌握本课的(谈论运动, 约会)等功能项目
  - 初步学会运用"谈论身体状况"的功能项目
  - 能初步就"运动"的话题进行交际
  - 能够说出文章大意

  ㉣ 语法句型方面
  - 重点掌握句型和词语的用法(具体说明如：数量词作定语、用"怎么样"提问、"一点儿"……)
  - 熟练使用文中句式进行问答(具体说明请问, 去____怎么走?在哪见面?在____见面。)

- 주제별 학습목표(教学目标) 사례
  학습목표는 그 수업에 달성할 수 있는 적정 양을 설정하는데 대부분 한 차시 수업을 위하여 정하는 수업목표는 2~3개 정도다.

  ㉠ 问路
  - 能够用"请问, 去____怎么走"进行问答
  - 学会"往／到……, 再……／离"的意思和用法
  - 掌握"问路"和"说明距离"这两个功能项目
  - 能初步就"问路"进行交际

ⓒ 买东西
- 熟练掌握课文内容
- 能用"几""怎么样"问答
- 了解能愿动词"要"的用法
- 可以用中国语买东西，谈论价钱

ⓒ 问兴趣
- 熟练掌握课文的内容
- 能说出课文大意
- 能用句型"你喜欢什么运动?我喜欢____，您呢?"和"在哪见面?在____见面。"进行替换对话练习

② 학습 동기 유발 방법(激发学习兴趣)

동기유발을 어떻게 하여 학생들의 관심을 불러일으켜 수업에 집중하게 하느냐는 도입단계에서 매우 중요한 활동이다. 동기 유발 방법으로 일반적으로 수업내용과 관련된 동영상 자료나 그림, 혹은 교사가 직접 겪었던 일을 담은 사진 혹은 영상 자료를 사용하거나 즉시 문답을 진행하기도 한다.

| 방법 | 수단 | 구체내용 | 예시 |
|---|---|---|---|
| 문화소개<br>文化介绍 | 图片<br>视频 | 본문과 관련된 문화 | • 학생들에게 중국 사람들의 태극권·마작·배구·탁구 등의 활동사진을 보여주면서 중국 사람들의 취미를 설명하여 자연스럽게 본문에 대한 흥미를 유발한다.<br>• 给学生看几张中国人打太极拳，打麻将，打排球，打乒乓球等的图片，简单说明中国人的爱好，引发学生对本节课学习内容的兴趣。 |
| 상황도입<br>情景导入 | 图片<br>视频 | 본문 내용과 관련된 상황(일상생활) | • 어떤 중국 친구의 일상생활을 소개한 동영상을 보여주면서 동영상 속의 주인공에 대한 호기심을 불러일으키고 또 이를 통하여 본 수업에 대한 흥미도 자연스럽게 불러일으킨다.<br>• 放一段中国朋友日常生活的影像，引发学生对这位中国朋友爱好的好奇心，从而对本节课学习内容产生兴趣。 |

| 절차 | 기본방법 | 구체 활동 |
|---|---|---|
| 도구제시<br>道具展示 | 实物 | 본문 대화에 인용된 주요 물건 | • 학생들에게 중국 친구가 교사에게 선물한 월병을 보여주면서 조별 활동에서 이긴 조 선물이라고 말한다. 이를 통하여 본 수업에 대한 학생들의 흥미와 적극성을 불러일으킨다.<br>• 给学生看中国朋友送给老师的月饼, 并许诺把它作为优胜组的奖品, 从而引发学生对本节课学习内容的兴趣和学习积极性。 |
| 임의문답<br>随机问答 | 提问等 | 본문 내용과 관련한 주변 사건 | • 교사는 학생들에게 자신의 흥미가 무엇인지 물어본다. 이를 통하여 중국어로 어떻게 표현 할지와 연관시켜 관심을 불러일으킨다.<br>• 询问学生自己的兴趣爱好, 引导学生对如何用中国语谈论爱好产生兴趣。 |

③ 조별 활동 게임(扩展练习方法)

수업 활동 중 중심 단계는 전개단계다. 전개 단계에서 교사는 주요 '기초 설명이나 기초 연습'을 거친 후 '치환연습' 혹은 '심화 연습'을 진행한다. 이 활동 후에는 주로 조별 활동을 통하여 학습 목표과 관련 주요 내용에 대한 굳히기 활동을 한다. 이 굳히기 활동에서는 주로 조별 게임을 진행한다. 이 때 주로 할 수 있는 게임으로는 단어나 구 순서배열하기(语序排列), 치환연습(替换练习), 그림보고 정확하게 설명하기(看图说话), 그림보고 대화 나누기, 역할극 하기(情景表演)등이 있다.

| 절차 | 기본방법 | 구체 활동 |
|---|---|---|
| 活动方法 | 어순배열<br>语序排列 | • 단어 배열하기 : 각 조가 한 세트 단어 카드를 가지고 가장 먼저 정확하게 배열한 조가 이긴다.<br>• 连词成句 : 把学生分成5~6组, 每组一套词卡, 最快时间内拼出正确句子的组优胜。 |
| | 치환연습<br>替换练习 | • 주사위 던지기 : 사전에 준비해 둔 게임 그림판을 바닥이나 칠판에 붙인다. 그림판 모든 칸 안에 관련 어휘를 쓰거나 그림을 그린다. 네 조 혹은 다섯 조가 번갈아 가면서 주사위를 던져 던져진 그림판에 있는 어휘나 배운 문형을 사용하여 작문을 하거나 대화문을 만든다. 만든 문장에 오류가 없을 때 앞으로 나아갈 수 있다. 목적지에 가장 먼저 도착한 조가 이긴다.<br>• 掷骰子游戏 : 在地上或黑板上贴上事先画好的游戏图板, 在格内写有相关词汇或图画。把学生分成5~6组, 各组轮流掷骰子, 使用该格词汇和所学句型进行造句或对话, 最先到达目的地组为优胜。 |

| | | |
|---|---|---|
| | | • 노래 부르기 : 학생들이 잘 아는 노래 가사를 배운 문장으로 바꾸어 관련 어휘를 체환하여 여러 번 부른다.<br>• <u>唱歌</u>：把学生熟悉的歌曲的歌词换成所学句式，每次替换相关词汇，多次演唱。 |
| | 그림보고 말하기<br>看图说话 | • 그림보고 설명하기 : 모든 조는 한 세트 그림을 제비 뽑은 후 배운 문형을 사용하여 그림을 보고 설명한다. 조원이 먼저 토론을 거쳐 연습한 후 임의로 뽑힌 대표가 설명한다. 정확하게·생동적으로 설명한 조가 이긴다.<br>• <u>看图说明</u>：把学生分成5~6组，每组抽签选择一组图片，用所学句型对图片进行说明，先各组讨论练习，然后任选代表说明，正确，生动地说明图片的组优胜。<br>• 그림보고 대화하기 : 모든 조는 한 세트 그림을 제비 뽑은 후 배운 문형을 사용하여 그림을 보고 말하기 연습을 한다. 조원이 먼저 토론을 거쳐 연습한 후 임의로 뽑힌 대표가 연기한다. 정확하게·생동적으로 연기한 조가 이긴다.<br>• <u>看图会话</u>：把学生分成5~6组，每组抽签选择一组图片，用所学句型编一段对话，先各组讨论练习，然后到讲台前表演，表演正确，生动的组优胜。 |
| | 상황극<br>情景表演 | • 모의 상황극 진행 : 교실 한 코너에 실제 상황을 꾸며 놓고 중국어로 모의 실제 대화를 통하여 임무를 수행하도록 한다. 완성한 임무 결과에 따라 우승조를 정한다.<br>• <u>模拟交际</u>：在教室一个角落按实际交际场景布置后，把学生分组，通过模拟实际对话，完成预定的任务。根据完成的任务情况决定优胜组。<br>• 앙케이트 조사 : 각 조는 앙케이트 조사 대상을 지정한다. 배운 문형을 사용하여 문답을 진행하여 질문에 답을 다 채운다. 앙케이트 조사를 완성한 후 각 조 대표가 앞에 나가 앙케이트 조사 결과를 설명한다. 가장 빨리 정확하게 완성한 조가 이긴다.<br>• <u>问卷调查</u>：把学生分组，每组指定调查对象，利用所学句型通过问答，完成调查表，并选代表到讲台前说明调查结果。快速正确完成的组优胜。 |

④ 수업 지도안 예시와 수업 내용

● 수업지도안 단계별 학습 요소

㉠ 도입 부문의 학습 요소
* 학습 환경 및 분위기 조성
* 선수학습 확인
* 학습 목표 확인
* 동기 유발

㉡ 전개 부문의 학습 요소 내용
* 본시학습 소개(흥미 유발)
* 주요 구문 상기 설명
* 다양한 방법으로 회화 연습(전체별 문답, 그룹별 문답, 팀별연습, 개별 문답 등)
* 발문
* 질문 받기

㉢ 정리 부문의 학습 요소 내용
* 본시 학습 정리
* 형성 평가
* 차시 예고
* 과제 제시

아래 수업 지도안은 '길 묻기'에 대하여 진행한 회화 수업이다. 아래 수업 지도안에 반영된 수업 활동을 소개하면 다음과 같다.

• 도입 단계
　교사 학생간의 인사를 한 후 단어 카드를 활용하여 전 시간 수업에 대한 복습을 진행했다. 그런 후 교사는 이번 수업 학습목표를 학생들에게 설명하면서 소개하고, 시청각 자료를 사용하여 동기유발을 하였다.

• 전개 단계
　전개 단계는 수업의 중심이다. 전개 전체 수업은 초보연습-치환연습-확장연습 과정으로 진행을 하였다. 초보 연습 단계에서는 본문 주요 문구를 학생들로 하여금 찾게 하여 다양한 방식으로 문답 연습을 진행하였다. 치환 연습 단계에서는 PPT에 소개된 여러 지도를 활용하여 치환연습을 진행하였다. 확장연습 단계는 본시 학습 주요 내용을 공고히 하는 단계다. 조별로 상자 속의 여섯 개 지도를 추첨하여 말하기 연습을 한 후 조별로 앞에 나와 발표하도록 하였다.

• 정리 단계

    정리단계에서는 수업 내용을 정리하고 형성평가를 실시한다. 이를 통하여 본 수업 목표가 잘 도달되었는지 확인할 수 있다. 그리고 과제를 제시하고 다음 수업 안내를 한다.

| 单元名 | 去鸟巢怎么走？ | | 班级 | 2年级1班 | 课时 | 4/6 |
|---|---|---|---|---|---|---|
| 教学目标 | 1、可以用汉语问路<br>2、能活用介词"离"进行问答。 | | | 日期 | 20　年12月18日 | |

| 阶段 | 教学步骤 | 教师活动 | 学生活动 | 教学道具 |
|---|---|---|---|---|
| 导入<br>(7分) | 问候 | 1. 打招呼，点名<br>• 板书题目。<br>• 师生互相问候，调整课堂气氛。 | 1. 向老师问候。 | |
| | 复习 | 2. 复习上节课学过的内容<br>• 利用卡片复习一下已经讲解过的生词和表达问路的重点句式<br>• 卡片：鸟巢，水立方 | 2. 回顾上节课学过的内容。<br>• 一边看词卡，一边跟着老师读。 | 卡片 |
| | 提出教学目标 | 3. 介绍本节课教学目标<br>• 跟学生说明，学完本课后能用汉语说出有关"问路"的各种表达。 | 3. 跟着老师大声地读一遍学习目标 | PPT |
| | 激发兴趣 | 4. 用视听资料，激发学生的兴趣<br>• 给学生看中国名胜古迹的视听资料，同时提醒学生到中国以后自己可以找路，到达照片上的名胜古迹。 | 4. 注意看<br>• 一边看视听资料，一边听教师的说明。 | |
| 展开<br>(38分) | 展开一 | 5. 初步练习<br>• 把主要句式写在黑板上。（用问答方式让学生说出主要句子。）<br>　A：王静，怎么去鸟巢？<br>　B：坐407路汽车，在奥体西门站下车。<br>　A：离这儿远不远？<br>　B：比较远。<br>• 用多样的方式进行问答，如跟同桌练习、跟组员练习、教师和学生问答等。 | 5. 初步练习<br>• 按老师的提问，大声地回答。<br>• 练习对话。<br>• 跟同桌练习 | 板书 |
| | 替换练习 | 6. 替换练习<br>• 看着PPT上的地图，教师和学生一起练习有关问路的问答。地图里有长城、鸟巢、故宫、颐和园和天坛公园等。<br>• 用多样的方式进行问答，如跟同桌练习、跟组员练习、教师和学生问答等。 | 6. 替换练习<br>• 点到名的组到讲台上来表演。<br>• 练习对话。<br>• 各组到讲台上来表演。 | PPT<br>(地图)<br>PPT<br>(地图) |

| | | 7. 进行小组游戏 | 7. 主动地参加练习 | |
|---|---|---|---|---|
| 展开二 | 扩展练习 | • 分六个组练习后参加比赛。(用抽签方式。盒子里有六种地图。)<br>• 注意事项:全组员一定要参加;对话要反映本课时学习目标。让各组上台表演。<br>• 表演完后教师进行评价。 | • 学生遵守游戏规则:全组员一定要参加;对话要反映本课时学习目标。各组上台表演。 | 抽签盒子 |
| 总结(5分) | 整理及评价 | 8. 整理内容和评价<br>• 夏习今天学习的主要句式,提问。<br>• 发给学生一张试卷。<br>• 过五分钟以后在屏幕上提示答案。 | 8. 参加评价<br>• 大声地回答<br>• 一边看屏幕上的答案,一边听教师的说明。 | 试卷<br>屏幕 |
| | 布置作业 | 9. 给学生留作业<br>• 让学生利用名胜古迹的地图,跟同桌一起练习问答名胜古迹的路。把练习的内容录下来,下一节课之前,发到老师的电子信箱里。 | 9. 记下作业<br>• 认识到作业的情况会反映在遂行评价的成绩中。 | |
| | 介绍下节课的内容 | 10. 介绍下一节课的内容<br>• 表演作业以后,继续学习"写"部分 | 10. 听老师讲<br>• 记住预习的部分。 | |
| | 准备下课 | 11. 准备下课<br>• 问学生有没有疑问。<br>• 结束语。 | 11. 有问题的学生提问。 | |

# 02 성공적 수업이란?

## (1) 수업의 모든 활동의 중심은 '학습목표' 이행이다

학습목표와 동기유발, 수업활동 전개, 테스트, 숙제 등 이 모든 활동은 한 주제로 일관된 활동이어야 한다. 즉 수업의 중심활동에는 항상 '학습목표'가 있어야 한다. 매우 기본적인 사항이지만 이 점을 잘 이행하지 못할 경우가 흔히 발생한다.

## (2) 수업 내용이 중심이고, 방법은 보조적이다

아무리 흥미 있는 수업방법이라 할지라도 수업내용 전달 효과를 무시한 나열성의 게임과 수업방법은 의미가 없다. 게임과 그 외 수업활동은 얼마나 내용을 효과적으로 전달하느냐에 중점을 둬야 한다.

(3) 흥미유발이 잘 이루어졌는가?

　　흥미유발이 잘 되어야 학생들이 수업에 관심을 가지고 집중하기 시작한다. 따라서 학생들의 관심사와 수준을 늘 파악하여 재미있는 요소로 흥미유발 방법을 구성하여야 한다.

(4) 학생과 상호작용이 되는 수업인가?

　　교사 혼자 일방적으로 진행하는 수업은 의미가 없다. 늘 학생과의 상호작용이 되는 수업을 진행해야한다. 혼자 설명하지 말고 질문을 던지면서 학생의 답을 끌어내는 식의 수업을 진행하고, 대답을 들은 후에는 늘 즉시 피드백을 해 주면서 자연스런 수업을 이끌어야 한다.

(5) 수업도구는 다양하며 적절하게 사용되었는가?

　　다양한 수업도구를 사용함이 필요한데 이것도 학습목표를 효과적, 성공적으로 달성하기 위해서이다. 무조건 많은 도구를 자주 바꾸면서 하는 것은 오히려 산만해 보인다. 학생들의 적극적 참여를 유도하기 위하여 다양한 도구를 적절히 사용하여 학생들의 흥미를 지속시키는 것이 필요하다.

(6) 교사의 목소리는 적당한가?

　　중국어과 교사는 발음이 정확해야 한다. 한국어의 어투에서 완전히 벗어날 수는 없더라도 성조가 지나치게 틀리면 중국어 유창성이 떨어지고 중국어 구사력의 기본이 흔들린다. 발음은 서서히 고착하는 경향이 있기 때문에 초기에 노력하지 않으면 교정하는데 매우 어려움을 겪는다. 그래도 자신의 발음의 문제점을 정확히 알고 끊임없이 교정해나가야 한다. 우리나라 청소년들의 중국어 교육을 담당할 교사라는 점을 인식한다면 이 점은 아주 중요한 일이다.

　　그리고 교사는 목소리가 커야 한다. 교실에서 모든 학생들이 쉽게 교사의 목소리를 들을 수 있어야 하고, 또 큰 목소리에는 학생을 집중시킬 수 있는 힘이 있고, 또 자신감의 표출이 되기 때문에 교사는 목소리가 커야 한다.

(7) 수업 활동 중 게임 진행은 원만하게 이루어져야 한다.

　　수업활동을 중 다양한 게임과 활동들이 필요한데, 이런 활동은 교사가 능숙하게 진행할 수 있어야 한다. 외우기식 수업진행이라든가, 게임 규칙을 교사가 정확히 모른다든가 하는 것은 전체 수업의 유창성을 떨어뜨리는 요소다. 교사가 잘 할 수 있는 게임을 진행해야 한다.

(8) 단계별 요소를 적절하게 반영하였는가?

　　도입단계, 전개단계, 정리단계 각 단계별로 수업활동을 명확히 알고 있어야 하고, 또 단계별로 적절한 활동을 해야 만이 다음 단계 수업을 원만하게 진행할 수 있다.

(9) **교사의 태도는 단정하면서도 호감을 주는가?**

　　교사는 항상 학생들 앞에서 본보기의 역할을 하게 된다. 학생들은 대부분의 시간을 학교에서 보내고 또 교사의 관심 속에서 보내게 된다. 아직 사고관이 확립되지 않은 학생들에게 교사의 복장, 태도, 언행, 가치관은 매우 큰 영향을 미친다. 이러한 점을 감안할 때 우리사회가 요구하는 교사상은 단정하고 적극적이고 반듯한 가치관을 지닌 활발한 교사이다.

## 03 평가

### (1) 평가의 특성과 조건
① 타당성 : 문항이나 내용이 측정하고자 하는 목적과 일치하며, 측정하고자 하는 내용을 정확하게 측정하고 있는지를 말한다.
② 신뢰성 : 측정 결과가 동일한 조건과 동일한 대상에게 다시 시도해도 같은 결과가 나올 수 있는 지를 말한다.
③ 객관성 : 측정 결과를 점수로 환산할 때에 점수나 채점 기준이 시간적·공간적·감정적 영향을 받았는지를 말한다.
④ 실행가능성 : 실시나 채점이 용이하고, 해석과 활용이 용이하며, 비용·시간·노력의 경제성이 좋은지를 말한다.

### (2) 평가의 종류
① 평가 목적별
　㉠ 숙달도 테스트 : 학습자가 어떤 언어에 대해서 어느 정도 습득하고 숙지했는가를 측정하는 테스트다.
　㉡ 도달도 테스트 : 교과서의 학습내용을 어느 정도 습득, 숙지했는가를 측정하는 테스트다.
　㉢ 선발 테스트 : 학습자를 적절한 클래스에 배치하기 위한 테스트다.
　㉣ 적성 테스트 : 학습자가 언어학습에 대해 가지고 있는 기본적인 능력인 적성을 측정하는 테스트다.

② 평가 내용별
　㉠ 분리 평가 : 학습자가 가지고 있는 언어 요소에 대한 단편적 지식을 한정된 시험 상황에서 평가할 수 있다는 장점을 가지고 있지만, 가장 큰 단점은 실제적으로 언어 사용 능력을 반영할 수 없다는 점이다.

ⓒ **통합 평가** : 학습자에게 어휘, 문법 구조에 대한 지식과 이해, 의미의 구별과 파악, 담화의 흐름, 상황에서의 의미 파악과 언어 사용에 대한 이해를 요구하므로, 종합적인 의사소통 능력을 평가하기에 적절한 방법이라고 할 수 있다.

③ 평가 시기별
  ㉠ **진단 평가** : 학습자가 학습 활동을 시작하기 전에 학습자의 그 때까지의 학습달성 수준과 신체적, 정서적, 문화적 제 환경 요인 등의 준비성을 체크하여 학습의 효율화를 실현하기 위하여 실시하는 평가다.
  ㉡ **형성 평가** : 학습 도중에 수시로 학습자들의 학습 정도를 체크하고 오류나 미비점 등을 발견하여 시정하기 위한 진단 및 치료의 기능을 가지고 있는 평가다.
  ㉢ **총괄 평가** : 학습 코스가 끝나거나 일정 기간의 학습 기간이 끝난 다음 그에 대한 성취도를 총괄적으로 측정하는 평가다.

④ 평가 기준별
  ㉠ **상대 평가**
  학습자의 능력에 대한 평가기준을 소속 집단 내에 두고 그 집단에서 얻은 평균을 평가 기준으로 삼는 평가다.

| | |
|---|---|
| 장점 | • 개인차 변별에 적합하다.<br>• 객관적이며 교사의 주관을 배제할 수 있다.<br>• 경쟁을 통한 외발적 학습동기를 유발하는데 적합하다.<br>• 통계처리가 용이하다. |
| 단점 | • 진정한 의미의 학습 성취 효과 판정이 불가능하다.<br>• 경쟁심을 조장하게 되고, 이를 당연한 윤리로 받아들이게 한다.<br>• 교수 기능을 약화시킨다.<br>• 학생의 정신적 위생에 나쁜 영향을 미칠 수 있다.<br>• 인성 교육이 실패하고 교사와 학생 상호 관계가 원만하지 못하며, 결국에는 학교 교육의 위기를 초래할 수 있다. |

  ㉡ **절대 평가**
  학습자의 능력을, 특정의 기준이나 교육 목표의 성취 정도에 비추어 측정하는 평가다.

| | |
|---|---|
| 장점 | • 지적 성취의 평등성 가능성 강조하고 협동 학습을 중시한다.<br>• 학습 이론에 맞는 평가 방법이다.<br>• 진정한 의미의 성취 효과 측정이 가능하다.<br>• 학습자 스스로 내적 동기를 유발할 수 있다.<br>• 학생의 무한한 잠재적 능력 개발하고 소질 발휘시킬 수 있다. |

| 단점 | • 수준의 정도(준거) 설정에 문제점이 있을 경우 신뢰와 객관도가 떨어진다.<br>• 평가 결과를 통계 처리하기가 어렵다.<br>• 외발적 동기를 일으키지 못한다.<br>• 개인차 변별이 용이하지 못하다. |
|---|---|

⑤ 평가 형식별
  ㉠ 객관식 평가
    채점자의 주관에 의해 득점이 좌우되지 않으며 단시간에 많은 답안을 처리할 수 있다는 장점이 있지만, 적절한 문제를 만들기 어려우며, 종합적인 운용 능력을 평가하기 어렵다는 단점도 갖고 있다.

  ● 장점
    • 평가 시 광범위한 내용을 출제하여 평가하는 것이 가능하다.
    • 채점에 시간·노력·경비가 적게 든다.
    • 결과의 통계적 분석이 용이하다.
    • 문항의 내용타당도가 유지 된다. 측정하려는 내용 사실만을 잘 다룰 수 있다.

  ㉡ 주관식 평가
    점수가 주관에 의해 좌우되고 채점하는데 시간이 걸린다는 단점이 있지만, 언어 능력 특히 운용 능력을 평가하는데 있어서 객관식 테스트로는 측정할 수 없는 부분이 측정가능하다.

(3) 遂行评价
  ① 수행평가의 이해
    ㉠ 수행평가의 개념
      수행평가란 학습자가 문제해결의 과정과 결과를 구체적인 산출물이나 행동으로 보이도록 요구하여 실제적인 수행(performance)을 검사하고 판단하는 평가 방식이다.

    ㉡ 수행평가의 특징
      • 학생이 문제의 답을 선택하는 것이 아니라, 스스로 답을 구성하거나 산출물을 만들거나 행동으로 나타내도록 한다.
      • 추구하고자 하는 교육목표를 가능한 한 실제 상황 하에서 달성했는지를 파악한다.
      • 교수 학습의 결과뿐만이 아니라, 과정도 함께 중시한다.
      • 단편적인 영역에 대한 일회성 평가가 아니고 다양한 방법을 동원하여 개개인의 변화 발달 과정을 전체적이면서도 지속적으로 평가한다.

- 개인의 평가와 집단에 의한 평가를 병행한다.
- 학생의 학습과정을 진단하고 개별학습을 촉진하려는 노력을 중시한다.
- 학생의 인지적인 영역뿐만 아니라 행동발달 상황이나 흥미, 태도 등 정의적 영역, 신체적 영역에 대한 종합적이고 전인적인 평가를 중시한다.

② 遂行評价 방법
  ㉠ 학습 내용 분석
  단원 혹은 영역별(듣기·말하기·읽기·쓰기)로 학습 내용을 분석하여 차시 및 교수 매체를 설계하고 그 내용을 조직한다.

  ㉡ 학습 목표 설정
  분석, 조직된 내용을 통해 달성하고자 하는 목표를 설정한다.

  - 수행평가의 이유·목적·대상·결과의 활용 및 용도를 결정한다.
  - 수행평가의 내용 및 기능·성취 행동을 명확히 선정한다.
  - 수행평가 방법(서술형 및 논술형·구술시험·토론법·실기 시험·면접법·관찰법·자기 평가 및 동료평가 보고서법·포트 폴리오법 등) 및 평가 자료의 수집, 평가 시행의 공고 여부 등을 결정한다.
  - 수행평가 결과의 정리 및 분석 기준을 결정한다. 단, 이때 학교 내 양적 평가와 적절한 조화를 이룰 수 있도록 배려한다.

  ㉢ 수행평가 실시
  수행평가 계획에 따라 교사의 전문성을 바탕으로 한 수행평가를 실시한다.

  ㉣ 수행평가 결과 정리
  수행평가 계획에 따라 결과를 분석, 정리하여 데이터베이스화 한다.

  ㉤ 수행평가 결과 활용
  분석, 정리된 수행평가의 결과를 새로운 학습 내용의 분석 및 목표 설정·수행평가 계획 수립·수행평가 실시·수행평가 결과 정리 등에 계속적으로 반영하여 교수·학습 활동이 보다 발전적이고 효율적일 수 있도록 한다. 특히 학생의 창의적이고 자기 주도적인 학습에 도움이 될 수 있도록 평가 결과를 활용하는데 주의를 기울여야 할 것이다.

③ 수행평가의 실제
  ㉠ 듣기
  - 일련의 단어를 듣고 발음이 포함된 단어를 찾아낸다.

- 단어를 듣고 그 단어와 같은 그림이나 물체를 찾아낸다.
- 간단한 지시문을 듣고 행동한다.
- 짧은 대화를 들은 다음, 대화가 일어난 장소를 알아낸다.
- 삽화에 대한 진술문을 듣고 잘못 진술된 내용을 식별한다.

ⓒ 말하기
- 사물의 사진이나 그림을 본 다음 이를 단어로 말한다.
- 교사나 동료의 행동(혹은 그림)을 본 다음 그 행동을 구두로 표현한다.
- 중국인과 처음 만나 자신을 소개할 수 있다.
- 취미에 대해 이야기할 수 있다.
- 자신이 좋아하는 TV프로그램, 스포츠, 연예인 등에 관해 짧게 구두로 묘사한다.

ⓒ 읽기
- 간단한 문장으로 구성된 글을 적절히 끊어 읽는다.
- 중국 상품 등을 보고 그 상표명을 읽을 수 있다.
- 짧은 지문을 읽고 지문의 요지를 파악할 수 있다.
- 주어진 단어를 읽고 핵심 단어를 찾아낸다.
- 기사 또는 짧은 이야기를 읽고 주요 내용에 대한 질문에 답을 한다.

ⓔ 쓰기
- 단어를 들은 다음 그 단어의 빠진 부분을 보충해 넣는다.
- 그림을 본 후 명칭을 적어 넣는다.
- 간단한 자기 소개서를 쓸 수 있다.
- 하루의 일과에 대해 정리하여 쓸 수 있다.

ⓜ 문화
- 지도를 보고 중국의 수도 및 유명 지역을 중국어로 말한다.
- 친구와의 인사말을 역할 나누어 말하기를 하여 재현해 본다.
- 중국의 전통 의상에 대해 조사해 본다.
- 중국 식당에서의 음식 주문방법에 대해 알아본다.
- 중국인의 특성에 대해 자료를 찾아본다.
- 문화에 관한 글을 읽고 그들의 감정이나 행동을 이해한다.

④ 중국어 수행 평가의 목적
- 중간, 기말고사 등 정기고사의 선택형 필답고사로 평가할 수 없는 학습 태도와 준비성 등 정의적 영역을 평가할 수 있다.
- 듣기, 말하기, 읽기, 쓰기 등 언어 학습의 필요 수준을 고르게 평가할 수 있다.
- 외국어 학습의 필수 요소라 할 수 있는 학습 과정에 있어서의 적극적 참여도와 활동성을 수시로 평가에 반영할 수 있다.

## 04 교재론

교재를 만들 때는 학습 효과를 위하여 여러 가지를 고려하여야 한다. 교재를 구성할 때는 적합성(针对性)·실용성(实用性)·과학성(科学性)·취미성(趣味性)과 체계성(系统性) 등을 고려해야 한다.

### (1) 적합성(针对性) [기출2009-10]

① 학습자의 연령·소속 국가·문화 정도의 특색에 맞게 구성되어야 한다. 아동용 교재와 성인용 교재는 내용과 방법에 있어서 서로 다르다. 한국 학생용 교재와 미국 학생용 교재는 서로 다르다. 대학원 졸업생을 위한 교재와 중학교 졸업생을 위한 교재는 서로 다르다.
② 학습자의 학습 목적이 서로 다르다. 전공 수업으로 배우는 제2언어 학습과 어떤 실용 목적으로 임시적으로 배우는 학습은 서로 매우 다르다. 중국어 전공 교재로는 지식의 체계성과 탄탄한 기본기를 강조한다. 여행이나 임시적으로 중국 체류를 위하여 배우는 중국어 교재는 실용성을 중시하여야 하며 체계적인 지식을 그다지 필요로 하지 않는다.
③ 학습자의 출발점이 서로 다르다. 수준에 따라 초·중·고급으로 나뉠 수 있다.
④ 학습기간이 서로 다르다. 학습기간에 따라 수업목표가 서로 다르다. 즉 단기반과 장기반의 수업 목표는 다른 것이다.

### (2) 실용성(实用性)

① 교재내용은 학습자의 요구에서 출발하여야 하며 생활 속에서 바로 응용할 수 있어야 한다.
② 언어자료는 반드시 생활과 현실에서 와야 하며, 진실성이 있어야 한다.
③ 간단명료하게 설명하고 많이 연습한다는(精讲多练) 원칙을 관철시키는데 도움이 되어야 한다. 필요한 이론지식을 제공해야 하며, 또 대량의 충분한 연습을 제공할 수 있어야 한다. 연습은 생동적이면서 재미가 있어야 하고, 형식과 등급의 구분이 다양해야 한다.
④ 의사소통 활동을 전개하는데 유리하도록 만들어져 전 수업활동이 의사소통에 도움이 되어야 한다.

### (3) 과학성(科学性)

적합성·실용성 및 흥미성·체계성은 모두 과학성의 범위에 포함된다고 할 수 있다.

① 통용되는 표준어를 가르쳐야 한다. 표준 중국어와 한어병음방안·간체자를 사용하도록 한다.
② 가르치는 내용의 구성은 언어 교학 규율에 부합해야 한다. 점진적 구성방식(順序渐进)과 난이도는 쉬운 것에서부터 어려운 것으로 한다. 제재 내용은 일상생활에서 시작하여, 점차적으로 사회생활·정치경제·문화전통 등으로 까지 확대한다. 새로운 어휘와 어법 포인트는 균형적·합리적으로 분배한다. 새로운 어휘와 문형의 중복률에 특히 주의하여 순환복습(循环复习)하여 기억을 강화하도록 한다.
③ 어음·어휘·어법·단어의 뜻·언어의 사용 등의 언어현상에 대한 해석은 정확해야 하며 학습자가 잘못 이해하지 않도록 해야 한다.
④ 교재내용은 학과 이론 연구의 새로운 수준을 반영해야 하며, 낡은 내용은 제 때 바꿔야 한다. 또 한편 언어 연구의 새로운 성과를 교재에 반영하여야 한다.

### (4) 흥미성(趣味性)

교재 내용과 형식은 생동적이고 흥미롭게 구성되어야 하며, 학습자를 흡인하여 흥미와 동기를 불러일으킬 수 있어야 한다. 흥미성은 매우 중요하면서 또한 교재 편집자들이 가장 어렵게 생각하는 원칙이기도 하다.

① 교재의 흥미성과 교재의 실용성·의사소통성은 긴밀히 서로 관련되어 있다. 특히 초급단계에서는 학생의 생활과 의사소통이 긴밀하게 결합되어 교재내용이 바로 학습자가 필요한 것이어야 한다.
② 교재내용은 현실을 반영해야 해야 하며 또한 학습자가 관심을 가지고 있는 주제여야 한다.
③ 교재내용은 문화적 내용을 점차 확대해야 하며, 여러 방면에서 목적어 문화를 소개해야 한다.
④ 다양화는 흥미성 형성의 중요한 요소이다. 예를 들면 게임·대화·연기 등의 다양한 방법을 사용하여 흥미를 높이도록 해야 한다.

### (5) 체계성(系统性)

교재 체계성은 많은 방면과 관련되어있다. 우선 교재 내용의 기본 지식 소개와 기능 훈련 방면에 있어서 어음·어휘·어법·한자 등 언어 요소와 듣기·말하기·읽기·쓰기의 언어기능의 안배는 균형과 조화를 이루어야 하며 일정한 규칙이 있어야 한다. 또 학생용 책과 교사용 책자·워크북·단원별 시험 문제 등 각 부분은 합리적으로 나누어지고 서로 호응적이어야 한다. 종적으로는 초급·중급·고급단계끼리 서로 연결되어야 하며, 횡적으로는 종합기능의 단원과 듣기·말하기·읽기·쓰기 기능 단원 교재가 서로 균형을 이루어야 한다.

> **원문참고** ≪对外汉语教育学引论，刘珣，北京语言大学出版社≫

教材编写和选用的原则

(1) 针对性
　　① 学习者的年龄、国别、文化程度特点。
　　② 学习者学习目的的不同。
　　③ 学习者学习的起点不同。
　　④ 学习时限的不同

(2) 实用性
　　① 教材内容要从学习者的需要出发，是学习者进行交际活动所必需的，是在生活中能马上应用的，也是学习者急于要掌握的。
　　② 语言材料必须来源于生活、来源于现实，要有真实性。
　　③ 要有利于贯彻精讲多练的原则。
　　④ 要有利于开展交际活动，使教学过程交际化。

(3) 科学性
　　① 要教规范、通用的语言。
　　② 教学内容的组织要符合语言教学的规律。
　　③ 对语言现象(语音、词汇、语法、语义、语用等)的解释要注意准确性，避免造成对学习者的误导。
　　④ 教材内容要反映出学科理论研究的新水平，及时更换陈旧内容。

(4) 趣味性
　　① 教材的趣味性与教材的使用性、交际性紧密相关。
　　② 教材内容要反映现实，是学习者所关注的话题。
　　③ 教材内容要逐步加大文化化内涵，多方面介绍目的语文化。
　　④ 多样化是形成趣味性的重要因素。

(5) 系统性
　　教材系统性涉及到很多方面。首先是指教材内容在基本知识介绍和技能训练方面，也就是语音、词汇、语法、汉字等语言要素和听、说、读、写语言技能的安排方面，要平衡协调、有一定的章法。学生用书、教师手册、练习本、单元试提各部分要分工合理，相互呼应。纵的方面，初级、中级、高级不同阶段教材要衔接;横的方面，综合技能课与听、说、读、写专项技能课教材要配合。

## 05    어음·어휘·어법 지도법

### (1) 어음 지도법

① 교구 시범(教具演示)

　　학습 도구를 사용하여 시범을 보이면서 연습한다. 예를 들어 발음 부위도(发音部位图)를 활용하거나 종이를 불어서 송기음(送气音)을 보여 주기 등의 시범을 보이며 관련 학습을 진행한다.

② 발음 과장(夸张发音)

　　어떤 발음을 돋보이게 설명하기 위하여 때로는 적당히 과장한다. 예를 들면 전향 복운모 'ɑi'를 설명하게 위하여 첫 음 'ɑ'를 과장하여 크게 벌린다.

③ 손 동작 모방(手势摹拟)

　　손 동작을 이용하여 혀의 위치 변화를 모방한다. 예들 들어 손바닥을 위로 향하게 하여 4개의 손가락을 모아서 치켜세워 혀 끝을 위로 올리는 모양을 나타내거나, 손바닥을 아래로 향하게 하여 손 등이 솟아오르도록 하여 혀 뿌리가 솟아오르는 모습을 나타내는 등이다.

④ 대비적 듣기(对比听辨)

　　학생의 모국어의 발음과 중국어의 발음을 비교, 중국어의 송기음(送气音)과 불송기음(不送气音)을 비교, 학생의 잘못된 발음과 교사의 올바른 발음 비교 등이 이에 이 방법에 속한다. 일반적인 상황에서의 학생의 잘못된 발음을 반복하는 것은 올바르지 않다. 단지 대비를 할 때는 이런 방법이 허용된다.

⑤ 알고 있는 지식 활용하기(以旧带新)

　　이미 숙달한 지식을 이용해서 새로운 지식을 이해하도록 지도한다. 예를 들면 'i'발음을 사용하여 'ü'를 이끌어 내는 방법이다.

⑥ 성조 조합(声调组合)

　　일정한 의미를 지닌 단어를 사용하여 성조를 연습한다. 예를 들면 4성과 2성 연습할 때는 '复习'·'姓名'·'去年' 등의 상용어를 사용할 수 있다.

(2) 어휘지도법
　① 직접법(直接法) [기출2019-A9]
　　　사물이나 동작을 가리키는 구체적 의미의 단어를 지도할 때는 일반적으로 직관법(直观法) [기출2010-6]을 주로 사용하여 발음 소리와 개념을 직접적으로 연관 짓도록 한다. 실물을 직접 사용하기 어려운 단어는 가능한 한 목적어를 사용하여 설명한다.

　② 번역법(翻译法)
　　　목적어를 사용하여 설명하기 어려운 경우, 모국어를 사용하여 번역함으로서 쉽게 단어를 이해시킬 수 있다.

　③ 상황 설정법(情景法)
　　　언어 환경 가운데 새로운 단어를 사용하여 문장과 말, 그리고 일정한 사회문화 배경과 연관시켜 단어의 뜻을 이해하도록 한다.

　④ 형태소 의미 설명법(语素义法) [기출2019-A9]
　　　단어를 구성하고 있는 각 형태소의 의미를 설명함으로서 단어의 의미를 설명한다. '书店'을 설명할 때 '书店'을 구성하는 형태소 '书'와 '店'을 활용하여 의미를 설명하다. 즉 '책(书)'을 파는 '가게(店)'라고 설명하다.

　⑤ 조합법(搭配法)
　　　단어와 단어의 일정한 조합을 통해서 단어의 의미를 이해하고 정확한 사용을 습득하도록 한다. 예를 들면 단어와 양사의 관계·어떤 특정 동사와 목적어와 관계 등은 명사와 양사 조합과 동사와 목적어 조합으로 쉽게 이해할 수 있다.

　⑥ 말 연결법(话语联结法)
　　　말 중에서 어휘를 배우고, 특히 관련된 단어의 용법은 말 속에서 이해하도록 한다.

　⑦ 비교법(比较法)
　　　유의어와 반의어를 비교하며, 비교하는 과정에서 다른 점을 발견하게 된다.

　⑧ 부류별 모으기(类聚法)
　　　단어 간의 집합관계를 이용한다. 예를 들면 새로운 단어를 설명할 때 반대말·유사말 등을 활용한다.

⑨ 연상법(联想法) [기출2010-6]

인간의 뇌는 평소 많은 종류의 언어정보를 저장해 두는데, 새로운 정보의 자극이 있게 되면 인간의 뇌의 시스템은 이 새로운 정보와 뇌 속에 저당된 관련된 정보를 연결하게 된다. 이것은 일종의 연상 반응인데, 예를 들면 '下雨'라는 단어를 배울 때 학생들의 연상은 곧 '下雨'와 관련된 '雨伞'·'刮风'·'水灾' 등의 어휘로 연결되는 것이다.

### (3) 어법지도법

① 귀납법(归纳法) [기출2019-A9]

우선 학생들에게 구체적인 언어 재료를 접촉하게 하고, 대량의 연습을 한 후 교사는 어법 규칙을 귀납하고, 그런 후 더 진일보된 연습을 한다. 이것은 일종의 '체적인 것'에서 '추상적인 것'으로, '언어 실천'에서 '이론'으로 간 후 다시 '언어 실천'으로 돌아가는 방법이다. 이 방법은 대량의 '언어 실천'을 부각시켰으며, 학습자의 주동성을 움직여 학습자의 분석과 관찰 능력을 배양하기에 유리한 방법이다. 직접법과 청각 구두식 교수법 그리고 의사 소통식 교수법은 모두 이 방법을 제창한다. 그다지 어렵지 않는 어법 포인트에 대해서 대단한 우월성을 가지고 있다. 그러나 만약 적절하게 활용하지 못한다면 시간 낭비가 되거나 또는 맹목적인 연습현상이 될 수 있다.

② 연역법(演绎法) [기출2019-A9]

연역법은 먼저 어법 규칙을 설명하여 학습자가 어법구조에 대하여 분명하게 이해 한 후 어법 규칙의 지도하에 대량 연습을 하는 것인데, 언어 실천을 통하여 어법 규칙 활용을 배우게 된다. '추상'에서 '구체'적인 것으로, '이론'에서 '실천'으로 이어지는 것이다. 이 방법은 성인이 제2언어를 학습할 때 사용하기에 적합하고, 인지 교수법 계열은 이 방법을 제창한다. 이 방법은 비교적 어려운 어법이론을 학습할 때 사용하면 효과에 좋다. 단점은 쉽게 주입식 수업으로 흐를 수 있으며, 학습자의 적극성을 발휘하는데 불리하다는 것이다.

중국어 교육을 효과적으로 실천하기 위하여 교사는 이와 같은 지도법을 충분히 이해한 후 수업시간에 가장 적절한 방법을 사용하거나, 또 교사가 계발하여 사용할 수 있다. 어음·어휘·어법·한자·구어·습작·강독·청취력 등의 지도법에 대하여 ≪汉语课堂教学技巧, 崔永华·杨寄洲主编,北京语言大学出版社≫에 자세히 소개되어 있어서 좋은 참고서로 활용할 수 있다.

# 어학개론

**제1장** 서론
**제2장** 语汇
**제3장** 语音
**제4장** 文字

교육론과 어학개론

# 제01장 서론

## 01 중어학의 범위

중국어는 하나의 문자 안에 形·音·义 이 세 가지를 모두 포함하고 이 세 가지는 서로 밀접하게 관계하면서 또 각각 독립적인 의미를 지닌다. 전통적인 중어학은 形·音·义를 기준으로 문자의 형태 연구는 '文字学', 어음 연구는 '声韵学', 어의 연구는 '训诂学'으로 분류되어 연구되었다. 그 후 1898년 马建忠(1845~1900)의 ≪马氏文通≫이 출간되면서부터 어법학이 흥기하기 시작하였다. 약 100년이 채 안된 신흥 학문이라 할 수 있다. 얼마 되지 않는 역사 속에서도 현재 중국의 어법학은 중국 당국의 언어 대중화 정책에 힘입어 질적인 면이나 양적인 면 모두 눈부신 발전을 하고 있다. 그래서 文字·声韵·训诂·语法으로 분류하여 기본 연구 범위로 삼았다.

그런데 최근에 이르러 이들을 지칭하는 용어와 분류에 변화가 일어나 중국과 한국에서 편찬되는 중어학 서적을 살펴보면 그 명칭과 분류 그리고 내용 면에서 과거와 일부 달라지고 있다. '声韵'이란 용어 대신에 '语音'이란 용어를 흔히 사용하고, 또 '语汇' 분야가 새로이 만들어져 '语音'·'文字'·'语汇'·'文法'으로 주로 구분하여 연구되고 있다. 현대한어의 다양한 어휘가 형성 발전되면서 '语汇'분야가 활발하게 연구되고 있다.

이 외에도 각 지방의 방언을 연구하는 '方言学', 말의 근원을 연구하는 '语源学' 등도 중어학의 범위에 속한다. 방언학은 汉나라 때 扬雄이 각 지방에서 올라온 사람들을 만나 그들의 낱말과 중앙에서 쓰는 낱말을 비교하여 ≪方言≫이라는 책을 지은 이래 근대에 이르기까지 별다른 발전을 하지 못하다가 1900년 이후에 와서 方言에 대한 연구가 다시 활발하게 진행되고 있다.

## 02 汉语

汉语란 汉 민족의 언어라는 의미를 지닌다. **现代汉语**는 현대 汉 民族이 사용하는 언어를 말한다. 현대한어의 의미에는 여러 종류의 방언과 민족 공통어(民族共同语)를 포함하고 있다.

(1) 현대 한민족 공통어와 보통화(民族共同语和普通话)

현대 汉民族의 공통어란 북경어음을 표준음으로 하며, 북방화를 기초방언으로 하며, 표준적인 현대백화문 저서를 어법의 규범으로 삼은 보통화를 말한다.

공통어란 하나의 민족을 구성하는 전체 국민들이 공통으로 사용하는 언어를 말한다. 方言이란 일부 지역의 사람들이 사용하는 언어이다. 方言은 공동어가 형성되기 전에는 공동어를 형성하는 기초가 될 수 있으며, 共同语가 형성된 후에는 오랜 시간 동안 여전히 共同语가 함께 존재할 수 있다.

民族 共同语는 하나의 方言의 기초 위에 형성된다. 이것은 경제, 정치, 문화 등 요소와 불가분의 관계에 있다. 민족 공동어의 기초가 되는 방언을 기초방언이라고 부른다.

보통화는 현대 한족의 의사소통 도구일 뿐 아니라 국가가 법으로 정한 전국 통용 언어다. 언어는 사회적 산물로서 사회가 형성됨에 따라 언어가 발생하여 사회 발전과 함께 언어도 발전한다. 언어란 구조로 볼 때 '어음'을 형식으로 하고 어휘를 구성 재료로, 어법을 구조 규율로 삼아 이루어진 음과 뜻이 결합한 부호체계이다. 기능면에서 볼 때 언어는 세 가지로 면으로 구분될 수 있는데 첫째로 사람들 사이에서 언어는 가장 중요한 소통도구로 사용된다. 둘째는 사람과 객관사물과의 관계에서는 언어는 객관사물을 인식하는 도구다. 셋째, 사람과 문화의 관계에서 언어는 문화를 담는 그릇이다. 사람들은 언어를 이용하여 지식을 쌓아가고, 또 문화를 형성한다.

중국은 일찍이 先秦 시대부터 고대 汉族 共同语가 존재하였다. 春秋时代에는 이러한 공통어를 '雅言'이라 불렀고, 汉代부터는 '通语' [기출2021-A8]라고 불렀으며, 明代에는 '官话' [기출2021-A8]라고 불렀다. 현대에 이르러 辛亥革命 후에는 '国语'라고 불렀다. 신중국 성립 이후에는 '普通话'라고 부르고 있다.

> **원문참고** 普通话
> 现代汉民族使用的共同语，是以北京语音为标准音，以北方话为基础方言,以典范的现代白话文著作为语法规范的普通话。 [기출2021-A8] [기출2001-6]

• 北京语와 普通话

'北京语는 普通话의 기초가 되었기 때문에 보통화의 어휘와 상당부분 같다. 그러나 '北京语'와 普通话는 구분이 있다. 普通话는 汉族의 공통어이지만, '北京语'는 단지 여러 방언 가운데 하나일 뿐이며, 普通话는 '北京语'의 기초 위에서 발전하여 민족 공통어가 된 것이다. 普通话란 북경 어음의 声母, 韵母, 声调 계통을 기초로 하여 정해졌으며, 北京语의 토박이 음은 포함되지 않는다.

• 北京音을 표준음으로 채택한 이유

첫째, 북경어는 字母와 声调가 비교적 간단하여 배우기가 쉬우며, 말이 맑고 부드러워 듣기가 좋다.

　둘째, 북경은 辽·金·元·明·清 등 역대 왕조와 중국의 수도로서 900여 년 동안 정치·경제·문화·교육·교통 등의 중심지였기 때문에 북경어가 이미 넓은 지역까지 분포되어 있었다.

　셋째, 북경어는 동북지역에서부터 서남지역에 이르기까지 광범위하게 통용되고 있기 때문에 다른 방언에 비하여 사용범위가 넓다. 따라서 기타 방언에 비해 교육과 보급에 유리하다는 장점을 가지고 있다.

　넷째, 明·清 이후로 ≪水浒传≫·≪西游记≫·≪儒林外史≫ 등 수많은 白话小说들이 북경어와 가까운 어투로 쓰여졌기 때문에 북경어가 일반 대중에게 널리 알려지는 계기가 되었다.

## (2) 구어와 서면어(口语和书面语)

　현대한어는 구어와 서면어라는 두 가지 형식이 있다. 구어는 사람들의 입을 통하여 사용되는 언어로 구어적 어투가 있다. 구어의 특징은 주로 간결하고, 형식에 구애받지 않고 비교적 자유로우며 생략이 많다. 이런 특징을 지니기 때문에 구어는 주로 직접 대면해서 하는 대화에서 사용된다. 또 의미 전달 역할로 입으로 하는 언어 외에 다른 언어 환경의 도움을 받거나 신체 동작이 더해지는 경우가 많다. 그러나 구어는 녹음을 하지 않는 한 한번 입 밖으로 나가면 사라지기 때문에 오래 동안 전해지기가 어렵다. 이런 점을 보완하기 위하여 옛 사람들은 구어를 문자로 기록하게 되었다. 따라서 귀로 들을 수 있는 구어 외에 눈으로 볼 수 있는 서면어가 생긴 것이다. 서면어는 문어(文语)라고도 한다. 서면어는 구어가 지닌 대면 환경에서 올 수 있는 입으로 하는 말 외의 보조성 정보가 부족하기 때문에 언어 자체의 면밀함과 완전함을 갖춰야 했다. 따라서 서면어는 일반적으로 구어에 비하여 구조가 면밀하고 완전하며 길이가 길다.

　서면어와 구어간의 괴리 현상은 汉代에 와서 뚜렷하게 일어났다. 한대에 들어와 유가경전에 대한 해석이 활발하게 진행되는 과정에서 옛 언어를 해석하여 글로 옮기는 작업이 이루어지면서 서면어가 점차 구어와 괴리되는 현상이 생기게 되었고 서면어가 발달하게 되었다.

　서면어는 역대 왕조에서 줄곧 정통 문어로서의 위치를 차지하여 청 말까지 이어져 내려왔으나, 오사운동 이래로 퇴색하여 현재는 특수한 경우를 제외하고는 쓰이지 않는다. 글의 장중함을 중시하는 유가전통 입장에서 볼 때 입에서 나오는 그대로 글을 옮긴다는 것은 너무 '白(꾸밈없는 솔직함, 가공하지 않은 담백함, 그리고 천박함의 뜻까지 내포되어 있다)'해서 기피하는 현상이 있었다.

• 서면어와 白话

　文과 白은 의미가 상반되는 말이다. 文은 본래 '纹'자로 무늬라는 뜻이다. '白'은 무늬가 없는 물들이지 않은 흰색을 가리킨다. '文'은 다듬은 것이고 '白'은 다듬지 않은 자연 그대로의 것이다. 문언은 말을 그대로 옮긴 것이 아니라 갈고 다듬은 것이고, 백화는 말을 다듬지 않고 그대로 옮긴 것이다.

　汉代에서 魏晋南北朝를 거쳐 唐代에 이르게 되면, 글말 즉 서면어는 구어체에서 상당히 멀어져서 일반 대중들이 배워 익히기가 어렵게 되어 소수 지식인들의 전유물이 되었다. 이러한 상황에서 대중들은 구어체를 그대로 옮긴 글말, 즉 백화를 처음으로 쓰기 시작하였다. 서면어와 괴리되었던 대중들이 말하는 대로 쉽게 쓰고 읽을 수 있는 표현수단으로 탄생한 것이 바로 白话이며, 唐代 일부 白话小说에서 시작되었다. 이 白话는 宋代의 话本小说에 계승되었으며, 명·청 소설에서 굳건한 위치를 차지하게 되었다. 明代의 四大奇书와 清代의 红楼梦은 대표적 백화 장편 소설이다. 이 백화는 1919년에 일어난 오사운동으로 이어져 현재의 표준 중국어인 보통어의 글말로 자리 잡게 되었다.

• 입말과 글말의 흐름

　중국어를 가리키는 명칭 가운데 '白话'·'文言'·'古文'은 书面语, 즉 글말을 가리키고, '官话'·'国语'·'普通话'는 口语, 즉 입말을 가리킨다. 즉 官话는 国语와 普通话의 입말로 계승되었고, 白话는 普通话의 글말로 계승되었다. 따라서 官话와 白话는 현대 중국어 표준어를 형성하는 두 축을 이루고 있다. 입말과 글말 그리고 백화와 문언문, 보통화와의 관계를 도표로 그리면 다음과 같다.

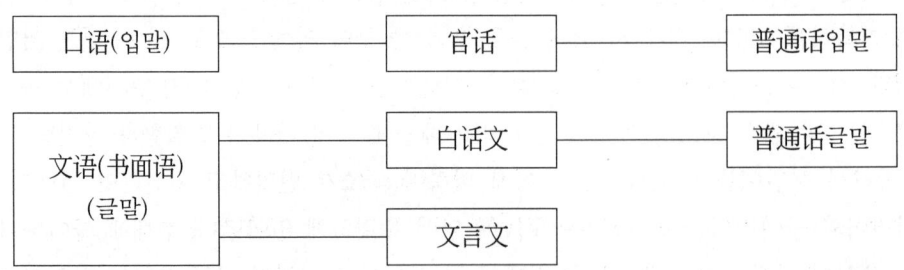

(3) 현대한어 방언(方言)

　汉语 方言은 속칭 지방어라고 하며, 민족공통어(民族共同语)에 대한 상대적인 용어다. 중국어는 7대 방언으로 구분되는데 방언 간에는 어음, 어휘, 어법 간 뚜렷한 차이가 있지만, 어음상 뚜렷한 대응관계를 지니고 있고 기본어휘와 어법도 대체로 유사하기 때문에 중국어 방언은 普通话와 병립하는 독립언어는 아니다. 방언과 민족공통어 간에는 "同中有异, 异中有同"의 특징을 지니는데, 방언의 차이는 어음은 차이가 가장 크고, 다음으로 어휘, 어법 순이다. [기출2014-A9]

　汉语 方言은 대체로 다음과 같다.

① 북방방언(官话方言)

북방방언은 현대 한민족 공통어의 기초방언이며, 북경어를 대표로 한다. 长江 중상류 이남 지역, 云南省 贵州省 전역과 广西省 서북부와 湖南省의 서북부 지역 등 분포되어 있는 지역이 가장 넓고, 사용 인구는 한족의 73%를 차지한다. 이 官话방언은 다시 北方官话방언, 西北官话방언, 南方官话방언, 西南官话방언지역으로 나눌 수 있다.

장강 이북은 주로 관화방언 지역에 속하는데 南京은 长江 이남이면서 官话方言 지역에 속한다. 그 이유는 西晋 이후 南朝의 宋·齐·梁·陈의 네 조대가 남경(당시에는 '金陵'이라 칭하였다)에 도읍을 정하면서 중원 문화 성격이 강하게 남아있게 되었다.

② 吴方言

江苏省에서 长江 以南 지역, 镇江 以东 지역, 浙江의 대부분 지역에 분포되어 있다. 吴방언은 이 두 성의 이름을 따서 '江浙话'라고도 부른다. 오방언의 대표 지역은 '苏州话' 혹은 '上海话'라고도 한다. 대표 방언이 소주지역 말(苏州话)이라고 주장하는 설에 따르면 上海 지역은 거주민의 유동성과 다양성으로 인하여 순수성을 많이 잃었기 때문이라고 한다. 오방언을 사용하고 있는 인구는 7.2%를 차지한다.

③ 湘方言

湖南省에서 서북쪽 구석 지역만을 제외한 대부분 지역에 분포되어 있다. 대표방언은 长沙语이다. 북방방언의 영향을 비교적 많이 받았다. 사용인구는 약 3.2%를 차지한다.

④ 赣方言

江西省 대부분 지역과 湖北省 동남쪽 일부 지역에 분포되어 있다. 南昌语가 대표방언이다. 사용 인구는 한족 인구의 3.3%를 차지한다.

⑤ 客家方言

广东 梅县话가 대표방언이다. 강서 남부와 광동 동부 지역에 분포되어 있다. 객가는 북방에서 남방으로 이주한 이주민을 가리키는 이름이다. 西晋 이후, 中原 지방에서 남쪽으로 이주하여 江西省·广东省·广西省·福建省·海南省·台湾省(1949년 이후 국민당정부를 따라서 이주) 등지에 정착하여 살면서 자신의 말을 그대로 보존하여 내려오며 형성된 방언이 客家方言이다. 사용 인구는 한족의 3.6%를 차지하고 있다.

⑥ 闽方言

福建省이 주요 지역이며, 광동성의 潮州·汕头지역 海南省 대부분지역과 浙江省 남부일부에서 사용하는 방언이다. 방언 가운데 가장 복잡하게 여러 갈래로 갈라지며, 음도 가장 복잡한 방언이다. '대만 말'이라고 부르는 것이 바로 閩方言 가운데 閩南方言이다. 사용 인구는 5.7%를 차지하고 있다.

⑦ 粤方言(广东말)

'粤'은 본래 '越'과 음과 의미가 같은 글자로, 춘추시대의 越나라와 밀접한 관련이 있는 명칭이다. 战国 말 越 나라 사람들이 남쪽으로 흩어져 广东 등지에 소국들을 이루어 살았기 때문에, 이들 나라를 총칭하여 百越(또는 百粤)이라고 하였고, 이 옛 이름을 따서 '粤方言'이라고 한다. 광동성의 客家方言 지역을 제외한 중·서남부 지역, 广西省의 동남부 및 마카오 등지, 동남아 화교 북미 화교들 대부분이 사용하고 있다. 대표방언지역은 广州이다. 사용 인구는 4%를 차지한다.

이들 방언 중, 官话方言은 북부방언, 吳方言·湘方言·贛方言은 중부방언, 客家方言·粤方言·閩方言을 남부방언이라고 한다. 중국어 방언의 형성과 차이는 지리적 조건에 의해 크게 좌우된다.

이상과 같이 7개로 나눈 방언지역을 북부방언, 중부방언, 남부방언으로 묶기도 한다. 북부방언에는 官话방언, 중부방언으로는 吳方言·湘方言·贛方言, 남부방언에는 客家方言·粤方言·閩方言이 속한다.

[ 방언 분포도 1 ]

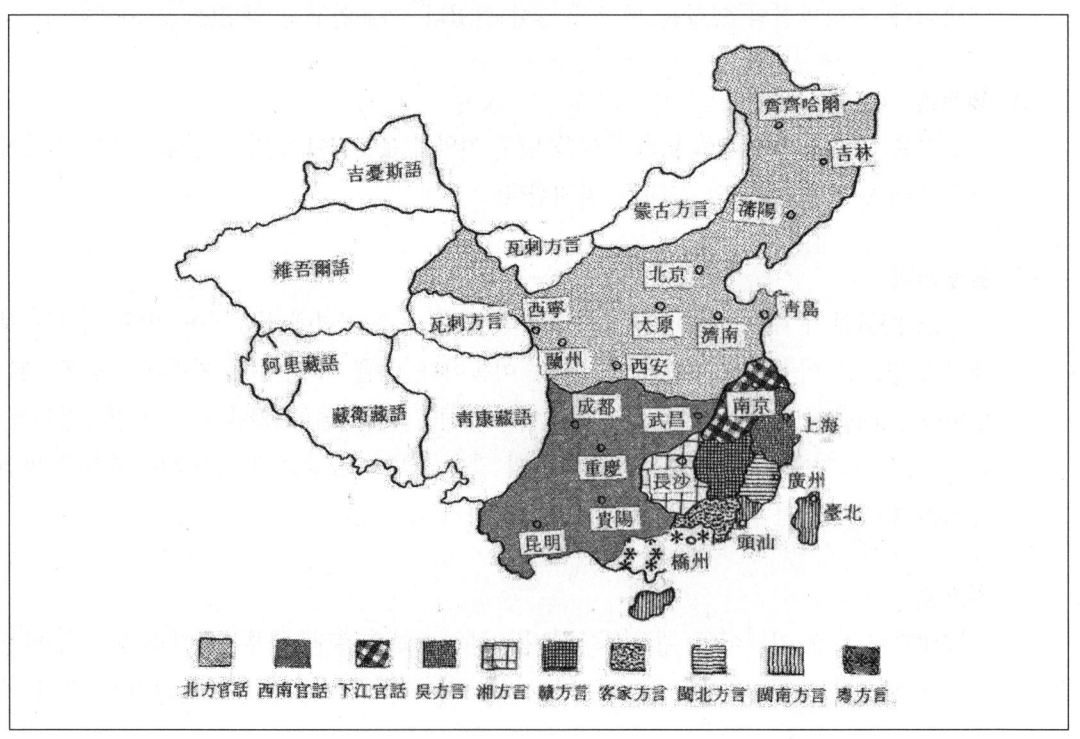

[방언 분포도 2]

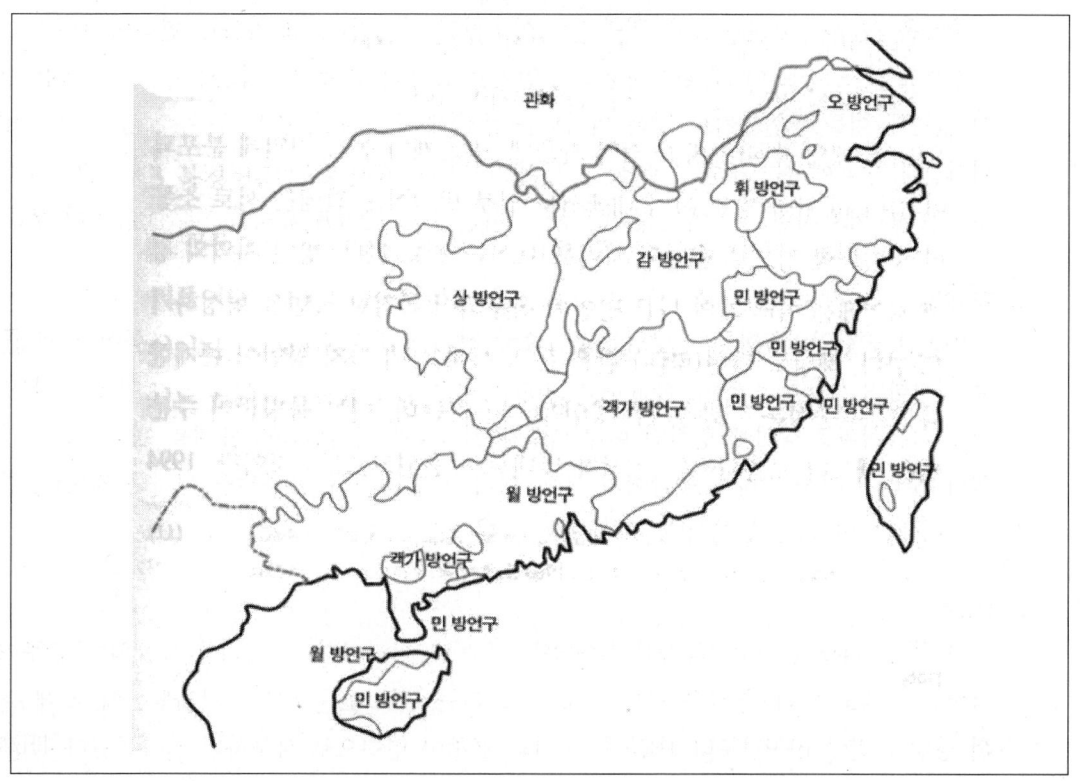

**원문참고**

北京话是北方方言的代表，上海话是吴方言的代表，长沙话是湘方言的代表，南昌话是赣方言的代表，梅县话＿＿＿是客家方言的代表，福州话是闽方言的代表，广州话是粤方言的代表。

### (4) 중국어에 대한 여러 가지 명칭

중국어에 대한 명칭은 특정 시기별 그리고 지역별로 차이가 있다. 우리나라가 1992년 중국과 국교 수립하기 전 대만과 교류가 활발했던 시기에는 '汉语'라는 명칭 대신에 '中国话' 혹은 '中文'이라는 명칭을 주로 사용하였다. 중국과 국교를 수립한 이후에는 주로 '汉语' 혹은 '中国语'라는 명칭을 주로 사용하며 '보통화'를 사용하기도 한다. 명칭별로 특징을 살펴 보면 다음과 같다.

① 中国语

중국 사람들이 하는 말을 '中国语'라고 부른다. 중국 사람들이란 대부분 汉族이 포함되며, 또 汉族 이외에도 많은 소수민족들이 포함된다. 이들의 말까지 다 '中国语'라고 칭할 수 있다. 그러나 실제 우리가 '中国语'라고 할 때는 일반적으로 표준 중국어를 의미한다.

② 汉语

중국은 汉族과 55개의 소수 민족으로 이루어진 민족인데, 그 가운데 한족이 94%이상을 차지하고 있다. 바로 이 汉族이 사용하는 언어를 '汉语'라고 부른다. 汉语에는 매우 많은 방언이 있는데 이들 방언까지도 넓은 의미로는 汉语에 속하지만, 좁은 뜻으로 '표준 중국어'를 의미한다. 중국에서는 표준 중국어를 '普通话'라고 부른다. 汉语라는 명칭은 매우 포괄적이므로, 의미를 제한시킬 경우에는 古代汉语·现代汉语·汉语方言 등등으로 분류하여 부른다.

③ 普通话

1949년 중화인민공화국이 성립된 후, 중국 정부는 북경어를 중심으로 공통어인 '普通话'를 제정하여 사용하고 있다. 普通话는 北京의 음계를 표준음으로 삼고, 북방어에 쓰이는 낱말을 기본어휘로 삼아 전형적인 현대 백화문 저작물에 나타난 문법체계를 표준으로 제정하였다. 우리가 자주 말하는 중국어의 어음, 어휘, 문법은 모두 표준말을 말하는 것이다. 현대 중국어에는 이 표준말 이외에 또 방언이 있다.

④ 国语

'国语'는 '나랏말' 또는 '국가의 언어'라는 뜻으로, 나라마다 그 나라를 대표하는 표준어인 국어를 가지고 있다. 중국은 명대 이후 '관화'라는 말로 표준어를 지칭해왔는데, 후에 일본의 영향을 받아 1909년부터 '国语'를 국가의 표준어 명칭으로 사용하기 시작하였다. 明清代에 자연발생적으로 형성된 '官话'와는 달리 中华民国 이후 国民党 정부에서 이 '国语'라는 명칭을 의식적으로 제정하고 적극적으로 표준화작업을 하여 '国语'라는 명칭을 보급하기 위해 앞장섰다. 지금도 台湾에서는 표준어를 '国语'라고 부른다. 중국에서는 50년대 이후 '国语'를 '普通话'라고 개명하여 표준어의 공식명칭으로 사용하고 있다.

⑤ 官话

문자 그대로 '관청에서 쓰는 말', '관리들이 사용하는 언어', '공식어'란 뜻으로 明代 이후에 처음 쓰기 시작하여 清代 말까지 중국 중앙정부의 표준어 역할을 해왔다. 관화는 북경 방언에 기초를 두었으나 실제로 사용될 때는 지역마다 약간씩 차이가 있었다. 영어에서 일찍부터 북경어를 가리켜 '만다린(Mandarin)'이라고 불렀는데, 바로 '만청(满清) 관리들 즉 满大人이 사용하는 언어'라는 뜻으로 이 '官话'를 가리키는 말이다.

⑥ 中文

중문의 구어와 문어를 포괄하는 명칭이다. 중문의 '文'은 엄격하게 말하면 문어를 뜻하지만 일상적인 사용에 있어서는 구어와 문어를 모두 지칭한다. 과거에는 많이 사용되었으나 '汉语'라는 용어가 많이 사용되면서부터 거의 사용되지 않고 있다.

⑦ 中国话

중국화는 '중국말'이라는 뜻으로 단지 구어 형식은 중국어만을 가리키는 명칭이다. 이 명칭은 구어체적인 색채를 강하게 나타내며, 최근에는 많이 사용되지 않는다.

## 03 현대 한어의 특징 [기출2011-13] [기출2003-2]

### (1) 어음 방면

音节의 한계가 분명하고, 성조의 고저변화와 억양까지 있기 때문에, 한어는 음악성이 강한 특징을 가지고 있다.

① **复辅音이 없다**

하나의 음절 안에 시작이나 끝이나 모두 두 세 개의 자음이 함께 이어서 쓰는 현상이 없다. 이 때문에, 한어 음절의 한계가 분명하며, 음절의 구조 형식 역시 비교적 정연하다.

② **모음 우세**

汉语 음절에는 辅音이 없을 수는 있으나, 모음이 없을 수는 없다. 모든 음절은 반드시 韵母를 가지고 있으며, 단모음 혹은 복모음으로 이루어지는데 복모음이 비교적 많다.

③ **음절이 질서 정연하고 간결하다**

음절은 대부분 자음은 앞에, 단모음 혹은 복모음은 뒤에 위치한다. 자음이 음절 뒤에 위치하는 경우도 있으나 많지 않다. 음절 구조가 가지런하고 간결하다.

④ **声调가 있다.**

중국어는 어느 음절이나 모두 声调를 가지고 있다. 声调는 음절과 음절 사이의 한계를 분명하게 해주며, 高低升降의 변화를 풍부하게 해주기 때문에, 중국어를 음악성이 강한 특수한 풍격을 형성하게 하였다.

### 원문참고

现代汉语语音特点

① 现代汉语有四个声调。
② 现代汉语没有复辅音声母。
③ 汉语音节有音乐美。
④ 汉语中, 清塞音、清塞擦音有送气、不送气的差别。

⑤ 音节结构中声调不可缺少。
⑥ 汉语音节中, 元音占优势。

### (2) 어휘 방면

① **단음절 형태소가 많다**

중국어를 표기하는 한자는 대부분 한 개의 글자가 한 개의 음절(一字一音)으로 구성되어 있으며, 또 글자마다 의미를 가지고 있다. '彷佛'처럼 2음절로 되어 있는 단어와 联绵词에 속하는 단어는 소수에 불과하다.

> **참고**
>
> **연면사(联绵词)**
> 连绵词, 联绵词라고도 한다. '연면사'란 솜처럼 연이어져 뗄 수 없는, 떨어지면 아무 의미도 없게 되는 두 글자로 이루어져 하나의 낱말이 된 어휘를 말한다. 이 글자들은 단음절어라는 중국어의 특징에서 벗어나는 것으로서, 현대의 이음절 낱말처럼 각각의 음절의 의미를 조합하여 낱말의 뜻을 이루어지는 것이 아니라, 전혀 다른 별개의 의미를 갖는 글자이다. 연면사는 앞 뒤의 두 음절 사이에 음의 연관성을 갖고 있는 것이 특징이다.
>
> 예를 들면
> ㉠ 双声 : 参差 仿佛
> ㉡ 叠韵 : 窈窕 从容
> ㉢ 叠音 : 猩猩 姥姥
> ㉣ 기타 : 蝴蝶 鸳鸯
> ㉤ 음역 외래어 : 玻璃 葡萄
>
> 모든 한자가 形·音·义 삼요소를 갖추고 있는 것에 반하여 이 연면사는 의미 부분은 고려하지 않은 채 음 부분만이 강조되는 특수한 용법이다.

② **双音节 단어가 우세하다**

한어 어휘는 발전과정에서 점점 쌍음절화하고 있다. 과거의 단음절 단어는 쌍음절 단어로 대체되고 있는 현상이다. 예를 들면, '目 — 眼睛', '石 — 石头' 등이다. 일부 다음절 구 역시 줄여 쌍음절 단어로 쓰는데, 예를 들면, '外交部长 — 外长', '彩色电视机 — 彩电' 등이다.

③ **새 어휘는 어근끼리 결합한 복합어가 많다**

한어의 단음절 형태소는 대부분 어근을 이루고 있으며 접사를 이루는 형태소는 매우 소수다. 그래서 합성어 가운데는 어근끼리 결합한 복합어가 많다. 예를 들면 '江河'·'地震' 등. 부가법을 사용하여 어근과 접사를 결합한 어휘는 매우 소수다. 예를 들면 '石头'·'老师' 등.

④ 동음 형태소가 많다

한어는 동음의 형태소가 많다. 예를 들면 'yì'음절을 지닌 형태소와 한자는 "亿·易·亦·益·译·艺·抑·役·意" 등 모두 232개라고 한다. 'shì'음절을 지닌 형태소와 한자도 "是·事·市·试·式·室·示" 등 모두 95개라고 한다.

> **원문참고**
>
> 现代汉语词汇特点
>
> ① 单音节语素多, 双音节词占优势。
> ② 构词广泛运用词根复合法。
> ③ 同音语素多。

### (3) 어법 방면

① 어순과 허사는 어법적 의미를 전달하는 주요 수단이다

중국어는 어법 의미를 나타내는 수단으로 영어처럼 형태를 사용하지 않는다. 중국어는 어순과 허사를 사용하여 어법적 의미를 나타낸다. 예를 들면, '不很好'와 '很不好'는 어순이 다르기 때문에, 나타내는 뜻 역시 다르다. '我和弟弟'와 '我的弟弟'에서 '和'와 '的'은 서로 다른 뜻을 가지고 있는 허사이기 때문에 나타내는 의미 역시 다르다. 이는 중국어와 같은 孤立语의 문법적 관계를 나타내는 중요 요소이다.

② 단어·구·문장을 이루는 원칙은 기본적으로 일치한다

형태소가 단어를 이루거나, 단어가 구를 이루거나, 구가 문장을 이루거나를 막론하고 모두 주술관계(主谓关系)·동목관계(动宾关系)·보충관계(补充关系)·수식관계(偏正关系)·병렬관계(联合关系) 등 다섯 가지 기본어법구조관계를 가지고 있다. 예를 들면, 단어 '地震'과 구 '身体健康', 문장 '他走了'은 모두 주어와 술어로 이루어진 주술구조를 가지고 있다.

③ 품사 종류와 문장성분과의 관계가 복잡하다

중국어는 한 단어가 여러 종류의 문장성분이 될 수 있다. 예를 들면 '星期一'라는 '명사'는 '주어'가 될 수가 있고, 또 '술어'·'목적어' 등이 될 수 있다. 그래서 중국어의 단어 종류와 문장성분과의 관계는 간단한 대응관계가 성립되지 않는다.

④ 量词와 어기사가 매우 풍부하다

중국어는 수사와 명사가 결합할 때, 일반적으로 수사 뒤에 양사를 넣어야만 한다. 서로 다른 명사가 사용하는 양사 역시 다르다. 예를 들면, '一个人', '一本书', '一张邮票' 등이다. 어기사는 항상 문장 끝에 오는데, 어기사마다 쓰이는 용법에 차이가 있다. '是他吗', '是他吧', '是他呢' 등이다.

⑤ 단어의 형태 변화가 없다.

다른 나라의 언어와는 달리 중국어는 다른 단어와 연관 관계를 맺기 위해 단어 자체가 아무런 변화를 일으키지 않는다. 즉 数, 人称, 时制에 따라 동사의 원형에 아무런 변화를 일으키지 않는다. 이런 현상은 孤立语의 특성이다.

이러한 특징 이외에도 다음과 같은 특징도 포함하고 있다.

① 주어＋동사＋목적어의 어순(SVO)으로 되어 있다.
② 한국어와 마찬가지로 수식어와 피수식어의 순서로 되어 있다. 예 红花, 好书

### 원문참고

现代汉语语法上的特点

① 现代汉语的同一词类的词能充当不同的句子成分。
② 在现代汉语句法结构中，语序具有重大作用。
③ 汉语词组没有谓主结构和正偏结构。
④ 在现代汉语中，虚词可以用来表示一些形态意义。
⑤ 汉语表示语法意义的手段主要用语序和虚词,不大用形态。
⑥ 汉语的词没有意义上的形态变化。
⑦ 词，短语和句子的结构原则基本一致。
⑧ 量词和语气词十分丰富。

# 제02장 语汇

교육론과 어학개론

## 01 어휘 단위

### (1) 어휘란?

어휘(词汇 혹은 语汇)란 한 언어 안의 단어(词)와 숙어(熟语)의 집합이다. 어휘는 사회 발전과 언어 발전의 상황을 반영하고 있으며, 또한 사람들이 객관적인 세계에 대한 인식의 폭과 깊이를 보여주고 있기도 하다. 어휘가 풍부해지고 발달하면 할수록 언어 자체 역시 더욱 풍부해지고 발달하게 되며, 표현력 역시 더욱 좋아지게 된다. 어휘를 이루는 단위로는 형태소(语素), 단어(词), 熟语(성어, 관용어, 헐후어), 略语 등이 포함된다.

어휘는 언어를 구성하는 재료다. 어휘라는 재료가 없으면 문장을 만들 수 없다. 단어가 관련 규칙에 따라 조합되어 여러 가지 문장 형태를 이루어 사람들 간에 소통 도구로 쓰이는 것이다. 인류사회가 형성되면서 언어는 존재했다. 어휘는 사회 발전과 언어의 발전 상황을 반영한다. 또한 어휘는 사람들이 객관 사물을 인식하는 넓이와 깊이를 반영하기도 한다. 어휘는 그 수가 풍부할수록 발달하며 표현력도 증강된다. 한 개인으로 말하자면 알고 있는 어휘가 풍부할수록 사상을 명확히 표현할 수 있게 된다.

**원문참고** 词汇是语言中词语的总汇，包括两个方面:(一)词，(二)形式比较固定的成语、惯用语、歇后语、谚语等。

### (2) 어휘 단위와 분류

① 형태소(语素) [기출2010논술교과내용-3]

형태소는 언어 중에서 '음(音)'과 '의미(义)'가 결합하여 의미를 나타내는 최소의 단위로, 단어를 구성하는 요소이다. 형태소는 단독으로 사용되는 언어 단위가 아니며 그의 주요 역할은 단어를 구성하는 것이다. 형태소는 직접 문장을 구성하는 성분이 될 수 없으며, 형태소는 단어를 구성한 후에야 비로소 문장을 만드는 성분이 될 수 있다.

沙发上放着报纸和杂志。

이 문장에서 단어 수는 7개, 형태소의 수는 9개이다.

단어 : 沙发　上　放　着　报纸　和　杂志
형태소 : 沙　发　上　放　着　报　纸　和　杂　志

> **원문참고** 语素是语言中最小的音义结合单位。

㉠ 형태소 분류

　형태소는 서로 다른 기준에 따라 여러 가지 종류로 분류된다.

　ⓐ 成词语素와 不成词语素
　　어떤 语素는 독립적으로 단어를 이루기도 하고, 또 다른 형태소와 결합하여 단어를 이루기도 한다. 이런 语素를 '成词语素'라 하며 地·牛·水·走·风·土 등이 이에 속한다. 또 어떤 语素는 독립적으로 단어를 이룰 수 없으며, 단지 다른 语素와 결합하여 '합성어'를 만들 수 있다. 이런 형태소를 '不成词语素'라 하며, 民·语·习·丰·伟·展 등이 이에 속한다. '民'은 형태소는 될 수 있으나 단독으로 단어는 될 수 없다. 단어가 되려면 다른 형태소 '居'나 '人' 혹은 '主'와 결합하여 각각 '居民'·'人民'·'民主'가 될 때 가능하다.

　ⓑ 定位语素와 不定位语素
　　형태소와 형태소가 결합할 때 그 중의 어떤 것은 일정한 위치가 있다. 이런 형태소를 '定位语素'라고 하는데 어떤 형태소는 앞에만 위치하고 어떤 형태소는 뒤에만 놓인다. 예를 들면 '老'·'初'·'阿' 등의 접두사는 늘 앞에만 위치하고, '子'·'化'·'者' 등의 접미사는 늘 뒤에만 놓인다. 이와 달리 다른 형태소와 결합할 때 앞에 놓이기도 하고 뒤에 놓이기도 하며 그 위치가 상대적으로 자유로운 형태소를 '不定位语素'라고 하는데 접사를 제외한 대부분의 형태소는 이에 속한다. 예를 들면 '民'은 '民主'·'人民'에서처럼 다른 형태소 앞에 혹은 뒤에 오기도 한다.

**语素와 词·词缀의 관계**

```
         ┌ 成词语素 ─ 天
语素 ─┤
         └ 不成词语素 ┬ 不定位不成词语素 ─ 伟 ─ 词根
                          └ 定位不成词语素 ─ 们 ─ 词缀
```

ⓒ 단음절 형태소와 다음절 형태소(单音节语素和多音节语素)

중국어의 대부분 형태소는 단음절이다. 단음절 형태소로는 '天'·'人'·'子'·'强' 등이며, 쌍음절 형태소로는 '徘徊'·'灿烂'·'太太' 등이며, 다음절 형태소로는 '巧克力', '白兰地' 등이 있다. 이들은 모두 의미를 가지고 있을 뿐만 아니라, 의미를 갖고 있는 더 작은 단위로는 나눌 수 없다. '天'·'人' 등은 단음절 형태소이므로 더 이상 나눌 수 없으며, '巧克力'·'白兰地' 등 다음절 형태소는 '巧'·'克'·'力'나 '白'·'兰'·'地' 등으로 나누면, 본래의 뜻과 관련된 어떤 의미를 가지지 못하기 때문에 형태소가 되지 않는다.

중국어에서 절대 다수의 형태소들이 단음절이며, 그 외 약간 정도가 쌍음절로 되어 있으며, 다음절로 된 경우는 매우 적다. 음역 외래어는 대표적 다음절 형태소다.

ⓓ 어근 형태소와 접사 형태소(词根语素和词缀语素)

어근은 한 단어의 핵심으로 단어의 뜻을 이루는 기본 성분이다. 예를 들면 '桌子', '老师' 단어 가운데 '桌'·'师'가 어근에 속하는데, 이들은 단어의 의미가 비교적 실제적이며 위치도 단어의 앞 혹은 뒤 융통성이 있다. 예를 들면 '桌子'의 어근 '桌'는 '桌子'나 '餐桌'에서처럼 단어의 앞에 위치하기도 하고 단어의 뒤에 위치하기도 한다. 접사(词缀)는 어근에 부가되어 단어를 만드는 형태소인데 일반적으로 부가적 의미를 나타낸다. 위치도 고정적이어서 어떤 접사는 단어의 앞에만 위치할 수 있는데, 이를 접두사(前缀)라고 하고 어떤 접사는 단어의 뒤에만 위치할 수 있는데, 이를 접미사(后缀)라고 한다. '桌子'의 '子'는 접미사, '老师'의 '老'는 접두사다.

ⓔ 자유형태소와 점착형태소(自由语素和粘着语素)

자유 형태소는 단독으로 단어가 될 수 있으면서, 또 다른 형태소와 결합하여 단어를 이룰 수 있는데 이는 형태소의 활동 능력에 따라 분류한 것이다. 예를 들면 人-人们·人民·人类·人生·众人·强人 등, 电-电灯·电话·电影·电视·闪电 등 이들 단어 人과 电은 단독으로 단어가 되기도 하고 다른 단어와 결합되어 쓰이기도 한다. 이들을 자유형태소라고 한다. 탄사나 허사도 이에 속한다.

자유형태소는 점착형태소(粘着语素)와 상대적이다. 이를 자유형태소와 반자유형태소(半自由语素)로 말하기도 한다. 점착 형태소는 다른 형태소의 앞이나 뒤에서 다른 형태소와 늘 결합하여 존재하며 위치가 자유롭지 못하다. 위치가 고정적인 것도 있고 그렇지 않은 것도 있다. 예들 들면 다음과 같다.

日 失 民 - 粘着语素 不定位语素
呢 - 粘着语素 定位语素

第　者　化 – 粘着语素　定位语素
　　　金　好　我 – 自由语素

> **원문참고**　关于自由语素，严格的定义是能单说的语素，或能单独成句的语素。自由语素与粘着语素相对，是按语素活动能力所作的分类之一。自由语素不严格的定义是能单用的语素，或能单独成词的语素。单用不一定都能单说，但不与别的语素固定地粘附在一起。

ⓒ 형태소 판정 방법 – 대체법

형태소 여부를 판정하는 방법 중 대체법(替代法)을 소개하면 다음과 같다. 만약 '马虎'가 형태소인지 아닌지를 판별하려면 '马'와 '虎'자 대신 각각 다른 형태소로 대체한 후 의미가 원래 '马虎'의 의미를 내포하고 있는지를 보아 판단한다.

　　　马 – 马虎　老虎　猛虎　东北虎
　　　虎 – 马虎　马鞍　马蹄　马车

'马虎' 중의 '马'와 '虎'는 '马鞍'과 '老虎' 중의 '马'와 '虎'와 의미상 전혀 관련이 없다. 따라서 '马虎' 중 '马'와 '虎'는 다른 형태소로 대체할 수 없다. 이로써 '马虎'는 두 글자가 합하여 하나의 형태소라는 것을 알 수 있다.

② 단어(词)

단어는 형태소로 구성된다. 이 둘은 모두 어휘 단위이면서 어법 단위에 속한다. 독립적으로 활용할 수 있는 가장 작은 의미, 형태의 단위이며, 구와 문장을 이루는 구성 성분이다. 독립적으로 활용할 수 있다는 말은 단독으로 말할 수 있거나(单说), 어떤 특정한 언어 성분과 결합할 필요 없이 단독으로 문장 안에서 쓰인다(单用)는 것을 의미한다. 예를 들면, '工人'은 하나의 단어이다. 왜냐하면, 첫째 의미를 가지고 있고, 둘째 단독으로 말하거나 단독으로 물음에 대답할 수 있기 때문이다. 셋째 이 단어는 '工', '人'으로 나눌 수 있으나, 의미상 완전히 같지 않을 뿐 아니라, '工'이 명사로 사용될 때에는 일반적으로 단독으로 사용될 수 없기 때문이다.

대부분 실사는 문장에서 단독으로 말 할 수 있으며 단독으로 물음에 대답할 수 있다. 또 이들은 문장 성분으로 쓰이며 단어에 속한다. 그런데 허사는 문장성분은 될 수 없지만 문장 속에서 단독으로 문법적 의미를 지니고 있기 때문에, 즉 단독으로 쓰임이 있기 때문에 역시 단어다. 예들 들면 '我的家在北京'란 예문 속에서 '的'자의 경우, 첫째 일정한 문법적 의미를 지니고, 둘째 어떤 특정한 언어 성분과 함께 결합할 필요가 없이 단독으로 문장에 들어갈 수가 있는 단어이다. "'工业／和／农业／的／生产'에서 단어는 5개이다.

그러나 만약 '人民'의 경우, '民'자는 단독으로 문장에 들어갈 수 없고, 반드시 '人'·'公'·'居' 등의 형태소와 결합하여 '民'·'公民'·'居民' 등이 되어야만 비로소 문장에 들어갈 수 있으므로 단어가 아니다.

- 단어와 형태소 판정 방법 - 승여법(剩余法)
아래 예문을 통하여 단어를 구분해보자.

　　　他又来送信了。

이 문장에서 '他'·'来'·'送'·'信'은 모두 단독으로 사용하여 대답할 수 있고(单独成句) 또 단독으로 주어, 목적어 등의 문장 성분이 될 수 있기 때문에 단어다. 그 외 '又'는 부사어로서 단독으로 문장 성분이 될 수 있기 때문에(单独作句法成分) 역시 단어다. '了'는 단독으로 사용하여 대답할 수 있거나 문장성분으로 쓰이지는 않지만 단독으로 어법적 어떤 역할을 할 수 있다(单独起语法作用). 즉 단독으로 사용될 수 있는 있는 것이다. 따라서 역시 단어에 속한다. 그래서 위 문장에서 단어의 수는 '他'·'又'·'来'·'送'·'信'·'了' 5개다. 이런 방식으로 단어와 형태소를 판정하는 방법을 승여법(剩余法)이라고 한다.

**원문참고** 词是代表一定意义的、最小的能独立运用的语言单位, 它一般具有固定的语音形式。

③ 구(短语, 词组)

단어와 단어는 일정한 규칙에 따라 결합되어 일정한 의미를 표현하는데, 이것이 바로 구이다. 구는 문장을 이루는 단위이다. 예를 들면, "他的学生大部分是非洲人"이란 문장에서 '他的学生', '大部分', '非洲人' 등은 구에 해당된다.

형태소는 단어보다 작은 언어 단위이며, 구는 단어보다 큰 언어 단위이다. 중국어의 단어는 대부분 명확한 形态标志가 없으며, 또한 서면어 가운데 상당수의 고대 중국어의 성분을 보유하고 있으므로, 하나의 언어 단위가 결국 형태소인지, 아니면 단어인지, 그렇지 않으면 구인지를 어떤 때에는 확정하기가 어렵다.

- 단어와 구 판정 방법 - 확장법(扩展法) [기출2015-B1] [기출2016-B4]
단어와 구는 둘 다 일정한 의미를 지니며 문장을 구성하는 성분이다. 그리고 둘 다 단독으로 사용되며, 대부분 단독으로 말하는데 활용된다. 구가 단어와 다른 점은 '단독으로 활용할 수 있는 최소 단위'가 아니라는 것이다. 즉 구를 이루는 요소는 각각 분리될 수 있으며, 분리 되는 요소 중간에 다른 성분을 끼워 넣을 수 있다. 이를 '확장(扩展)'이라 한다. 그런데 단어는 단어를 이루는 구성 요소들이 분리될 수 없다. 분리되면 원래 있던 단어를 의미를 잃어버리게 된다. 예를 들면 '开关'은 '스위치'라는 의미의 단어다. 그런데 만약

'开'와 '关'으로 분리될 경우 '열다'와 '닫다'라는 의 의미로 두 개의 단어가 되어 원래 단어인 '스위치'라는 의미를 상실하게 된다. 따라서 '开关'은 더 이상 분리할 수 없는 최소 활용 단위인 '단어'에 속한다. 다른 예로 '骑兵'은 분리할 수 없는 하나의 단어다. 그런데 '骑马'는 확장할 수 있는데, '骑了一匹马'라는 문장이 가능하다. 따라서 '骑马'는 단어가 아니라 구다. 그 외에 '冰箱'은 '얼음으로 된 상자(冰的箱子)'가 아니며, '热心'도 '뜨거운 심장(热的心)'이 아니다. 따라서 '冰箱'과 '热心'은 구가 아니라 단어에 속한다. 이런 식으로 단어와 구를 분리하는 방법을 '확장법(扩展法)' 혹은 '삽입법(插入法)'라고 한다.

아래 도표를 통하여 형태소와 단어·글자와의 관계를 알아보자.

| 구분 | 예시 | | | | | | | 개수 |
|---|---|---|---|---|---|---|---|---|
| 글자(字) | 谁 | 喜 | 欢 | 巧 | 克 | 力 | 糖 | 7개 |
| 형태소(语素) | 谁 | 喜 | 欢 | 巧克力 | | | 糖 | 5개 |
| 단어(词) | 谁 | 喜欢 | | 巧克力糖 | | | | 3개 |

- 이합사(离合词)

동목구조로 합성된 단어 가운데 일부 단어들은 두 어근이 서로 분리되어 그 사이에 다른 성분을 삽입할 수 있는 경우가 있는데 이런 단어를 이합사라고 한다. 이합사(离合词)는 일반적인 단어와 달리 분리되기 전에는 하나의 단어, 분리 후에는 두 개의 단어가 된다. 예를 들면, '洗澡'와 '理发'는 각각 하나의 단어이다. 분리할 경우에 '我洗了个澡', '我这个月洗了两次发'의 문장이 가능하다. 문장에서 각각 서로 다른 두 개의 단어로 사용되었다.

이합사의 구성 방식은 아래 몇 개의 종류로 나뉠 수 있다.

- 동사성 형태소 + 명사성 형태소
  报仇 参军 请假 照相 结婚 录音 睡觉 辞职 道歉 罢工 生气 操心 散步
- 동사성 형태소 + 형용사성 형태소
  着凉 保密 发愁 乘凉 认错
- 동사성 형태소 + 동사성 형태소
  受骗 受惊 造反 吃亏

④ 고정구(固定短语, 固定词组)

고정구는 단어와 단어의 결합으로 임의대로 증감하거나 고칠 수 없는 고정된 구이다. 고정구와 반대되는 개념은 자유구(自由短语)인데, 자유구는 나타내려는 뜻에 따라 임의대로 조합된 구이다. 예를 들면 '看报'나 '撰写论文'등이다. 자유구는 일반적인 구를 의미한다. 고정구에는 고유명사(专名)와 熟语가 있다.

⑤ 약칭(略语)

서면어나 구어에서 비교적 긴 언어 단위를 짧게 간략하게 사용하는 경우가 있는데, 이는 '减缩法'을 이용한 '简称', 혹은 '略称'이다. 예를 들면 다음과 같다.

㉠ 단어의 앞 혹은 뒤 형태소를 취하여 이루어진 약칭

　　家用电器 → 家电
　　环境保护 → 环保
　　电影明星 → 影星

㉡ 앞 단어의 앞 형태소와 뒤 단어의 뒤 형태소를 취하여 이루어진 약칭

　　外交部长 → 外长
　　扫除文盲 → 扫盲
　　保证价值 → 保值

㉢ 병렬된 몇 개 단어 가운데 동일한 형태소를 생략한 약칭

　　中学、小学 → 中小学
　　理科、工科 → 理工科
　　陆军、海军、空军 → 陆海空军

㉣ 외래어를 포함한 단어 가운데 외래어의 첫 음절을 취하여 이루어진 약칭

　　哈尔滨市 → 哈市
　　奥林匹克运动会 → 奥运会

㉤ 기타

　　安全理事会 → 安理会
　　农副产品贸易市场 → 农贸市场

㉥ 원래 단어의 공통부분을 뽑은 부분, 혹은 몇 개 단어의 공통 속성을 개괄한 부분과 하나의 숫자를 더하여 약칭하는 방법이 있다.

　　身体好、学习好、工作好 → 三好
　　工业现代化、农业现代化、国防现代化、技术现代化 → 四化
　　百花齐放, 百家争鸣 → 双百

# 02 단어의 구조

단어는 구조상 단순어(单纯词)와 합성어(合成词)로 나눌 수 있다.

## (1) 단순어

단순어란 하나의 형태소로 이루어진 단어를 말한다. 단순어에는 하나의 음절로 이루어진 단음절어와 두 개, 혹은 두 개 이상의 음절로 이루어진 다음절어가 있다. 단음절어는 하나의 형태소로 구성되어 있으며, 중국어에는 단음절어가 절대 다수를 차지하고 있다. 다음절어의 경우, 매 음절은 각자 뜻을 가지고 있지 않으며, 서로 합쳐야만 비로소 뜻을 나타낼 수 있다.

첫째, 단음절 형태소는 중국어 형태소의 기본 형식이다. 읽으면 하나의 음절이며, 쓰면 하나의 한자이다. 天, 人, 脚, 学, 去, 大, 冷, 其, 彼, 很, 以, 的, 子, 头, 吗, 言, 习, 知, 过, 书

둘째, 다음절 형태소가 있다. 이음절 형태소는 읽으면 두 개의 음절이고, 쓰면 두 개의 한자이지만, 단지 하나의 뜻을 나타내고 삼음절 형태소는 읽으면 세 개의 음절이고, 쓰던 세 개의 한자지만 하나의 뜻을 나타낸다.

① 联锦词(连绵词)

연면사는 두 개의 음절이 연이어 이루어진 하나의 형태소로 하나의 의미를 나타내는 단어다. 연면사 중에는 쌍성으로 된 것이 있고, 첩음으로 혹은 쌍성도 첩음도 아닌 것이 있다.

㉠ 双声词

두 음절의 성모가 같은 연면사다. 예) 吩咐  玲珑  含糊  参差  彷佛  忐忑

㉡ 叠韵词

두 음절의 운모가 같은 연면사다. 예) 烂漫  彷徨  从容  逍遥  窈窕

㉢ 非双声叠韵词

두 음절의 성모와 운모 모두 다른 연면사다. 예) 鹦鹉  牡丹  玛瑙  芙蓉  囫囵

② 叠音词

형태소를 이루지 못하는 하나의 음절이 중첩되어 이루어진 하나의 형태소다. 예) 太太  姥姥  猩猩  饽饽  潺潺  皑皑  瑟瑟

③ 음역 외래어

음역 외래어로서 하나의 형태소다. 예) 巧克力  白兰地  迪斯科  可口可乐  葡萄  沙发  尼龙  石榴  幽默  咖啡

(2) **합성어** [기출2010-16] [기출2005-12] [기출2004-5] [기출1998-12]

합성어는 두 개, 또는 두 개 이상의 형태소로 이루어진 것이다. 조어법(构词法)은 곧 합성어의 구성을 연구하는 방법이다. 중국어 합성어는 다음과 같은 세 가지 방법으로 구성되어 있다.

① **复合式** [기출2013-15] [기출2012-20]

두 개 또는 두 개 이상의 어근으로 단어를 구성하는 방법을 '복합법'이라고 하며, 복합법을 이용하여 구성한 단어를 '复合词(복합어)'라고 한다. 복합어를 만드는 语素와 语素 사이에는 다음과 같은 몇 가지의 결합하는 방법이 있다.

㉠ 병렬형(联合式)

두 형태소간의 관계가 병렬적이다. 두 형태소는 뜻이 같거나 유사한 경우, 혹은 서로 뜻이 상반되거나 한 어소의 의미가 소실된 경우도 있다.

- 두 어근의 의미가 병렬되어 있다.
  途径 体制 价值 改革 治理 善良 收获 美好 寒冷 汇集
- 두 어근이 결합 후에 새로운 의미로 바뀌었다.
  骨肉 尺寸 领袖 眉目 卖买 始终 来往 利害 反正 开关 丝毫
- 두 어근이 결합 후 한 어근의 의미만 살아있고 다른 한 어근의 의미는 소실되었다.
  国家 质量 窗户 人物 忘记 睡觉 动静 干净 好歹

㉡ 수식형(偏正式)

앞의 형태소는 뒤의 형태소를 수식하거나 제한한다.

- 관형어와 중심어의 관계로 이루어져 있다.
  人流 气功 冰箱 热心 小说 内科 电车 京剧 铁路 新潮 气功 民生
- 부사어와 중심어의 관계로 이루어져 있다.
  游击 腾飞 倾销 火红 雪亮 笔直

㉢ 지배형(动宾式)

앞의 형태소는 뒤의 형태소에 대하여 지배적인 역할을 하는데, 앞의 형태소는 동작이나 행위를 나타내고 뒤의 형태소는 앞의 형태소가 표시하는 동작이나 행위의 지배를 받는 대상을 나타낸다.

动员 命令 理事 鼓掌 革命 主席 握手 示威 注意 关心 负责 得罪 开幕 司机 美容 失业 投资 有限 立春

② 보충형(补充式)
- 뒤의 형태소가 앞의 형태소를 보충 설명하여 주며 단어의 의미는 앞의 형태소의 의미가 위주가 된다.

    扩大 埋没 提高 说明 改进 延长 治安 改善 打倒 展开 说服 立正
- 뒤의 형태소는 앞의 형태소의 양사가 된다.

    车辆 书本 马匹 人口 羊群 纸张 花束 花朵 房间 稿件 船只

⑤ 진술형(主谓式)
앞의 형태소는 어떠한 사물을 표시하고 뒤의 형태소는 사물의 동작, 행위 혹은 상태, 성질을 나타낸다.

年轻 心疼 地震 月蚀 民主 夏至 自觉 胆大 国营 事变 面熟 法定 性急 月亮 自动 心酸 自学 口吃 肉麻

② 重叠式
어근을 중첩하는 방식이다. 예) 姐姐 哥哥 爹爹 仅仅 刚刚

③ 附加式
어휘의 의미를 가지고 있는 어소를 '어근(词根语素)'이라고 하며, 실재로 어휘의 의미를 가지고 있지 않거나, 단지 단어를 만드는 데 쓰이는 어소를 '부가어소', 또는 '접사(词缀)'라고 한다. [기출2001-6] 어근에 부가어소를 더하여 단어를 만드는 방법을 '부가법'이라고 한다. 부가법을 이용하여 만든 단어를 '파생어(派生词)'라고 한다.

중국어에는 접사의 수가 많지 않다. 자주 쓰이는 접두사(前缀)에는 '阿', '老', '第', '小', '初' 등이 있으며, 접미사(后缀)에는 '子', '儿', '头', '者', '然', '化', '性', '家', '员', '性' 등이 있다.

㉠ 접두사와 어근으로 이루어진 것

    阿姨 老师 老虎 初一 第五 小孩 老乡 小王

㉡ 어근과 접미사로 이루어진 것

    刀子 花儿 盖儿 木头 作者 弹性 绿化 突然 毅然

㉢ 어근과 첩음접미사로 이루어진 것

    红通通 绿油油 血淋淋 热乎乎 甜溜溜 绿油油 慢腾腾

어근 뒤에 놓여 일정한 뜻을 나타내거나 감정을 나타내는 역할을 하는 첩음 접미사를 두었다. 중첩성분은 실제적인 뜻은 없지만 어근이 나타내는 뜻이나 감정색채를 강조해준다.

• 어근과 접사 구분

접사는 일반적으로 어근에서 변화된 것인데, 어근은 실제적 의미가 있지만 접사로 되면서 실제적 의미가 사라지게 된다(虛化). 그런데 어떤 접사는 어근과 그 형태가 같기 때문에 주의해야 한다. 예를 들면, '老虎'의 '老'는 접두사이고, '老人' '老'는 어근이다. '杯子'의 '子'는 접미사, '莲子'의 '子'는 어근이다. 접두사 '老'와 '阿'는 사람을 가리키는 어근 앞에서 종종 친근함과 좋아하는 감정을 지닌다. 그리고 접사 '子'·'儿'·'头'는 명사의 상징으로 동사나 형용사 뒤에서 그것을 명사화하는 역할을 가지고 있다. '性'과 '者'도 명사화하는 기능이 있다. '化'는 동사화하는 기능을 지닌다.

아래 단어 중 줄 친 앞 형태소는 각각 접사에 속하고, 뒤에 위치한 동일 글자 형태소는 어근에 속한다.

```
老虎 – 老人    桌子 – 莲子    盆儿 – 婴儿
想头 – 老头    作家 – 老家    人性 – 男性    沙化 – 变化
```

단어를 조어 방법에 따른 유형으로 정리하여 도표화하면 다음과 같다.

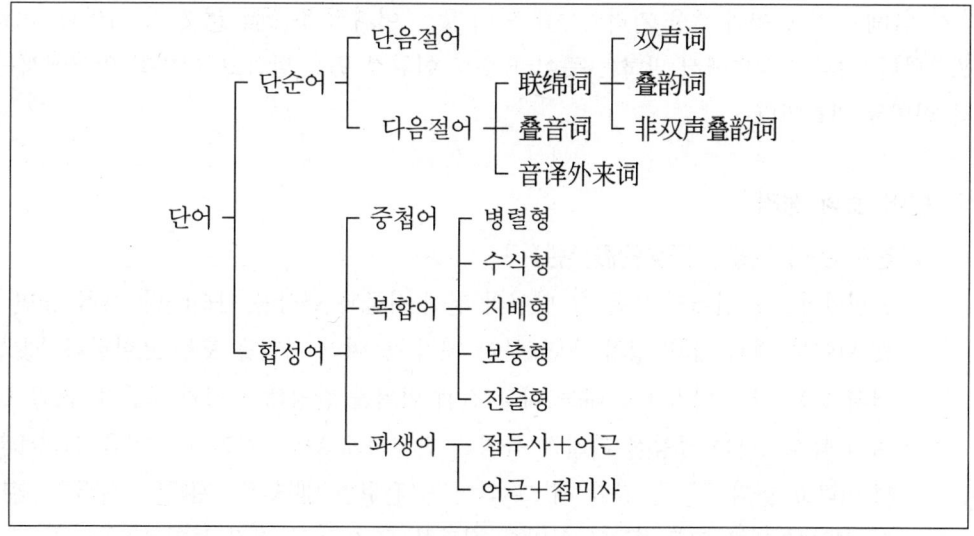

> **원문참고**
>
> (1) 单纯词是由一个语素构成的词，合成词是由两个或两个以上语素构成的词。
> (2) 重叠词是指由相同的词根重叠而成的词。
> (3) 派生词是由词根和词缀组成的合成词。
> (4) 说明五组的结构方式如下：
>   ① 联合型：由两个意义相同、相近、相关或相反的词根并列组合而成，又叫并列式。
>   ② 偏正型：前一词根修饰、限制后一词根。
>   ③ 补充型：后一词根补充说明前一词根。
>   ④ 动宾型：前一词根表示动作、行为，后一词根表示动作、行为所支配关涉的事物。又叫支配式。
>   ⑤ 主谓型：前一词根表示被陈述的事物，后一词根是陈述前一词根的。

## 03 단어의 의미

사의(词义)란 단어의 뜻을 가리키는데 단어 뜻은 어휘적 뜻(词汇意义)과 어법적 뜻(语法意义)을 포함한다. 어휘학 영역에서 말하는 뜻이란 주로 어휘적 뜻을 말하고, 어법학 영역에서는 주로 어법적 의미를 가리킨다.

### (1) 단어 뜻의 성격

① 단어 뜻의 개괄성(词义的概括性)

일반적으로 단어의 뜻은 그 단어의 전체 사물과 현상을 가리킨다. 예를 들면, '改革'이라는 단어는 경제 개혁, 정치 개혁, 문자 개혁 등 여러 개혁을 모두 포함한다. '改革'이라는 단어의 뜻은 이 단어가 나타내는 대상 전체 범위를 반영해야 하기 때문에 '改革'의 구체적 개별적 특징보다는 공통적 본질적 특징을 반영하게 된다. 이러한 특징을 사의(词义)의 '概括性'이라고 한다. '笔'를 말할 때 그 의미는 '毛笔'·'圆珠笔'·'钢笔'·'铅笔'·'蜡笔' 등 형태와 색깔이 다른 모든 '笔'의 의미를 개괄할 수 있는 본질적 특징을 담아서 '글자와 그림을 그릴 때 사용하는 도구'라는 의미가 되는 것이다.

② 단어 뜻의 모호성(词义的模糊性) [기출2014-A10]

단어의 뜻은 정확성과 모호성을 가지고 있다. 어떤 단어는 의미가 명확하다. 예를 들면 '声母', '骆驼'는 의미의 정확성을 지니고 있다. 반면 '中午'는 '上午'와 '下午' 사이에 명확한 시간 구분이 없다. 이러한 성격을 단어 뜻의 모호성이라고 한다.

③ 단어 뜻의 민족성(词义的民族性)

같은 사물이라 하더라도 민족이 다를 경우 다른 의미를 지니는 경우가 있다. 이것을 단어 뜻의 민족성이라고 한다. 예를 들면, 중국어에서 '哥哥'・'弟弟'・'姐姐'・'妹妹'는 모두 동일 부모에게서 출생한 자녀들이다. '哥哥'는 형, '弟弟'는 남동생, '姐姐' 언니, '妹妹'는 여동생이다. 그런데 영어에서 'brother'은 '哥哥(older brother)'와 '弟弟(younger brogher)'를 표현하는데 모두 사용된다. 'sister'도 '姐姐(older sister)'와 '妹妹(younge sister)'을 나타내는데 모두 사용된다. 이런 이성의미 외에 색채 의미에 있어서도 민족성이 나타난다. 예를 들면 '狗'는 가축으로서의 의미는 영어와 중국어 모두 동일하지만 '狗'가 사람을 가리키는데 쓰일 때는 중국어에는 '철면피(癞皮狗)', '앞잡이(走狗, 狗腿子)' 등 대부분 폄하의 의미로 쓰이는데, 영어에서는 일부 단어가 폄하의 의미가 있지만 대부분 폄하의 의미가 없다.

(2) **단어 뜻의 분류**

단어 의미는 크게 개념 의미(概念义)와 색채 의미(色彩义)로 구분될 수 있다. 실사는 모두 개념과 관련된 핵심 의미 즉 개념 의미('概念义' 혹은 '理性义'라 칭함)를 지니며, 이 외에도 개념 의미에 부착된 색채 의미가 있다. 색채 의미와 문화 의미는 단어의 '부속의미(附属义)'에 속한다.

① 이성의미(理性义)

이성의미는 사물의 개념을 반영할 수 있는 의미로 개념의미(概念意义)라고도 한다. 그 사물의 본질적 특성을 지니고 있다. 예를 들면,

花 : 可供观赏的种子植物的有性繁殖器官，有各种形状和颜色。

이런 이성의미는 바로 '花'가 다른 사물과 구분되는 가장 근본적인 특징이다. 사전에는 주로 이런 개념 의미를 해석한다.

② 색채의미(色彩义)
㉠ 감정색채(感情色彩) [기출2009-8]

단어의 감정색채는 객관사물에 대한 주관적 평가를 반영한다. 예를 들면 '成果'・'结果'・'后果'이 세 단어의 이성의미는 "사물 발전의 최후 상태, 최후 국면을 가리키는 事物发展的最后状态、最后结局" 것으로 같다. 그러나 그들의 감정색채는 서로 다르다. '成果'는 좋은 면을 가리켜 '褒义', 즉 칭찬의 의미를 내포하고, '后果'는 즉 나쁜 면을 말하므로 '贬义', 즉 부정의 뜻을 지니고 있다. '结果'는 중성단어(中性词)이다.

'褒贬' 외에 다른 방면의 감정색채도 있다. 예를 들면 '老师'는 일반감정 색채를 지니는 단어인데, '师长'은 존경의 감정색채를 지니고, '教书匠'은 무시 혹은 조롱의 감정색채를 가지고 있다.

- 褒义词：英雄　烈士　解放　康复　牺牲　安慰　忠诚　大方　慷慨　敦实　壮丽　奉献　拼搏
- 贬义词：判徒　走狗　盗版　丑陋　小人　勾结　巴结　沉沦　马虎　小气　肮脏　奉承　霸道
- 中性词：鸭绿江　调试　车流　出台　脑袋　疙瘩　集体　士兵　马匹　手套　东　西　高　去

ⓛ 어체색채(语体色彩)

어체색채는 문체색채라(文体色彩)고도 한다. 어체 색채는 어떤 특정 언어 환경에 사용되는 언어 색채를 말한다. 어체는 두 가지가 있는데, 서면어와 구어체가 있다. 예를 들면 '寿辰', '寿诞', '生日'의 이성의미는 서로 같지만, 어체 색채는 서로 다르다. '寿辰', '寿诞'은 서면어로 사용되고 비교적 장중하면서 우아함을 나타내고, '生日'은 구어 색채가 농후하며 통속적이다.

- 书面语：投入　机遇　信念　反思　珍重　眷恋　风貌　康复　轻蔑　欺凌　车流　囹圄　鸟瞰　坚毅　祝愿　汇集　神往
- 口语：明儿　脑袋　身子骨　半中腰　聊天儿　瞧　白搭　倒爷　哥儿们　搅和　癞皮狗　害臊　使坏　巴不得　琢磨　纳闷儿

ⓒ 형상색채(形象色彩)

일부 단어들은 이성의미 외에 사람들로 하여금 일종의 생동적이면서 구체적인 감각, 색채감을 가지게 한다. 예를 들면,

- 형태적으로 사물의 형상적 특징을 부각시킨다.
   云海　美人鱼　蛇山　马尾松　喇叭花
- 동태방면에서 단어의 형상색채를 증강시킨다.
   垂柳　牵牛花　失足　碰碰船　钻山豹　攀枝花
- 색채방면에서 단어의 형상색채를 증강시킨다.
   白桦　银霜　红日　黄昏　绿洲　青山
- 미각방면에서 형상색채를 증강시킨다.
   蜜桃　蜜枣　蜜月　酸枣　酸梅　苦寒
- 소리 방면에서 형상색채를 증강시킨다.
   布谷鸟　乒乓球

ⓔ 완곡색채(委婉色彩)

　금기하는 사물이나 현상에 대하여 완곡한 단어를 사용하는 경우가 많다. 이러한 단어들은 완곡색채를 지닌다. 예를 들면 '죽음 死'이란 단어는 사람들이 직접적으로 말하기 꺼리는 단어 중 하나이다. 그래서 '죽음'의 다른 표현인 '去世', '逝世', "就义', '千古', '作古', '不讳', '归西', '不在了', '升天', '老了', '过去了', '去了' 등으로 표현하는데 이런 표현들은 모두 완곡색채를 지닌다.

ⓜ 아속색채(雅俗色彩)

　어떤 단어들은 비교적 정식 장소에 사용되며 우아한 색체를 지니는데 반하여, 어떤 단어들은 아무 곳에서나 사용할 수 있으며 통속적 색채감을 지닌다.

　　　私语 – 交头接耳 – 嘀咕 – 咬耳朵
　　　交谈 – 谈话 – 聊天儿 – 侃大山
　　　傲岸 – 目中无人 – 骄傲 – 翘尾巴
　　　矫饰 – 伪装 – 倒装 – 装蒜

③ 문화 의미(文化义)

　문화 의미란 문화적 원인으로 인하여 단어의 이성 의미의 기초 위에 부가적으로 일종의 연상적·상징적 의미를 부가하는 것을 말한다. 모든 민족은 서로 다른 풍속 습관과 사유 방식, 민족감정이 있는데 이런 문화적 특징은 단어의 문화적 의미를 형성한다. 예를 들면 '까치(喜鹊)'는 기쁜 일을 연상하게 하고, '까마귀(乌鸦)'와 '부엉이(猫头鹰)'은 장례를 연상하게 한다. 그리고 '검은색(黑)'은 반동 세력을 상징하고, '붉은 색(红)'은 정의를 상징한다.

> **참고**
>
> **단어 의미 분석**
> 龙腾虎跃：褒义 形象
> 三长两短：中性 口语
> 唇红齿白：褒义 形象
> 打游击：中性 口语
> 马不停蹄：褒义 书面语 形象
> 打牙祭：口语 方言
> 炒鱿鱼：口语 方言 形象
> 举世瞩目：褒义 书面语
> 蝇营狗苟：贬义 书面语 形象

> **원문참고**
> ① 理性义是通过人的抽象思维对客观事物的概括反映而形成的意义, 也有人叫它概念意义, 也就是词义中跟概念有关的部分, 指称的是该事物区别于其他事物的本质特点。
> ② 附属义是在词的理性义的基础上附加的意义, 它主要包括色彩义和文化义。
> ③ 色彩义主要包括形象色彩、感情色彩、语体色彩、委婉色彩、雅俗色彩 。

## 04  의항과 의소

(1) **의항**(义项)

① 의항이 무엇인가?

대부분 단어는 여러 가지 뜻을 가지고 있다. '义项'이란 단어가 지니고 있는 뜻의 항목을 말한다. 예를 들면 '国人'은 하나의 의미만을 지닌다. 그러나 '肯定'의 의미를 보자면 '肯定成绩'라고 할 때는 '긍정적으로 인정하다'의 뜻이다. 그런데 '我们的计划肯定能按时完成'이라고 할 때는 '확신이 있다'의 의미이다.

단어에 따라 여러 개의 의항이 있을 수 있다. 이 의항들은 각각 자신의 언어 환경을 지닌다. 각 구체적 언어 환경에는 하나의 의항만 적합하고 다른 의항은 적합지가 않다. 이들은 서로 상호 보완적(互补关系) 관계를 지닌다. '深'은 다섯 개 의항을 가지고 있다. 아래 다섯 개의 문장 중 '深'은 각각 하나의 의항만이 적용될 수 있다.

- 这口井很深。(从水面到水底的距离大)
- 这个道理很深。(深奥)
- 我们的友谊很深。(深厚)
- 夜已经很深了。(时间长)
- 这种布的颜色很深。(浓重)

② 의항(义项)의 분류 [기출2012-13]

어떤 단어는 몇 개의 의항이 있는데, 이 몇 개 사이에는 지위가 평등하지 않다. 그 중에는 기본적이며 자주 사용되는 의항이 있는데, 이것을 기본의미(基本义)라 하고 기본 의미에서부터 직접 혹은 간접적으로 변화 발전된 의미가 있는데 이것을 전의(转义)라 한다. 이 외에도 문헌에 기록된 단어의 최초 의미인 본의(本义)가 있다.

㉠ 본래 의미(本义)

문헌에 기록되어 있는 단어의 최초의 의미를 말한다. 예를 들면, '走'자의 본래 의미는 '달리다'이다.(≪汉书·项籍传≫ : 汉军皆南山走)이며, 또 '猪'자의 본래 의미는 '새끼 돼지'이다.(≪尔雅·释兽≫ : 豕子, 猪)

㉡ 기본의미(基本义)

한 단어의 여러 가지 의미 중에서 현재 가장 많이 쓰이는 의미를 말한다. '走'자 경우, 본래 의미는 '달리다'이지만, 기본 의미는 "두 다리를 번갈아 움직이면서 앞으로 움직이다"이다.

일부 단어의 경우에는 기본의미와 본래의미가 일치한다. 예를 들면, '胜'의 본래 의미는 '승리하다'이다. 즉 ≪孟子·公孙丑≫에 나오는 '战必胜矣'에서 '胜'자는 기본 의미도 '승리하다'이다.

㉢ 파생의미(引申义)

본래의미나 기본의미에서 파생된 의미를 말한다. '铲'은 본래의미와 기본의미는 모두 "땅을 파거나 흙을 뜨는데 쓰는 연장"이다. 후에 이 뜻에서 발전되어 "삽으로 물건을 파내거나 없애다"라는 의미가 파생되었다. '深'의 기본의미는 "물 표면에서 물 바닥까지 거리 간격이 멀다"이다. 그 외 네 가지 뜻은 모두 이 기본의미에서 발전된 것이다.

㉣ 비유적 의미(比喻义)

비유적 의미는 단어의 비유적 용법이 고정된 뜻이다. 어떤 비유적 의미는 본래의미, 기본의미에서 생겨났다. 예를 들면, '窝'는 원래 "새, 짐승 곤충이 사는 곳"을 의미하는데 여기에서 "나쁜 사람들이 사는 곳을 비유"하는 의미가 생겨났다. 그리고 어떤 비유적 의미는 파생의미에서 생겨났다. 예를 들면, '光明'의 기본의미는 '밝은 빛'이었는데, 여기에서 발전하여 '밝다'라는 파생의미가 생기었고 이 파생적 의미에서 또 "정의나 희망이 있는 사물을 비유"하는 의미가 파생되었다.

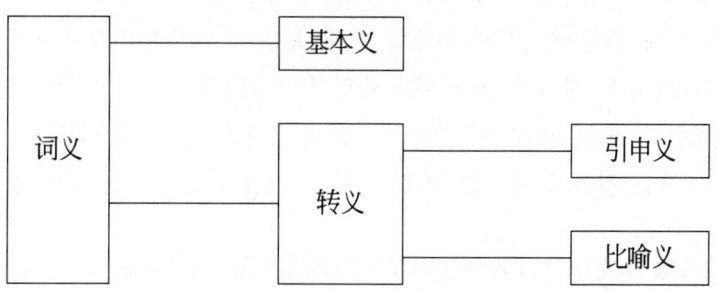

③ 단의어(单义词)와 다의어(多义词)

단어는 의항의 수에 따라 단의어와 다의어로 나눌 수 있다.

㉠ 단의어(单义词)

의항 수가 하나인 단어를 단의어라고 한다. 예를 들면 다음과 같은 단어가 있다.

- 단순어 : 煤  鸟  懂  飘  蜻蜓  蚯蚓  垃圾  马虎  琵琶
- 합성어 : 清凉  送别  塑料  期求  关爱  大凡  花眼  切忌

단의어는 언어 환경의 제한을 받지 않으며 중의(歧义)를 발생하지 않는다. 고유명사와 일부 사물의 명칭도 단의어다.

㉡ 다의어(多义词) [기출2014-A11] [기출2013-21] [기출2012논술교과내용-3]

다의어는 단의어(单义词)와 상대적인 말이다. 다의어는 여러 개의 의미를 지니는 단어를 말하며 이런 의미들은 일정한 관계를 지니고 있다. 예를 들면,

漆:
- 各种粘液状涂料的总称。
- 用漆涂。

'漆'는 두 가지 义项이 있는데, 두 번 째 의미는 첫 번째 의미의 기초 하에 나온 것이고 이 둘은 밀접한 관계를 지니고 있다. 현대 중국어는 주로 다의어이다. '工作'로 예를 들어 보면 다음과 같다.

- 他在银行工作。   (육체노동을 하거나 정신노동을 하다)
- 他已经找到工作。(직업)
- 他搞经济工作。   (업무, 임무)

단의어는 언어 환경에 대한 의존성이 매우 강하다. 특정 언어 환경에 하나의 의항만이 적용된다. 만약 어떤 언어 환경에 두 개 혹은 그 이상의 의항이 적용될 수 있다면 이 단어는 중의(歧义)를 지니게 된다. 예를 들면 '他的担子不轻。그의 짐이 가볍지 않다'라는 문장을 일정한 언어 환경이 없이 단독으로 보면 중의(歧义)가 발생한다. '그가 짊어진 짐이 가볍지 않다'라는 것인지 아니면 '그의 책임이 가볍지 않다'라는 것인지 알기 어렵다.

**원문참고** 多义词是有多个互相联系的义项的词。多义词的义项可以分为基本义、引申义、比喻义。

④ 동음어(同音词) [기출2012논술교과내용-3]

声母·韵母·声调가 모두 같은 단어를 동음어라고 한다. 어음은 서로 같으나 어의는 전혀 관계가 없는 단어다. 다의어는 하나의 단어가 여러 개의 의미를 지녔으며 그 의미 간에는 관련성을 지니고 있다. 이점은 동음어와 다의어를 구분하는 주요 요소다. 동음어는 여러 개 단어가 발음이 같은 현상이다. 예를 들면 '别'은 3개 의항의 의미를 가지고 있다. 이 세 개는 '别'는 서로 다른 단어인 것이다.

- 别(別离, 나누다)
- 别(绷住或卡住, 꽂다)
- 别(不要, 하지 말아라)

동음어는 同音同形词와 同音异形词가 있다.

㉠ 同音同形词

음과 글자모양이 서로 같은 단어를 말한다. 뜻은 서로 관련이 없다. 예를 들면,

怪(이상하다) - 怪(책망하다)
别(나누다) - 别(꽂다) - 别(하지 말아라)

㉡ 同音异形词

음은 같으나 글자가 다른 단어를 말한다. 예를 들면,

长 - 常   主意 - 主义   加法 - 家法   正式 - 正事 - 正视

(2) 의소

① 의소(义素)란?

의소란 단어의 뜻을 구성하는 최소 의미 단위를 말한다. 단어의 어의성분(语义成分) 혹은 어의특징(语义特征)이라고도 한다. 예를 들면 다음과 같이 살펴볼 수 있다.

- 灌木 : 키가 작고 크지 않으며, 가지가 서로 엉켜 있는 목본식물(矮小而丛生的木本植物)
- 乔木 : 가지가 높고 굵으며 중심 줄기와 곁가지가 뚜렷하게 구분되는 목본식물(树干高大, 主干和分枝有明显区别的木本植物)

위 두 단어의 단어 뜻 중 '木本植物'은 관목과 교목 두 식물의 공통특징이다. 그 공통특징은 바로 '갈대(芦苇)'와 같은 초본식물과 구분되는 특징이다. '矮小而丛生'과 같은 특징은 바로 관목과 교목을 구분 짓는 구별특징(区别特征)이다. '矮小'란 말은 '是不高大'란 뜻이고,

'丛生'은 '主干和分枝无明显区别'라는 뜻이다. 따라서 이 두 단어의 의소를 다음과 같이 분석할 수 있다.

- 灌木 : [+矮小] [+丛生] [+木本] [+植物]
- 乔木 : [-矮小] [-丛生] [+木本] [+植物]

사각괄호 안의 특징들은 바로 두 식물을 구분 짓는 구별특징이다. '+'는 그 특징이 있다는 뜻이고, '-'는 그 특징이 없다는 뜻이다. [木本]과 [植物]의 의미는 관목과 교목의 공통특징(共同特征)이다. 그런데 초본식물이나 동물에 대하여 말하자면 이것은 또 구별특징(区别特征)이 된다. 이런 구별특징들은 단어의 뜻을 구성하는 최소 요소며 또한 이 단어들의 구성 의소(义素)다.

## 05 어의장(语义场)

(1) 어의장(语义场)

① 어의장이란?

어의장이란 공통의소와 구별의소를 모두 지니면서 서로 상관된 의미를 지니는 단어들의 모임이다. 동일 어의장에 속하는 단어의 의미 간에는 공통의 의소(义素)가 있어서 그 단어들이 하나의 어의장에 속한다는 것을 나타내고, 또 서로 다른 의소(义素)가 있어서 단어의 뜻 간에는 서로 구별되는 의미가 있음을 나타낸다.

| 단어(词) | 공통의소(共同义素) | 구별의소(区别义素) | | |
|---|---|---|---|---|
| | 앉는 도구(坐具) | 등받이(靠背) | 손잡이(扶手) | 회전(转动) |
| 의자(椅子) | + | + | ± | - |
| 회전의자(转椅) | + | + | + | + |
| 등받이가 없는 의자(凳子) | + | - | - | - |

**원문참고** 语义场是语义的类聚，既有共同义素又有区别义素的一组词的相关语义的聚合为一个语义场。

② 어의장(语义场)의 층차

어의장은 서로 다른 층차를 가지고 있는데 위 층차에 속하는 어떤 단어의 의소는 반드시 아래 층차 단어들이 공통으로 지니고 있다. 그리고 아래 층차에 속하는 단어들은 또 각각 특수한 의소를 지닌다. 예를 들면 '사람(人)'과 '남자(男人)-여자(女人)'은 서로 다른 두 개의 층차다. '남자(男人)-여자(女人)' 이 두 단어를 포함하는 층차는 '사람(人)'이라는 의소를 모두 지니고 있다. '남자(男人)'의 [+男性]과 '여자(女人)'의 [-男性]이라는 구별을 나타내는 구별의소는 상위 단어인 '사람(人)'은 지니고 있지 않다. 여기에서 사람(人)은 상위단어(上位词)고 '남자(男人)-여자(女人)'는 하위단어(下位词)다. [기출2006-2]

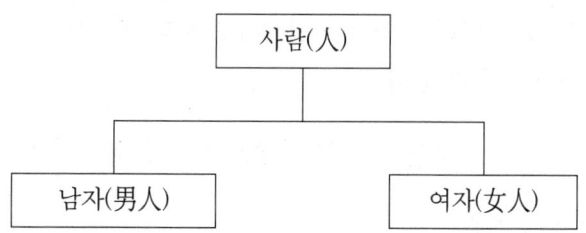

③ 어의장(语义场) 분석

어의장은 그 구성원 간의 관계에 따라 몇 가지 다른 종류로 구분된다.

㉠ 유속의장(类属义场)

유속의장에 속하는 단어들은 같은 부류에 속하는 단어들의 모임이다. 예를 들면 '桌子 - 椅子 - 板凳'은 같은 어의장 가구류(家具类)에 속한다. '锅 - 碗 - 瓢 - 盆'은 모두 같은 어의장 주방도구(厨具类)에 속한다.

㉡ 순서의장(顺序义场)

순서의장은 어의장에 속한 각 구성원이 일정한 순서에 따라 배열되었다. 예를 들면 '大学 - 中学 - 小学', '初试 - 复试 - 决试' 등이 이에 속한다. 일부 순서의장은 주기적으로 순환하기도 한다. 그래서 순환의장(循环义场)이라고도 한다. '一月 - 二月 - 三月……十二月', '春 - 夏 - 秋 - 冬' 등은 이에 속한다.

㉢ 관계의장(关系义场)

관계의장은 두 개의 단어로 이루어졌는데, 이 두 단어는 상호 대립 혹은 상호 의존 등의 관계를 가지고 있다. 예를 들면 선생님과 학생으로 이루어진 어의장은 선생님은 교육을 행하고 학생은 교육을 받는 관계를 지닌다.

$$\text{선생님(老师)} \xrightarrow{\text{教育}} \text{학생(学生)} \leftarrow$$

이 외에 '부모 - 자녀', '남편 - 아내', '형 - 동생'은 모두 관계의장을 형성한다.

## (2) 동의의장(同义义场)과 동의어(同义词) [기출 2006-2]

### ① 동의의장

단어의 의미가 서로 같거나 대단히 비슷한 관계를 가지고 있는 단어를 말한다. 일반적으로 동의어는 절대적 동의어(等义词)와 상대적 동의어(近义词)로 나눈다.

⊙ 절대적 동의어(等义词)

뜻이 완전히 같고 어떠한 언어 환경에서도 서로 바꾸어 쓸 수 있는 부류의 단어를 말한다. 예를 들면 다음과 같다.

西红柿 – 番茄    西装 – 西服    星期日 – 星期天

ⓒ 상대적 동의어(近义词)

뜻이 대동소이하거나 같지만 부속 색체나 용법이 서로 다른 부류의 단어를 말한다.

坚决—坚定    人际—人间    信—信件—信函    愉快—高兴    拉—拖—拽—扯

### ② 동의어 분석 [기출 2021-B9]

동의어란 의미가 서로 같거나 서로 비슷한 의미 관계를 지닌 단어들이다. 의미가 비슷하다라는 것은 의항 중 주요 의소는 공통이지만, 덜 중요한 의소 간에는 의미 차이가 있음을 말한다. 예를 들면 '愉快 – 高兴' 두 단어는 모두 [＋舒畅쾌적하다]라는 주요 의소를 가지고 있지만, [±程度重] 즉 정도의 차이가 있다. 정도의 차이가 나기 때문에 단어 선택은 매우 중요하다. 동의어 중 어떤 단어를 적절하게 선택하느냐에 따라 사물 간의 미세한 차이를 정확하게 반영할 수 있다. 또 객관사물에 대한 감정과 태도, 여러 가지 어체 풍격을 정확하게 반영하기 위해서는 단어 선택을 정확하게 해야 한다.

> **원문참고** 由意义相同或相近的同义词组成的语义场叫做同义义场。同义义场中的同义词的辨析主要从理性意义上、附着色彩上、词性和用法上三个方面进行。

동의어를 이성의미, 용법과 부속의미 세 방면에서 분석해보면 다음과 같다.

⊙ 이성의미 분석

사물현상을 나타내는 단어는 이성의미가 서로 다르다.

ⓐ 의미의 경중(意义的轻重)

즉 정도가 심하고 심하지 않은 차이가 난다. 의소 분석면에서 '[±程度重]'로 나타낼 수 있다. 예를 들면 다음과 같다.

轻视 – 蔑视　违背 – 违反　失望 – 绝望　请求 – 恳求　努力 – 竭力　希望 – 渴望　固执 – 顽固　昏暗 – 黑暗 – 漆黑

위 단어들은 모두 앞 단어보다 뒤 단어의 의미 정도가 더 심하거나 간절하다.

ⓑ 범위의 대소(范围的大小)

어떤 동의어는 같은 종류의 사물을 가리키지만 범위가 크고 작은 차이가 있다.

边疆 – 边境　局面 – 场面　服装 – 时装　战争 – 战役　时期 – 期间 – 时间　性质 – 品质

이 단어들은 모두 뒤 단어보다 앞 단어의 의미가 가리키는 범위가 더 크거나 넓다. [±范围大]로 관계를 나타낼 수 있다.

ⓒ 개체와 단체관계(个体 – 集团)

일부 동의어는 비록 같은 종류의 사물을 가리키지만 어떤 것은 구체적이면서 개별적인 사물을 가리키고, 어떤 것은 개괄적이면서 집단적인 사물을 가리킨다. 예를 들면 다음과 같다.

树 – 树木　河 – 河流　书 – 书籍　花 – 花卉

위 단어들은 모두 앞 단어는 개체를 나타내고 뒤 단어들은 집합체를 나타낸다. 이런 관계를 [±集合]으로 표현할 수 있다.

ⓓ 결합대상의 다름(搭配对象不同)

일부 동의어는 결합 대상이 서로 다르다. 예를 들면 '交换'과 '交流'는 모두 자신의 물건을 상대방에게 주는 의미를 담고 있지만 이 두 단어의 결합대상은 다르다. '交换'은 주로 '선물, 의견, 자료, 물건' 등과 결합하고, '交流'는 주로 '사상, 경험, 문화, 물자' 등과 결합한다. 그 외 예를 들면 다음과 같다.

a ┌ 发挥 – 作用　威力　力量　创造性
　└ 发扬 – 精神　作风　传统　民主

b ┌ 侵犯 – 主权　利益　领海　人权
　└ 侵占 – 土地　财产　领土　公款

이 외에도 '维持'의 결합 대상은 주로 '생활, 질서, 상황' 등이고, '保持'의 결합 대상은 주로 '청결, 위생, 건강, 기록' 등이다. '担任'의 결합 대상은 '工作, 职务' 등인데 반하여, '担负'의 결합 대상은 '责任, 任务' 등이다.

동작 행위를 나타내는 동사 가운데 행위자가 서로 다르다. '结婚'과 '成家'의 기본 의미는 서로 같지만 '结婚'은 행위자가 남자 혹은 여자 모두 가능한데, '成家'의 행위자는 남자만 가능하다.

ⓒ 용법 분석
• 단어 성격과 용법이 서로 다르다. [기출2015-A서술형2] [기출2011-15] [기출2011-24]

일반적으로 품사와 문법 기능이 서로 다른 단어끼리는 동의어가 될 수 없다. 그러나 하나의 단어는 여러 개의 의미를 지닐 수 있으며, 또 겸류사(兼类词)로서 몇 개의 품사를 동시에 지닐 때 품사별로 동의어를 지닐 수 있다. 예를 들면 '深刻'와 '深入' 두 단어는 모두 '深'의 의미를 가지고 있다. '深刻'가 형용사일 때, '他分析得很深刻'에서처럼 '문제의 본질에 다가갔다'의 의미를 지닌다. 또 '他给我留下了深刻的印象'에서처럼 '마음 속에서 받아들인 정도가 매우 깊다'는 의미를 지닌다. '深入'는 동사로서 '这个政策已深入人心'에서 처럼 '사물의 외부에서 내부로 스며들었다'의 의미를 지닌다. 여기서 '深刻'와 '深入'는 각각 형용사와 동사로서 동의어가 될 수 없다. 그런데 '深入'는 '深刻, 透彻'의 의미를 나타내는 형용사로 관형어로 쓰이기도 한다. 이 경우 형용사 '深刻'가 동의어가 된다. 물론 동의어 관계를 이룬다 할지라도 결합대상은 여전히 서로 다르다. '深入'은 '必须进行深入的讨论'에서처럼 대부분 동작행위를 나타내는 동사와 결합한다. '深刻'는 '深刻的内容'처럼 대부분 추상사물을 나타내는 단어와 결합한다.

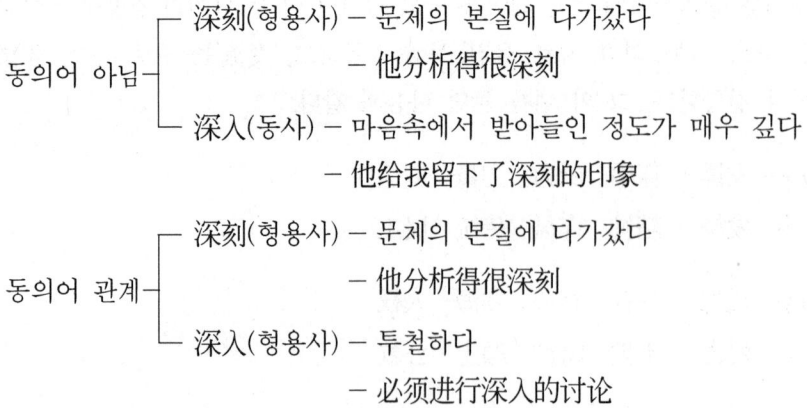

그리고 다음 단어들도 성격과 용법이 서로 다르다.

活泼 – 活跃　　突然 – 忽然

'活泼'은 형용사이며 술어가 될 수 있어도 목적어는 가질 수 없다. '活跃'은 동사 혹은 형용사이고, 동사가 될 때 술어로 목적어를 지닐 수 있다. '突然'은 형용사로서 부사어가 될 수 있고 술어, 관형어, 보어도 될 수 있다. 예를 들면, '突然来了', '这件是太突然了', '突然事件', '来得突然', 그런데 '忽然'은 부사로서 부사어만 될 수 있지, 관형어는 될 수 없다.

ⓒ 부속의미 분석
　ⓐ 감정색채가 서로 다름 [기출2018-B5]
　　감정색채로 볼 때 중국어는 '褒义词'와 '贬义词', '中性词'로 나뉠 수 있다.

　　　顽强 – 顽固　　领导 – 头目　　试图 – 企图/妄图　　占据 – 把持　　掌权 – 当道
　　　意见 – 论调　　集合 – 纠合　　伙伴 – 同伙　　面貌 – 嘴脸　　身体 – 皮囊

　　앞 단어는 모두 褒义词이고, 뒤 단어는 모두 贬义词이다.

　ⓑ 어체색채가 서로 다름
　　아래 단어는 모두 앞 단어는 서면어고, 뒤 단어는 구어다.

　　　恐吓 – 吓唬　　恐惧 – 害怕　　胆怯 – 胆小　　家产 – 家当　　擒 – 逮　　进餐 – 吃饭
　　　整理 – 拾掇　　散步 – 溜达

　ⓒ 완곡색채가 서로 다름
　　아래 단어 가운데 앞 단어는 일반 색채 단어고, 뒤 단어는 완곡색채 단어다.

　　　受伤 – 挂彩　　失业 – 待业　　放弃 – 割爱　　大便/小便 – 方便/净手
　　　胖 – 富态　　落后 – 后进

　ⓓ 아속색채가 서로 다름
　　아래 단어 가운데 앞 단어는 비교적 우아하고 뒤 단어는 비교적 토속적이다.

　　　夫人 – 老婆　　接吻 – 亲嘴　　耳垢 – 耳屎　　毁灭 – 完蛋　　臀 – 屁股　　夸口 – 吹牛　　朋友 – 哥儿们

(3) **반의의장**(反义义场)**과 반의어**(反义词) [기출2013-21]

반의어는 의미가 서로 상반되거나 상대적인 뜻을 나타내는 단어를 말한다. 형용사와 동사가 주로 많다. 반의어는 그 관계에 따라 두 가지 유형으로 나뉠 수 있다.

> **원문참고** 由两个意义相反或相对的反义词构成的语义场就叫做反义义场。

① 절대 반의어(绝对反义词)

두 단어의 뜻이 정반 양 면을 나타내고 또 서로 대립되면서 배척한다. 甲을 긍정하면 반드시 乙을 부정하게 되고, 乙을 부정하면 반드시 甲을 부정하게 되며 다른 종류가 될 가능성은 없다. 절대 반의어가 속한 어의장을 '互补反义义场'이라고 한다.

生 – 死   有 – 无   动 – 静   出席 – 缺席   反 – 正

② 상대 반의어(相对反义词)

두 단어의 뜻이 서로 반대되지만 서로 배척하지는 않는다. 甲을 긍정하면 반드시 乙을 부정하게 되지만 乙을 부정한다고 해서 甲을 긍정하는 것은 아니고, 다른 종류를 가리킬 가능성도 있다. 상대 반의어가 속한 어의장을 '极性反义义场'라고 한다.

大 – (中) – 小   好 – (一般) – 坏   胜 – (平) – 败   白 – 黑   高 – 低   苦 – 甘

• 다의어의 반의어

여러 개의 의미를 지니는 다의어는 여러 개 의미가 각각 반의어를 가질 수 있다. 따라서 하나의 단어는 여러 개의 반의의장에 처할 수 있다. 예를 들면 다음과 같다.

```
       ┌ 花开 ↔ 花谢
开 ─┼ 开门 ↔ 关门
       └ 开车 ↔ 停车
```

## 06 단어 뜻과 언어 환경과의 관계 [기출2017-B4]

(1) **어의(词义)에 대한 언어 환경(语境)의 역할**

언어 환경이란 언어단위가 출현할 때의 환경이다. 일반적으로 언어 환경은 위·아래 글 언어 환경(上下文语境)과 상황 언어 환경(情景语境)으로 구분된다. 상황 언어 환경을 사회 현실 언어 환경(社会现实语境)이라고도 한다.

- **위 아래 글 언어 환경(上下文语境)**

  단어·구·문장 등이 말 속에 출현할 때 이런 언어 단위 앞 뒤에 있는 다른 언어 단위가 '위 아래 글 언어 환경'이다. '위 아래 글(上下文)'은 비교적 넓은 의미의 개념으로 한 단락 혹은 한 편의 작품 중 어떤 언어 단위 앞에 출현 단어나 말, 문장을 모두 특정 언어 단위의 위 글(上文), 그 언어 단위 뒤에 출현하는 언어 단위를 아래 글(下文)이라고 한다. 가장 가깝고도 가장 중요한 아래·위 글은 그 단어가 처한 문장 속의 다른 단어나 구다. 예를 들면 다음과 같다.

  宏伟的三峡大坝高高耸立。

  이 문장에서 '宏伟' 뒤의 '的三峡大坝高高耸立'의 모두 '宏伟'의 아래 글 언어 환경(下文语境)이고 '耸立' 앞 '宏伟'에서 '高高'까지는 모두 '耸立'의 위글 언어 환경(上文语境)이다.

- **상황 언어 환경(情景语境)**

  상황 언어 환경이란 말할 때의 인물·배경·관련 인물·사물·시간 장소·사회 환경과 말을 주고 받을 때 쌍방의 보조성 소통 수단인 표정·태도·손짓 등 비언어 요소를 말한다. 일상 대화 중 사람들은 항상 상황 언어 환경과 결합하여 대화할 어휘를 선택하고 또 상대방의 말을 이해한다.

  这小伙子不错。

  만약 이 말을 하는 사람의 연령이 많지 않다면 이 말을 상대방을 부르는 호칭으로 사용하지 않는다. 그런데 명망이 높은 노인은 이런 말을 사용할 수 있고, 또 이때 '이 젊은이这小伙子'에 대하여 좋아하는 감정 색채를 나타낸다. 따라서 당시 상황 언어 환경을 고려해야만 '这小伙子' 사용이 적절한지를 알 수 있다.

  단어 뜻을 해석할 때도 그 단어가 출현할 때의 언어 환경을 고려해야 한다.

## (2) 언어 환경(语镜)이 어의(词义)에 대한 영향

① 언어 환경은 의미를 단일화한다

단어는 여러 가지 뜻을 지닐 때가 많다. 그러나 일정한 언어 환경 중에서는 하나의 의항만을 사용한다. 예를 들면 '打'는 여러 개의 의항을 지닌 단어지만 '打铁'라고 하는 언어 환경에서는 '锻造'라는 의항만이 적용된다. 만약 언어 환경이 하나의 의항만으로 제한시키지 못할 때 중의가 발생한다. 예를 들면, 그냥 '老王老了'하면 老王이 나이가 많다는 건지 사망한 건지 알기 어렵다. 왜냐하면 '老'는 다의어로 '나이가 많다', '사망하다'의 의미를 다 가지고 있기 때문이다.

② 언어 환경은 의미를 구체화한다

단어의 뜻은 개괄성을 지닌다. '사람(人)'이란 뜻은 '도구를 만들고 또 도구를 사용하여 노동을 하는 모든 고등 동물'이라는 뜻을 개괄한다. 이런 조건에 부합하는 모든 고등동물은 사람이다. 그러나 단어의 뜻은 또 전체 사물 중 개체를 가리키기도 한다. 언제 전체 사물을 가리키고 언제 개별사물을 가리키는지는 바로 언어 환경으로 정해진다.

③ 언어 환경은 임시적 의미를 더한다

어떤 단어가 일정한 언어 환경에 출현할 때 새로운 형태소(语素)를 더하기도 한다. 예를 들면 '물고기 구경 놀이观鱼'라고 할 때 이 물고기의 의미는 [+살아있다(活)] 어소를 부각시켰고, '튀긴 물고기煎鱼'라고 할 '물고기'는 일반적으로 죽은 물고기를 가리키며 '살아 있다[-活]'의 의미를 더한 것이다.

④ 언어 환경은 의미의 선택성을 결정한다

언어 환경은 의미를 선택한다. 어휘가 어떤 어휘와 결합하느냐는 그 단어가 어떤 언어 환경에서 출현하는지와 매우 밀접한 관계가 있다. 예를 들면 '타다骑'는 '말马'이라는 언어 환경과 함께 출현한다. 그래서 '骑马'라고 말할 수 있다.

## 07 现代汉语 어휘 구성

### (1) 기본어휘와 일반어휘

① 기본어휘

기본어휘는 어휘 가운데 가장 중요한 부분이며, 그것은 어법과 함께 언어를 구성한 기초이다. 기본어휘는 기본 단어의 총결이며, 그것이 포함하고 있는 단어는 비교적 적으나 매우 중요하다.

- 자연계 사물과 관계된 것 : 天, 地, 风, 云
- 생활과 생산 자료와 관계된 것 : 米, 灯, 菜, 布
- 인체 각 부분과 관계 된 것 : 心, 头, 手, 脚
- 친척관계와 관계된 것 : 爸爸, 奶奶, 妈妈, 弟弟
- 사람이나 사물의 행위 변화와 관계된 것 : 走, 想, 写, 喜欢
- 지시와 관계된 것 : 我, 你, 他, 那, 谁
- 수량과 관계된 것 : 十, 百, 千, 斤
- 정도, 범위, 관련, 어기와 관계된 것 : 就, 很, 都, 最 등이 있다.

이런 기본어휘는 다음과 같은 특징을 가지고 있다.

첫째, 안정성(稳固性) : 기본어휘는 한자가 만들어진 이후로 지금까지 몇 천 년 동안 계속해서 사용하면서 변화 발전해왔다.

둘째, 생산성(能产性) : 몇 천 년 동안 전해내려 온 기본단어는 새로운 단어를 만드는 기초가 되었다. 따라서 기본 단어는 매우 강한 造语 능력을 가지고 있다. 예를 들어 '水'자로 만들어진 글자를 보면, '水表', '水兵', '水草', '水产', '潮水', '茶水', '海水' 등등이다.

셋째 상용성(全民常用性) : 기본어휘는 전 국민이 이해하고 사용하는 지역이 넓고 사용빈도가 높다. 기본어휘의 사용은 계급, 직업, 지역, 문화정도 등 모든 방면에서 제한을 받지 않는다.

② 일반어휘

언어 가운데 기본어휘 이외의 어휘를 일반어휘라고 한다. 사람들이 교제가 빈번하고 복잡한 사물을 설명하려고 하거나 섬세한 사상이나 감정을 표현하려고 할 때에 단순히 기본어휘만으로 부족하여 필요에 따라 만든 어휘다. 예를 들면, 학교에서 항상 사용하는 '讲义', '自习', '辅导' '讲授', '作业', '考试' 등이다. 이러한 단어들은 기본단어는 아니지만, 학교 생활을 반영하는 데는 없어서는 안되는 단어이다.

일반어휘의 특징은 기본어휘처럼 강한 안정성은 없지만, 융통성이 매우 강하다. 일반어휘는 늘 변한다. 사회의 발전에 따라 대량의 새로운 단어가 생겨나고, 또 일부 단어는 사라지는데, 사회가 급격히 발전할 경우는 더욱 심하다. 새로운 단어는 먼저 일반어휘에 속한 후에 일부분은 기본어휘에 들어갈 수도 있다.

기본어휘는 새로운 단어를 만드는 기초로 부단히 일반 어휘를 보충하고 확대시켜 어휘를 날로 풍부하게 한다. 일반어휘 중 어떤 어휘는 언어 발전 과정에서 또 점점 기본단어의 성질을 얻게 되어 기본단어로 바뀌며, 이에 따라 기본어휘 역시 부단히 증가하게 된다.

(2) **전승어**(传承词) · **고어**(古语词) · **방언**(方言) · **외래어**(外来词)

① 전승어(传承词)

전승어란 예부터 지금까지 통용되는 단어다. 현대한어의 많은 어휘들은 고대 한어에서 전승된 것이다.

- 上 下 左 右 前 后
- 一 二 三 四 五 六 七 八 九 十
- 山 水 天 地 风 云 牛 马 羊

② 고어(古语词)

고어는 고대한어 중에서 사용되었지만 현대한어에서는 사용하지 않으며, 특정 장소에서만 사용할 수 있는 단어다.

고어에는 문언단어(文言词)와 역사단어(历史词)가 포함되며, 이 단어들은 고대문어저서에 출처를 두고 있다. 이것들은 특수한 뜻이나 감정색채, 문체색채를 표현할 수 있기 때문에 보통화 속에 흡수되었다. 문언어가 나타내는 사물과 현상은 여전히 사람들의 현실 생활 속에 존재하고 있으나, 다만 다른 단어로 대체되어 일반 회화 속에서는 별로 사용하지 않고 있다. 예를 들면, '若干', '如此', '余', '其' 등과 허사 '而', '之', '及', '而已' 등이다.

역사어란 역사적인 사물이나 현상을 나타내는 고 한어를 말한다. 예를 들면, '宰相', '丞相', '尚书', '驸马' 등이다. 역사어 역시 일반 교제 속에서는 사용하지 않으며 역사 사물이나 현상을 서술할 경우에 사용한다.

③ 방언(方言词)

普通话는 끊임없이 각 방언 중에서 쓸모 있는 부분을 취하여 자신을 풍부하게 하였는데, 예를 들면, '名堂', '拉圾', '搞', '陌生' 등이다. 이러한 方言들은 어떤 특수한 뜻을 나타내었는데, 普通话 속에는 표시할 만한 해당하는 단어가 없었기 때문에 흡수시켰다.

④ 외래어(外来词 혹은 借词) [기출2012-15] [기출2004-3]

외국 언어에서 빌려온 것을 말한다. 예를 들면, '法兰西', '幽默', '摩托', '模特儿' 등이다. 고대 중국어 속에도 일부 외래어가 있으나, 현대 중국어에는 더욱 많아졌다. 현대 중국어에서 外来语를 받아들인 것은 간단하게 그대로 옮겨놓은 것이 아니라, 语音·语法·语义, 심지어 字形을 한 차례 바꾸어서 그것으로 하여금 현대 중국어 구조계통에 적응시켜서 보통화 어휘의 구성원이 되게 한 것이다. 외래어는 여러 가지 종류가 있다.

외래어는 크게 나누면 음역과 의역이 있는데 일반적으로 말하는 외래어는 음역어를 말하는 것이다. 구체적으로 여러 가지 종류를 살펴보면 다음과 같다.

㉠ 음역(译音)
외국어의 발음을 그대로 따라서 번역하였다.

咖啡(coffee)　白兰地(brandy)　逻辑(logic)　沙发(sofa)　柠檬(lemon)　巴士(bus)　奥林匹克(olympic)　沙拉(salad)　戈壁(Gobi)　蒙太奇(montage)　迪斯科(disco)　苏打(soda)　雷达(radar)　吉普赛(gypsy)　海洛因(heroin)　阿司匹林(aspirin)　英特耐雄纳尔(international 国际)　坦克(tank)　乌鲁木齐(Urumch 新疆의 省都)　扑克(poker)　模特儿(model)　摩登(modern)　马达(motor)　布丁(pudding)　歇斯底里(hysterie)　威士忌(whisky)　白兰地(brandy)

㉡ 음역＋의역(译音兼表义)
음과 의미가 서로 관계되는 외래어를 가리키는데, 표면적 의미와 단어의 뜻이 서로 관련이 있다.

绷带(band)　苦力(cooly)　的确良(Dacron, Terylen)　维他命(Vitamin)　可口可乐(Cocacola)
幽默 (humour)　俱乐部(club)

㉢ 반음역 ＋ 반의역(半译音半译义)
반음역＋반의역 외래어는 두 가지 종류가 있다.

ⓐ 하나는 반음역 반의역이다. (一半音译一半意译)
浪漫主义(romanticism)　马克思主义(Marxism)　因特网(internet)
剑桥(Cambridge)　冰淇淋

ⓑ 또 다른 하나는 음역에다 의역을 더한 것이다. (音译加意译)
沙丁鱼(sardine)　香槟酒(champagne)　啤酒(beer)　卡车(car)　芭蕾舞(ballet)
卡片(card)　乔其纱(georgette 透明绉纱)　高尔夫球(golf)

㉣ 의역
民主(democracy)　科学(science)　计算机(computer)　六弦琴(吉他)(guitar)　生产关系　经济危机

㉤ 字母 외래어
직접 외국어 자모나 한자를 결합하여 만든 단어를 말한다.

MTV　CT　CD　KTV　WTO　SOS　X光　BP机　卡拉OK

call台 무선호출기 서비스데스크　　T恤 티셔츠　　AA制 더치페이
B超 초음파　　알파射线 알파선　　IC卡 IC카드　　IP电话 IP전화
卡拉OK 노래방　　MTV Music TV 음악전문방송　　CEO 최고경영자
WTO 세계무역기구　　IT 정보기술　　BBS 전자게시판 시스템
MBA 경영학석사　　NBA 미국프로농구협회　　ATM 자동현금출납기
VIP 귀빈　　GDP 국내총생산　　UFO 미확인 비행 물체

ⓗ 일본에서 글자를 그대로 빌려온 '차형어(借形语)'
　　景气　取缔　干部　集团　积极　消极

**원문참고** 举例说明外来词的类型。

外来词有以下六种形式：
① 纯音译外来词
　　照着外来词的语音形式翻译过来的词，如"蒙太奇"、"模特儿"、"戈壁"等。
② 音义融合的外来词
　　兼顾外语的语音形式和汉语的字面意思翻译的外来词，如"乌托邦"、"幽默"、"俱乐部"等。
③ 半音译半义译外来词
　　把一个外来词分生两半，一半音译，一半义译，如"南斯拉夫"、"新西兰"、"冰激淋"、"浪漫主义"等。
④ 音译加汉语类名的外来词
　　整个外来词音译后，再加上一个表示义类的汉语语素。如"卡车"、"啤酒"、"芭蕾舞"、"扑克牌"等。
⑤ 字母外来词
　　直接用外文字母(简称) 或与汉字组合而成的词。如"ＭＴＶ"、"ＣＤ"、"卡拉ＯＫ"等。
⑥ 借形外来词
　　从日语中借来的汉字词，如"景气"、"引渡"、"取缔"、"演绎"等。

(3) **업종 용어(行业语)와 은어(隐语)**
　• 전문용어(专门术语)
　　전문용어는 과학이나 학문분야에서 사용되는 용어를 가리킨다.

　　元音 모음　　辅音 자음　　词汇 어휘　　语法 문법

• 업종용어(行业词语)

　업종용어는 어떤 직업이나 부서에서 사용되는 용어로서 관련 업종의 특정 사물과 현상을 나타낸다.

采购 구입하다　　盘货 재고를 조사하다　→ 상업용어
调度 배차계　　　超载 적재량을 초과하다 → 교통용어
小生 중국 전통극에서의 젊은 남자역　花旦 중국 전통극에서의 말괄량이 여자역 → 희곡용어

　전문용어와 업종용어는 원래 어떤 학문이나 특정 업종에서 사용되었으나, 나중에 모두가 익숙해지자 사용과정에서 또 다시 새로운 의미가 더해졌다. 예를 들어 '感染'은 원래 의학용어로 '전염되다'라는 의미였으나, 후에 사용하는 과정에서 일반적인 의미가 더해져 '언어나 행위로서 다른 사람에게 같은 생각과 감정을 불러 일으킨다'라는 의미를 갖게 되었다. '感染'의 현재 전문적인 의미와 일반적인 의미 모두 가지고 있다.

• 은어(隐语)

　은어는 개별 사회집단이나 비밀조직의 내부 사람들끼리 이해하는 특수 용어다. 은어는 비밀성을 가지고 있다. 만약 비밀성을 잃게 되면 은어가 아닌 것이다.

(4) **신조어**(新词)**와 유행어**(流行语)

① 신조어

| 사회생활의 새로운 현상을 표현하는 단어 | |
|---|---|
| 跑官 관직을 얻고자 사방에 청탁하다 | 要官 요직 |
| 上岗 취직하다 | 下岗 실직하다 |
| 打工 아르바이트 하다 | 试婚 계약결혼 |
| 单亲 편모나 편부 | 二奶 첩 |
| 空姐 여승무원 | 空嫂 결혼한 나이 많은 여승무원 |
| 靓女 미녀 | 白领 화이트 칼라 |
| 减肥 다이어트 | 面霜 로션 |
| 面膜 마사지 팩 | 雪碧 스프라이트 |
| 芬达 환타 | 薯条 (패스트푸드점의) 감자튀김 |
| 会所 사무실 | 社区 커뮤니티 |
| 盗版 해적판 | 水货 모조품, 밀수품 |
| 加盟 가맹 | 连锁店 체인점 |

桑拿浴 사우나　　　　　　　　海归派 해외유학파
发烧友 마니아　　　　　　　　牛仔裤 청바지
按揭 저당권 설정의 주택용지 ; 모지지(mortgage)

### 경제활동의 새로운 현상을 표현하는 단어

| 商战 상업경쟁 | 业主 업주 | 业内 업계 내 | 卖点 구매력 |
| 法人 법인 | 炒股 주식투기를 하다 | 斥资 자금을 대다 | 散户 개인 주식투자자 |
| 融资 융자 | 国企股 국채 | 绩忧股 우량주 | 大户室 대주주 전용실 |
| 信用卡 신용카드 | 保税区 보세지역 | 工业区 공업지역 | 开发区 개발지역 |
| 商住楼 주상복합건물 | | | |

### 새로운 기술을 반영하는 단어

| 手机 핸드폰 | 声卡 사운드카드 | 互联网 인터넷 | 上网 인터넷을 하다 |
| 聊天室 채팅룸 | 微波炉 전자레인지 | 随身听 워크맨 | 软科学 소프트 사이언스 |
| 计算机 컴퓨터 | 扫描仪 스캐너 | 多媒体 멀티미디어 | 摄像头 화상카메라 |
| 条形码 바코드 | | | |

② 유행어
- 新WOWO族 : 직장여성을 가리키며 대부분 독신이거나 만혼인 경우가 많다.
- 泥饭碗 : 铁饭碗(안정직업, 평생직업)의 반대말로 불안정한 직업을 뜻한다.
- 龙型经济 : 회사는 용머리(龙头)역할을, 전문화된 생산기지와 분산되어 있는 농가가 각각 용의 몸(龙身), 용꼬리(龙尾) 역할을 하여 삼위 일체가 되는 체계적인 경제조직을 가리키는 말로 1994년 중국에서 사용되기 시작한 경제 신조어이다.
- 旱鸭子 : 수영을 못하는 사람을 가리키는 말로 한국에서는 맥주병이라고 한다.
- 房奴 : 천정부지 아파트 노예가 된 도시민
- 分手代理 : 이별통보를 대신해 주는 것
- 丁宠家庭 : 아이 대신 애완동물을 키우는 부부
- 学述超男 : 국학강의로 연예인 못지않은 인기를 누리는 교수들
- 狂顶 : 인터넷 강추(强力支持)
- 东东 : 물건, 물품(东西)
- 流口水 : 부러운 것(羡慕)
- 衰 : 재수없다(倒霉)
- 晕 : 보고 이해하지 못하다(看不懂)

- 养眼 : 예쁘다, 보기좋다(好看)
- 饭局 : 다른 사람이 밥을 사다(请吃饭)
- 有料 : 능력 있다(有本事)
- 哈韩族 : 한류를 좋아하고 사랑하는 사람들을 일컫는 단어
- 半糖夫妇 : 주말부부
- 传销 : 피라미드식 판매 방식
- 感性消费 : 충동구매
- 中国特色 : 중국특색
- 一号文件 : 1호문건
- 顶替 : 대신하다
- 乡镇企业 : 향진기업
- 股票 : 주식
- 奖金 : 상여금
- 艾滋病 : 에이즈
- 一国两制 : 일국양체제
- 短信 : 문자 메시지
- 平反 : 오류를 바로잡다, 정정하다
- 万元户 : 백만장자
- 托福 : 토플
- 小康 : 중산층
- 倒爷 : 투기꾼
- 打工 : 아르바이트하다
- 炒鱿鱼 : 해고하다
- 赞助 : 찬조하다
- 希望工程 : 희망사업 ; 빈곤지역의 이동을 돕기 위한 계획과 조치
- 下海 : 장사에 무관하던 사람이 장사에 뛰어들다.
- 第三产业 : 3차 산업
- 回扣 : 수수료, 커미션
- 生猛海鲜 : 싱싱한 해산물
- 白领 : 화이트 칼라
- 大款 : 대부호
- 快餐 : 패스트푸드
- 减肥 : 다이어트
- 国债 : 국채
- 资本运作 : 자본운영
- 软着陆 : 연착륙
- 年薪 : 연봉
- 回归 : 반환
- 下岗 : 실직하다
- 迪斯科 : 디스코
- 跳槽 : 직장을 옮기다
- 电脑 : 컴퓨터
- 兼职 : 겸직
- 卡拉OK : 노래방
- 休闲 : 레저활동
- 打假 : 위조품 매매 행위를 단속하다
- 转换机制 : 전환 시스템
- 资产重组 : 자산을 재정비시키다
- 降息 : 금리를 낮추다
- 按揭 : 저당권 설정의 주택 융자(mortgage)
- 知识经济 : 지식경제
- 分流 : (사람들의) 진로가 나뉘다
- 东西联动 : 중국의 서부개발 전략의 하나로 동부와 서부의 경제협력을 추진하는 것
- 利改税 : 이윤을 세금으로 바꾸다. 국영기업에 대한 이윤상납제도를 법인수를 징수하는 제도로 바꾸는 것

## 08  熟语

숙어는 习用语라고도 하며 사람들이 늘 쓰는 정형화된 고정구(固定词组)로서 일종의 특수한 어휘단위이다. 숙어는 풍부한 내용과 정련된 형식을 지니고 있으며 오랫동안 보편적으로 사용되고 있으며 표현력이 대단히 풍부하다. 成语·谚语·歇后语·惯用语 등을 포함한다.

### (1) 成语

주로 네 글자로 이루어져서 사자성어(四字成语)라고 부르며, 각각의 성어는 성어가 사용되게 된 출처가 있어 한국에서는 고사성어(故事成语)라고 부른다. 대다수의 성어는 역사이야기와 고대 우화의 개괄이거나 고대 서면어에서 이미 만들어진 고정구이다.

① 성어의 특징

㉠ 성어의 정형성

성어의 구조 형식은 일반적으로 정형화되고 고정화된 것이다. 그것을 구성하는 성분이나 구조 형식이 고정화되어 있으므로, 마음대로 글자 배열 순서를 바꾸거나 글자의 수를 줄이거나 보태서는 안된다.

㉡ 성어의 총체성

성어가 나타내는 의미는 왕왕 그 성어를 이루고 있는 글자들의 뜻이 간단하게 합쳐진 것이 아니라, 그 성어를 이루고 있는 글자들의 의미의 기초 위에 한발 더 나아가 개괄하여 나온 것이다. 예를 들면, '狐假虎威'의 표면적인 의미는 "여우가 호랑이의 위세를 빌리다"이지만, 실제적인 뜻은 "다른 사람의 권세에 의지해서 다른 사람을 속인다"이다. 또 성어 '守株待兔'의 표면적 뜻은 '나무 그루터기를 지키면서 토끼를 기다리다'라는 뜻이지만 이 성어의 실제 뜻은 '앉아서 뜻밖의 수입을 기다리다' 혹은 '좁은 경험을 고집하다'라는 뜻이다. 따라서 글자 표면적인 뜻으로만 해석하면 성어의 올바른 뜻을 알 수 없다.

㉢ 네 글자 형식

성어는 네 글자가 아닌 경우도 있지만 대부분 네 글자로 이루어졌다.

> **원문참고** 什么叫成语？它有哪些特点？
>
> 成语是一种相习沿用的、结构形式非常固定的短语。其特点有：
>
> ① 结构的定型性。一般不能在结构形式上作变动。如"登峰造极"不能改成"造极登峰"。
> ② 意义的整体性。成语的意义往往不是构成的每个语素字面意义的简单相加，而是有它

固定的意义。如"守株待兔"这个成语，字面意思是"守着树桩等兔子"，但实际意义是"坐等意外收获"或"死守狭隘经验"。我们不能单从字面意思去解释。

③ 形式上以四字格为主体。但也有个别非四字格的，如"莫须有"、"迅雷不及掩耳之势"等。

② 성어의 유래

중국의 역사서나 문장 등 자료에서 그 출전을 찾을 수 있다.

㉠ 신화 우언(寓言)에서 온 것 : 犬兔之争, 画蛇添足(≪战国策≫), 塞翁之马(≪淮南子≫), 守株待兔, 自相矛盾(≪韩非子≫), 开天辟地(≪三五历记≫)

㉡ 역사 사건에서 온 것 : 髀肉之叹(≪三国志 刘备의 이야기≫), 卧薪尝胆(≪越王 勾践의 이야기≫), 指鹿为马, 多多益善, 九牛一毛(≪司马迁의 史记≫), 结草报恩(≪진나라 위과(魏颗)의 고사≫)

㉢ 시문 어구에서 온 것 : 别开生面(≪杜甫의 시 <丹青引赠曹将军霸>≫), 马耳东风(≪李太白集≫), 知彼知己(≪孙子≫)

㉣ 민간 속어에서 온 것 : 처음엔 구어에서 만들어지고 나중에는 널리 사용되면서 서면어로 정착

　　同病相怜(≪吴越春秋≫), 宁为鸡口, 不为牛后(≪战国策・韩策≫)

㉤ 서양언어에서 온 것 : 三位一体, 连锁反应, 胡蝶效应

---

**참고**

[뜻]
- 犬兔之争 : 양자의 다툼에 제삼자가 힘들이지 않고 이(利)를 봄에 비유
- 髀肉之叹 : 능력을 발휘하여 보람 있는 일을 하지 못하고 헛되이 세월만 보내는 것을 한탄함을 이르는 말
- 指鹿为马 : 사슴을 가리켜 말이라고 하다. 윗 사람을 농락하여 권세를 마음대로 휘두르는 짓
- 多多益善 : 많으면 많을수록 더욱 좋다. 사기(史记)의 회음후열전(淮阴侯列传)에 나오는 말
- 九牛一毛 : 많은 것 가운데 극히 미미한 하나. 한서(汉书)의 사마천(司马迁)에 나오는 말
- 结草报恩 : 무슨 짓을 하여서든지 잊지 않고 은혜에 보답하겠다. 은혜를 입은 사람이 혼령이 되어, 풀포기를 묶어 놓아 적이 걸려 넘어지게 함으로써, 은인을 구해 주었다는 중국 춘추 시대, 진나라 위과(魏颗)의 고사에서 유래함
- 别开生面 : 전혀 다른 새로운 국면을 나타내다.

③ 성어의 구조
　　성어의 구조는 대체로 일반적인 단어결합과 비슷하여 아래의 몇 종류로 나눌 수 있다.

　　㉠ 병렬구조(幷列结构)：전 후 부분이 나란히 병렬되어 있다.
　　　　光明／磊落　　古今／中外　　起承／转合　　为非／作歹

　　㉡ 수식구조(偏正结构)：전반부분이 후반부분을 수식한다.
　　　　一衣带／水　　迥然／不同　　不劳／而获　　世外／桃园

　　㉢ 주술구조(主谓结构)：전후 두 부분이 각각 주어와 술어에 해당한다.
　　　　天衣／无缝　　老马／识途　　草木／皆兵　　名／列前茅

　　㉣ 술목구조(动宾结构)：전후 부분이 각각 술어와 목적어로 해당한다.
　　　　平分／秋色　　好为／人师　　饱经／风霜　　大显／身手

　　㉤ 보충구조(补充结构)：앞 부분이 술어에 해당되고 뒤 부분이 보어에 해당된다.
　　　　高人／一等　　置之／度外　　流芳／万世　　绳之／以法

　　㉥ 연동구조(连谓结构)：전후 두 개의 동사구조가 연동되어 있다.
　　　　画蛇／添足　　刻舟／求剑　　开门／见山　　见风／使舵

　　㉦ 겸어구조(兼语结构)：술목과 주술의 두 구조가 겹쳐서 이루어 진 것이다.
　　　　请君入瓮　　　指鹿为马　　　引狼入室　　　画地为牢

　　이 외에도 긴축구조(紧缩结构) 예 宁死不屈・稍纵即逝, 중첩구조(重叠结构) 예 三三两两・卿卿我我 등이 있다.

> **참고**
>
> **뜻 풀이**
> • 光明磊落：광명정대
> • 古今中外：고금동서. 모든 시대. 모든 지역
> • 起承转合：기승전결
> • 为非作歹：각종 나쁜 짓을 하다.
> • 一衣带水：한 줄기의 띠처럼 좁은 냇물이나 강물. 매우 가까운 거리에 있어서 왕래가 편리함을 형용
> • 迥然不同：뚜렷이 다름
> • 不劳而获：일하지 않고 이익을 얻다.

- 世外桃园 : 무릉도원. 속된 세상 밖의 별천지
- 天衣无缝 : 천인의 옷에는 바느질 자리가 없다. 자연스럽고 완벽하다. 흠 잡을 데 없이 완전 무결하다.
- 老马识途 : 늙은 말은 길을 알고 있다. 경험이 많으면 그 일에 능숙하다. 연장자가 후진을 가르칠 때 쓰는 말
- 草木皆兵 : 초목이 모두 적의 군대로 보임. 적을 두려워하여 초목이 적군으로 보여 놀람.
- 名列前茅 : 석차가(서열이) 앞(위)에 있다.
- 平分秋色 : 각각 절반씩 차지하다.
- 好为人师 : (겸손해할 줄 모르고) 남의 스승이 되기를 좋아하다.
- 饱经风霜 : 온갖 시련을 겪다.
- 大显身手 : 크게 실력을 과시하다.
- 高人一等 : 다른 사람보다 한 수 높다.
- 置之度外 : (생사, 이해 따위를) 도외시하다.
- 流芳万世 : 훌륭한 명성을 후세에 전하다.
- 绳之以法 : 법으로 다른 사람을 징벌하고 구속하다.
- 画蛇添足 : 뱀을 그리는데 다리를 그려 넣다. 쓸데없는 짓을 하다. 사족을 가하다.
- 刻舟求剑 : 각주구검. 미련해서 사태의 변화를 무시하는 어리석은 행동을 하다. 융통성이 없이 사태의 변화를 모르다.
- 开门见山 : 단도직입적으로 본론에 들어가다. 곧바로 말하다.
- 见风使舵 : 바람을 보고 노를 젓다. 형편을 보아 일을 처리하다. 바람 부는 대로 돛을 달다. 임기 응변식으로 일을 처리하다.
- 请君入瓮 : 제 도끼에 제 발 찍히다. 제 덫에 걸리다.
- 引狼入室 : 화를 자초하다.
- 画地为牢 : 땅바닥에 동그라미 하나를 그려놓고 감옥으로 삼다. 스스로 자기를 제한하다.

(2) 歇后语

수수께끼의 문제, 답과 유사한 두 부분으로 이루어진 은어적인 성질을 가지고 있는 구두어로, 짧고 간단하며 재미있다. 전반부는 하나의 사물을 비유하거나 말하는 것으로 수수께끼의 문제와 같으며, 후반부는 수수께끼의 답과 같으며, 진의가 있는 부분이다. 간혹 전반부만 말하고, 후반부는 생략하기도 한다.

- 诸葛亮皱眉头, 计上心来 : 묘안이 떠오르다.
- 瞎子点灯, 白费蜡 : 장님이 등롱에 불 켜다. 공연한 짓.
- 黄鼠狼给鸡拜年, 没安好心 : 족제비가 닭에게 설 인사를 하다. 해치기 위해서 겉으로 선량한 척을 하다. 거짓 호의를 베풀다.

- 姜太公钓鱼, 愿者上钩 : 강태공이 낚시 바늘과 미끼 없이 낚시 하다. 스스로 남의 속임수에 걸려들다. 혹은 자업자득이다.
- 丈二和尚, 摸不着头脑 : 십이척 되는 승려 머리는 만져 볼 수 없다. 내막을 도저히 알 수 없다. 갈피를 잡지 못하다.
- 搬起石头砸自己的脚, 自讨苦吃 : 돌을 들어서 자신의 발을 찍다. 자신의 꾀에 자신이 넘어감.
- 猪八戒照镜子, 里外不是人 : 저팔계가 거울로 자신을 비춰보다. 이래도 저래도 사람 구실을 못하다. 체면이 말이 아니다.
- 铁公鸡, 一毛不拔 : 철 수탉, 구두쇠. 인색하기 그지없다. 털 한 올도 뽑아 주지 않는다.
- 孔夫子搬家, 尽(=净)是书(=输) : 공자가 이사하다. 온통 책뿐이다. 언제나 지기만 하다.
- 狗咬吕洞宾, 不识好人心 : 개가 여동빈(吕洞宾)을 물다. 개가 사람을 몰라보다. 사람의 호의를 모르다.
- 肉包子打狗, 有去无回 : 고기만두를 개에게 던져주다. 이미 간 것은 다시 돌아올 수 없다.
- 热锅上的蚂蚁, 团团转 : 더운 가마 속의 개미. 당황하여 갈팡질팡하다. 어찌 할 바를 모르다.
- 泥菩萨过河, 自身难保 : 흙 보살이 강을 건너다. 제 몸도 보전하지 못하다.
- 狗咬耗子, 多管闲事 : 개가 쥐를 물다. 쓸 데 없는 일에 신경 쓰다.
- 兔子的尾巴, 长不了 : 토끼의 꼬리. 더 이상 자라지 않다. 즉, 나쁜 짓을 하는 사람은 곧 자신이 처할 운명에 맞딱 드리게 된다.
- 芝麻开花, 节节高 : 참깨의 꽃이 피다. 점차 높아지다. 진보하다.
- 狗撵(=追)鸭子, 呱呱叫 : 개가 오리를 쫓다. 아주 훌륭하다.
- 竹蓝打水, 一场空 : 대의 바구니로 물을 푸다. 헛된 노력을 하다. 허탕치다.
- 矮子爬楼梯, 步步登高 : 난쟁이가 계단을 오르다. 나날이 진보하다. 생활 형편이 점차 나아지다.
- 啄木鸟找食, 全凭嘴 : 딱따구리가 부리로 먹을 것을 찾다. 입으로 온갖 아첨을 하다. 입만 살아있다.
- 大姑娘上轿, 头一回 : 나이가 찬 처녀가 꽃가마에 오르다. 첫 번째. 어떠한 일에 대한 경험이 없다.
- 茶壶里煮饺子, 倒不出来 : 차 주전자 안에 만두를 삶다. 자신의 생각과 견해를 가지고 있으면서도 조리 있게 표현하지를 못하다.

(3) 谚语

오랫동안 전해내려 온 것으로, 민족 풍속을 간결하고 세련되게 형상화한 문구이다. 사회생활과 생산지식의 총괄인 예가 많다. 성어는 서면어적인 특성이 강하고 정형화되어 있는데 반하여, 이것은 구어적인 특징이 강하고 성분과 형식의 변동이 가능하다. 성어 '孤掌难鸣', '一个巴掌拍不响' 혹은 '一只手拍不响'로 표현하기도 한다. 대표적이 속담으로 다음과 같은 것이 있다.

- 饭后百步走, 活到九十九 : 밥 먹은 후에 백보를 걸으면 99세까지 산다. 밥을 다 먹은 후에 산보를 하면 건강에 이롭다.
- 英雄难过美人关 : 영웅도 미인의 유혹에는 안 넘어가기 어렵다.
- 酒后吐真谈 : 醉中真谈, 술 마신 후에 참말을 토해내다.
- 鸡蛋碰石头 : 계란으로 바위치기.
- 睁一只眼, 闭一只眼 : 봐도 못 본 척 지나가다.
- 善有善报, 恶有恶报 : 因果应报
- 老虎屁股摸不得 : 호랑이의 엉덩이는 건드릴 수 없다. 즉, 권세가 있거나 성격이 무서운 사람은 다른 사람의 비평을 받아들이기 어렵다.
- 一问三不知 : 하나를 몰라서 물었더니 상대방이 세 가지 엉뚱한 말로 대답함, 뭐가 뭔지 모르는 사람을 비웃는 말.
- 面和心不和 : 겉보기에는 관계가 좋은 거 같으나, 사실은 서로 화목하지 못하다.
- 刀子嘴, 豆腐心 : 입은 모질어도 마음은 여리다.
- 好了伤疤忘了疼 : 상처가 나았다고 해서 그 고통을 잊어버리다. 아무런 교훈을 얻지 못한 채 같은 실수를 되풀이하는 사람을 비웃는 말.

(4) 惯用语

사람들의 구어 속에서 습관적으로 사용하는 짧은 정형화된 말로, 대부분 세 글자로 구성되어 있는 동목구조의 구이다. 성어와 관용어를 비교해보면, 첫째 관용어는 구어적인 색채가 농후하고, 성어는 서면적인 색채가 농후하다. 둘째 관용어가 나타내는 뜻은 단순하지만, 성어가 내포하고 있는 뜻은 풍부하다.

동목구조를 이루고 있는 관용어는 표달할 필요에 따라 중간에 보어나 관형어를 삽입할 수 있고, 또한 그 성분의 순서 역시 바꿀 수가 있어 일반적인 어구가 되기는 하지만, 관용어가 표현하는 습관적인 의미는 영향을 받지 않는다. 예를 들면, '吃老本'을 '吃惯了老本了'로, 혹은 '有多少老本可吃'이라고도 말할 수 있다.

- 说不上话 : 사이가 좋지 않다.
- 耍花招 : 속임수를 쓰다.
- 吊胃口 : 식욕을 돋구다.
- 敲边鼓 : 부추기다.
- 放空炮 : 허풍 떨다.
- 打棍子 : 몽둥이로 때리다. 비판을 하여 몰아붙이다.
- 夹生饭 : 설익은 밥. 어중간하게 된 일.
- 说大话 : 허풍 떨다.
- 碰钉子 : 거절하다.
- 抓辫子 : 꼬투리 잡다. 약점 잡다.
- 挤牙膏 : 찔끔 찔끔 일(말)하다. 대답이 시원하지 않다.
- 开倒车 : 역행하다.
- 八面光 : 세상 경험이 풍부하여 처세술이 능란하다.
- 拉后腿 : 뒷다리를 잡아당기다. 전진을 방해하다.
- 磨洋工 : 일을 질질 끌다. 일에 게으름을 피우다.
- 钻空子 : 기회를 타다. 약점을 노리다.
- 穿小鞋 : 따끔한 맛을 보게 하다. 괴롭히다.
- 挖墙脚 : 담 벽 밑을 파다. 지반을 허물다. (부당한 방법으로 국가나 단체를) 밑뿌리째 뒤집어 엎다. 남을 궁지에 빠뜨리다.
- 铁饭碗 : 확실한 직장. 평생 직업. 철밥통.
- 开绿灯 : 허락하다. 시인하다.
- 出洋相 : 추한 꼴을 보이다.
- 不像话 : 말도 안된다.
- 炒鱿鱼 : 해고하다.
- 穿小鞋 : 따끔한 맛을 보이다.
- 吃老本 : 본전을 까먹다.
- 戴高帽 : 부추기다. 비행기 태우다.
- 了不起 : 대단하다. 보통이 아니다.
- 出难题 : 남을 난처하게 하다.
- 踢皮球 : 책임을 전가하다.
- 走过场 : 대강대강 건성으로 하다.
- 开后门 : 뒷거래하다. 뇌물을 받다.
- 翅膀硬 : 원래 남을 의지하며 생활하였는데 독립생활을 할 능력이나 의식이 생겼다.

- 耳边风 : 마음에 두지 않다.
- 高帽子 : 아첨하는 말.
- 背包袱 : 정신적 혹은 경제적으로 부담을 느끼다.
- 安钉子 : 못을 박다. (감시하기 위하여) 자기 편 사람을 상대편에 박아 넣다.
- 绊脚石 : 전진을 방해하는 사람이나 사물. 걸림돌.

## 09 단어의 발전·변화와 단어의 규범화

언어가 끊임없이 발전함에 따라 단어의 의미 역시 발전하였는데, 대체로 어의의 확대, 어의의 축소, 어의의 전환 등의 방법으로 발전하였다.

(1) **단어의 발전과 변화** [기출2019-A4] [기출2013논술교과내용-3]

① 의미의 확대(词义扩大)

단어의 의미가 본래의 의미보다 확대되는 것을 말한다. 대체로 특정한 것을 가리키던 어의가 모든 것을 두루 가리키는 뜻으로 확대되기도 하고, 개별적인 뜻을 가리키던 것이 일반적인 것을 가리키는 뜻으로 확대되고, 또는 부분을 가리키던 것이 전체를 가리키는 뜻으로 확대되었다.

收获 : 농업의 수확 → 모든 행위의 소득
健康 : 인체 생리 기능의 정상 → 사물이나 상황의 정상
河 : 黄河 → 강
江 : 扬子江 → 큰 강

② 의미의 축소(词义缩小)

단어의 의미가 가리키는 범위가 줄어든 것을 말한다.

为了 : 원인과 목적 두 방면의 내용을 나타냄 → 목적을 나타냄
批判 : 좋은 점을 평가하고 나쁜 점을 지적해 냄 → 잘못을 분석하고 질책함
臭 : 냄새(좋고 나쁨의 구별이 없다) → 좋지 않은 냄새
金 : 원래는 5색 금속을 총칭 → 황금

③ 의미의 전이(词义转移)

단어의 본래의 의미가 변하여 새로운 의미를 가지는 것을 말한다.

行李 : 두 나라를 내왕하는 사신 → 외출할 때 지니는 가방, 상자 등
爱人 : 연애 중에 있는 여인 → 부부간에 한쪽을 지칭
走 : 달리다 → 걷다
兵 : 병기 → 병사

## (2) 어휘의 규범화

어휘는 끊임없이 변화하고 발전한다. 변화 발전 과정 중 때로는 규범에 맞지 않은 현상이 출현하기도 한다. 어느 사회든지 사회 구성원의 건강한 언어 발전을 위하여 어휘 발전 규율에 따라 조정하고 또 규범화 작업을 진행한다.

어휘 규범화 작업은 일반적으로 네 가지 방면에서 진행된다. 첫째, 역사적으로 전해 내려온 비규범적 현상을 조정한다. 주로 이형사(异形词)·이서사(异序词)에 대한 정리를 진행한다. 둘째, 현재 사용 중인 언어 규범을 지킨다. 셋째, 방언·외래어·고어에 대한 규범을 정하고 지킨다. 넷째, 생경어(生造词)에 대한 규범을 정하고 지킨다.

• 이형사(异形词)·이서사(异序词) 규범

이형사란 현대한어 서면어 중 발음과 의미가 같으면서 서사형식이 다른 언어를 말한다.

按语 – 案语　保姆 – 保母　裸母　补丁 – 补钉　笔画 – 笔划　成分 – 成份　弘扬 – 宏扬
模拟 – 摹拟　角色 – 脚色　人才 – 人材　折中 – 折衷　订单 – 定单

위 각 두개로 이루어진 단어 중 앞 단어를 표준단어로 취하여 사용한다. 이형사는 어휘 사용에 있어서 부담을 주는 요소로 긍정적 의미가 없다. 통용성(通用性)과 이치성(理据性) 체계성(系统性) 세 가지 원칙에 의하여 이형사를 결정한다.

이서사(异序词)는 동일한 형태소로 뜻은 같지만 글자 순서가 반대다.

A : 蔬菜 – 菜蔬　介绍 – 绍介　健康 – 康健　士兵 – 兵士　寻找 – 找寻　直率 – 率直
B : 讲演 – 演讲　力气 – 气力　山河 – 河山　离别 – 别离　伤感 – 感伤　忌妒 – 妒忌

A조 어휘는 언어 사용 중 앞 단어는 통용되고 뒤 단어는 도태되어 잘 사용하지 않는다. B조 이서사는 병행 사용하고 있다. 그러나 건강한 언어생활 발전을 위하여 이서사는 정리되어야 할 대상이다.

• 외래어에 대한 규범

　외래어는 표준어의 어휘를 풍부하게 하며 표현력을 증강시키는 면에 있어서는 긍정적인 역할을 한다. 그러나 건전한 표준어 사용을 위하여 외래어가 남용하지 않도록 주의하며, 또한 어휘에 대한 여러 가지 표현이 병용되어 혼란을 초래하지 않도록 함이 필요하다. 또한 중국 교육부는 외래어 사용에 있어 가능한 음역이 아닌 의역 표현을 권장하고 있다.

　표준어 어휘는 외래어뿐만 아니라 고어나 방언, 혹은 새로 만들어지는 어휘 등 여러 가지 방식을 통하여 구성된다. 기초방언 외 방언을 표준어로 도입함에 있어서는 보편성과 필요성·명확성 등을 고려하여야 할 것이다. 그리고 사회 발전 따라 적절히 원만한 소통을 위하여 새로운 단어 즉 신조어를 만드는 것도 부득이한 일이다. 신조어新造词(新生词)는 의미표현이 명확해야 하며 적절해야 한다. 의미 표현이 명확하지 않은 억지 신조어 즉 생경어(生造词)는 언어의 오염 요소며, 또 어휘 구성 규율에 부합하지 않은 어휘 규범화 대상이다.

# 제 03 장 语音

## 01 语音의 성격

어음이란 인간의 발음기관에서 나오는 일정한 뜻을 가지고 있는 소리이다. 인간의 언어교제는 이 어음을 통하여 이루어진다. 서로 다른 언어와 방언은 자기의 특유한 어음계통과 어음구성 규칙을 가지고 있다. '어음'분야의 학습을 통하여 바로 이러한 어음에 대한 일반 지식, 어음계통과 어음 규칙 등을 이해하는 것이다.

어음과 그 어음이 나타내는 의미는 서로 의존하는 통일체다. 의미는 어음의 내용이고, 어음은 언어 부호의 물질형식이다. 어음은 입에서 나와 공기의 전달을 거쳐 다른 사람의 귀에 전달되는데 이런 과정은 '발음-전달-감지'의 과정을 거치게 된다. 즉 정보를 전달하려면 의미를 담고 있는 말을 통하여야 하고, 자신의 발음기관을 통하여 이 말의 음을 전달하게 된다.

### (1) 어음의 물리적 성격

어음은 사람의 성대 진동에서 발생된다. 어음의 발생 원리는 일반 소리가 발생하는 원리와 마찬가지로 음고(音高)·음강(音强)·음장((音长)·음색(音色) 이 네 가지 요소를 지닌다.

① 음고(音高)

음고는 소리의 높낮이를 말하며, 진동수(频率)에 따라 결정된다. 진동수가 높을수록 소리는 높아지고, 진동수가 적을수록 소리는 낮아진다. 발음체가 다르면 음고도 서로 달라지는데, 이는 소리의 고저가 사람의 성대 길이와 두께, 조이는 정도와 관련이 있기 때문이다. 중국어는 음고에 따라 성조가 달라져 의미가 구분된다.

② 음강(音强)

음강은 소리의 강약으로 발음체 진동 폭의 크기와 관련이 있다. 소리의 강약과 진동 폭의 크기는 정비례하여 진동 폭이 크면 음은 강해지고, 진동 폭이 작으면 음은 약해진다. 발음체 진동 폭의 크기는 발음할 때 쓰는 힘은 크기에 따라 결정된다.

음강과 음고는 서로 성격이 다른 것인데, 음고가 낮은 소리는 음고가 높은 소리보다 듣기에 더 울린다.

③ 음장(音长)

음장은 소리의 길이를 나타내며, 발음체의 진동 지속 시간으로 정해진다. 즉. 진동 지속 시간이 길면 소리는 길어지고, 짧으면 소리도 짧아진다. 어떤 언어에서는 음장이 달라지면 뜻도 달라진다. 예를 들어 영어의 [siːt](seat)와 [sit](sit)는 서로 다른 단어이며, 광동말에서 [saːm](三)과 [sam](心)도 그 의미가 완전히 다르다.

④ 음색(音色)

음색은 음질(音质) 혹은 음품(音品)이라고도 하며, 서로 다른 소리와 구별 짓게 하는 특징과 본질이다. 모든 언어에서 음색은 의미를 구분 짓는 가장 중요한 요소이다. 음색은 음파의 굴절 형식이 차이로 정해진다. 진동하는 형식은 발음체(성대), 발음방법, 공명기관의 형태에 따라 정해지는데 이 중 하나만 달라도 음색이 달라진다. 예를 들면 성대가 진동하는지 하지 않는지, 공명기관이 후두인지 혹은 비강, 구강인지, 그리고 발음할 때 각 공명기관의 모양에 따라 달라진다.

비록 어음은 다양하게 다르지만 모두 이 네 가지 요소에 따라 분석되고 판별된다. 이 네 가지 중 음색은 음성을 판별하는 가장 기본적인 요소이다. 음고, 음강, 음장의 역할은 언어마다 다르다. 예를 들어 영어에서는 음장으로 의미를 구별하지만, 중국어에서는 음고로 의미를 구별한다.

## (2) 음성의 생리적 특징

음성은 사람의 발음기관을 통해서 나는데, 발음기관의 작동부위와 그 방법에 따라 소리도 달라진다. 인체의 발음기관에는 호흡기관(呼吸器官)·후두(喉头)·구강(口腔)·비강(鼻腔)이 있다. 호흡기관은 주로 발음할 수 있도록 기류를 제공하고, 후두 속의 성대는 발성기관이며, 구강과 비강은 공명기관이다.

폐에서 나오는 기류는 기관을 지나 성대를 통하면서 성대를 진동하여 소리를 내게 된다. 기류는 구강 안에서 발음기관의 각종 조절을 받아 여러 가지 소리를 내게 된다. 구강부분의 혀, 연구개, 위아래 입술은 모두 움직여 다른 소리를 내게 된다. 경구개와 위아래 치아 등은 혀와 서로 다른 접촉을 통해 여러 가지 소리를 내게 된다. 비강은 고정되어 있는 공명기관이다. 비강과 구강사이의 통로에서 연구개와 목젖이 있다. 이 두 발음기관은 모두 아래위로 움직일 수 있으며, 기류로 하여금 비강에서 공명되어 **鼻音**을 내게 한다.

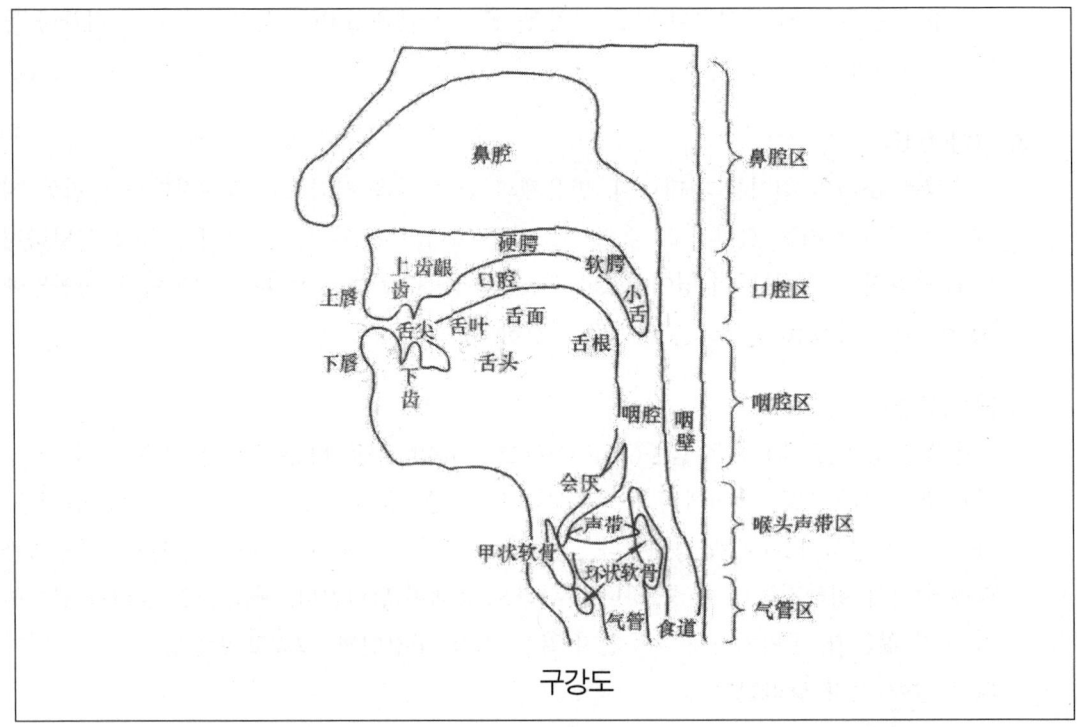

구강도

### (3) 어음의 사회적 속성

언어는 사회 현상에 속한다. 언어의 주요 구성 요소인 어음 또한 사회 현상에 속한다. '어음' 형식으로 나타난 '의미'의 사회성을 예를 들어 보면, 같은 의미이지만 한글 '책'은 영어로 'book', 현대한어 보통화는 [ʂu], 일본어 'ほん(本)'으로 어음은 사회에 따라 모두 다르다. 소리와 의미와의 관계는 필연적 관계가 아닌 사회 구성원간의 약정에 의하여 서로 다른 임의적 관계임을 알 수 있다.

어음의 사회 속성은 어음 체계에도 나타난다. 서로 다른 어음과 방언은 서로 다른 어음 체계를 지닌다. 중국어에서 불송기음(b)와 송기음 (p)는 서로 다른 음위 즉 다른 어음단위다. 'ba'(爸) 중의 'b'와 'pa'(怕) 중의 'p'는 서로 다른 어음이다. 그런데 영어에는 색음 중 송기음과 불송기음은 하나의 어음 단위에 속한다. 'Spring' 중의 'p'는 불송기음으로 읽고, 'pen' 중의 'p'는 송기음으로 서로 다른 이 두 색음은 사전에서 하나의 음표인 'p'로 표현된다. 서로 다른 사회에서 사용되는 서로 다른 언어는 성격이 다르다.

**원문참고**

① 通过人的发音器官发出的代表一定意义的声音叫作语音。
② 语音和它所代表的意义是相互依存的统一体。

③ 语音产生于人的声带的振动。它的发生原理与一般的声音是一样的，也具有音高、音强、音长、音色这四个要素。
④ 音高在汉语语音中所起的作用非常大。音高的不同，决定了不同的声调，可用来区别不同的意义。
⑤ 在任何语言中，音色都是区别意义的最重要因素。

## 02 语音 단위

● 어음학의 연구범위

'语音学'에서 다루어지는 구체적 내용은 자음·모음·성모·운모·어음 표기 부호 등 일반적인 언어지식과 字音의 변천, 音韵의 변천, 文字音义의 관계 등이다. 과거에는 语音분야의 학문을 '声韵学'으로 흔히 불렀다. 그리고 성운학은 '音韵学', '语音学', '韵学', '音学', '音论'과 같은 의미로 사용된다.

(1) 音素 - 辅音과 元音 [기출2012-12]

① 音素

최소의 어음 단위를 音素라고 한다(最小的语音单位). 음소는 음색의 각도에서 분류한 것이다. 즉 한 음절에서 음색의 차이에 따라 음을 하나하나 분류하면 각각 특색을 지닌 최소 단위인 음소를 얻을 수 있다. 예를 들면 한어 '爸'는 'b'와 'a'라는 서로 다른 두 개의 音素로 이루어져 있다. 音素는 크게 元音과 辅音 두 가지로 나눌 수 있다.

㉠ 辅音

辅音은 '子音'이라고 하는데, 기류가 구강과 인두를 지나면서 여러 발음기관의 장애를 받아 형성되는 소리로서 일반적으로 성대를 진동하지 않으며 소리도 울리지 않는다. 일부 辅音은 발음할 때 기류가 성대를 진동하게 되는데 소리도 비교적 우렁차다. 예를 들면 'p, t, k'를 발음할 때 성대가 진동되지 않으며 소리도 울리지 않은데 이런 辅音을 清辅音이라 한다. 'ng'는 발음할 때 성대를 진동하게 되고 소리도 울리는데 이런 辅音을 浊辅音이라 한다. 표준말 어음 중에서 'm, n, l, r, ng'도 浊辅音에 속한다. 현대한어 표준말 어음에는 辅音이 22개 있다. 예 'b, p, m, f, d, t, n, l, g, k, h, j, q, x, zh, ch, sh, r, z, c, s, ng'

> **원문참고**
> - 辅音是气流经过口腔或咽头受阻碍而形成的音素。
> - 辅音是气流必须克服不同部位所形成的不同阻碍以后才能发出的音。

ⓛ 元音

　　元音은 '母音' 혹은 '主音'이라고도 하는데, 기류가 폐에서 나와 발음기관의 장애 없이 나는 소리로서, 성대를 진동시켜 소리가 울린다. 현대한어 표준말 발음 중에는 'a, o, e, ê i, u, ü, -i[ɿ], -i[ʅ], er' 10개의 元音이 있다.

> **원문참고**
> - 元音是气流振动声带发出声音, 经过口腔、咽头不受阻碍而形成的音素。

● 자음과 모음 구분

ⓐ 장애 형성 여부 : 자음을 발음할 때 기류가 인두와 구강을 지날 때, 발음기관의 장애를 받는데, 모음은 장애를 받지 않는다.
ⓑ 긴장도의 차이 : 자음을 발음 할 때 '成阻' 단계에서 긴장을 많이 하게 된다. 모음은 발음할 때 발음 전체 기간의 긴장도가 균형적이다.
ⓒ 기류 강약의 차이 : 자음을 발음할 때 기류는 비교적 강하다. 모음을 발음할 때 기류는 비교적 약하다.
ⓓ 울림 정도의 차이 : 자음을 발음할 때 성대는 진동하지 않을 때가 많으며 또 울리지 않는다. 모음을 발음할 때는 성대가 울린다.

② 音节

　　音节은 음소로 구성된 어음 단위로 말의 흐름에서 가장 자연스럽게 느껴지는 최소 어음 단위다. 예를 들어 우리가 'zhè shì wǒ péng you'라는 말을 들었을 때, 이 소리는 5개의 단락으로 나뉘어진다는 것을 쉽게 느낄 수 있는데, 이것이 바로 5개의 음절이고, 이는 5개의 단어 '这是我朋友'로 쓸 수 있다.

　　일반적으로 하나의 한자는 하나의 음절을 대표한다. 일반적으로 하나의 한자는 하나의 음절을 나타낸다. 주의할 점은 한자는 말이 아닌 글의 단위이기 때문에 이것으로 음성의 음절을 구분해서는 안된다. 예를 들어 '花儿'이란 단어는 두 개의 한자로 쓰였지만, 음절은 'huār'로서 한 개다.

> **원문참고** 音节是语流中最自然的语音单位, 也是听觉上最容易分辨的音段。

③ 声母·韵母·声调

중국어는 전통적 음운학 분석 방법에 따라 어음을 '성모'와 '운모' 두 부분으로 나눈다. 그리고 이 성모와 운모 전체 구조를 관통하고 있는 음고 형식(音高形式)을 '성조'라고 한다.

● 声母

성모란 중국어 음절의 첫머리에 오는 자음을 말한다. '声母'는 한 음절 발음 중 앞부분 음이기 때문에 '前音'이라고도 한다. 어떤 음절은 보음이 없는 경우도 있다. 예를 들면 '爱'(ài)는 보음이 없다. 이런 성모를 '영성모(零声母)' 라고 하고 이때 'ài'는 영성모 음절이다. 표준말에는 모두 21개 辅音 声母가 있고 그 밖에 零声母가 있다.

b p m f d t n l g k h j q x zh ch sh r z c s

● 零声母

어떤 음절은 앞에 성모가 없이 운모만으로 구성되는 경우가 있다. 예를 들면, '矮(ǎi)', '五(wǔ)', '与(yǔ)' 등이다. 하지만 이런 음들은 발음할 때 음절의 앞부분에 아주 미약한 마찰성분이 있게 된다. 이런 마찰음들은 半元音으로 표기함으로써 이런 음절도 성모와 유사한 성분을 갖고 있음을 나타낸다. 하지만 마찰이 분명한가 분명하지 않은가 하는 것은 발음하는 사람에 따라 다르며 단어의 뜻을 구분하는 기능은 없다. 声韵学에서는 이를 '零声母'라고 하고 'ø'로 표시하기도 한다. 한어병음방안에는 영성모를 표기하는 명확한 규정이 있는데, 'i, u, ü'와, 'i, u, ü'로 시작되는 모든 음절을 쓸 때는 'y' 또는 'w'를 사용해야 한다. 예를 들면 移(yí), 五(wǔ), 与(yǔ)이다. 기타 韵母가 단독으로 音节을 구성하여 앞 音节과 이어 쓸 경우에는 중간에 隔音符号를 사용해야 한다.

● 韵母

한 음절의 성모 뒤 부분을 '韵母'라 한다. 운모는 '后音'이라고도 한다. 운모는 모음 단독으로 혹은 모음에다 자음이 결합된 형태로 구성된다. 예를 들어 '海'(hǎi) 음절 중 'ai'는 운모다. 영성모 음절 '欧'(ōu) 중 운모는 'ou'다. 이 두 음절의 운모는 모두 모음으로 이루어졌다. 그런데 '班'의 발음부호 'bān' 중 'b'는 声母이고, 'an'은 韵母이다. 운모 'an'은 모음 'a'와 자음 'n'이 결합된 형태로 이루어졌다. 그리고 '耕'(gēng) 음절 'geng' 중 운모 'eng'도 모음 'e'와 자음 'ng'가 결합된 형태다. 즉 운모는 하나의 元音으로 구성될 수도 있고 두 개 혹은 세 개의 元音으로 구성될 수도 있으며, 元音과 辅音韵尾로 구성될 수도 있다. 표준말 어음에는 모두 39개의 운모가 있다.

● 辅音과 声母, 元音과 韵母의 관계 [기출1997-1]

자음과 성모는 서로 다른 개념이다. 자음은 음소의 한 분류이고, 성모는 음절의 시작부분이다. 성모는 영성모를 제외하고 모두 자음이지만, 자음은 성모가 되는 것 외에도 'n, ng'처럼 운모의 위치에 나올 수도 있다. 零声母를 제외한 모든 声母는 자음으로 구성되지만, 모든 자음은 모두 声母인 것은 아니다. 현대한어 표준말 어음에는 자음 音素 모두 22개가 있는데 그 중 21개가 声母로 쓰일 수 있고 나머지 舌根鼻辅音 ng은 声母로 쓰일 수 없다.

元音과 韵母 역시 밀접한 관계를 가지고 있으나 서로 다른 개념이다. 韵母는 대부분 元音으로 이루어져 있으나, 반드시 元音인 것은 아니다. 즉 韵母가운데는 辅音도 포함되어 있다. 예를 들면, '班(bān)'에서 声母는 'b'이고 韵母는 'an'이다. 韵母 속에는 'n'이라는 辅音이 포함되어 있다. 표준말 元音音素는 10개이지만 韵母는 39개나 된다.

● 声调

성조는 음절의 성운 구조에 딸려 있는 의미 구분 역할을 하는 음고 형식이다. 예를 들면 '(dǐ 底)'는 내려왔다가 상승하는 음고 변화 격식을 가지고 있는데 이것이 '底dǐ'의 성조다.

④ 音位

'音素'는 어음의 물리적 속성과 생리적 속성에 의하여 분류한 최소 어음단위다. 그런데 '音位'는 어음의 사회적 속성에 따라 분류한 어음 단위다. 음위란 의미를 구분할 수 있는 최소 어음 단위다. 즉 '音位'는 어음의 '의미 구분 작용'(辨义作用)에 의하여 분류한 음의 종류다. 사회적 속성은 음위를 결정하는 중요한 근거가 된다.

사회적 사용 가치는 어음의 중요한 가치다. 어떤 언어든 사람들이 사용하는 많은 음소를 지니고 있다. 하나의 음위에 속하는지 아니면 서로 다른 음위에 속하는지 구분하는 기준은 의미를 구분하느냐에 달려 있다. 아래 몇 가지 예를 들어 음위의 의미를 잘 알 수 있다.

● 예 1

보통화 '太靠前啦'의 한어병음과 국제음표는 각각 (tai) [tʰai]·(kao) [kʰɑu]·(qian) [tɕʰiɛn]·(la) [lA] 다. 이 중 각 음절 운복의 한어병음은 모두 (a)로 같지만 국제음표는 각각 [a]·[ɑ]·[ɛ]·[A]로 음소가 서로 다르다. 음소가 서로 다르지만 이들 음소를 서로 바꿔 사용한다고 해도 단어의 의미가 달라지는 것은 아니다. 즉 이 음소는 의미 구분 역할을 하지 않는 것이다. 의미 구분 역할을 한다면 이 네 가지 음소는 서로 다른 네 가지 음위로 구분되지만 의미 구분 역할을 하지 않기 때문에 이 네 음소는 하나의 음위에 속한다. 이 네 음위는 [a]·[ɑ]·[ɛ]·[A] 네 음의 대표 음위 / a / 음위에 속한다.

● 예 2

   의미 구분을 하는 음위의 예를 들어보면 다음과 같다. '大地'이 한어병음은 (dàdì)고, 한어병음은 [tAti]다. 이 단어를 구성하는 [tA]와 [ti] 두 음을 살펴보면, [t]는 같고 모음 [A]와 [i]에 의하여 두 음절의 의미가 달라진다. 즉 [A]와 [i]는 의미 구분 역할을 하는 음소이기 때문에 서로 다른 音位에 속한다고 말 할 수 있다. 이 두 음위를 / A / : / i /로 표시한다.

● 예 3

   胆(dǎn) [tan$^{214}$]과 坦(tǎn) [t$^h$an$^{214}$]을 비교해 보자. 이 두 음절은 (d)와 (t)의 의하여 두 단어의 뜻이 달라진다. [t]와 [t$^h$]는 두 음절의 의미 구분 역할을 하기 때문에 이 둘은 서로 다른 음위다.

   보통화에서 'a, o, e, ê i, b, p, m, f, d……' 등은 모두 서로 다른 음위다. 자음으로 귀납된 음위를 '辅音音位'라 하고 모음으로 귀납된 음위를 '元音音位', 성조로 귀납된 음위를 '声调音位' 혹은 간칭 '调位'라고 한다. 자음 음위와 모음 음위는 모두 음소로 구성되었으며 이 음소 간의 차이는 音质(音色)의 차이이기 때문에 음소로 이루어진 음위를 '音质音位'라고도 한다. 음질 음위는 일정한 음의 구간을 가지고 있기 때문에 '音段音位'라고도 한다. 이와 달리 성조 음위는 주로 음고의 특징으로 이루어져 있는데 이 음고는 음질이 아니기 때문에 성조 음위를 '非音质音位'라고 하며 또 음의 구간이 정해져 있는 게 아니라 음절 전체에 걸쳐 있기 때문에 '성조 음위'를 '超音段音位'라고도 한다.

⑤ 현대중국어의 음성 특징

   현대중국어의 음성 특징이란 바로 표준어인 보통화의 음성 특징을 말하며 다음 몇 가지가 있다.

㉠ 현대중국어는 네 개의 성조가 있다.

   중국어 음절구조에서 성조는 필수적인 존재로 의미를 구별하는 역할을 한다. 중국어는 글자마다 고유한 성조를 가지고 있지만 때에 따라 경성으로 읽히기도 한다. 경성으로 읽는 글자는 성조가 없는 것이 아니라 표현상의 필요로 짧고 가볍게 읽어 주는 것이다. 예로부터 중국인들은 이 성조의 변화의 특징을 이용하여 많은 아름다운 운율의 시가를 만들었다.

㉡ 현대 중국어 성모에는 이중자음이 없다.

   중국어 음절 구조에는 이중자음 성모가 없다. 영어 단어는 'black'처럼 모음 음소 'a' 앞에 'b, l'이 연달아 오지만, 중국어에는 이런 현상이 없다.

ⓒ 중국어 음절에는 모음이 우세하다.

중국어에서 몇 개의 감탄사 "hm, m, n, ng, hng"를 제외하면 모든 음절에는 모음이 있다. 또한 운모 구조에서 'n, ng' 두 개의 자음 외에는 모두 모음이다.

ⓔ 중국어에서 송기음(送气音)과 불송기음(不送气音)은 의미를 구분하는 역할을 한다.

중국어의 청음·색음과, 청음·색찰음은 송기음이냐 불송기음이냐에 따라 의미가 달라진다. 예를 들면 송기음과 불송기음은 중국어에서 'dúshū(读书 불송기음)'와 'túshū(图书 송기음)'과 같이 의미를 구분하는 역할을 한다. 그러나 영어나 불어에서는 송기음과 불송기음의 구분은 의미를 구분하지는 않는다. 즉 영어에서 'sport'는 송기음 'sp'ort'으로 읽거나 또는 불송기음 'sport'로 읽어도 이 단어의 뜻에는 아무런 영향이 없다.

> **원문참고**
> ① 现代汉语有四个声调。
> ② 现代汉语没有夏辅音声母。
> ③ 汉语音节中, 元音占优势。
> ④ 汉语中, 清塞音、清塞擦音有送气、不送气的差别。送气与不送气, 在汉语中有区别意义的作用。
> ⑤ 汉语音节有音乐美。
> ⑥ 音节结构中声调不可缺少。

## 03 어음 기록 부호

### (1) 한어병음방안(汉语拼音方案)

중국어 표준어 어음을 기록하는 부호이다. 한어병음방안은 중화인민공화국 성립 이후 중국문자개혁위원회의 한어병음방안초안 공포와 수정을 거쳐 1958년에 정식으로 공포되었다.

한어병음방안은 국제적으로 널리 알려져 있는 알파벳자모를 사용하여 汉字와 普通话의 발음을 기록한다. 또 음역 외래어와 과학용어, 그리고 색인 편제와 번호사용 등에 널리 사용되며 병음을 표기할 때는 ≪汉语拼音方案≫의 拼写规则에 따라야 한다. 중국문자개혁위원회가 발표한 한어병음방안은 다음 내용을 포함하고 있다.

① 字母表

| 字母<br>名称 | A<br>丫 | B<br>ㄅㄝ | C<br>ㄘㄝ | D<br>ㄉㄝ | E<br>ㄜ | F<br>ㄝㄈ | G<br>ㄍㄝ |
|---|---|---|---|---|---|---|---|
| | H<br>ㄏㄚ | I<br>ㄧ | J<br>ㄐㄧㄝ | K<br>ㄎㄝ | L<br>ㄝㄌ | M<br>ㄝㄇ | N<br>ㄋㄝ |
| | O<br>ㄛ | P<br>ㄆㄝ | Q<br>ㄑㄧㄡ | R<br>ㄚㄦ | S<br>ㄝㄙ | T<br>ㄊㄝ | U<br>ㄨ |
| | V<br>ㄪㄝ | W<br>ㄨㄚ | X<br>ㄒㄧ | Y<br>ㄧㄚ | Z<br>ㄗㄝ | | |

V只用来拼写外来语、少数民族语言和方言。
字母的手写体依照拉丁字母的一般书写习惯。

② 声母表

| b<br>ㄅ玻 | p<br>ㄆ坡 | m<br>ㄇ摸 | f<br>ㄈ佛 | d<br>ㄉ得 | t<br>ㄊ特 | n<br>ㄋ讷 | l<br>ㄌ勒 |
|---|---|---|---|---|---|---|---|
| g<br>ㄍ哥 | k<br>ㄎ科 | h<br>ㄏ喝 | | j<br>ㄐ基 | q<br>ㄑ欺 | x<br>ㄒ希 | |
| zh<br>ㄓ知 | ch<br>ㄔ蚩 | sh<br>ㄕ诗 | r<br>ㄖ日 | z<br>ㄗ资 | c<br>ㄘ雌 | s<br>ㄙ思 | |

\* 중국어 한자 발음 표기를 간단하게 하기 위하여 zh, ch, sh는 ẑ, ĉ, ŝ로 할 수 있다.
'a, o, e, ê i, u, ü, -i[ɿ], -i[ʅ], er' 10개의 元音이 있다.

③ 韵母表

| | | i<br>ㄧ | 衣 | u<br>ㄨ | 乌 | ü<br>ㄩ | 迂 |
|---|---|---|---|---|---|---|---|
| a<br>ㄚ | 啊 | ia<br>ㄧㄚ | 呀 | ua<br>ㄨㄚ | 蛙 | | |
| o<br>ㄛ | 喔 | ㄧㄛ | | uo<br>ㄨㄛ | 窝 | | |
| e<br>ㄜ | 鹅 | ie<br>ㄧㄝ | 耶 | | | üe<br>ㄩㄝ | 约 |
| ai<br>ㄞ | 哀 | | | uai<br>ㄨㄞ | 歪 | | |
| ei<br>ㄟ | 欸 | | | uei<br>ㄨㄟ | 威 | | |

| ao ㄠ | 熬 | iao ㄧㄠ | 腰 | | | | |
|---|---|---|---|---|---|---|---|
| ou ㄡ | 欧 | iou ㄧㄡ | 忧 | | | | |
| an ㄢ | 安 | ian ㄧㄢ | 烟 | uan ㄨㄢ | 弯 | üan ㄩㄢ | 冤 |
| en ㄣ | 恩 | in ㄧㄣ | 因 | uen ㄨㄣ | 温 | ün ㄩㄣ | 晕 |
| ang ㄤ | 昂 | iang ㄧㄤ | 央 | uang ㄨㄤ | 汪 | | |
| eng ㄥ | 亨의 운모 | ing ㄧㄥ | 英 | ueng ㄨㄥ | 翁 | | |
| ong (ㄨㄥ) | 轰의 운모 | iong ㄩㄥ | 雍 | | | | |

㉠ '知, 蚩, 诗, 日, 资, 雌, 思' 등 7개 음절의 운모는 i를 사용한다. 즉, '知, 蚩, 诗, 日, 资, 雌, 思' 등의 글자는 한어병음 zhi, chi, shi, ri, zi, ci, si로 쓴다.

㉡ 운모 儿은 er로 쓰며, 운미로 사용될 때는 r로 쓴다. 예를 들면 '儿童'은 értóng으로 '花儿'는 huār로 쓴다.

㉢ 운모 ㅔ는 단독으로 사용될 때 ê로 쓴다.

㉣ • i 행의 운모 앞에 성모가 없을 때는 yi(衣), ya(呀), ye(耶), yao(腰), you(忧), yan(烟), yin(因), yang(央), ying(英), yong(雍)으로 쓴다.
 • u행의 운모 앞에 성모가 없을 때는 wu(乌), wa(蛙), wo(窝), wai(歪), wei(威), wan(弯), wen(温), wang(汪), weng(翁)으로 쓴다.
 • ü행의 운모 앞에 성모가 없을 때는 ü 위의 두 점을 생략하고 yu(迂), yue(约), yuan(冤), yun(晕)으로 쓴다.
 • ü행의 운모가 성모 j, q, x와 결합할 때는 ü 위의 두 점을 생략하고 ju(居), qu(区), xu(虚)로 쓰지만 성모 n, l과 결합할 때는 그대로 nü(女), lü(吕)로 쓴다.

㉤ iou, uei, uen 앞에 성모가 있을 때는 iu, ui, un으로 쓴다. 예를 들면 niu(牛), gui(归), lun(论)과 같이 쓴다.

㉥ 한자에 발음을 표시할 때, 한어병음 표기의 편의를 위해 ng는 ŋ로 생략해 쓸 수 있다.

④ 声调符号

성조표시는 音节의 主要元音 위에 표시한다. 경성은 표시하지 않는다. 声调와 声调符号, 调值를 도표로 그리면 다음과 같다.

| 声调 | 阴平 | 阳平 | 上声 | 去声 |
|---|---|---|---|---|
| 声调符号 | ˉ | ˊ | ˇ | ˋ |
| 调值 | 55 | 35 | 214 | 51 |
| 예 | 妈 mā | 麻 má | 马 mǎ | 骂 mà |

⑤ 隔音符号

a, o, e로 시작되는 音节이 기타 音节 뒤에 놓일 때 音节의 한계를 분명히 하기 위하여 隔音符号(′)로 두 音节을 구분한다. 예 nǚ′ér 女儿, pí′ǎo 皮袄

(2) **국제음표**(国际音标)

汉语拼音方案은 표준말의 어음 만을 표시할 수 밖에 없다. 중국어의 방언이나 소수민족 언어의 어음을 표기하자면 또 다른 표기부호를 사용해야 한다. 国际音标는 국제어음학회가 1888년에 만들어 낸 발음표기부호로 'IPA(International Phonetic Alphabet)'라고 부른다. 이 표기부호는 수량이 많고 음의 미세한 차이를 자세히 기록할 수 있기 때문에 각종 언어를 연구함에 있어서 발음표기 도구로 사용되고 있다. 국제 발음표기부호는 [ ]로 표시한다.

• 한어병음 – 국제음표

| | | | | | | | |
|---|---|---|---|---|---|---|---|
| b[p] | p[pʰ] | m[m] | f[f] | | | | |
| d[t] | t[tʰ] | n[n] | l[l] | g[k] | k[kʰ] | h[x] | |
| z[ts] | c[tsʰ] | s[s] | zh[tʂ] | ch[tʂʰ] | sh[ʂ] | r[ʐ] | |
| j[tɕ] | q[tɕʰ] | x[ɕ] | | | | | |

• 汉语拼音方案 · 注音符号 · 国际音标 대조표

| 拼音子母 | 注音符号 | 国际音标 | 拼音子母 | 注音符号 | 国际音标 | 병음자모 | 注音符号 | 国际音标 |
|---|---|---|---|---|---|---|---|---|
| b | ㄅ | [p] | z | ㄗ | [ts] | ia | ㅣㄚ | [iA] |
| p | ㄆ | [pʰ] | c | ㄘ | [tsʰ] | ie | ㅣㄝ | [iɛ] |
| m | ㄇ | [m] | s | ㄙ | [s] | iao | ㅣㄠ | [iɑu] |
| f | ㄈ | [f] | a | ㄚ | [A] | iou | ㅣㄡ | [iou] |
| v | ㄪ | [v] | o | ㄛ | [o] | ian | ㅣㄢ | [iɛn] |
| d | ㄉ | [t] | e | ㄜ | [ɣ] | in | ㅣㄣ | [in] |

| | | | | | | | | |
|---|---|---|---|---|---|---|---|---|
| t | ㄊ | [tʰ] | ê | ㄝ | [ɛ] | iang | ㄧㄤ | [iaŋ] |
| n | ㄋ | [n] | i | ㄧ | [i] | ing | ㄧㄥ | [iŋ] |
| l | ㄌ | [l] | -i(前) | ㄭ | [ɿ] | ua | ㄨㄚ | [uA] |
| g | ㄍ | [k] | -i(后) | ㄭ | [ʅ] | uo | ㄨㄛ | [uo] |
| k | ㄎ | [kʰ] | u | ㄨ | [u] | uai | ㄨㄞ | [uai] |
| ng | ㄫ | [ŋ] | ü | ㄩ | [y] | uei | ㄨㄟ | [uei] |
| h | ㄏ | [x] | er | ㄦ | [ə] | uan | ㄨㄢ | [uan] |
| j | ㄐ | [tɕ] | ai | ㄞ | [ai] | uen | ㄨㄣ | [uən], [un] |
| q | ㄑ | [tɕʰ] | ei | ㄟ | [ei] | uang | ㄨㄤ | [uaŋ] |
| / | ㄏ | [χ] | ao | ㄠ | [au] | ueng | ㄨㄥ | [uəŋ] |
| x | ㄒ | [ɕ] | ou | ㄡ | [ou] | ong | ㄨㄥ | [uŋ] |
| zh | ㄓ | [tʂ] | an | ㄢ | [an] | üe | ㄩㄝ | [yɛ] |
| ch | ㄔ | [tʂʰ] | en | ㄣ | [ən] | üan | ㄩㄢ | [yɛn] |
| sh | ㄕ | [ʂ] | ang | ㄤ | [aŋ] | ün | ㄩㄣ | [yn] |
| r | ㄖ | [ʐ] | eng | ㄥ | [əŋ] | üong | ㄩㄥ | [yŋ] |

### (3) 注音符号

1912년 중화민국 설립 후, 注音字母를 마련하여 한자의 독음을 정하였다. 주음자모는 1918년 교육부에 의하여 정식 공포되었다. 注音符号는 현재 대만에서 사용하고 있으며 현재 사용되고 있는 음의 주음부호를 소개하면 다음과 같다.

ㄅ(b)　ㄆ(p)　ㄇ(m)　ㄈ(f)　ㄉ(d)　ㄊ(t)　ㄋ(n)　ㄌ(l)　ㄍ(g)　ㄎ(k)　ㄏ(h)　ㄐ(j)　ㄑ(q)
ㄒ(x)　ㄓ(zh)　ㄔ(ch)　ㄕ(sh)　ㄖ(r)　ㄗ(z)　ㄘ(c)　ㄙ(s)
ㄚ(a)　ㄛ(o)　ㄜ(ə)　ㄝ(e)　ㄞ(ai)　ㄟ(ei)　ㄠ(ao)　ㄡ(ou)　ㄢ(an)　ㄣ(en)　ㄤ(ang)
ㄥ(eng)　ㄦ(er)　ㄧ(-i)　ㄨ(-u)　ㄩ(ü)

※ (　)는 한어병음방안 표기

## 04 辅音과 声母 [기출2014-A4] [기출2008-8] [기출2005-13]

보음 성모는 발음 부위와 발음 방법에 따라 서로 다르게 결정된다. 표준말에는 모두 22개 보음이 있다.

b p m f d t n l g k h j q x zh ch sh r z c s ng

이 중 'ng' 외 21개 辅音은 声母가 될 수 있고 그밖에 零声母가 있다.

### (1) 보음 발음부위와 발음방법 [기출2013-7]

보음은 발음 부위와 발음 방법에 따라 서로 다르다. 22개의 보음의 발음 상황은 다음과 같다.

① 발음 부위

声母의 발음부위에 따라 성모를 나누면 모두 7 가지가 있다.

㉠ 双唇音 : (b·p·m) 위 아래 입술의 접촉으로 나는 소리
㉡ 唇齿音 : (f) 웃니와 아랫 입술의 접촉으로 나는 소리
㉢ 舌尖前音 : (z·c·s) 앞 혀끝과 웃 니와의 접촉으로 나는 소리
㉣ 舌尖中音 : (d·t·n·l) 혀 끝과 웃잇몸의 접촉으로 나는 소리
㉤ 舌尖后音 : (zh·ch·sh·r) 혀끝의 등과 센 입천장의 접촉으로 나는 소리. 혀끝을 좀 말아서 내는 소리
㉥ 舌面前音 : (j·q·x) 혓바닥과 센 입천장(경구개)의 접촉으로 나는 소리
㉦ 舌面后音(舌根音) : (g·k·ng·h) 혓뿌리와 여린 입천장(연구개)의 접촉으로 나는 소리

② 발음 방법

발음 부위가 같더라도 音色이 다를 수 있는데, 그것은 기류가 구강 안에서 장애를 받는 방식이 다르기 때문이다. 21개 声母에는 발음 방법에 따라 다음과 같이 분류 할 수 있다.

㉠ 장애 방식에 따라

ⓐ 塞音(파열음) : (b·p·d·t·g·k)
발음기관의 접촉으로 기류가 막혔다가 갑자기 흘러나오는 음

ⓑ 擦音(마찰음) : (f·h·x·sh·r·s)
발음기관끼리 접근할 때 입안에 작은 통로가 형성되어 기류가 비집고 나갈 때 강력한 마찰이 발생하면서 나는 음

ⓒ 塞擦音(파찰음) : (j·q·zh·ch·z·c)
擦音과 塞音의 성질을 둘 다 가지고 있는 소리이다. 폐쇄에 의해서 압축된 공기를 갑자기 놓아주지 않고 서서히 놓아주면 파열과 동시에 마찰이 일어나게 된다.

ⓓ 鼻音 : (m·n·ng)
발음부위는 塞音과 동일하나 기류가 코 안에서 공명을 일으킨다.

ⓔ 边音 : (l)
소리가 혀의 양쪽 빈 틈 사이를 빠져 나오면서 내는 소리

ⓛ 성대 진동 여부에 따라 [기출2010논술교과교육-1]
울림소리와 안울림소리, 맑은 소리와 흐린 소리, 중국어로는 '带音'과 '不带音'이라고도 한다. 이는 발음할 때 기류가 喉头를 지날 때 성대가 진동하느냐 안 하느냐에 따라 형성된 辅音으로서, 성대가 울리는 소리를 '浊音', 울리지 않는 소리를 '清音'이라 한다.

ⓐ 清音은 '无声音'이라고도 한다. b, p, d, t, g, k, j, q, z, c, s, zh, ch 등이다.
ⓑ 浊音은 '有声音'이라고도 한다. 모든 모음은 浊音이다. 현대중국어 표준어 21개 声母 중에서 'm, n, l, r' 4개와 声母로 쓰이지 않는 辅音 'ng'가 浊音에 속한다.

ⓒ 기류 강약에 따라 [기출2010-4]
발음할 때 공기를 내뿜는 정도에 따라 구분된다. 送气音은 발음할 때 공기를 강하게 내뿜는 음으로서, '有气音'이라고도 한다. 'p, t, k, q, ch, c'가 이에 속한다. 不送气音은 발음할 때 공기를 강하게 내뿜지 않는 음으로서, '无气音'이라고도 한다. 'b, d, g, j, zh, z'가 이에 속한다.

③ 성모별 발음 특징 [기출2013-27] [기출2011-14]
b [p] : 双唇, 不送气, 清, 塞音
p [pʰ] : 双唇, 送气, 清, 塞音
m [m] : 双唇, 浊, 鼻音
f [f] : 唇齿, 清, 擦音
z [ts] : 舌尖前, 不送气, 清, 塞擦音
c [tsʰ] : 舌尖前, 送气, 清, 塞擦音
s [s] : 舌尖前, 清, 擦音
d [t] : 舌尖中, 不送气, 清, 塞音
t [tʰ] : 舌尖中, 送气, 清, 塞音

n [n] : 舌尖中, 浊, 鼻音
l [l] : 舌尖中, 浊, 边音
zh [tʂ] : 舌尖后, 不送气, 清, 塞擦音
ch [tʂʰ] : 舌尖后, 送气, 清, 塞擦音
sh [ʂ] : 舌尖后, 清, 擦音
r [ʐ] : 舌尖后, 浊, 擦音
j [tɕ] : 舌面前, 不送气, 清, 塞擦音
q [tɕʰ] : 舌面前, 送气, 清, 塞擦音
x [ɕ] : 舌面前, 清, 擦音
g [k] : 舌面后, 不送气, 清, 塞音
k [kʰ] : 舌面后, 送气, 清, 塞音
h [x] : 舌面后, 清, 擦音

### (2) 보통화 성모표

현대중국어를 기준으로 声母총표를 보면 다음과 같다.

**普通话声母表**

| 辅音<br>发音部位 | 发音方法 | 塞音 | | 塞擦音 | | 擦音 | | 鼻音 | 边音 |
|---|---|---|---|---|---|---|---|---|---|
| | | 清音 | | 清音 | | 清音 | 浊音 | 浊音 | 浊音 |
| | | 不送气 | 送气 | 不送气 | 送气 | | | | |
| 双唇音 | (上 唇<br>下 唇) | b<br>[p] | p<br>[pʰ] | | | | | m<br>[m] | |
| 唇齿音 | (上 齿<br>下 唇) | | | | | f<br>[f] | | | |
| 舌尖前音 | (舌 尖<br>上齿背) | | | z<br>[ts] | c<br>[tsʰ] | s<br>[s] | | | |
| 舌尖中音 | (舌 尖<br>上齿龈) | d<br>[t] | t<br>[tʰ] | | | | | n<br>[n] | l<br>[l] |
| 舌尖后音 | (舌 尖<br>齿龈后) | | | zh<br>[tʂ] | ch<br>[tʂʰ] | sh<br>[ʂ] | r<br>[ʐ] | | |
| 舌面音 | (舌 面<br>前硬腭) | | | j<br>[tɕ] | q<br>[tɕʰ] | x<br>[ɕ] | | | |
| 舌根音 | (舌面后<br>软 腭) | g<br>[k] | k<br>[kʰ] | | | h<br>[x] | | | |

## 05　元音과 韵母

보통화의 모음은 단모음(10개)과 복모음(13개)으로 구분된다.

### (1) 모음 발음

① 单元音

하나의 元音音素로 구성된 모음을 단모음이라고 한다. 발음할 때 처음부터 끝까지 입 모양과 혀의 위치가 변하지 않는 것으로 표준말 어음에는 10개의 单元音이 있다.

a[A] o[o] e[ɤ] i[i] u[u] ü[y] ê[ɛ] -i[ɿ] -i[ʅ] er[ər]

㉠ 舌面元音

이 부류의 운모를 발음할 때 舌面과 경구개는 기류를 조절하는 작용을 하고 혀의 위치가 높은가 낮은가, 입을 크게 벌리는가 작게 벌리는가, 입술이 둥근가 둥글지 않은가에 의해 음이 다르다.

a[A]　o[o]　e[ɤ]　ê[ɛ]　i[i]　u[u]　ü[y]

- 혀의 높낮이 위치에 따라 高元音, 半高元音, 半低元音, 低元音으로 구분할 수 있다.
- 혀의 전 후 위치에 따라 前元音, 央元音, 后元音으로 구분할 수 있다.
- 입술 모양의 둥글기에 따라 圓脣元音, 不圓脣元音('展脣元音' 혹은 '非圓脣元音'이고도 한다)으로 구분할 수 있다.

보통화 설면단모음의 이 세 가지 상황을 종합적으로 설면음 모형도(모음사각도라고도 함)를 통하여 나타낼 수 있다.

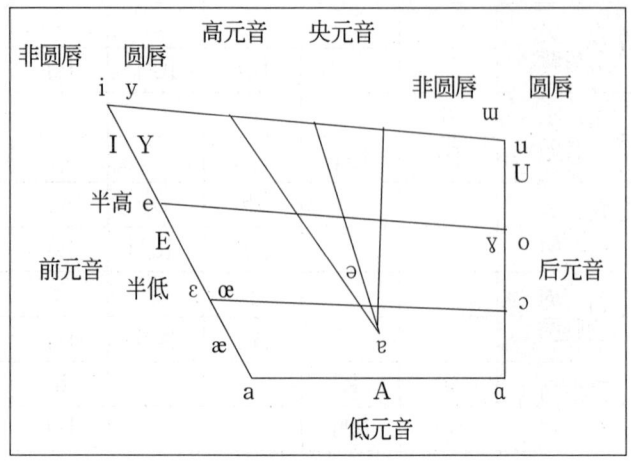

설면단모음의 발음 특성을 살펴보면 다음과 같다. [기출2014-A4]

a [A] : 舌面, 央, 低, 不圓脣元音
o [o] : 舌面, 后, 半高, 圓脣元音
e [ɤ] : 舌面, 后, 半高, 不圓脣元音
ê [ɛ] : 舌面, 前, 半低, 不圓脣元音
i [i] : 舌面, 前, 高, 不圓脣元音
u [u] : 舌面, 后, 高, 圓脣元音
ü [y] : 舌面, 前, 高, 圓脣元音

ⓒ 舌尖元音韵母

이 두 운모를 발음할 때는 혀끝으로 기류를 조절한다. -i[ɿ], -i[ʅ]는 단독으로 음절을 구성할 수 없으며, 'z, c, s, zh, ch, sh, r' 이외의 성모와 결합하여 음절을 구성할 수 없다. -i[ɿ]는 성모 'z, c, s'와 결합할 수 있고, -i[ʅ]는 성모 'zh, ch, sh, r'와 결합할 수 있다.

-i[ɿ]  -i[ʅ] [기출2012논술교과교육-2] [기출2010-4]

-i [ɿ] : 舌尖前, 高, 不圓脣元音
-i [ʅ] : 舌尖后, 高, 不圓脣元音

ⓒ 卷舌元音

혀가 중간에 위치하고 입술 모양은 둥글지 않다. r은 혀를 구부리는 동작을 표시하는 부호이지 辅音 r이 아니다.

er [ər] : 卷舌, 央, 中, 不圓脣元音

② 复元音

두 개 혹은 세 개의 元音音素가 결합하여 구성된 모음을 복모음이라고 한다. 복모음은 발음할 때 혀의 위치와 입술 모양 모두 변화가 발생하는 모음이다. 표준말 어음에는 복모음 13개 있다. 이들은 주요 元音의 위치에 따라 세 가지로 나눌 수 있다.

ai[aI] ei[eI] ao[au] ou[ou] ia[IA] ie[Iɛ] ua[uA] uo[uo] üe[yɛ] iao[Iau] iou[Iou] uai[uaI] uei[ueI]

㉠ 前响复元音 - ai[aI] ei[eI] ao[au] ou[ou]

두 개의 원음으로 구성되었는데 앞 원음을 발음할 때 입을 크게 하고 소리는 우렁차고 똑똑하다. 운모일 경우 앞 원음이 주요 원음이며, 뒤 원음을 운미라고 한다.

ⓒ 后响复元音 - ia[iA]  ie[iɛ]  ua[uA]  uo[uo]  üe[yɛ]

발음할 때 뒤 원음이 소리가 우렁차고 똑똑하므로 운복이다. 앞 원음은 가볍고도 짧게 발음하므로 '介音' 혹은 '韵头'이다.

ⓒ 中响复元音 - iao[iau]  iou[iou]  uai[uaI]  uei[ueI]

세 개의 원음으로 구성되는데, 중간의 원음을 발음할 때 입을 크게 벌리고 발음도 우렁차다. 운모일 경우 중간 원음이 '韵腹'이고 그 앞의 원음은 '韵头'이고 그 뒤의 원음은 '韵尾'이다.

| 前响复元音 | ai[aI]   | ei[eI]   | ao[au]   | ou[ou]   |         |
|------------|----------|----------|----------|----------|---------|
| 后响复元音 | ia[iA]   | ie[iɛ]   | ua[uA]   | uo[uo]   | üe[yɛ]  |
| 中响复元音 | iao[Iau] | iou[Iou] | uai[uaI] | uei[ueI] |         |

### (2) 韵母와 四呼

① 韵母란?

韵母는 韵头·韵腹·韵尾 세 부분으로 나눌 수 있다. 현대중국어 '见'을 예로 들면 'j'는 声母이고, 'i'는 韵头이며, 'a'는 韵腹이고, 'n'는 韵尾이다.

ⓒ 韵头

声母와 韵腹 사이의 반모음으로서 음절을 이루지 못하며, 후행한 모음과 복모음을 형성하는 短弱의 介音 'i, u, ü'을 '韵头'라고 한다.

ⓒ 韵腹(主要元音) [기출1997-1]

韵母를 구성하는 主要元音이며, 전체 음절 중에서 발음이 가장 뚜렷하게 나는 부분이다. '韵腹'이라고도 하며, 韵母의 중심 부분이다. 경우에 따라서는 介音이 主要元音이 되는 수도 있다. 이 경우는 韵头와 韵腹이 합하여 하나가 되었다고 할 수 있다. 예를 들면, 底 (di)에서 (i-)는 韵头이면서 동시에 韵腹이기 때문에 전체 음절 중에서 '主要元音'이 된다. 성조 표시는 주요원음 위에 한다.

ⓒ 韵尾 [기출2016-B6]

韵腹 뒤의 꼬리 부분의 音素로서 어떤 때엔 辅音인 경우도 있고, 때로는 元音일 수도 있다. 예를 들어 金(jīn)에서 'n'은 바로 韵尾이고, 拍(pāi)에서 'i'가 韵尾이다.

그러나 韵母 중에는 借(jiè)와 같이 韵头와 韵腹만 있을 뿐 韵尾가 없는 字音도 있고, 高 (gāo)같이 韵头가 없는 것도 있으며, 波(bō)와 같이 韵腹 만을 가진 것도 있다.

② 운모 종류

운모는 단운모 운모와 복운모 운모, 대비음 운모 세 종류로 나뉠 수 있다.

㉠ 单韵母

단모음으로 이루어진 운모를 단운모라고 한다. 모두 10개다.

㉡ 复韵母

복모음으로 이루어진 운모를 복운모라고 한다. 모두 13개다.

㉢ 带鼻音韵母

1개 혹은 2개의 모음과 鼻辅音 'n' 혹은 'ng'가 결합하여 이루어진 운모를 말한다. 普通话에는 鼻韵母가 모두 16개 있다. 鼻辅音 韵尾에 따라 2종류로 나뉜다.

ng[ŋ] : 舌面后, 浊, 鼻音

- 설첨비음(舌尖鼻音) 운미를 지닌 비운모 8개

  an[an] en[ən] an[iɛn] in[in] uan[uan] uen[uən] üan[yɛn] ün[yn]

- 설근비음(舌根鼻音)을 운미를 지닌 비운모 8개

  ang[ɑŋ] eng[əŋ] ong[uŋ] iang[iɑŋ] ing[iŋ] iong[yŋ] uang[uɑŋ] ueng[uəŋ]

| 元音加鼻音 (16个) | 元音加 -n | an [an]、ian [Iɛn]、uan [uan]、üan [yɛn] |
| --- | --- | --- |
| | | en [ən]、in [in]、uen [uən]、ün [yn] |
| | 元音加 -ng | ang [ɑŋ]、iang [Iɑŋ]、uang [uɑŋ] |
| | | eng [əŋ]、ing [iŋ]、ueng [uəŋ] |
| | | ong [uŋ]、iong [yŋ] |

③ 韵과 韵母 [기출2013논술교과교육-2] [기출2009-9]

韵과 韵母는 일반적인 경우에는 구별이 없다. 예를 들어 '山'자의 韵은 (-an)이고, '山'의 韵母도 (-an)이다. 그러나 어떤 경우에는 '韵'과 '韵母'가 크게 다르다. 예를 들어, 중고음에 '东'과 '穷'은 같은 운이지만, 이들의 운모는 서로 다르다. '东'자의 韵母는 (-ong)이고, '穷'자의 韵母는 (-iong)이다. 이들은 모두 '东韵'에 속한 글자로서 같은 韵이지만, 韵母는 동일하지 않다. 현대중국어를 예로 든다면, 시 한 수를 쓰는데 '麻·花·家' 세 자로 압운을 한다고 하면, 곧 이 세 글자는 현대중국어에서 같은 韵에 속한다. 그러나 만약 韵母로 말한다면, '麻'의 운모는 '-a'이고, '花'의 운모는 '-ua'이며, '家'의 운모는 '-ia'이다. 따라서 이 세 글자는 韵은 같지만, 韵母는 서로 다르다고 할 수 있다. 이들의 관계를 도표로 그려보면 다음과 같다.

|  | 韵母 | 韵 |
|---|---|---|
| 东 dōng | ong | ong |
| 穷 qióng | iong | ong |
| 花 huā | ua | a |
| 家 jiā | ia | a |
| 麻 má | a | a |

韵이란 다만 韵腹과 韵尾를 가리키고, 韵母는 韵头까지를 포괄하는 개념이다. 따라서 韵母와 韵은 때로는 서로 같기도 하고 때로는 서로 다르다.

④ 四呼

보통화의 운모는 모두 39개다. 운모는 주로 모음으로 구성되거나 모음과 자음이 결합하여 구성된다. 운모가 될 수 있는 자음은 'n'과 'ng'로 둘 다 모두 비음(鼻音)이다. 운모 중 첫째 모음 즉 韵头의 발음 입 모양에 따라 开口呼, 齐齿呼, 合口呼, 撮口呼 네 가지로 구분할 수 있는데 이를 '四呼'라고 한다. 또 운미에 따라 운모를 분류할 수도 있다.

**普通话韵母总表**

| 按口形分 / 按结构分 | 开口呼 | 齐齿呼 | 合口呼 | 撮口呼 | 按韵头分 / 按韵尾分 |
|---|---|---|---|---|---|
| 单元音韵母 | -i[ɿ] [ʅ] | i[i] | u[u] | ü[y] | 无韵尾韵母 |
| | a[A] | ia[iA] | ua[uA] | | |
| | o[o] | | uo[uo] | | |
| | e[ɤ] | | | | |
| | ê[ɛ] | ie[iɛ] | | üe[yɛ] | |
| | er[ɚ] | | | | |
| 复元音韵母 | ai[aI] | | uai[uaI] | | 元音韵尾韵母 |
| | ei[eI] | | uei[ueI] | | |
| | ao[au] | iao[Iau] | | | |
| | ou[ou] | iou[Iou] | | | |
| 带鼻音韵母 | an[an] | ian[Iɛn] | uan[uan] | üan[yɛn] | 鼻音韵尾韵母 |
| | en[ən] | in[in] | uen[uən] | ün[yn] | |
| | ang[aŋ] | iang[iaŋ] | uang[uaŋ] | | |
| | eng[əŋ] | ing[iŋ] | ueng[uəŋ] | | |
| | | | ong[uŋ] | iong[yŋ] | |

*ong는 합구호에 iong는 촬구호에 두는 것은 실제 발음에 따른 것이다.
*출처 : ≪现代汉语通论, 邵敬敏 主编, 上海教育出版社≫

'四呼'는 明末 清初에 생겨난 운모 분류 방법으로, 介音의 유무 및 종류에 따라 네 가지 韵母로 나뉘는데, 이 네 가지 韵母를 '四呼'라고 한다. [기출2004-2]

㉠ 开口呼 : 운모의 첫 음이 'i, u, ü'가 아닌 경우다. 介音이 없으며, 韵腹이 i、u、ü가 아니거나 i、u、ü로 발음이 시작되지 않은 운모다. 普通话에는 모두 15개가 있다.
　　a o e ê ai ei ao ou an ang en eng -i[ɿ] -i[ʅ] er

㉡ 齐齿呼 : 운모의 첫 음이 'i'인 운모를 말한다. 普通话에는 9개가 있다.
　　i ia ie iao iou ian iang in ing

㉢ 合口呼 : 운모의 첫 음이 'u'인 운모를 말한다. 普通话에는 모두 10개가 있다.
　　u ua uo uai uei uan uang uen ueng ong

㉣ 撮口呼 : 운모의 첫 음이 'ü'인 운모를 말한다. 普通话에는 모두 5개가 있다.
　　ü üe üan ün iong

韵头의 音素에 따른 四呼 분류는 지역별 발음에 따라 약간 다르게 표기되기도 한다. 대체적으로 아래와 같다.

**普通话声韵配合表(音节表)**

| 四呼 | 韵母\声母 | 唇音 | | | | 舌尖中音 | | | | 舌面后音 | | | 舌面前音 | | | 舌尖后音 | | | | 舌尖前音 | | | 零 |
|---|---|---|---|---|---|---|---|---|---|---|---|---|---|---|---|---|---|---|---|---|---|---|---|
| | | b | p | m | f | d | t | n | l | g | k | h | j | q | x | zh | ch | sh | r | z | c | s | |
| 开口呼 | -i[ɿ, ʅ] | | | | | | | | | | | | | | | 知 | 吃 | 诗 | 日 | 滋 | 雌 | 司 | |
| | a | 巴 | 爬 | 妈 | 发 | 搭 | 他 | 拿 | 拉 | 嘎 | 咖 | 哈 | | | | 渣 | 插 | 沙 | | 杂 | 擦 | 萨 | 阿 |
| | o | 玻 | 坡 | 摸 | 佛 | | | | | | | | | | | | | | | | | | 噢 |
| | e | | | 么 | | 德 | 特 | 讷 | 乐 | 哥 | 科 | 喝 | | | | 遮 | 车 | 奢 | 热 | 则 | 侧 | 瑟 | 鹅 |
| | ê | | | | | | | | | | | | | | | | | | | | | | 欸 |
| | er | | | | | | | | | | | | | | | | | | | | | | 儿 |
| | ai | 白 | 拍 | 买 | | 呆 | 胎 | 奶 | 来 | 该 | 开 | 海 | | | | 摘 | 差 | 筛 | | 灾 | 猜 | 腮 | 哀 |
| | ei | 杯 | 培 | 梅 | 非 | | | 内 | 雷 | 给 | 克 | 黑 | | | | | | 谁 | | 贼 | | | 欸 |
| | ao | 包 | 抛 | 猫 | | 刀 | 掏 | 脑 | 劳 | 高 | 考 | 耗 | | | | 招 | 超 | 烧 | 绕 | 糟 | 操 | 骚 | 熬 |
| | ou | | 剖 | 谋 | 否 | 兜 | 偷 | 耨 | 楼 | 沟 | 口 | 侯 | | | | 舟 | 抽 | 收 | 柔 | 邹 | 凑 | 搜 | 欧 |
| | an | 般 | 潘 | 瞒 | 帆 | 担 | 摊 | 男 | 兰 | 干 | 看 | 寒 | | | | 占 | 产 | 山 | 然 | 簪 | 残 | 三 | 安 |
| | en | 奔 | 喷 | 门 | 分 | 扽 | | 嫩 | | 根 | 肯 | 很 | | | | 针 | 陈 | 身 | 人 | 怎 | 岑 | 森 | 恩 |
| | ang | 邦 | 旁 | 忙 | 方 | 当 | 汤 | 囊 | 郎 | 刚 | 康 | 杭 | | | | 张 | 昌 | 商 | 嚷 | 臧 | 仓 | 桑 | 昂 |
| | eng | 绷 | 烹 | 蒙 | 风 | 登 | 滕 | 能 | 冷 | 庚 | 坑 | 横 | | | | 争 | 成 | 生 | 扔 | 增 | 层 | 僧 | 鞥 |

| 呼 | 韵母 | b | p | m | f | d | t | n | l | g | k | h | j | q | x | zh | ch | sh | r | z | c | s | ∅ |
|---|---|---|---|---|---|---|---|---|---|---|---|---|---|---|---|---|---|---|---|---|---|---|---|---|
| 齐齿呼 | i | 鼻 | 皮 | 迷 | | 低 | 梯 | 泥 | 梨 | | | | 鸡 | 欺 | 希 | | | | | | | | 衣 |
| | ia | | | | | | | | 俩 | | | | 家 | 恰 | 瞎 | | | | | | | | 鸦 |
| | ie | 别 | 撇 | 灭 | | 爹 | 帖 | 捏 | 列 | | | | 街 | 切 | 歇 | | | | | | | | 耶 |
| | iao | 标 | 飘 | 秒 | | 刁 | 挑 | 鸟 | 料 | | | | 交 | 敲 | 消 | | | | | | | | 腰 |
| | iou | | | 谬 | | 丢 | | 牛 | 溜 | | | | 纠 | 秋 | 休 | | | | | | | | 优 |
| | ian | 边 | 偏 | 面 | | 颠 | 天 | 年 | 连 | | | | 间 | 千 | 先 | | | | | | | | 烟 |
| | in | 宾 | 拼 | 民 | | | | 您 | 林 | | | | 斤 | 亲 | 新 | | | | | | | | 因 |
| | iang | | | | | | | 娘 | 良 | | | | 江 | 腔 | 香 | | | | | | | | 央 |
| | ing | 兵 | 平 | 名 | | 丁 | 听 | 宁 | 零 | | | | 京 | 青 | 星 | | | | | | | | 英 |
| 合口呼 | u | 布 | 普 | 木 | 父 | 杜 | 图 | 奴 | 路 | 姑 | 哭 | 呼 | | | | 朱 | 出 | 书 | 如 | 租 | 粗 | 苏 | 乌 |
| | ua | | | | | | | | | 瓜 | 夸 | 花 | | | | 抓 | 欻 | 刷 | | | | | 挖 |
| | uo | | | | | 多 | 托 | 娜 | 罗 | 郭 | 阔 | 活 | | | | 桌 | 戳 | 说 | 若 | 昨 | 错 | 所 | 窝 |
| | uai | | | | | | | | | 乖 | 快 | 槐 | | | | 拽 | 揣 | 衰 | | | | | 歪 |
| | uei | | | | | 对 | 腿 | | | 规 | 亏 | 灰 | | | | 追 | 吹 | 水 | 瑞 | 嘴 | 催 | 虽 | 威 |
| | uan | | | | | 端 | 团 | 暖 | 乱 | 官 | 宽 | 欢 | | | | 专 | 川 | 拴 | 软 | 钻 | 窜 | 酸 | 弯 |
| | uen | | | | | 敦 | 吞 | | 论 | 棍 | 困 | 昏 | | | | 准 | 春 | 顺 | 闰 | 尊 | 村 | 孙 | 温 |
| | uang | | | | | | | | | 光 | 筐 | 荒 | | | | 庄 | 窗 | 双 | | | | | 汪 |
| | ueng | | | | | | | | | | | | | | | | | | | | | | 翁 |
| | ong | | | | | 东 | 通 | 农 | 龙 | 工 | 空 | 轰 | | | | 中 | 充 | | 绒 | 宗 | 葱 | 松 | |
| 撮口呼 | ü | | | | | | | 女 | 吕 | | | | 居 | 区 | 虚 | | | | | | | | 迂 |
| | üe | | | | | | | 虐 | 掠 | | | | 诀 | 缺 | 学 | | | | | | | | 约 |
| | üan | | | | | | | | | | | | 捐 | 圈 | 宣 | | | | | | | | 渊 |
| | ün | | | | | | | | | | | | 均 | 群 | 勋 | | | | | | | | 晕 |
| | iong | | | | | | | | | | | | 窘 | 穷 | 兄 | | | | | | | | 拥 |

## 06 声调

성조는 중국어의 가장 큰 특징 중의 하나로서 声母, 韵母외의 音节 구성요소이다. 중국어음 중의 모든 글자들은 고정된 성조를 가지고 있다. 한자에서 四声으로 분류하는 것은 곧 성조의 高低와 抑扬의 다름을 나타내는 것이다. 다시 말하면, 声调란 음절 발음의 높낮이, 升降의 변화를 나타내는 음절의 중요한 구성성분이다. 音节을 구성하는 声母와 韵母가 모두 같다 하더라도 声调가 다르면 그 뜻이 서로 다르다.

(1) 调类

声调의 종류를 '调类'라고 한다. 中古 시대의 한어의 调类는 平·上·去·入 네 가지이고, 현대한어 표준말의 조류는 阴平, 阳平, 上声, 去声 4개이다. 이 调类는 시대와 지방에 따라 동일하지 않은데, 北京语·汉口语·济南语·西安语 등은 4개 调类이고, 南京语는 5개, 客家语는 6개, 厦门语는 7개, 绍兴语는 8개, 广州语는 9개로, 각각 그 调类가 다르다.

(2) 调值

调值란 한 调类의 실제 발음, 즉 소리의 높낮이를 말한다. 한 방언에 몇 가지 调值가 있으면 그에 해당하는 调类가 있게 된다. 현대한어에서 북경 사람이나 厦门 사람의 阴平의 调值는 '55'의 高平调이고, 苏州·成都·福州의 阴平의 调值는 '44'의 半高平调이며, 扬州 사람의 阴平은 '31'의 中降调이다. 그리고 调类가 같다고 할지라도, 각 성조의 调值가 결코 동일하지는 않다. 北京말과 天津 말의 调类는 다 같이 4개이지만, 각 성조의 调值는 서로 다르다. 예를 들면,

| 지역<br>조치 | 北京 | 天津 |
|---|---|---|
| 阴平 | 55 | 11 |
| 阳平 | 35 | 55 |
| 上 | 214 | 24 |
| 去 | 51 | 42 |

성조는 절대음고(绝对音高)가 아닌 상대음고(相对音高)를 말한다. 절대음고란 정밀측정기로 측정한 주파수에 의한 정확한 높낮이를 의미하고, 상대음고란 음의 상대적 높낮이를 말한다. 성조의 상대음고란 정확한 음 높이는 다를지라도 음의 흐름이 같은 경우 같은 성조로 간주함을 말한다. 예를 들면 성인과 어린아이가 去(qù)라는 발음을 했을 때, 정확한 높낮이 변화는 서

로 다르지만 제일 높은 음에서 제일 낮은 음으로 내려가는 추세는 같기 때문에 둘 다 제4성으로 간주하는 것이다. 调值는 '五度标记法'을 통하여 조치를 구체적으로 표기할 수 있다.

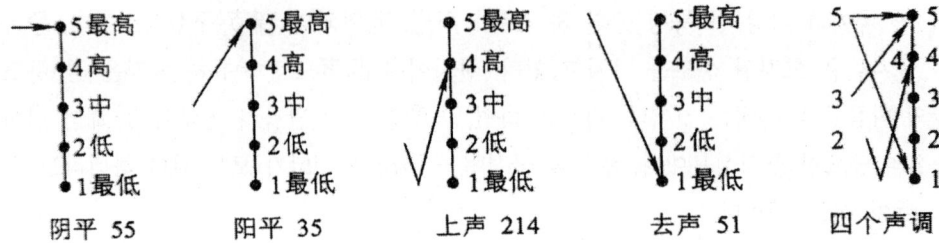

阴平 55 　　阳平 35 　　上声 214 　　去声 51 　　四个声调

### (3) 표준어 성조와 성조 표기

① 표준어 성조

현대중국어 표준어의 음은 네 가지 성조가 있다.

㉠ 阴平(제1성) : 높고 평평하게 발음하며, 5도에서 5도로, 소리가 비교적 높으며, 기본적으로 높이고 내리고 하는 변화가 없다. '高', '飞' 등이 이에 해당된다.

㉡ 阳平(제2성) : 중간 음에서 높은 음으로 내며, 3도에서 5도로 올리며, 높이 올리는 어조로서, '来', '学' 등이 해당된다.

㉢ 上声(제3성) : 半低音에서 우선 음을 내린 후에 다시 半高音으로 올려 발음하며, 2도에서 1도로 내렸다가 다시 4도까지 올린다. '好', '你' 등이 해당된다.

㉣ 去声(제4성) : 높은 음에서 낮은 음으로 내며, 5도에서 1도로 내린다. '去', '不' 등이 해당된다.

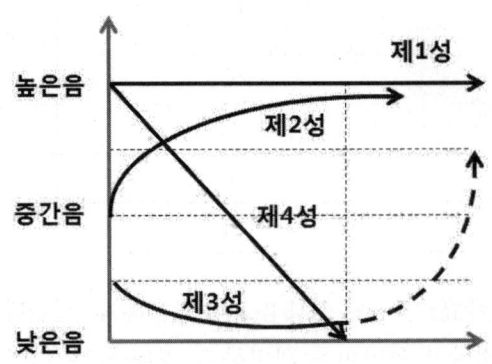

② 표준어 성조 표기
  ㉠ 성조표시는 주요 모음 위에
    중국어 음절에서 성조는 초분절 자질로서 전체 음절에 걸쳐 있다. ≪汉语拼音方案≫에 의하면 성조표시는 운복(주요 모음) 위에 한다.
    kāi(开)   jiā(家)   dān(但)   guāng(光)

  ㉡ iu, ui, un 성조 표기
    주요모음이 생략된 운모 iu(iou), ui(uei), un(uen)는 예외적으로 적용되는데, iu와 ui는 마지막 자모 위에 하고, un은 u 위에 성조표시 한다.
    xiù(锈)   tuī(推)   lún(轮)

  ㉢ i 위에 성조 표시할 경우
    i 위에 성조표시를 할 경우 i 위의 점을 떼버린다.
    jīn(金)   guī(归)

  ㉣ 경성은 성조표시를 하지 않는다.
    guòlai(过来)

> **원문참고**
> 声调符号一律标在主要元音(韵腹)上，如"kāi(开)、jiā(家)、dàn(但)、guāng(光)"。"iu(iou)、ui(uei)、un(uen)"同声母相拼时标法如下："xiù(锈)、tuī(推)、lún(轮)"。在i上标调时去掉上面的一点，如"jīn(金)、guī(归)"。轻声不标调号，如"guòlai(过来)"。

(4) 고금 성조 변화
  ① 入声과 平入混
    入声은 고대 성조의 일종이다. 入声의 특징은 韵母 뒤에 塞音韵尾가 오는 것이다. 대부분 p, t, k로 끝나는 발음이어서 발음이 급하고 짧다. 汉语는 元代에 北方官话에서 入声调의 塞音韵尾가 소실되어 모두 阴平, 阳平, 上声, 去声 글자의 阴声调로 변하였다. 이러한 변화를 '入派三声'이라 부른다. 고대 入声 글자는 대부분 阴平이나 阳平으로 변화되었고 湘语 등에서는 다른 성조로 변화하였다.
    '入派三声'으로 인하여 나타난 현상으로 북방관화에서 入声은 이미 '平上去'성으로 나누어 혼입되어 버렸기 때문에, 平声字의 발음이나 平声과 같은 발음으로 변해버린 入声字의 발음을 북방 관화 지역의 사람들은 구별하지 못한다. 이러한 현상을 중국 북방인들은 '平入混'이라고 한다.

② 平上去入과 阴阳

　5세기 말, 南北朝时期 沈约 등은 중국어에 声调가 있음을 발견하고, 당시의 声调를 '平·上·去·入'네 종류로 나누었다. 그리하여 이로부터 중국어의 声调를 분류하는 기초가 정해져서 역대로 쓰여져 왔다. 현대 중국어의 방언은 방언마다 调类의 차이가 매우 크지만, 모두 고대 중국어의 성조체계와 직접적인 관련이 있다.

　중국어의 调类는 성모의 유성·무성과 밀접한 관련이 있다. 전통 음운학에서는 성모를 네 가지 류로 나누어 무기무성음 성모를 '全清, 유기무성음 성모를 '次清', 유성음의 색음·찰음·색찰음 성모를 '全浊', 유성음의 비음·변음·이동음 성모를 '次浊'이라고 하였다. 성모의 유성과 무성은 성조값에도 영향을 미쳐서, 전통적으로 무성음 성모로 이루어진 조류를 '阴调'라 하고, 유성음 성모로 이루어진 조류를 '阳调'라고 하였다. 그러므로 平·上·去·入의 네 조류는 성모의 무성과 유성에 따라 阴平·阳平·阴上·阳上·阴去·阳去·阴入·阳入 등 여덟 류로 나뉘어진다. 고대 중국어의 全浊 성모는 현대의 대다수 방언에서 이미 全清이나 次清 성모로 변하였다.

　全浊音 성모가 무성음화된 대다수 방언에서는 阳调类가 阴调类로 들어가 완전히 합병되었지만, 몇몇 방언에서는 阳调类가 독립적으로 조류를 유지하고 있는 경우도 있다. 북경어의 경우에는 平声은 阴平과 阳平으로 나뉘어지나, 阳上은 阳去와 같이 이미 去声에 합병되었다. 또 入声은 완전히 소실되어 阴入과 阳入이 모두 阴平·阳平·上声·去声에 합병되었다. [기출2021-B6]

③ 平仄과 阴声韵 阳声韵 [기출2020-A3] [기출2013논술교과교육-2]

　중고시대 汉语는 平上去入으로 네 개의 성조로 나뉘어지는데, 이를 平仄으로 나누기도 하였다. 平声은 阴平과 阳平을 말하고, 仄声이란 上声, 去声, 入声을 일컫는다.

　고대한어의 운모체계는 운미에 따라 세 종류로 구분된다. 첫째, 阴声韵이란 운미가 없거나 모음으로 이루어진 韵으로 来(lái), 花(huā), 他(tā)가 이에 해당되고, 둘째, 阳声韵이란 鼻音이 韵尾로 되어 있는 자음으로 'm, n, ng'가 韵尾로 오는 글자가 이에 해당된다. 예 今(jīn), 心(xīn), 通(tōng) 셋째, 入声韵이란 '[-p], [-t], [-k]가 韵尾로 오는 글자로 '十[-p], 实[-t], 识[-k], 塔[-p], 脱[-t]' 등이 이에 해당된다.

## 07 音节과 音节 구조

**(1) 음절의 의미** [기출2010-13] [기출2007-3]

音节이란 사람이 청각으로 쉽게 구별할 수 있는 어음 단위이다. 다시 말하면 제일 자연스러운 어음단위를 말한다. 일반적으로 하나의 汉字가 한 音节이다. 예를 들면 '韩国'이라는 두 글자는 두 音节이다. 汉语 표준말에 있는 儿化韵에서의 음절은 예외적인데, 예를 들면 '玩儿'은 글로 쓰면 두 글자이지만 음으로는 'wánr'이라는 한 音节로 특수현상에 속한다. 音节은 声母와 韵母, 声调를 포함한다. [기출2001-6] 北京语의 음절 구조를 도표화하면 아래와 같다.

| 音节 | | | |
|---|---|---|---|
| 声调 | | | |
| 声母 | 韵母 | | |
| | 介音(i u ü) | 韵 | |
| | | 主要元音(韵腹) | 韵尾 |

음절은 음소로 구성된다. 성조는 모든 언어의 음절이 필요한 성분은 아니다. 예를 들면 영어는 중국어에 있는 의미 구별 요소인 성조가 없다. 표준 중국어의 음절은 모두 특정의 성조를 지니고 있다. 표준 중국어는 음절 구성에 있어서 아래와 같은 특징을 지닌다.

- 하나의 음절은 최대 4개의 음소를 지닌다. 예를 들면 '床'(chuáng) 경우 'ch' 'u' 'a' 'ng' 네 개 음소로 이루어졌다. 가장 적을 경우 하나의 음소를 지닌다. 예를 들면 '饿'(è)는 하나의 음소로 이루어졌다.
- 하나의 음절은 辅音 성모와 운두, 운미는 없을 수 있다(我, 外, 有 등). 그러나 모든 음절은 운복과 성조를 반드시 지닌다.
- 음절 중에는 辅音보다는 元音이 우세하다.
- 음절에는 辅音이 없어도 된다. 辅音은 음절의 시작 음과 마지막 음에 나타나는데, 마지막 음에 오는 辅音으로는 n과 ng에 제한된다.
- 韵腹은 10개의 단모음이 될 수 있다. 韵头는 i, u, ü 이 세 개의 高元音으로 충당되며 운미로는 元音 i, u(혹은 o 추가)와 보음 n, ng가 올 수 있다.

## 普通话 音节 구성표

| 韵母例子<br>(拼写法) | 声母 | 韵母 | | | | 声调 |
| :---: | :---: | :---: | :---: | :---: | :---: | :---: |
| | | 韵头<br>（介音） | 韵 | | | |
| | | | 韵腹<br>（主要元音） | 韵尾 | | |
| | | | | 元音 | （鼻)辅音 | |
| 我 wǒ | | u | o | | | 上声 |
| 道 dào | d | | a | u | | 去声 |
| 学 xué | x | ü | e | | | 阳平 |
| 外 wài | | u | a | i | | 去声 |
| 语 yǔ | | | ü | | | 上声 |
| 强 qiáng | q | i | a | | ng | 阳平 |
| 宣 xuān | x | ü | a | | n | 阴平 |
| 温 wēn | | u | e | | n | 阴平 |
| 越 yuè | | ü | ê | | | 去声 |
| 英 yīng | | | i | | ng | 阴平 |
| 乌 wū | | | u | | | 阴平 |
| 儿 ér | | | er | | | 阳平 |
| 知 zhī | zh | | -i[ʅ] | | | 阴平 |
| 资 zī | z | | -i[ɿ] | | | 阴平 |

원문참고

- 音节由音素构成，是交谈时自然感到的语音单位。
- 音节是交谈时听觉感到的最小语音单位。

## (2) 성모와 운모의 결합관계 [기출2019-A2] [기출2010-14] [기출1998-8]

### 普通话声韵配合简表

| 声母 \ 韵母 | | 开口呼 | 齐齿呼 | 合口呼 | 撮口呼 |
|---|---|---|---|---|---|
| 双唇音 | b、p、m | + | + | u와 결합 | |
| 唇齿音 | f | + | | u와 결합 | |
| 舌尖中音 | d、t | + | + | + | |
| | n、l | + | + | + | + |
| 舌面前音 | j、q、x | | + | | + |
| 舌面后音 | g、k、h | + | | + | |
| 舌尖后音 | zh、ch、sh、r | + | | + | |
| 舌尖前音 | z、c、s | + | | + | |
| 零声母 | ø | + | + | + | + |

'+'는 전부 혹은 일부분의 성모와 운모가 서로 결합할 수 있음을 나타내고 공백 부분은 서로 결합할 수 없음을 나타낸다.

위 표에서 알 수 있듯이 모든 성모와 운모가 결합할 수 있는 것은 아니다. 성모, 운모, 결합규칙을 살펴보면 다음과 같다.

① 'b, p, m'는 开口呼, 齐齿呼, 合口呼의 u와만 결합한다. 'f'는 齐齿呼와 결합할 수 없고, 나머지는 'b, p, m'와 같다.
② 'd, t'는 开口呼, 齐齿呼, 合口呼와 결합할 수 있다.
③ 'g, zh, z' 계열은 j계열과 상호 보완 관계를 이룬다. 'g, zh, z' 계열은 开口呼, 合口呼와만 결합할 수 있고, j계열은 齐齿呼, 撮口呼와만 결합한다.
④ 'n, l'와 영성모는 설첨운모('zh, z' 계열과만 결합하는 '-i')를 제외한 모든 운모와 결합할 수 있다.
⑤ 舌面音 'j·q·x'는 齐齿呼와 撮口呼하고는 결합하지만, 开口呼와 合口呼와는 결합하지 않는다. 그러므로 舌面音 뒤의 'u'는 撮口音이다.
⑥ 撮口呼와 결합하는 声母는 'j·q·x·n·l' 뿐이다.
⑦ 'o' 운모는 双唇音과 唇齿音 성모와 결합한다. 'uo' 운모는 이들 성모와 결합할 수 없다.
⑧ 'ong' 운모는 반드시 자음 성모와 결합한다. 'ueng' 운모는 자음 성모와 결합할 수 없다.
⑨ 韵母 중에서 'er'은 声母와 결합하지 않는다. 영성모 음절로만 존재한다.

### (3) 음절 표기 규칙 [기출2009-14]

① 隔音字母 'y, w' 용법 [기출2018-A14]

汉语拼音字母 'y'(读ya)와 'w'(读wa)는 격음자모(隔音字母)다. 음절의 한계가 분명치 않을 때 격음자모를 사용하여 분명하게 구분해주는 역할을 한다. 예를 들면 '大衣'를 'dai'로 표기할 경우 단음절인 '呆'(dai)와 같아진다. 이를 구분하기 위하여 'i' 앞에 'y'를 더하여 'dayi'로 표기하게 되면 음절의 한계가 분명해진다.

> **원문참고**
>
> 汉语拼音字母y(读ya)和w(读wa)是隔音字母。它只起避免音节界限不明发生混淆的作用。例如把"大衣"拼写成"dai"，就会以为是一个音节的"呆"，i的前头加了y, 写成"dayi"，音节界限就分明了。

㉠ 'i'

- 'i'의 표기
  ⓐ 声母와 결합할 때는 'i'는 그대로 표기한다. 예 jia
  ⓑ 声母와 결합하지 않고, 그 자체로 음절을 이루게 될 경우엔, 'y'을 첨가하여 'yi'로 표기한다.
  ⓒ 뒤에 다른 모음이 올 경우 'i'를 'y'로 고쳐 표기한다. 예 ia → ya

- 'ian' 발음
  ⓐ 'a'는 실제로는 [ɛ]와 같이 발음된다. [ɛ]쪽에 강세가 있으므로 이를 길고 강하게 발음한다. 'i'와 'n'은 짧지만 분명하게 발음한다.
  ⓑ 단독으로 음절을 이룰 경우에는 'yan'로 표기한다.

㉡ 'u'

- '-uen'의 표기
  声母와 결합하면 한어병음자모의 표기는 -(un)으로 바뀐다. 예 duen → dun

- 'ueng' 발음과 표기
  ⓐ 이 음은 声母와 결합하면 실제의 발음은 '-(ong)'으로 변한다. 따라서 한어병음자모의 표기도 '-(ong)'으로 바뀌게 된다. 예를 들면, 'dueng → dong'
  ⓑ 단독으로 음절을 이룰 경우에는 'weng'로 표기한다.

- '-u'의 표기
  ⓐ 声母와 결합할 때는 '-u'로 표기한다. 예 lu

ⓑ 零声母 음절에서 뒤에 다른 모음과 결합 때는 'u'를 'w'로 고쳐 표기하게 된다. 예 ua → wa

ⓒ 声母와 결합하지 않고 단독으로 사용될 경우에는 'u' 앞에 'w'를 첨가하여 'wu'로 표기한다.

ⓒ ü
- '-üan' 발음
  ⓐ 강세는 'a'에 있으나, 실제로는 [ɛ]에 가깝게 발음된다. 'ü'는 짧지만 정확하게 발음해야 한다.
  ⓑ 단독으로 음절을 이룰 경우에는 'yuan'로 표기한다.

- '-ü'의 표기
  ⓐ 声母와 결합하여 그 뒤에 놓이는 경우에는 '-ü', 또는 '-u'로 표기한다.
    舌面音 j, q, x 뒤 : '-u'로 표기 ju qu xu
    舌面音 이외의 성모 뒤(n, l) : '-ü'로 표기 예 lü
  ⓑ 声母와 결합하지 않고 그 자체로 음절을 이루게 될 경우에는 '-ü'의 두 점을 생략하는 동시에, 그 앞에 'y'를 첨가하여 'yu'로 고쳐 표기한다. üe → yue
  ⓒ 'ü'가 성모와 결합하지 않고 단독으로 사용될 경우에는 'yu'로 표기한다.

② 격음부호의 용법 [기출2018-A14]
'a, o, e'로 시작하는 음이 다른 음절 뒤에 이어 올 때, 음의 한계가 분명하지 않을 경우가 있다. 이 때 격음부호 ' ' '를 사용한다. 예를 들면 다음과 같다.

kù'ài (酷爱) – kuài (快)　　　　Xī'ān (西安) – xiān (先)

③ 병음부호 생략(省写)
병음부호 생략은 크게 두 가지가 있다.

㉠ 'iou·uei·uen' 세 개의 운모가 성모와 쓰일 때 중간 모음 'o' 혹은 'e'를 생략한다. 예를 들면 'jiǔ(久)·guì(贵)·kūn(昆)'을 들 수 있다. 그런데 영성모 음절에서는 생략하지 않는다. 예 yōu(优)·wěi(伟)·wén(文) [기출2018-B7] [기출2014-A4]

㉡ 'lǚ(吕)·nǚ(女)·lüè(略)·nüè(疟)'처럼 'n·l' 두 성모 뒤에는 'ü' 위의 두 점을 사용하지만, 다른 성모 뒤 혹은 영성모 음절에서는 모두 'ü' 위 두 점을 생략한다. 예 jǔ(举)·quē(缺)·yǔ(雨)·yùn(运)

④ 성조표기법(标调法)
- 성조부호는 主要元音(韵腹) 위에 표시한다. 예 kāi(开) jiā(家)
- 'iu(iou), ui(uei), un(uen)'의 성조표시는 예외적으로 뒤 음소나 u위에 한다. 예 xiù(秀), tuī(推), zhǔn(准)
- 'i' 위에 성조표시를 할 경우 'i'위 점을 없애고 한다. 예 jīn(金), guī(归)
- 경성은 성조를 표시하지 않는다. 예 bàba(爸爸)

> **원문참고**
> 声调符号一律标在主要元音(韵腹)上，如"kāi(开)"、"jiā(家)"等。"iu(iou)、ui(uei)、un(uen)"同声调相拼时标法如下："xiù(秀)、tuī(推)、zhǔn(准)"。在i上标调时去掉上面的一点，如"jīn(金)、guī(归)"。轻声不标调号，如"bàba(爸爸)"。

(4) **한어병음방안 정사법 규칙(汉语拼音正词法基本规则)** [기출2015-A3] [기출2010-11] [기출2007-5]

- '正词法'의 기본 원칙
  첫째, 단어를 발음표기의 기본단위로 하며, 아울러 语音, 의미 등을 종합적으로 고려하고 동시에 단어의 길이를 참작한다.
  둘째, 기본적으로 품사에 의거하여 서술한다.

**가. 총 원칙**

① 표준중국어를 汉语拼音字母로 표기할 때, 단어를 기본 단위로 한다.

| | |
|---|---|
| rén (人) | pǎo (跑) |
| hǎo (好) | hé (和) |
| hěn (很) | fúróng (芙蓉) |
| qiǎokèlì (巧克力) | péngyou (朋友) |
| yuèdú (阅读) | dìzhèn (地震) |
| niánqīng (年经) | zhòngshì (重视) |
| wǎnhuì (晚会) | qiānmíng (签名) |
| shìwēi (示威) | niǔzhuǎn (扭转) |
| chuánzhī (船只) | dànshì (但是) |
| fēicháng (非常) | diànshìjī (电视机) |
| túshūguǎn (图书馆) | |

② 하나의 완전한 개념을 나타내는 쌍음절이나 3음절 구조는 그 단어의 각 구성 성분이 독립적으로 쓰일 수 있는 단어라 하더라도 이어 쓴다.

  gāngtiě（钢铁）    wèndá（问答）
  hǎifēng（海风）    hóngqí（红旗）
  dàhuì（大会）     quánguó（全国）
  zhòngtián（种田）    kāihuì（开会）
  dǎpò（打破）     zǒulái（走来）
  húshuō（胡说）    dǎnxiāo（胆小）
  qiūhǎitáng（秋海棠）   àiniǎozhōu（爱鸟周）
  duìbuqǐ（对不起）    chīdexiāo（吃得消）

③ 하나의 완전한 개념을 나타내는 4음절 이상의 명칭은 단어별로 띄어 쓰고, 단어를 구분할 수 없으면 전체를 이어 쓴다.

  wúfèng gāngguǎn（无缝钢管）
  huánjìng bǎohù guīhuà（环境保护规划）
  jīngtǐguǎn gōnglǜ fàngdàqì（晶体管功率放大器）
  Zhōnghuá Rénmín Gònghéguó（中华人民共和国）
  Zhōnghuá Shèhuì Kēxuéyuàn（中国社会科学院）
  yánjiūshēngyuàn（研究生院）
  hóngshízìhuì（红十字会）
  yúxīngcǎosù（鱼腥草素）
  gǔshēngwùxuéjiā（古生物学家）

④ 단음절 단어의 중첩 형태는 이어 쓰고, 쌍음절 단어의 중첩 형태는 띄어 쓴다.

  rénrén（人人）     niánnián（年年）
  kànkan（看看）     shuōshuo（说说）
  dàdà（大大）      hónghóng de（红红的）
  gègè（个个）      tiáotiáo（条条）
  yánjiū yánjiū（研究研究）
  chángshì chángshì（尝识尝识）
  xuěbái xuěbái（雪白雪白）
  tōnghóng tōnghóng（通红通红）

중첩 형태가 병렬된 경우, 즉 AABB식 구조는 이어 쓴다.

láilaiwǎngwǎng (来来往往)　　shuōshuōxiàoxiào (说说笑笑)
qīngqīngchǔchǔ (清清楚楚)　　wānwānqūqū (弯弯曲曲)
fāngfāngmiànmiàn (方方面面)　　qiānqiānwànwàn (千千万万)

⑤ 읽고 이해하기 쉽게 하기 위하여 일부 병렬구조 단어와 형태소·간칭 사이에 횡선을 사용하기도 한다.

bā-jiǔ tiān (八九天)　　shíqī-bā suì (十七八岁)
rén-jī duìhuà (人机对话)　　zhōng-xiǎoxué (中小学)
lù-hǎi-kōngjūn (陆海空军)　　biànzhèng-wéiwù zhǔyì (辨证唯物主义)
Cháng-Sānjiǎo (长三角[长江三角洲])　　Hù-Níng-HángDìqū (沪宁杭地区)
Zhè-Gàn Xiàn (浙赣线)　　Jīng-Zàng Gāosù Gōnglù (京藏高速公路)

나. 名词

① 명사와 단음절 접두사(副、总、非、反、超、老、阿、可、无、半等)와 단음절 접미사(子、儿、头、性、者、员、家、手、化、们等)는 이어 쓴다.

fùbùzhǎng (副部长)　　zǒnggōngchéngshī (总工程师)
fùzǒnggōngchéngshī (副总工程师)　　fēijīnshǔ (非金属)
fēiyèwù rényuán (非业务人员)　　fǎndàndào dǎodàn (反弹道导弹)
chāoshēngbō (超声波)　　lǎohǔ (老虎)
āyí (阿姨)　　kěnì fǎnyìng (可逆反应)
wútiáojiàn (无条件)　　bàndǎotǐ (半导体)
zhuōzi (桌子)　　jīnr (今儿)
quántou (拳头)　　kēxuéxìng (科学性)
shǒugōngyèzhě (手工业者)　　chéngwùyuán (乘务员)
yìshùjiā (艺术家)　　tuōlājīshǒu (拖拉机手)
xiàndàihuà (现代化)　　háizimen (孩子们)

② 명사와 그 뒤에 오는 方位词는 띄어 쓴다.

shān shàng (山上)　　shù xià (树下)
mén wài (门外)　　mén wàimian (门外面)
hé li (河里)　　hé lǐmian (河里面)
huǒchē shàngmian (火车上面)　　xuéxiào pángbiān (学校旁边)
Yǒngdìng Hé shàng (永定河上)　　Huáng Hé yǐnán (黄河以南)

그러나 이미 단어로 쓰이는 것은 이어 쓴다. 예를 들면, '海外'는 '海的外面'과 뜻이 다르다.

tiānshang（天上）　　　　　dìxia（地下）
kōngzhōng（空中）　　　　　hǎiwài（海外）

③ 중국인의 성명은 성과 이름을 나누어 쓰며, 성과 이름의 첫 자모는 대문자로 쓴다. 필명과 별명 등은 성명을 표기하는 방법과 동일하게 처리한다.

Lǐ Huá（李华）　　　　　　Wáng Jiànguó（王建国）
Dōngfāng Shuò（东方朔）　　Zhūgě Kǒngmíng（诸葛孔明）
Lǔ Xùn（鲁迅）　　　　　　Méi Lánfāng（梅兰芳）
Zhāng Sān（张三）　　　　　Wáng Mázi（王麻子）

성명과 직책, 호칭 등은 띄어 쓰며, 직책과 호칭 등의 첫 자모는 소문자로 쓴다.

Wáng bùzhǎng（王部长）　　Tián zhǔrèn（田主任）
Lǐ xiānsheng（李先生）　　　Zhào tóngzhì（赵同志）
Wú kuàijì（吴会计）　　　　Wáng shì（王氏）
Zhào tóngzhì（赵同志）　　　Liú lǎoshī（刘老师）
Dīng xiōng（丁兄）　　　　　Zhāng mā（张妈）
Zhāng jūn（张君）　　　　　Wú lǎo（吴老）

'老', '小', '大', '阿' 등의 호칭은 첫 자모를 대문자로 쓴다.

Xiǎo Liú（小刘）　　　　　Lǎo Qián（老钱）
Dà Lǐ（大李）　　　　　　A Sān（阿三）
Wú Lǎo（吴老）

이미 고유명사화한 호칭은 이어 쓰고, 첫 자모는 대문자로 쓴다.

Kǒngzǐ（孔子）　　　　　　Bāogōng（包公）
Xīshī（西施）　　　　　　　Mèngchángjūn（孟尝君）

④ 중국어 지명은 고유한 명칭(专名)과 통용되는 명칭(通名)은 띄어 쓰며, 띄어 쓰는 부분의 첫 자모는 대문자로 쓴다.

Běijīng Shì（北京市）　　　Héběi Shěng（河北省）
Yālù Jiāng（鸭绿江）　　　Tài Shān（泰山）
Dòngtíng Hú（洞庭湖）　　Táiwān Hǎixiá（台湾海峡）

专名과 通名의 단음절 부가성분은 연관성이 있는 부분과 이어 쓴다.
Xīliáo Hé (西辽河)　　　　　　　Jǐngshān Hòujiē (景山後街)
Cháoyángménnèi Nánxiǎojiē (朝旸门內南小街)

자연적으로 이루어진 마을 이름과 그 밖의 구분할 필요가 없는 专名, 通名은 각 음절을 이어 쓴다.
Wángcūn (王村)　　　　　　　Jiǔxiānqiáo (酒仙桥)
Zhōukǒudiàn (周口店)　　　　　Sāntányìnyuè (三潭印月)

⑤ 외국인명이나 지명의 한자 명칭은 한어병음으로 표기한다.
Wūlán fū (乌兰夫, Ulanhu)
Jièchuān Lóngzhījiè (芥川龙之介, Akutagawa Ryunosuke)
Apèi Awàngjìnměi (阿沛-阿旺晋美, Ngapoi Ngawang Jigme)
Mǎkèsī (马克思, Marx)　　　　　Wūlǔmùqí (乌鲁木齐, Urumqi)
Lúndūn (伦敦, London)　　　　　Dōngjīng (东京, Tokyo)

중국어로 음역된 명사는 한자음에 의거하여 표기한다.
Fēizhōu (非洲)　　　　　　　　Nánměi (南美)
Déguó (德国)　　　　　　　　　Dōngnányà (东南亚)

**다. 动词**

① 동사와 '着', '了', '过'는 이어 쓴다.
　　kànzhe (看着)　　　　　　jìnxíngzhe (进行着)
　　kànle (看了)　　　　　　　jìnxíngle (进行了)
　　kànguo (看过)　　　　　　jìnxíngguo (进行过)

문장의 끝에 오는 '了'는 띄어 쓴다.
　　Huǒchē dào le. (火车到了。)

② 동사와 빈어는 띄어 쓴다.
　　kàn xìn (看信)　　　　　　chī yú (吃鱼)
　　kāi wánxiào (开玩笑)　　　jiāoliú jīngyàn (交流经验)

动宾式 복합어의 중간에 다른 성분이 있으면 띄어 쓴다.
　　jūle yī gè gōng (鞠了一个躬)
　　lǐguo sān cì fà (理过三次发)

③ 동사(혹은 형용사)와 보어는 두 가지가 모두 단음절이면 이어 쓰고, 나머지 경우에는 띄어 쓴다.

gǎohuài (搞坏)　　　　　　dǎsǐ (打死)
shútòu (熟透)　　　　　　jiànchéng (建成[楼房])
huàwéi (化为[蒸气])　　　 dàngzuó (当做[笑话])
zǒu jinlai (走进来)　　　　zhěnglǐ hǎo (整理好)
jiànshè chéng (建设成[公园])
gǎixiě wéi (改写为[剧本])

**라. 형용사**

① 단음절 형용사와 중첩된 접미성분(前加成分)이나 접두성분(后加成分)은 이어 쓴다.

mēngmēngliàng (蒙蒙亮)　　liàngtāngtāng (亮堂堂)

② 형용사와 그 뒤에 온 '些', '一些', '点儿', '一点儿'은 띄어 쓴다.

dà xiē (大些)　　　　　　dà yīxiē (大一些)
kuài diǎnr (快点儿)　　　　kuài yidiǎnr (快一点儿)

**마. 대사**

① 복수를 나타내는 '们'과 그 앞의 대사는 이어 쓴다.

wǒmen (我们)　　　　　　tāmen (他们)

② 인칭대사·의문대사와 다른 단어는 띄어 쓴다.

Wǒ ài Zhōngguó.(我爱中国。) Tāmen huílái le.(他们回来了。)
Shuí shuō de ?(谁说的 ?)　　Qù nǎlǐ ?(去哪里 ?)

③ 지시대사 '这', '那', 의문대사 '哪'와 명사 혹은 양사는 띄어 쓴다.

Zhè rén (这人)　　　　　　nà cì huìyì (那次会议)
zhè zhī chuán (这只船)　　 nǎ zhāng bàozhǐ (哪张报纸)

'这', '那', '哪'와 '些', '麼', '样', '般', '里', '边', '会儿', '个'는 이어 쓴다.

zhèxiē (这些)　　　　　　zhème (这麼)
nàyàng (那样)　　　　　　zhèbān (这般)
nàli (那里)　　　　　　　nǎli (哪里)
zhèbiān (这边)　　　　　　zhèhuìr (这会儿)
zhège (这个)　　　　　　　zhèmeyàng (这麼样)

④ '各', '每', '某', '本', '该', '我', '你' 등과 그 뒤에 오는 명사나 양사는 띄어 쓴다.

  gè guó (各国)    gè gè (各个)
  gè rén (各人)    gè xuékē (各学科)
  měi nián (每年)    měi cì (每次)
  mǒu rén (某人)    mǒu gōngchǎng (某工厂)
  běn shì (本市)    běn bùmén (本部门)
  gāi kān (该刊)    gāi gōngsī (该公司)
  wǒ xiào (我校)    nǐ dānwèi (你单位)

### 바. 수사와 양사

① 한자 숫자는 한어병음을 쓰고, 아라비아 숫자는 아라비아 숫자를 그대로 쓴다.

  èr líng líng bā nián (二〇〇八年)  èr fēn zhī yī (二分之一)
  wǔ yòu sì fēn zhī sān (五又四分之三)  sān diǎn yī sì yī liù (三点一四一六)
  líng diǎn liù yī bā (零点六一八)  635 fēn jī (635分机)

② 11에서 99까지의 정수는 이어 쓴다.

  shíyī (十一)    shíwǔ (十五)
  sānshísān (三十三)    jiǔshíjiǔ (九十九)

③ '百', '千', '万', '亿'과 그 앞에 오는 1의 자리수는 이어 쓰고, '万', '亿'과 그 앞에 오는 10자리 이상의 수는 띄어 쓴다.

  jiǔyì líng qīwàn èrqiān sānbǎi wǔshíliù (九亿零七万二千三百五十六)
  liùshísān yì qīqiān èrbǎi liùshíbā wàn sìqiān líng jiǔshíwǔ (六十三亿七千二百六十八万四千零九十五)

④ 서수를 나타내는 '第'와 그 뒤에 오는 수사의 사이에는 횡선으로 연결한다.

  dì-yī (第一)    dì-shísān (第十三)
  dì-èrshíbā (第二十八)    dì-sānbǎi wǔshíliù (第三百五十六)

  수사('一'에서 '十'까지)와 '初'는 이어 쓴다.
  chūyī (初一)    chūshí (初十)

⑤ 월·일을 대표하는 수사는 중간에 횡선으로 연결한다.

  wǔ-sì (五四)    yī'èr-jiǔ (一二·九)

⑥ 수사와 양사는 띄어 쓴다.
  liǎng gè rén (两个人)          yī dà wǎn fàn (一大碗饭)
  liǎng jiān bàn wūzi (两间半屋子)  wǔshísān réncì (五十三人次)

  개략적인 수를 나타내는 '多', '来', '几'와 수사, 양사는 띄어 쓴다.
  yībǎi duō gè (一百多个)        shí lái wàn rén (十来万人)
  jǐ jiā rén (几家人)            jǐ tiān gōngfu (几天工夫)

⑦ '十几', '几十'는 이어 쓴다.
  shíjǐ gè rén (十几个人)         jǐshí gēn gāngguǎn (几十根钢管)

**사. 虚词**

허사와 그밖의 단어나 어구(词语)는 띄어 쓴다.

① 부사
  hěn hǎo (很好)           dōu lái (都来)
  gèng měi (更美)          zuì dà (最大)
  bù lái (不来)            yīng bù yīnggāi (应不应该)
  gānggāng zǒu (刚刚走)    fēicháng kuài (非常快)
  shífēn gǎndòng (十分感动)

② 전치사
  zài qiánmiàn (在前面)
  xiàng dōngbiān qù (向东边去)
  wèi rénmín fúwù (为人民服务)
  cóng zuótiān qǐ (从昨天起)
  shēng yú 1940 nián (生于1940年)
  guānyú zhège wèntí (关于这个问题)

③ 접속사
  gōngrén hé nóngmín (工人和农民)
  guāngróng ér jiānjù (光荣而艰巨)
  bùdàn kuài er2qiě hǎo (不但快而且好)
  Nǐ lái háishi bù lái? (你来还是不来?)

④ 구조조사 '的', '地', '得', '之'
　　dàdì de nǚ'ér (大地的女儿)
　　Zhè shì wǒ de shū. (这是我的书。)
　　Wǒmen guòzhe xìngfú de shēnghuó. (我们过着幸福的生活。)
　　Shāngdiàn li bǎimǎnle chī de, chuān de, yòng de. (商店里摆满了吃的, 穿的, 用的。)
　　mài qīngcài luóbo de (卖青菜萝卜的。)
　　Tā zài dàjiē shàng mànman de zǒu. (他在大街上慢慢地走。)
　　Tǎnbái de gàosu nǐ ba. (坦白地告诉你吧。)
　　Tā yī bù yī gè jiǎoyìnr de gōngzuòzhe. (他一步一个脚印儿地工作着。)
　　dǎsǎo de gānjìng (打扫得干净)
　　xiě de bù hǎo (写得不好)
　　hòng de hěn (红得很)
　　lěng de fādǒu (冷得发抖)
　　shànnián zhī jiā (少年之家)
　　zuì fādá de guójiā zhī yī (最发达的国家之一)

附: '的', '地'는 기술적인 처리면에서 필요에 따라 각각 'd', 'di', 'de'로 표기할 수도 있다.

⑤ 어기조사
　　Nǐ zhīdao ma? (你知道吗?)
　　Zěnme hái bù lái a? (怎麽还不来啊?)
　　Kuài qù ba! (快去吧!)
　　Tā shì bù huì lái de (他是不会来的。)

⑥ 탄사
　　A! Zhēn měi! (啊! 真美!)
　　Ng, nǐ shuō shénme? (嗯, 你说什麽?)
　　Hng, zǒuzhe qiáo ba! (哼, 走着瞧吧!)

⑦ 拟声词
　　pa! (啪!)
　　huahua (哗哗)
　　jiji-zhazha (叽叽喳喳)
　　'honglong' yī shēng ('轰隆'一声)

Dà gōngjī wo---wo---tí.（大公鸡喔喔啼。）

Dū---, qìdí xiǎng le.（嘟，汽笛响了。）

**아. 成语**

① 사자성어 가운데 두 자씩 나누어 읽을 수 있는 것은 중간에 횡선을 표기한다.

céngchū-bùqióng（层出不穷）　　fēngpíng-làngjìng（风平浪静）
àizēng-fēnmíng（爱憎分明）　　shuǐdào-qúchéng（水到渠成）
yángyáng-dàguān（洋洋大观）　　píngfēn-qiūsè（平分秋色）
guāngmíng-lěiluò（光明磊落）　　diānsān-dǎosì（颠三倒四）

② 두 자씩 나누어서 읽을 수 없는 사자성어나 숙어 등은 모두 이어 쓴다.

bùyìlèhū（不亦乐乎）　　zǒng'éryánzhī（总而言之）
àimònéngzhù（爱莫能助）　　yīyīdàishuǐ（一衣带水）
húlihútu（胡里胡途）　　hēibuliūqiū（黑不溜秋）
diào'erlángdāng（吊儿郎当）

③ 네 글자 구조 아닌 성어와 그 외 숙어는 내부 구조 중 단어에 의하여 띄어 쓴다.

bēi hēiguō（背黑锅）
yī bíkǒng chū qìr（一鼻孔出气儿）
bā gānzi dǎ bù zháo（八竿子打不着）
zhǐ xǔ zhōuguān fàng huǒ, bù xǔ bǎixìng diǎn dēng（只许州官放火，不许百姓点灯）
xiǎochōng bàn dòufu－－yīqīng-èrbái（小葱拌豆腐－－一青二白）

**자. 대문자 표기**

① 문장의 첫 자모는 대문자로 표기한다.

Chūntiān lái le.（春天来了。）
Wǒ ài wǒ de jiāxiāng.（我爱我的家乡。）

시가의 각 줄의 첫 자모는 대문자로 표기한다.

≪Yǒude Rén≫（≪有的人≫）
Zāng Kèjiā（臧克家）
Yǒude rén huózhe,（有的人活着,）
Tā yǐjīng sǐ le；（他已经死了；）
Tā hái huózhe.（他还活着。）

② 고유명사의 첫 자모는 대문자로 표기한다.
　　Běijīng（北京）　　　　　Chángchéng（长城）
　　Qīngmíngjié（清明节）

몇 개의 단어로 이루어진 고유명사는 각 단어의 첫 자모를 대문자로 표기한다.
　　Guójì Shūdiàn（国际书店）
　　Hépíng Bīnguǎn（和平宾馆）
　　Guāngmíng Rìbào（光明日报）

고유명사의 모든 자모를 대문자로 쓰는 경우도 있다.
XIANDAI HANYU CIDIAN(现代汉语词典)　BEIJING(北京)
LI HUA(李华)　　　　　　　DONGFANG SHUO(东方朔)

③ 고유명사와 보통명사를 이어 쓰는 경우에는 첫 자모를 대문자로 써야 한다.
　　Zhōngguórén（中国人）　　　Míngshǐ（明史）
　　Guǎngdōnghuà（广东话）　　Hànyǔ（汉语）
　　Yuèyǔ（粤语）　　　　　　Fójiào（佛教）
　　Tángcháo（唐朝）

이미 보통명사로 변한 것은 첫 자모를 소문자로 쓴다.
　　guǎngān（广柑）　　　　　zhōngshānfú（中山服）
　　chuānxiōng（川芎）　　　　zàngqīngguǒ（藏青果）

## 차. 줄여 쓰기

① 모든 한자 한자병음의 첫 자모를 취하여 대문자로 이어 쓴다.
　　Běijīng(缩写：BJ)（北京）　ruǎnwò(缩写：RW)（软卧）

② 단어나 음절 단위로 띄어 쓴 한자 한어병음의 첫 자모를 취하여 대문자로 이어 쓴다.
　　hànyǔ shuǐpíng kǎoshì(缩写：HSK)（汉语水平考试）
　　pǔtōnghuà shuǐpíng cèshì(缩写：PSC)（普通话水平测试）

③ 한어병음 줄여 쓰기 형식을 나타내기 위하여 모든 대문자 자모 뒤에 작은 점을 붙이기도 한다.
　　Běijīng(北京) - B.J.
　　guójiā biāozhǔn(国家标准) - G.B.

④ 중국어 이름 경우, 성은 전체를 쓰는데 첫 자모를 대문자로 쓰거나 혹은 성 전체 병음을 대문자로 쓴다. 이름은 각 한자 병음의 첫 자모를 대문자로 쓰고 뒤에 작은 점을 붙인다.

Lǐ Huá(줄여 쓰기 : Lǐ H. 혹은 LI H.) (李华)

Wáng Jiànguó(줄여 쓰기 : Wáng J. G. 혹은 WANG J.G.) (王建国)

Dōngfāng Shuò(줄여 쓰기 : Dōngfāng S. 혹은 DONGFANG S.) (东方朔)

Zūgě Kǒngmíng(줄여 쓰기 : Zūgě K.M. 혹은 ZHUGE K.M.) (诸葛孔明)

**카. 줄바꾸기**

① 줄을 바꿀 경우에는 음절에 의거하여 분리하며 음절 중간에 분리하지 않는다. 음절 뒤 횡선을 붙인 뒤 줄을 바꾼다.

'……guāng-

míng'(光明)으로는 할 수 있다.

'……gu-

āngmíng'(光明)으로 표기해서는 안 된다.

② 중국어 이름 간칭 중간에 줄을 바꾸어 쓸 수 없다.

Wáng J. G. (王建国) '……Wáng

J. G. '(王建国)로 할 수 있다.

'……Wáng J.-

G. '(王建国)로 할 수 없다.

③ 줄을 바꿀 때 음절 앞에 있는 격음부호는 없애고 횡선을 붙인다.

Xī'ān(西安) '……Xī-

ān '(西安)으로 표기할 수 있다.

'……Xī'-

ān '(西安)로 표기할 수 없다.

④ 연결부호가 있는 곳에서 줄을 바꿀 경우, 연결부호를 끝에 남기고 행을 바꾸어 연결부호를 다시 한 번 쓴다.

chēshuǐ- mǎlóng (车水马龙) '……chēshuǐ-

-mǎlóng '(车水马龙)로 표기한다.

**타. 성조 표기**

① 성조는 일률적으로 원래 성조를 표기한다.

yī jià (一架)　　　　　　　yī tiān (一天)

yī tóu (一头)　　　　　　yī wǎn (一碗)
qīwàn (七万)　　　　　　qī běn (七本)
bā gè (八个)　　　　　　qīshàng-bāxià (七上八下)
bù qù (不去)　　　　　　bù duì (不对)
bùzhìyú (不至于)

그러나 발음을 가르칠 때에는 필요에 따라 변조로 표기해도 된다.

② 'ABB, AABB' 구조 어휘에서 'BB'에 해당하는 한자의 병음은 원래 성조를 표시하고 변조를 표시 하지 않는다.
lǜyóuyóu (绿油油)　　　　　chéndiàndiàn (沉甸甸)
hēidòngdòng (黑洞洞)　　　 piàopiàoliàngliàng (漂漂亮亮)

구어에서 일부 어휘는 변조를 사용하고 또 변조를 표시한다.
hóngtōngtōng (红彤彤)　　　xiāngpēnpēn (香喷喷)
huángdēngdēng (黄澄澄)

③ 때로는 고유명사는 성조를 표시하지 않기도 한다.
Li Hua (缩写 : Li H.或LI H.) (李华)　　Beijing (北京)
RENMIN RIBAO (人民日报)　　WANGFUJING DAJIE (王府井大街)

④ ≪汉语拼音方案≫에 규정한 성조표시 규정 외에 기술 처리 상 아라비아 숫자 '1, 2, 3, 4, 0'를 사용하여 각각 사성과 경성을 표시하기도 한다.

## 파. 표점부호 사용 규칙

한어병음의 마침표(句号)는 점 '.'을 사용하고 연결부호(连接号)는 반자선 '-', 생략부호(省略号)는 세 개 점 '…'을 사용, 모점(顿号)은 쉼표 ','로 대체할 수 있다.

## 하. 변칙

① 한어병음은 기본적으로 품사에 의거하여 표기하지만 초보 학습자의 한자 학습의 편의를 위하여 글자마다 한어병음을 표기할 수 있다.

② 사전(辞书) 류 서적은 성어나 다른 어휘의 내부 구조를 드러내기 위하여 단어나 형태소를 띄어 표기할 수 있다.
chīrén shuō mèng (痴人说梦)　　wèi yǔ chóumóu (未雨绸缪)
shǒu kǒu rú píng (守口如瓶)　　　Hēng-Hā èr jiàng (哼哈二将)
Xī Liáo Hé (西辽河)　　　　　　　Nán-Běi Cháo (南北朝)

③ 사전(辞书) 류 서적은 경성음절을 나타내기 위하여 음절 앞에 점을 사용할 수 있다.
   zhuāng‧jia (庄稼)          qīng‧chu (清楚)
   kàn‧deqǐ (看得起)

   만약 경성과 원래 성조 두 가지로 읽을 경우 음절 위에 원래성조도 표기할 수 있다.
   hóu‧lóng (喉咙)            zhī‧dào (知道)
   tǔ‧xīngqì (土腥气)

④ 정보처리 면에 있어서 전체 개념을 나타내는 다음절 구조 한자는 전부 이어 쓸 수 있다.
   guómínshēngchǎnzǒngzhí (国民生产总值)
   jìsuànjītǐcéngchéngxiàngyí (计算机体层成像仪)
   shìjièfēiwùzhìwénhuàyíchǎn (世界非物质文化遗产)

## 08 음의 변화(音变)

사람들이 말할 때 음절 사이에 발음상 변화가 생기게 되는데 이런 변화에는 音素의 변화도 있고 声调의 변화도 있다. 이런 변화를 음변(音变)라고 한다. 표준말 어음에서 흔히 볼 수 있는 현상들로는 성조변화(变调), 轻声, 형용사 중첩 후의 발음변화, 儿化韵, '啊'의 발음 변화 등이 있다.

**원문참고**

在语流中, 有些音节的声调起了一定的变化, 与单读时调值不同, 这种变化叫做变调。例如"美""好"连着念, 听起来像是"梅好"。

(1) **성조변화**(变调)

① 제3성의 성조 변화 [기출1998-9]

제3성은 단독으로 읽을 때는 조치(调值)는 214다. 그런데 말의 흐름 속에서 문장 끝에서는 조치가 변하지 않지만 그 외 경우에는 35 혹은 21로 변한다.

㉠ 3성과 3성이 나란히 나오면 앞의 3성은 조치가 214에서 35로 변한다. 이러한 변화는 역행이화(逆行异化)에 속한다.

214 + 214 → 35 + 214
你好 nǐhǎo   很好 hěnhǎo   水果 shuǐguǒ   了解 liǎojiě

원래 3성이었던 성조가 경성으로 변한 글자 앞에서는 두 가지의 변조가 있다.

- 214 + 경성 → 35 + 경성 : 捧起  想起  等等  讲讲  哪里  小姐
- 214 + 경성 → 21 + 경성 : 姐姐  奶奶  嫂子  耳朵  马虎  毯子

ⓒ 그 외에 3성 뒤에 1, 2, 4, 경성이 오면, 앞의 3성은 반3성, 조치가 214에서 21로 변한다. 즉 3성 성조의 앞 부분만 (내리는 부분만) 음을 낸다. 원래 비3성이었던 글자가 경성으로 변한 글자 앞에서도 마찬가지다.

제1성 앞에서 : 首都  北京  统一
제2성 앞에서 : 祖国  海洋  语言
제4성 앞에서 : 解放  土地  巩固
경성 앞에서 : 尾巴  起来  里头

ⓒ 3개 3성이 연달아 있을 경우 앞 두 개 3성은 단어 내부의 의미 연결 단락에 따라 정한다. 두 가지 경우가 있다.

- 앞 2개 3성음절의 의미 관계가 긴밀할 경우 의미는 두 번째 음절 뒤에서 분리된다. 이를 '쌍단격식(双单格)'이라 한다. 앞 2개 3성 모두 35로 변한다.

  (214 + 214) + 214 → 35 + 35 + 214 : 展览馆  手写体  洗脸水

- 뒤 2개 3성음절의 의미 관계가 긴밀할 경우 의미는 첫 번째 음절 뒤에서 분리된다. 이를 '단쌍격식(单双格)'이라 한다. 앞 음절 2개는 21 + 35로 변한다.

  214 + (214 + 214) → 21 + 35 + 214 : 纸老虎  有理想  很勇敢

② 一, 七, 八, 不의 성조 변화

'一'와 '不'는 고대시기에 모두 入声调였고, 현대 표준말 어음에서는 또 음의 변화가 있기 때문에 방언지역 사람들은 이 두 글자를 정확하게 읽기 어려워한다.

㉠ '一'의 성조변화 [기출2021-A5] [기출2002-2] [기출1998-9]

첫째, '一'의 기본성조는 阴平 yī 이다. 단독으로 읽거나, 단어 끝에 오거나, 序数 중에 쓰일 경우에는 모두 阴平으로 읽는다.

一 yī   十一 shíyī   第一 dìyī   唯一 wéiyī

둘째, '一' 뒤에 4성과 4성이 변화된 경성이 오면 2성으로, 1, 2, 3성이 오면 4성으로 읽는다.

一样 yíyàng　一个 yíge　一天 yìtiān　一直 yìzhí　一起 yìqǐ

셋째, 같은 동사의 중간에 쓰이면, 경성으로 읽는다.

想一想 xiǎngyixiǎng　看一看 kànyikàn　tányitán

ⓛ '七, 八'의 성조변화

원래 1성이지만, 뒤에 4성이 오면 2성으로 읽는다. 이 경우에는 원래 성조대로 1성으로 발음해도 된다.

七月 qíyuè　八月 báyuè　七个 qíge　八个 báge

ⓒ '不'의 성조변화 [기출1998-9]

첫째, "不"의 기본성조는 去声 bù이다. 단독으로 읽거나 단어 끝에 쓰일 경우에는 성조가 변하지 않고 그대로 4성으로 발음한다. 예 不, 你去不?

둘째, 뒤에 4성이 오면 2성으로 읽는다. 예 不是 búshì　不看 búkàn

셋째, 서로 같은 동사나 형용사 사이에 있을 경우에는 경성으로 읽는다. 예 来不来　好不好

넷째, 가능보어 중에 있을 때, 경성으로 읽는다. 예 做不好　买不起

> **원문참고**
>
> 有些音节的声调在语流中连着念会起一定的变化，与单念时调值不同，这种声调的变化叫做变调。

(2) 轻声

중국어의 매 글자마다 자기 고유의 성조를 가지고 있다. 하지만 어떤 경우 자신의 성조를 버리고 짧고 가벼운 성조로 변화되는데, 이를 '轻声'이라고 한다. 짧게 변하기 때문에 '平, 升, 降, 曲'의 변화가 나타나지 않으나, 앞의 성조에 따라서 低·中·高调로 읽혀진다. 汉语拼音方案에서 경성은 성조 표기를 하지 않는 것으로 규정하고 있다.

① 读法

경성의 읽는 법은 앞에 오는 음에 따라 정해진다.

| 경성의 위치 | 소리의 높낮이 | 예 |
|---|---|---|
| 제1성 뒤에서 | 반저(半低) | 他的(tāde) |
| 제2성 뒤에서 | 중(中) | 黄的(huángde) |
| 제3성 뒤에서 | 반고(半高) | 你的(nǐde) |
| 제4성 뒤에서 | 최저(低) | 大的(dàde) |

경성 음절은 音长, 音高, 音强의 변화가 발생할 뿐만 아니라 성모와 운모 중 자음 모음의 음색 변화도 발생한다.

哥哥[kɤ⁵⁵gə²] : 清塞音声母가 浊塞音으로, 后 元音 韵母가 央元音으로 변화
耳朵 [ə˞²¹ duo⁴] : 清声母 [t]가 浊声母 [d]로 변화
鼻子[pi³⁵dzə³] : 清声母 [ts]가 浊声母 [dz]로, 舌尖前元前音이 央元音으로 변화
棉花[miɛn³⁵xuə³] : 低元音 韵母 [A]가 央元音 [ə]으로 변화
豆腐 [tou⁵¹f¹] : 韵母 [u] 탈락

경성은 音强, 音长, 音高, 音色 네 요소와 모두 관련이 있다는 것을 알 수 있다.

② **轻声으로 읽는 경우** [기출2009-1] [기출2008-6]

표준말 어음에서 어떤 음절을 경성으로 읽는가 하는 것은 일정한 규칙이 있다. 그것은 어휘, 문법과 밀접한 관계가 있다.

- 조사 : 了 过 着 的 地 得 (你的 轻轻的 站着 去了)
- 어기조사 : 吧 吗 啊 哇 呢 啦 (是啊 走吗 去吧 做什么呢)
- 접미사 : 子 儿 们 头 么 (桌子, 我们, 舌头)
- 명사, 대명사, 형용사 뒤에서 방위를 표시하는 성분 : 书包里, 这里, 早上
- 중첩된 두 글자로 된 단어의 뒷 글자 : 哥哥 奶奶 星星
- 단음절 동사가 중첩할 때 뒷 글자 : 洗洗 想想
- 쌍음절 동사 중첩식 ABAB의 두 번째 음절 : 研究研究 考虑考虑
- 쌍음절 단어의 뒷 글자를 습관상 경성으로 읽는 것이 있다 : 太阳 大夫 消息 先生
- 동사 형용사 뒤의 방향보어 : 下去 出去 拿起来 冷下去
- 다음 단어의 밑줄 친 글자 : 黑<u>不</u>溜秋 傻<u>不</u>愣登 胡里胡涂
- 동사 바로 뒤에 오는 '在', '到' 등의 전치사 : 贴在墙上 住在北京

③ 轻声의 역할 [기출2017-B5] [기출2006-4]
　㉠ 단어의 뜻을 구별한다.
　　东西 dōngxi (물건)　　　　东西 dōngxī (동과 서)
　　地道 dìdao (전통적이다)　　地道 dìdào (지하 갱도)
　　孙子 sūnzi (손자)　　　　孙子 sūnzǐ (인명)
　　兄弟 xiōngdi (동생)　　　　兄弟 xiōngdì (형과 동생)
　　包子 bāozi (만두)　　　　孢子 (bāozǐ) (포자 : 균류나 식물 등의 생식 세포)
　　瞎子 (xiāzi) (맹인)　　　　虾子 (xiāzǐ) (새우 알)
　　龙头 (lóngtou) (굴레)　　　龙头 (lóngtóu) (용 머리)
　　本事 (běnshi) (능력, 수완)　本事 (běnshì) (문학 작품의 출처가 되는 고사)

　㉡ 품사를 구별한다.
　　大意 dàyi (형용사, 소홀하다)　　大意 dàyì (명사, 대의 요지)
　　利害 lìhai (형용사, 극렬하다)　　利害 lìhài (명사, 이익과 손해)
　　人家 rénjia (대명사, 다른 사람이나 자신을 가리킴)
　　人家 rénjiā (명사, 인가)　　花费 huāfei (명사)
　　花费 huāfèi (동사)

📖 원문참고

• 有些轻声音节具有区别意义的作用：
　　如："他的孙子在工厂当工人。"／"古代的孙子是一位军事理论家。"这两句中的"孙子"都是名词，但词义不同。在前句中指儿子的儿子，"子"是虚语素，读轻声；在后句中是人名，这个"子"古代表示对人的敬称，不是虚语素，读上声

• 有时轻声音节不但区别了意义也区分了词性：
　　如："办事情不能大意。"／"这篇文章的段落大意很清楚。"上句的"大意"是"疏忽"的意思，是形容词，"意"读轻声；下句的"大意"指的是"主要的意思"，是名词，"意"读去声

(3) 儿化韵

　　卷舌韵母인 '儿er'은 그 자체로 음절을 구성하는 외에, 접미사로서 명사나 동사, 형용사 음절 뒤에 붙어 선행음절의 일부로 동화되어 卷舌作用을 하는 경우가 있는데, 이러한 현상을 '儿化'라고 하며, 그렇게 결합된 韵母를 '儿化韵'이라 한다. '儿化'가 되면 본래의 음에 변화가 생기지만, 발음을 표기할 때는 변화된 발음대로 적지 않고, 본래 音节 뒤에 'r'만을 붙여주면 된다. [기출2008-2] 발음할 때에는 다음과 같은 규칙에 따라 변화하여 읽는다.

① 儿化韵의 음변 규칙 [기출2010-4] [기출2001-2]

| 운모 | '儿'때 변화 규칙 | 례 | 국제음표 '儿'화 전 → '儿'화 때 |
|---|---|---|---|
| 운미가 없거나 u, o가 운미일 때 | 권설동작만 더한다. | 小车儿<br>小鸟儿 | ① tsʰɤ - tsʰɤ r<br>② niau - niaur |
| 운미가 -i, -n일 때 | 권설 때 운미가 탈락되고, 경우에 따라서는 운복이 변한다. | 一块儿<br>一点儿<br>没准儿<br>背心儿 | ③ kʰuai - kʰuer<br>④ tiɛn - tiɛr<br>⑤ tʂuən - tʂuər<br>⑥ ɕin - ɕiər |
| 운복이 고모음 I, ü일 때 | 중설모음 ə이 더해진다. | 小鸡儿<br>有趣儿 | ⑦ tɕi - tɕiər<br>⑧ tɕʰy - tɕʰyər |
| 설첨모음 -i[ɿ], [ʅ]일 때 | ə음으로 변한다. | 瓜子儿<br>树枝儿 | ⑨ tsɿ - tsər<br>⑩ tʂʅ - tʂər |
| 운미가 -ng일 때 | 운미는 탈락되고, 모음은 비음화되며, 운복이 i 인 것은 ə가 더해진다. | 帮忙儿<br>花瓶儿 | ⑪ maŋ - mãr<br>⑫ pʰiŋ - pʰiə̃r |

### 원문참고

儿化音变의 规律简表

| 韵母 | 儿化时的音变规律 | 例词 | 国际音表 儿化前 → 儿化时 |
|---|---|---|---|
| 无韵尾或有u韵尾 | 只加卷舌动作 | 小车儿<br>小鸟儿 | ① tsʰɤ - tsʰɤ r<br>② niau - niaur |
| 有-i、-n韵尾的 | 卷舌时使韵尾丢失,有的要改变韵腹 | 一块儿<br>一点儿<br>没准儿<br>背心儿 | ③ kʰuai - kʰuer<br>④ tiɛn - tiɛr<br>⑤ tʂuən - tʂuər<br>⑥ ɕin - ɕiər |
| 有高元音 i、ü韵腹的 | 加央元音 ə | 小鸡儿<br>有趣儿 | ⑦ tɕi - tɕiər<br>⑧ tɕʰy - tɕʰyər |
| 有舌尖元音 [ɿ] [ʅ]的 | 变成 ə | 瓜子儿<br>树枝儿 | ⑨ tsɿ - tsər<br>⑩ tʂʅ - tʂər |
| 有-ng韵尾的 | 卷舌时使韵尾丢失,元音鼻化, 有韵腹的要加ə | 帮忙儿<br>花瓶儿 | ⑪ maŋ - mãr<br>⑫ pʰiŋ - pʰiə̃r |

② 儿化韵의 용도 [기출2011-3] [기출2001-2]
　첫째, 작고 가볍고 사랑스러운 것을 나타낸다.
　小桌儿 (xiǎozhuōr) 작은 탁자
　冰棍儿 (bīnggùnr) 아이스 바
　女孩儿 (nǚháir) 여자아이

　둘째, 단어의 품사가 구별된다.
　好 (hǎo) 좋다. 형용사 → 好儿 (hǎor) 호의. 명사
　盖 (gài) 덮다. 동사 → 盖儿 (gàir) 덮개. 명사
　画 (huà) 그리다. 동사 → 画儿 (huàr) 그림. 명사
　尖 (jiān) 뾰족하다. 형용사 → 尖儿 (jiānr) 첨단, 으뜸. 명사

　셋째, 단어의 의미가 구별된다.
　这(zhè) 이 → 这儿(zhèr) 여기
　眼(yǎn) 눈 → 眼儿(yǎnr) 작은 구멍
　头(tóu) 머리 → 头儿(tóur) 발단, 단서

### 원문참고

　　儿化有什么作用?
　a. 区别词义, 有的词儿化以后具有比喻义。例如：眼(眼睛)-眼儿(小孔)
　b. 区分词性, 兼做动、名两类的词或形容词, 儿化后就固定为名词。
　　例如：尖(形容词)-尖儿(名词)
　c. 附加较小的、可爱的、讨人喜欢的等感情色彩。例如：小花儿　女孩儿

### (4) 형용사의 성조 변화

　형용사가 중첩된 후 두 번째 음절은 변화된 음으로 읽어도 되고 원래의 성조되로 읽어도 된다. 중첩된 후 儿化로 발음하면 일반적으로 阴平으로 변하고 儿化로 발음하지 않을 경우에는 원래의 성조대로 발음한다.
　好好地　hǎohǎodi　　　好好儿地　hǎohāorde
　慢慢地　mànmànde　　慢慢儿地　mànmānrde

### (5) 어기조사 '啊'의 음의 변화 [기출2003-2]

　어기조사 '啊'는 零声母 음절이다. 실제 언어 사용에서 문장 끝에 쓰이는 '啊'는 앞 음절의 마지막 音素의 영향을 받아 연음 혹은 동화현상이 일어난다. 예를 들면, 'ya', 'wa', 'na' 등으로 변한다. 이러한 발음변화는 일정한 규칙이 있다.

'啊'의 音变 规律表

| 앞글자의 운복 또는 운미+a | '啊'의 音变 | 汉字写法 | 举例 |
|---|---|---|---|
| a、o、e、ê、i、ü +a → | ya | 呀 | 他呀、磨呀、鹅呀、写呀、鸡呀、鱼呀、 |
| u, o(ao, iao) +a → | wa | 哇 | 苦哇 好哇 妙哇 |
| n+a → | na | 哪 | 难哪 新哪 弯哪 |
| ng+a → | nga | 啊 | 香啊 唱啊 红啊 |
| -i[ʅ], er +a → | ra[ʐA] | 啊 | 是啊 店小儿啊 |
| -i[ɿ] +a → | [zA] | 啊 | 次啊 死啊 |

※ [zA] : 'z'는 's'와 발음 부위가 같은 탁음

**(6) 동화 · 이화 · 약화 · 탈락** [기출2011논술교과내용-3]

음위와 음위가 이어질 때 옆 음의 영향을 받거나 혹은 말할 때 속도와 고저 강약에 따라 어음의 변화가 발생하기도 한다. 이러한 음변 현상에는 동화(同化)·이화(异化)·약화(弱化)·탈락(脱落) 네 종류가 대표적이다.

① 同化

연이어 나오는 두 개의 음이 서로 영향을 주어 그 중의 한 음이 다른 음과 동일하거나 유사한 음으로 변하는 현상이다.

㉠ 자음 동화
ⓐ 뒤에 나오는 설근음 g k h의 영향을 받아 앞 음절의 운미 n이 ng로 변한다.
难怪 nán guài → náng guài
顺口 shùn kǒu → shùng kǒu

ⓑ 뒤에 나오는 b, p, m의 영향을 받아 앞 음절의 운미 n이 m으로 변한다.
干部 gàn bù → gàm bù

ⓒ 모음 사이에 있는 무성음은 앞뒤 모음의 영향을 받아 유성음으로 변한다.
我的의 d, 爸爸의 두 번째 b

㉡ 모음동화
a가 앞 뒤의 음의 영향을 받아 [ɛ]로 변하는 경우 : ian [iɛn]   yuan [yɛn]
o가 앞 음의 영향을 받아 [ʊ]로 변하는 경우 : ao [aʊ]*
* ao[aω]로 보기도 함

② 异化

　　동화현상과 반대되는 현상으로 서로 동일하거나 유사한 음이 두 개 혹은 그 이상 중복되어 나올 때 그 중의 하나가 다른 음으로 바뀌어 발음되는 현상이다.
　　• 3성과 3성이 연이어 나올 경우 앞의 3성이 2성으로 변하는 경우

③ 弱化

　　• 강한 음이 비교적 약한 음으로 변하는 현상
　　　일반적으로 유성음은 무성음보다 약하고, 중설모음은 전설모음이나 후설모음보다 약하고, 개모음이나 폐모음보다는 반폐, 반개모음이 약하다.
　　妈妈 [mAmə]　　棉花 [miɛnxuə] : 低元音 [A] 가 央元音 [ə]으로 변화
　　桌子 [tʂuədzə]　　小说 [ɕiauʂuə] : 半高元音 [o˚] 가 央元音 [ə]으로 변화

④ 脱落

　　음이 연속되는 과정에서 원래 존재했던 음소가 없어지는 현상을 말한다.
　　i, u가 발음되지 않는 경우
　　意思 yis　　东西 dongx　　不知道 buzhdao　　豆腐 douf

## 09　音位

(1) 음위란?

① 음위 귀납 방법

　　한 언어에서 뜻을 구별할 수 있는 제일 작은 어음단위를 '音位'라고 한다. 즉 음의 차이가 의미의 변화를 야기할 때 이 음을 하나의 '음위(音位)'로 귀납한다. 음위 귀납조건으로 의미 구분 기능 즉 '변의 기능(辨义功能)'은 매우 중요한 기준이다. 자음으로 인하여 의미 구분이 일어날 경우 '辅音音位'라 부르고, 모음으로 인하여 의미 변화가 일어날 때 '元音音位', 성조로 인한 음위를 '声调音位(간칭 '调位')'라고 한다.

　　㉠ 八 [pA⁵⁵]　　　搭 [tA⁵⁵]　　　他 [tʰA⁵⁵]
　　㉡ 沙 [ʂA⁵⁵]　　　书 [ʂu⁵⁵]　　　奢 [ʂɤ⁵⁵]
　　㉢ 班 [pan⁵⁵]　　　板 [pan²¹⁴]　　办 [pan⁵¹]

　　'八·搭·他'의 발음은 모음과 성조는 서로 같은데, 자음 [p·t·tʰ]가 서로 다르기 때문에 뜻이 서로 다르다. 따라서 이들의 음위를 보음음위 / p / : / t / : / tʰ /로 나타낸다. ㉡ '沙·

书·奢'는 자음과 성조가 서로 같고, 모음 [ɤ·A·u]이 서로 다르기 때문에 서로 뜻이 다르다. 이들의 음위는 원음음위 / A / : / u / : / ɤ /로 나타낸다. ⓒ '班·板·办'은 자음과 모음은 서로 같은데, 성조가 다름으로 인하여 뜻이 달라진다. 이들의 음위는 성조음위 / 55(阴平) / 214(上声) / : / 51(去声) /으로 나타낼 수 있다.

여기에서 언급한 '八·搭·他'의 자음 음위와 '沙·书·奢'의 모음음위는 모두 음소로 구성된 것이고, 이 음소간의 차이는 음색(音色 혹은 音质)의 차이다. 그래서 음소로 구성된 음위를 '음질음위(音质音位)'라고 칭한다. 또 이런 음질음위는 고정된 음의 단락(音段)에서 나타나기 때문에 '음단음위(音段音位)'라고도 한다.

성조음위(간칭 调位)는 주로 음고(音高) 특징으로 이루어지는데, 음고는 음질이 아니기 때문에 '비음질음위(非音质音位)'에 속한다. 비음질음위는 音段의 제한을 받지 않기 때문에 '초음단음위(超音段音位)'라고도 칭한다.

② 음위변체(音位变体)

표준말 어음에서의 声母 21, 韵母 39, 声调 4개, 그 외 音素, 어음변화 등에 대하여 살펴보았는데, 실제 사람들이 말할 때 나타나는 音素와 声调는 이보다 훨씬 더 많다. 다만 소리의 변화가 미세하여 실제 생활에 영향을 주지 않기 때문에 사람들이 거기에 대해 하나하나 구별할 필요성을 느끼지 않았을 따름이다. 발음이 서로 다르지만 의미의 변화가 없을 때 이런 음을 '음위 변체'라고 한다.

하나의 音位에는 한 가지 발음이 있을 수도 있고, 몇 개의 비슷한 발음이 있을 수도 있다. 'sh'와 's'는 吳方言에서는 하나의 音位에 속하지만 北京 말에서는 서로 다른 두 音位이다. 또 吳方言에서는 'zh, ch, sh'는 없고, 'z, c, s'만 있다. 그래서 '师长'과 '司长'은 발음이 같다. 하지만 북경 말에서는 엄격히 구별된다.

하나의 音位는 발음이 비슷한 한 조의 变体를 갖고 있을 수 있다. 예를 들면 표준말 어음에서 元音音素 'a'는 다음과 같이 여러 발음으로 남을 알 수 있다. 이 때 의미 변화는 발생하지 않는다. 이들은 서로 음위변체 관계에 있다. [기출2017-B7]

| 음위(音位) | 음위변체(音位变体) | 출현조건 | 예 |
|---|---|---|---|
| /a/ | [a] | 운미 [-i] 혹은 [-n] 앞 | [aI] [an] |
| | [A] | 운미가 없는 음절 | [IA] [uA] |
| | [ɑ] | 운미 [-u] 혹은 [-ŋ] 앞 | [au] [aŋ] |
| | [ɛ] | 운두 [i-], [ü]와 운미 [-n] 사이 | [Iɛn] |

이 4개의 音素 [A], [a], [ɑ], [ɛ]는 발음이 비슷하기 때문에 [A]로 발음한다 하더라도 발음이 표준적이지 못할 뿐이지 단어의 뜻을 구별하거나 생활에 영향을 주지는 않는다. 때문에 이 4개의 音素를 하나의 音位로 귀납할 수 있다. 어음학에서는 [a]를 대표로 하고 나머지 3개는 变体로 본다. 음위를 나타낼 때는 부호 '/ /'를 사용한다.

변체에는 조건 변체와 자유 변체가 있다. 위 표에서 볼 수 있듯이 / a /의 여러 가지 음위 변체는 각각 출현조건이 있다. 이처럼 일정한 조건에서 출현하는 음위변체를 '조건변체(条件变体)'라고 한다. 출현 환경의 제한 없이 자유롭게 치환이 가능하면서 의미의 변화가 없는 음위 변체를 '자유변체(自由变体)'라고 한다. 즉 여러 개의 발음으로 나타나지만 의미의 변화가 없는 경우다. 예를 들면 북경 말에서 '挖 窝 歪 微 文 翁'의 시작 음은 모두 두 종류의 발음법이 있다.

'挖 窝 歪 微 文 翁'의 시작 음
- 첫째, 두 입술을 오므리면서 약간의 마찰이 있다 : 쌍순반모음(双唇半元音) [w]
- 둘째, 위 치아를 가볍게 아래 입술에 접촉하면서 약간의 마찰이 있다 : 순치반원음(唇齿半元音) [ʋ]

이 두 종류의 읽는 법은 서로 바꾸어 사용할 수 있고, 이 때 의미 변화가 발생하지 않는다. 따라서 동일 音位의 속하는 두 가지의 자유변체다. 이 두 자유변체는 [u]와 조건변체를 이룬다.

③ 음위 귀납 기준

한 음의 의미 구분 기능(辨义功能)과 상호보완 분포(互补分布) 여부 그리고 음감의 차이(音感差异)는 음위 분류의 중요한 기준이다.

어음의 차이가 의미의 구분을 야기할 때 이러한 어음 차이로 인하여 '음위의 대립(音位的对立)'이 생기게 된다. 이런 어음을 차이를 '구별특징(区别特征)'이라 한다. '搭'[tA$^{55}$]와 '他'[tʰ$^{55}$]의 두 성모는 음위의 대립이 발생한다. [t]와 [tʰ]의 차이로 인하여 의미의 차이가 발생한다. 이런 특징을 '구별특징区别特征'이라 한다. 구별특징은 어음의 의미 구분 기능에 착안한 기준으로 의미 구분 기능은 음위 귀납의 중요한 기준이다. 음위가 서로 대립 될 때 의미 차이가 발생하기 때문에 이를 '대립원칙'이라고 한다.

보통화의 부위별 서로 다른 발음 쌍순음·순치음·설첨전음·설첨후음 등과 서로 다른 방법에 따른 발음 송기음과 불송기음, 파열음과 파찰음, 마찰음 등에 따라 모두 의미의 차이가 발생하기 때문에 이는 모두 자음발음의 구별특징이라 할 수 있다.

'상호 보완 분포互补分布'는 음위 변체의 분포 상황을 두고 하는 말이다. 음위 변체는 각각 분포조건이 있다. 이들은 분포 상황은 서로 보완적이다. 이를 '互补分布'라고 한다. /a/의 음위변체 [a, ɑ, A, ɛ]는 '互补分布'상황에 있다. 음위가 서로 호보 분포 상황에 있다면 이들은 서로 다른 음위가 아니라 하나의 음위에 속하게 된다. 따라서 이를 '호보원칙(互补原则)'이라고 한다.

> **원문참고**
> 
> 　　语音的辨义功能、互补分布和音感差异是归纳音位的重要标准。
> 　　"搭"[tA⁵⁵]和"他"[tʰ⁵⁵]的声母就存在着音位的对立，[t]和[tʰ]的差异在于前者不送气，后者送气，所以送气与否的语音特征就是普通话里的"区别特征"。对立原则是从语音的辨义功能着眼的，辨义功能是归纳音位的最重要的标准。
> 　　互补原则是就音位变体的分布状况来说的。音位的不同条件变体各有自己的分布条件，绝不出现在相同的位置上，因而它们的分布状况是互相补充的，这就叫做"互补原则"。

### (2) 보통화 음위

① 주요 元音 音位와 음위변체 : 보통화는 모두 10개의 음위가 있다.

　　　/a/　/o/　/ə/　/e/　/i/　/u/　/y/　/ɿ/　/ʅ/　/ər/

이 10개의 음위의 주요 음위변체와 출현조건을 도표로 표시하면 다음과 같다.

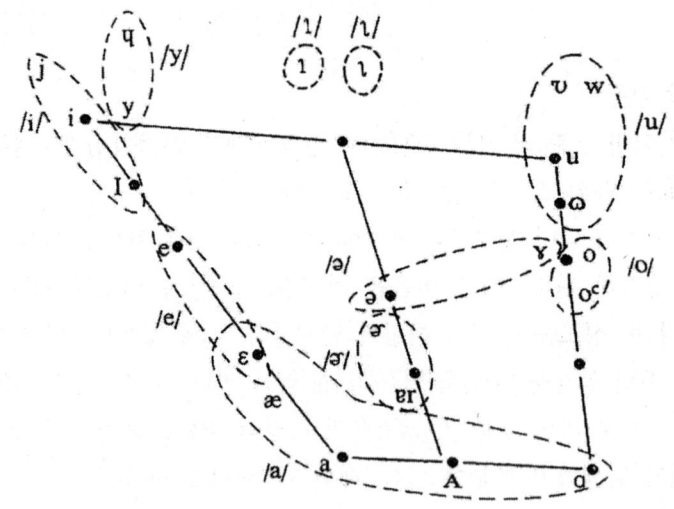

| 음위(音位) | 음위변체(音位变体) | 출현조건 | 예 |
|---|---|---|---|
| /a/ | [a] | 운미 [-i] 혹은 [-n] 앞 | 该[aI] 关[an] |
| | [A] | 운미가 없는 음절 | 家[tɕIA] 抓[uA] |
| | [ɑ] | 운미 [-u] 혹은 [-ŋ] 앞 | 道[ɑʊ] 光[ɑŋ] |
| | [ɛ] | 운두 [i-], [ü]와 운미 [-n] 사이 | 见[tɕIɛn] |
| /ə/ | [ɤ] | 단운모 | 哥[kɤ] 特[tʰɤ] |
| | [ə] | 비운모 혹은 경성 음절 운복 | 文[ʋən／wən] 横[xəŋ] |
| /e/ | [e] | 운미 [-i] 앞 | 被[peI] 危[WeI] |
| | [ɛ] | 운복일 때와 운미가 없을 때 | 欸[ɛ] 街[tɕIɛ] 绝[tɕyɛ] |
| /i/ [기출2012논술 교과교육-2] | [i] | 운복 | 基[tɕi] 今[tɕin] |
| | [I] | 운미(*₁ 혹은 비영성모 운두) | 开[kʰaI] 黑[xeI] |
| | [j] | 운두(영성모) | 叶[jɛ] 要[jɑʊ] |
| /u/ | [u] | 운복 | 古[ku] 工[kuŋ] |
| | [ʊ]*₂ | 운미 | 好[xɑʊ] 后[xoʊ] |
| | [w] | 운두(영성모) | 完[wan] [ʋan] |
| | [ʋ] | 운두(영성모) | 为[weI] [ʋeI] |
| /y/ | [y] | 운복 | 去[tɕʰy] 裙[tɕʰyn] |
| | [ɥ] | 운두(영성모) | 月[ɥɛ] 圆[ɥɛn] |
| | [Y] | 운두(비영성모) | 却[tɕʰYɛ] 捐[tɕYɛn] |
| /ɿ/ | [ɿ] | [ts tsʰ s] 뒤 운모 | 资[tsɿ] 私[sɿ] |
| /ʅ/ | [ʅ] | [tʂ tʂʰ ʂ ʐ] 뒤 운모 | 知[tʂʅ] 日[ʐʅ] |
| /ər/ | [ɚ] | 제2성과 제3성 음절 | 儿[ɚ³⁵] 尔[ɚ²¹⁴] |
| | [ɐɚ] | 제4성 음절 | 二[ɐɚ⁵¹] |

*₁ [I]: 운미 该[kʰaI] 黑[xeI] 혹은 운두(비영성모음절) 家[tɕIA] 交[tɕIɑʊ] 丘[tɕʰIoʊ]
*₂ [ʊ]: 운미 好[xɑʊ] 后[xoʊ] 休[ɕIoʊ] 혹은 ong 운모 중 운복 农[nʊŋ] 工[kʊŋ] 红[xʊŋ]
*₃ [Y]: üe와 üan 두 운모 비영성모 음절 중 운두
위 도표 외 *₁ *₂ *₃ 은 ≪现代汉语通论≫ 邵敬敏, 上海教育出版社 참고

② 주요 **辅音** 音位와 음위변체: 보통화에는 모두 22개 보음 음위가 있다.
／p／ ／pʰ／ ／m／ ／f／ ／t／ ／tʰ／ ／n／ ／l／ ／k／ ／kʰ／ ／ŋ／
／x／ ／tɕ／ ／tɕʰ／ ／ɕ／ ／tʂ／ ／tʂʰ／ ／ʂ／ ／ʐ／ ／ts／ ／tsʰ／ ／s／

대표적 자음 음위변체에는 무기음이 경성이 될 때 청음이 탁음으로 변화하는 경우다. 즉 불송기음 청색음과 청색찰음이 경성음절이 될 때 약하게 읽으면서 앞 뒤 모음의 영향을 받아 탁보음으로 변한다.

| 음위 | 음위변체 | 예 |
|---|---|---|
| / p / | [b] | 尾巴 [bA] |
| / t / | [d] | 我的 [də] |
| / k / | [g] | 五个 [gə] |
| / tʂ / | [dʐ] | 看着 [dʐə] |
| / ts / | [dz] | 椅子 [dzə] |
| / tɕ / | [dʑ] | 姐姐 [dʑiɛ] |

③ 성조 음위와 경성 음위
  ㉠ 성조 음위 [기출2016-B1]
  보통화는 阴平(제1성), 阳平(제2성), 上声(제3성), 去声(제4성) 네의 조류(调类)가 있다. 이 네 가지 성조는 / 55 /, / 35 /, / 214 /, / 51 /의 조치(调值)로 표시해도 되고 / 1 /, / 2 /, / 3 /, / 4 /의 조위(调位)로 표시하기도 한다.

| 调位 | 변체 | 출현조건 | 예 |
|---|---|---|---|
| / 3 / | [214] | 뒤에 다른 음절이 없을 경우 | 好  很好 |
|  | [35] | 제3성 음절 앞 | 土改 |
|  | [21] | 제1성, 제2성, 제4성 음절 앞 | 土堆  土豪  土地 |
| / 4 / | [51] | 뒤에 다른 음절이 없을 경우 | 是  瓦特 |
|  | [53] | 제4성 음절 앞 | 特色 |

  ㉡ 경성 음위
  경성음절은 짧고 약하게 읽는 음절이다. 경성과 비경성의 차이로 인하여 때로는 의미가 달라진다. '瞎子 (xiāzi 장님)'와 '虾子 (xiāzǐ 새우 알)'의 경우가 이에 속한다. 그런데 경성과 비경성의 차이가 있지만 의미 차이가 나지 않을 때도 있다. '桌子'의 '子'는 비경성으로 읽어도 의미에 큰 영향을 미치지는 않는다.
  대부분의 경성음절은 원래 성조를 가지고 있다. '子'는 원래 제3성이다. 따라서 경성은 이 본래 성조의 변체라고 볼 수 있다. 경성은 네 가지 음 높이 '반저(半低), 중(中), 반고(半高), 저(低)'는 경성의 조건변체다.

## 10  어조(语调)

말을 하거나 낭독을 할 때 일반적으로 문장에는 멈춤(停顿)이 있으며 또 소리는 빠르기와 고저 장단의 변화가 있다. 이러한 것을 총칭하여 어조(语调)라고 있다. 어조에는 멈춤(停顿)과 중음(重音) 그리고 구조(句调)가 있다.

> **원문참고** 说话或朗读时，句子有停顿，声音有轻重快慢和高低长短的变化，这些总称语调。

(1) **멈춤(停顿)** [기출2014-A8]

멈춤은 말을 하거나 낭독할 때 단락 사이 혹은 문장 중간과 뒤에 나타나는 '쉬어 가기(间歇)'. 이러한 멈춤 현상은 생리적으로 혹은 문장 구조상 필요하다. 멈춤이 있음으로서 구조 층차가 분명해지고 또 사상 감정 전달을 명확히 할 수 있게 된다. 한 문장에서 멈춤이 어디에 있느냐에 따라 의미가 달라지기도 한다.

我看见他笑了。
① 我看见他/笑了: 만약 '他' 뒤에 멈추게 되면 '我笑了'가 된다.
② 我看见/他笑了: 만약 '他' 앞에 멈추게 되면 '他笑了'가 된다.

이처럼 어디에 멈춤이 있느냐에 따라 의미가 달라진다.

- **의미군(意群)**

  단어와 단어는 서로 결합하여 하나의 '의미군(意群)'을 이루게 된다. 의미군은 그 범위가 클 수도 있고 작을 수도 있다. 비교적 큰 의미군 안에는 다시 의미의 긴밀 정도와 구조 층차에 따라 나눌 수 있는데 이때 나누어지는 단위를 '박자군(节拍群)'라고 한다.
  의미군과 박자군은 어법 구조상 종종 단어와 구, 문장과 연관이 많은데 일반적으로 비교적 뚜렷한 멈춤은 표점부호에서 나타난다. 때로는 사물을 부각시키거나 관점이나 감정을 강조하기 위하여 표점부호가 없는 곳에서도 멈추기를 하는데 이를 논리멈춤(逻辑停顿)이라 한다.

- **어속(语速)**

  말하기나 낭독을 할 때 발음의 빠르기를 '어속(语速)'이라 하는데 어속과 멈춤은 밀접한 관계를 지닌다. 일반적으로 어속이 빠를 때는 멈춤을 적당히 줄이고 어속이 느릴 때는 멈춤을 늘인다.
  어속은 서로 다른 감정을 표현하는데 중요한 역할을 한다. 일반적으로 격동적이거나 기쁠 때는 어속이 상대적으로 빠르고, 고통스럽고 슬플 때는 어속이 느리다. 시를 읽을 때 어속은 작품 내용의 감정 변화에 따라 변한다.

(2) 重音

다른 부분보다 강하게 발음하는 음을 重音이라 하고, 상대적으로 약하게 발음하는 음을 轻音이라 한다.

① 단어 중음

　㉠ 重音이 뒤 음절에 있는 예

　　　好人　注意　天下　起初　国家　国歌　门口　同事　同行　拒绝　代笔　人民

　㉡ 重音이 앞 음절에 있는 예

　　　知道　本事　乡下　明白　天气

　㉢ 삼음절 단어에서는 세 번째 음절이 가장 강하며, 첫 번째 음절이 그 다음이고, 가운데 음절이 가장 약하게 읽힌다.

　　　山海经　总统府　福利社　共通点　工程师

　㉣ 사음절 단어에서는 네 번째 음절이 가장 강하며, 첫 번째 음절이 그 다음이고, 두 번째 음절이고 다음이며, 세 번째 음절이 가장 약하게 읽힌다.

　　　民主主义　共产主义　资本主义

② 어법중음(语法重音)

문장 가운데 일부 문장성분을 강하게 읽는 것이다.

　㉠ 술어 가운데 주요 동사가 중음이다.

　　　春天到了。
　　　老师已经告诉我们了。

　㉡ 성질·상태와 정도를 나타내는 부사어는 늘 강하게 읽는다.

　　　我们要努力学习普通话。
　　　同志, 不要急, 慢慢地说。

　㉢ 성질·상태와 정도를 나타내는 보어는 늘 강하게 읽는다.

　　　他的话讲得十分深刻。
　　　他提的技术革新建议好极了。

　㉣ 의문과 지시대사는 일반적으로 강하게 읽는다.

　　　这样的好事是谁做的?
　　　她什么活动都没有参加。

③ 논리중음(逻辑重音)

문장에서 부각시키기나 강조해야 할 어휘를 강하게 읽는다.

- 我知道你会唱歌。(别人不知道你会唱歌。)
- 我知道你会唱歌。(你不要瞒着我了。)
- 我知道你会唱歌。(别人会不会唱我不知道。)
- 我知道你会唱歌。(你怎么说不会呢?)
- 我知道你会唱歌。(会不会唱我不知道。)

(3) 구조(句调)

구조(句调)는 문장 전체의 음의 높낮이 격식이다. 구조(句调)와 성조는 둘 다 음고 변화 격식이지만 성조는 한 음절의 음고 격식(音高格式)이고 구조(句调)는 주로 문장 끝 음절에 뚜렷하게 나타나지만 문장 전체에 걸쳐 있는 음고 격식으로 초음단 성분(超音段成分)에 속한다. 성조는 성운구조(声韵结构)에 결부되어 하나의 음절을 형성하고, 구조(句调)는 구(短语)에 결부되어 한 문장을 형성한다. 구조(句调)는 주로 네 가지 형식이 있다.

① 상승조(升调)

평조에서 고조로 상승한다. 반문이나 의문 놀랄 때 주로 나타난다.

难道我是个小孩吗? (反问)
王小萌来了吗? (疑问)
这件事, 是他办的? (惊异)

② 하강조(降调)

평조에서 아래로 내려간다. 진술이나 감탄, 요청의 어투를 나타낸다.

我们一定要实现四个现代化。(陈述)
天安门多雄伟啊! (感叹)
王老师, 您再给我们讲个故事吧。(请求)

③ 평조(平调)

시종 같은 높낮이를 유지한다. 엄숙함과 냉담, 서술 등의 어투를 나타낸다.

烈士们的英名和业绩将永垂不朽! (严肃)
少说闲话, 随你处理吧。(冷淡)
大伙儿都说张老头儿是个厚道人。(叙述)

④ 굴곡조(曲调)

높은 곳으로 올라갔다가 다시 내려오거나, 내려왔다가 다시 올라간다. 함축이나 풍자, 말 밖의 뜻을 나타낼 때 나타난다.

哎呀呀，你这么大的力气，山都会被你推倒呢。(讽刺)

> **원문참고**
> • 说话或朗读时，句子有停顿，声音有轻重快慢和高低长短的变化，这些总称语调。
> • 从意义上的联系来看，词与词可以结合在一起，构成一个意义整体，这就叫作意群。

## 11 어음의 규범화

표준말은 북경 어음을 표준음으로 한다. 하지만 북경 말이 표준말인 것은 아니다. 북경어에 존재하는 아래와 같은 현상은 규범화 대상이 된다.

### (1) 북경어 토음(土音)과 이독사(异读词)

① 토음(土音)

북경어에는 토박이 말(土音)들이 있다.

'不言语'(不说话)를 'bù yuán yi'로 발음
'蝴蝶'를 'hútiěr'로 발음
'我们'을 '[m²¹⁴ mə⁴]'로 발음

이런 토박이 말들은 보통화에 포함되지 않는다.

북경말에는 儿化와 경성 현상이 지나치게 많다. 북경 말에서 나타나는 모든 儿化와 경성이 보통화에 반영되지는 않는다. 일반적으로 의미 구분과 품사 구분 역할을 하는 발음을 보통화에 포함시킨다. [기출2015-A1]

信儿(소식)과 信(편지)
头儿(우두머리)와 头(머리)
滚儿(명사)와 滚(동사)
兄弟(xiōngdi 동생)와 兄弟(xiōngdì 형과 동생)
地道(dìdao 좋다 진짜의, 형용사)와 地道(dìdào 지하갱도)
大意(dàyi 형용사)와 大意(dà dàyì 명사)

일부 독음은 의미 구분의 역할을 하지 않지만 습관적으로 경성이나 儿化로 읽는 경우도 있다.

哑巴　玻璃　耳朵　姐姐
小孩儿　冰棍儿　好玩儿

② 이독사(异读词)

异读词란 한 단어가 여러 개의 발음을 갖고 있는 것을 말한다. 즉 발음은 서로 다르지만 단어의 뜻은 서로 같다. 북경 말에는 많은 단어가 발음이 통일되어 있지 않다. 예를 들면, '教室'을 어떤 사람들은 'jiàoshì'라고 읽고, 어떤 사람들은 'jiàoshǐ'라고 읽는다. 이것은 바로 异读词에 해당한다. 표준말을 보급함에 있어서 통일되지 않은 발음에 대해 정리하고 규범화된 발음을 정하고 보급해야 할 필요가 있다.

波 bō pō　　　　　　扔 rēng lēng
暂时 zàn zhàn zǎn　　灿烂 càn cǎn
领导 dǎo dào　　　　一会儿 huì huǐ

위 각 글자의 발음은 첫 째 독음이 표준음이다.

> **원문참고**
> 异读词指的是习惯上有几种不同读音的词, 如"波"有 bō 和 pō 两种读法, "啥"有shá 和shà两种读法等。

- **多音多义字** [기출2020-B11] [기출2018-A1] [기출2017-B1] [기출2015-A2] [기출2007-7] [기출2006-8] [기출2005-14]

  한자 가운데 일부 글자는 한 글자가 여러 개의 발음과 그에 따른 뜻을 가지고 있다. 이런 글자를 多音多义字라고 한다. 다음다의자는 정상적인 언어 현상으로 표준어에 포함된다. 상용한자 가운데 이런 글자가 약 300여 개 있다. 표준말을 정확하게 사용하자면 多音多义字의 발음을 반드시 잘 익혀서 사용해야 한다. 몇 가지 형성 원인에 의한 多音多义字를 소개하면 다음과 같다.

㉠ 품사에 따라 발음이 다르다.
　长 cháng (형) 长短
　　　zhǎng (동) 长大　生长　파생의미 : 长辈　首长
　藏 cáng (동) 埋藏
　　　zàng (명) 西藏, 宝藏

朝 zhāo (명) 朝阳
　　cháo (동) 朝前
传 chuán (동) 传递
　　zhuàn (명) 传记

ⓛ 구어와 서면어(혹은 다음절 단어나 성어)에서의 발음이 다르다.
薄 báo (구어) 厚和薄
　　bó (서면어) 薄弱 单薄
给 gěi (구어) 给你一本书
　　jǐ (서면어) 给予 供给 自给自足
血 xiě (구어) 流了点血
　　xuè (서면어) 血液 血统

ⓒ 성씨, 지명, 음역한 외래어는 일반 용법과 발음이 서로 다르다.
柏 bǎi 松柏 柏油 姓柏
　　Bó 柏林(지명, 음역)
仇 chóu 报仇 仇恨
　　Qiú 姓仇
乐 lè 快乐
　　yuè 音乐 姓乐

ⓔ 일부 글자는 글자체를 간략한 후 음과 뜻이 서로 다른 글자와 동일한 글자가 되어 새로운 다음다의자가 출현하였다.
发 fā 发生
　　fà 头发
卷 juǎn 卷尺
　　juàn 书卷
舍 shě 舍弃
　　shè 宿舍

ⓜ 기타 **多音多义字**
특별한 규칙이 없는 多音多义字들이다.
参 cān 参加 参考
　　cēn 参差不齐
　　shēn 人参

差 chā  差别 差错
　　chà  差不多 成绩差
　　chāi 出差 差遣
倒 dǎo 倒闭
　　dào  倒水

> 📎 **원문참고**
> 多音字指的是一个字有不同的读音，而有不同的意义，如"<u>校</u>对、学<u>校</u>，<u>挑</u>水、<u>挑</u>战，安<u>宁</u>、<u>宁</u>可，理<u>发</u>、奋<u>发</u>"等。

## 12 注音方法

한자에 음을 달기 위하여 사람들은 여러 가지 음을 기록하는 방법을 채택하였다. 시대별로 살펴보면 다음과 같다.

### (1) 反切 이전의 注音 방법

#### ① 譬況法

한 글자를 발음할 때, 그 음이 발음되는 모양이나 방법을 설명하여 그 음을 말하는 방법이다. 일찍이 汉 나라 때 经典에 대한 注音法으로 사용되었다. 예를 들면, '长言之', '短言之', '内而深', '舌腹言之(혀 바닥으로 말하다)', '舌斗言之(혀 끝으로 말하다)' 등의 용어를 사용했다. 譬況法을 '拟音'이라고도 한다.

#### ② 借读法

'读若法'이라고도 한다. 어떤 글자의 음을 注音하기 위해 다른 글자의 음을 빌어 쓰는 방법이다. 이때 발음기호로 사용되는 글자는 읽고자 하는 글자와 그 음이 완전히 같은 글자, 가까운 글자, 비슷한 글자들을 썼는데, 이때 '读若', '读如', '读与某同', '读似', '读为' 등의 용어를 사용하였다. 예를 들면, '瑂, 读若眉', '䨺, 读若埋' 등이다.

#### ③ 直音法

直音과 借读은 다른 음을 빌려서 주음한다는 방법에서는 서로 일치하지만, 借读法은 간혹 그 음이 유사한 것도 사용하는데, 直音法은 반드시 두 글자의 음이 완전히 동일해야만

한다. 直音法은 反切注音이 사용되기 전에 쓰였던 것으로 추측된다. 예를 들면, '订音亭', '诞音但' 등이다.

④ 譬况法, 借读法, 直音法의 폐단

譬况의 주음법은 그 설명하는 용어가 괴상하여 정확한 의미를 파악하기 어려운 경우가 많다. 借读法과 直音法은 적합한 同音字를 찾기 어려우며, 어렵게 찾은 同音字라고 하더라도 '被注音字'보다 더 어려운 글자인 경우가 많았다.

(2) 反切의 意义 및 기원

① 反切의 의의 [기출2020-A3] [기출2001-6]

反切이란, 두 글자를 합하여 한 글자의 음을 나타내는 방법이다. 이는 直音法의 부족한 부분을 보완한 것이다. 顾炎武의 ≪音论≫에 의하면, 音韵이 돌아가며 서로 이루어진 것을 '反'이라 하며, 또 '翻'이라 하기도 하였다. 두 글자가 서로 만나 이루어진 声韵을 '切'이라고 한다. '反'이나 '切'이나 같은 의미로 볼 수 있다.

反切에 대한 명칭은 南北朝 이전에는 모두 '反'이라고 하였으며, 孙愐의 ≪唐韵≫에서는 '切'이라고 이름하였다. 이는 당시 '反'자를 기피하는 현상 때문이었다. 국민이 난을 일으키고 나라를 뒤엎는 혁명을 '造反'이라 하였는데, 이로 인해 왕은 '反'자를 매우 싫어하고 금기시하였다. 따라서 '反' 대신 '翻' 혹은 '切'자를 썼다. 세 글자가 모두 같은 뜻이다. '反' 대신 '纽'자를 사용하기도 했는데, 예를 들면 ≪九经字样≫에서는 '盖'자의 反切音을 '公害翻'이라고 기록되어 있으며, ≪唐韵≫에서는 '东'자의 反切音을 '德红切'이라고 기록되어 있다. 다시 말하면, 反切上字에서 声母를, 反切下字에서 韵母와 声调를 따서 발음하는 방법이다.

② 反切의 기원

反切의 기원에 대하여는 여러 가지 주장이 있는데, 대체적으로 先秦 시대에 발생했다는 설과 东汉 末에 발원하여 南北朝 시대 이후로 성행하였다는 설이 있다. 그 외에도 근대 많은 학자들은 反切이 梵文(Sanskrit)의 拼音法에서 기원되었다고 주장하기도 한다. 佛教가 중국에 전래되자, 중국의 학자들은 인도 梵文拼音法의 영향을 받아 점점 字音을 분석할 수 있다는 것을 알게 되었고, 이로부터 反切法을 사용하여 자음을 注音하게 되어 당시 直音法의 불편을 보완하기에 이르렀다고 보고 있다. 六朝 시대에 이르러 音义学이 특별히 성행됨에 따라 反切注音法 역시 성행하게 되었다.

(3) 注音符号
   ① 清末의 切音运动
   清日战争 이후, 중국의 지식인들은 중국 국민의 교육 수준이 현저히 떨어진 원인이 한자가 배우기 어렵다는 점과 文言 중시의 교육이라고 판단하여 당시까지 한자의 표음방법으로 사용되어온 反切의 결점을 보완하고 개량하려는 움직임이 활발하게 일어났다. 卢戆章의 ≪切音新字≫은 모두 15개의 字母로 되어있으며, 자모의 형체는 알파벳과 그 변체를 이용했으며, 청말 후기 한어병음 방안은 주요 인물인 王照는 ≪官话字母≫를 제정하였는데, 이는 한자의 부수를 이용하여 字母로 삼은 것인데, 이것은 후에 표음방식 중 하나가 되었다. 劳乃宣은 王照의 ≪官话字母≫의 기초 위에 方言의 声母와 韵母를 더하여 南京音과 杭州音 두 종류 방언의 ≪官化字母方案≫을 초안·완성하고, 이를 ≪合声简字≫라고 불렀다.
   이들은 모두 拼音化 운동에 있어서 선구자라 할 수 있으며, 그들이 행하였던 汉语拼音方案에 대한 실험은 그것이 알파벳 식이든 한자식이든 오늘날 注音符号와 拼音字母 제정에 미친 영향은 매우 크다.

   ② 注音符号의 제정
   1912년 중화민국 설립 후, 1918년 교육부에 의하여 정식 공포되었다. 그 후 여러차례 수정과 보충을 거쳐 1931년에 오늘날 사용하고 있는 주음부호의 순서와 声母 21字, 韵母 16자가 결정되었다. 注音符号는 현재 台湾에서 사용하고 있다.

(4) 汉语拼音方案
   ① 汉语拼音方案 제정
   20세기 50년대 초에 제정된 것으로, 1892년 卢戆章의 ≪切音新字≫ 이후 일어난 각종 알파벳을 이용한 표음방식을 총괄한 방안이다. 중화인민공화국 성립 이후, 어문 규범화의 목표로 한자의 简化, 한어병음 제정, 보통화 보급 등의 3가지 기치를 걸었고, 그 결과 1958년 ≪汉语拼音方案≫이 승인 공포되었다. 汉语拼音方案의 주요 목적은 汉字의 注音과 普通话 표기에 의한 글자 해독 촉진, 발음 통일 및 보통화 교습으로 국민의 언어학습 및 한자 사용을 편리하게 하는데 있었다. 1958년 中国文字改革委员会는 다음과 같은 방안을 참고하여 汉语拼音方案을 제정하였다.

   첫째, 1926년 国语统一筹备会에 의해 초안 제정된 '国语罗马字'
   둘째, 1930년 瞿秋白 등에 의해 제정된 '中国拉丁化新文字'
   셋째, 驻中 영국공사였던 토마스 웨이드(Thomas. F. Wade)가 만든 웨이드식(Wade、s System)

② 알파벳식 채택 이유

첫째, 알파벳은 역사적 전통을 가지고 있다.

알파벳을 이용하여 한자를 표음하기 시작한 것은 350년 전 외국인에 의해서이다. 1605년 이탈리아 선교사 마테오리치(Matteo Rici) 등 이후 19세기 이후 많은 중국인들이 알파벳으로서 拼音文字를 만들었다.

둘째, 国际性

셋째, 记述性

알파벳은 간단 명료하며, 쓰기 쉽고, 기계화 정보처리에 편리하다.

넷째, 音素化 가능

注音符号는 声母와 韵母의 부호로 音节의 단위이지, 音素를 이용하여 중국어를 분석하는 音素의 단위는 아니다. 두 개 혹은 모음과 자음이 합쳐 구성되지만, 그것을 나누어 쓸 수는 없다. 그러나 알파벳으로 표음할 경우 [ai], [ei], [ao], [an], [en], [ang]으로 나타낼 수 있어서 音素의 구성을 한 눈에 볼 수 있다.

다섯째, 注音符号는 쓰기에 불편하다.

## 13 시기별 음운

(1) 近代音(17세기~1898, 元~清末)

이 시기의 주요 음운현상은 平・上・去・入 四声 가운데 入声이 사라졌다는 점이다. 平・上・去・入의 声调는 宋代부터 혼돈되기 시작하여 元代에 들어와서는 中原 지방에서 入声音이 발음되지 않았다. 元代 대표적 韵书인 ≪中原音韵≫에서는 그 당시 口语의 현상에 따라 入声이 없는 것으로 되어 있다. 오늘날 中国语에서 사용되고 있는 阴平・阳平・上声・去声의 声调는 元나라 때부터 中原 지방에서 통용되었다.

(2) 中古音(魏晋, 隋, 唐, 宋)

中古时代에 韵书가 만들어진 주요 원인은 反切注音의 방법이 널리 사용되었기 때문이다. 反切注音法은 魏晋六朝시대에 이미 성행하였으며, 이에 따라 音义에 관한 책들이 편찬됨과 동시에 反切注音에 따라 같은 음의 글자끼리 모아 편찬된 韵书가 출판되었다.

中古时代의 韵书는 反切法 계통의 운서이다. 反切法이 사용하기 시작된 정확한 시기는 알 수 없으나, 东汉 때 이미 응용되었고, 魏晋六朝 시대에는 더욱 성행하였다.

현존하는 가장 오래된 韵书로는 隋代 陆法言이 쓴 ≪切韵≫의 残本이다. 이를 보완하여 唐代에는 孙愐이 ≪唐韵≫을 편찬하였다. 宋代에 이르러 ≪唐韵≫을 근거로 增补 재편찬한 韵书가 ≪广韵≫이다.

≪广韵≫은 宋代에 만들어진 韵书로, 현존하는 가장 오래된 완전한 韵书이다. 宋代 陈彭年, 丘雍 등이 이전의 韵书를 종합하여 增补한 것이다. ≪切韵≫ 체계를 그대로 따랐으며, 모두 26,194 자를 수록, 206 韵으로 분류, 206韵은 平·上·去·入 四声으로 나누어 배열하였다. ≪广韵≫이 출간된 이후, ≪唐韵≫은 사용하지 않게 되어 자연 도태되었다. 따라서 오늘날 유통되고 있는 韵书로 가장 오래된 韵书는 ≪广韵≫이다.

⑶ 上古音

上古音을 연구하는데 있어 중요한 자료와 방법에는 先秦의 韵文, ≪说文解字≫의 谐声, ≪说文解字≫의 重文, 经籍의 异文, 汉儒의 音读과 古今의 方言이 있다.

# 제04장 文字

문자란 어음을 기록하는 서사 부호 체계로 가장 중요한 보조성 소통 도구다. 문자가 생겨난 이후 인류는 시간과 공간상의 제한을 깨고 언어의 소통 기능을 확대하게 되었다. 한자란 한어를 기록하는 서사 부호 체계다.

## 01 现代汉字의 특징 [기출2009-15]

### (1) 한자는 기본적으로 표의문자(表意文字)다

언어는 음과 의미의 결합체다. 세계 여러 종류 언어 가운데, 어떤 언어는 의미를 기록하고 어떤 언어는 음을 기록하고 어떤 언어는 음과 의미를 같이 기록한다. 한자는 아래 세 가지 방법을 사용하고 있다.

- 의미를 나타내는 의부(意符)를 사용하여 언어를 기록한다. '人'은 서 있는 사람의 옆 모습을 나타내고, '三'은 세 개라는 숫자를 나타낸다.
- 음을 나타내는 음부(音符)를 사용하여 언어를 기록한다. '其'는 본래 '簸箕'를 나타내는 글자로서 사용되었는데 후에 대명사 '其'의 의미로 사용되었다.
- 음부(音符)와 의부(意符)를 사용하여 음과 의미를 모두 기록한다. '桂'의 의부 '木'는 이 글자의 의미 종류를 나타내고 음부 '圭'는 이 글자의 음을 나타낸다.

대부분의 한자는 의부(意符)와 음부(音符)를 사용하여 음과 의미를 동시에 나타내고 있다. 현대한자는 의부와 음부의 역할이 초기 한자와 달리 제한적이기는 하지만 여전히 기본적으로 음과 의미를 나타내고 있다고 본다. 초기 대부분 한자는 의부와 음부의 기능이 비교적 분명하여 '意符音符文字'라고 칭하였지만 후기 한자는 일부 의부와 음부의 성격이 기호(记号)로 바뀌었기 때문에 후기 한자는 '意符音符记号文字'라고도 칭한다. 그러나 기호는 한자 전체 부호 중 많지 않으며 또 이 기호도 의부(意符)와 음부(音符)가 변해서 된 것이기 때문에 한자를 '意

符音符文字', 즉 '意音文字'로 본다. 그런데 한자는 음부보다는 의부의 기능이 강하고 기본적으로 한자는 의미를 나타내는 부호가 절대다수를 차지하기 때문에 한자는 표의문자로 본다.

**(2) 한자는 기본적으로 형태소문자(语素文字)다**

① 형태소 문자

문자는 어음을 기록하는 부호체계이다. 이것은 모든 문자의 공통된 성격이다. 세계에는 여러 종류의 문자가 있는데 이들은 어음을 기록하는 단위에 따라 3종류로 구분될 수 있다. 음위(音位)를 기록하는 음위문자(音位文字)와 음절(音节)을 기록하는 음절문자(音节文字), 그리고 형태소(语素)를 기록하는 형태소문자(语素文字)다.

표음문자는 문자가 기록한 어음 단위에 따라 음소문자와 음절문자로 구분된다. 음소문자는 자모를 사용하여 음소를 기록하는데 영어와 러시아어가 이에 속한다. 음절문자는 자모를 사용하여 음절을 기록하며 범어와 일어 가나가 이에 속한다.

한자는 글자 구성면에 있어서 소리를 나타내는 부호와 뜻을 나타내는 부호의 구성 방식을 몇 가지 형태로 구분할 수 있다.

- 하나의 의부(意符)로 구성된 한자

일부 한자는 하나의 의부(意符)로 구성되었으며 이 의부(意符)는 뜻과 음의 결합체인 하나의 형태소다. '门'의 음은 'mén'이고 뜻은 '건축물의 출입구'다. 상형자가 이에 속한다.

- 몇 개의 의부(意符)로 구성된 한자

어떤 한자는 의미상 관련 있는 몇 개의 의부(意符)로 이루어졌다. 예를 들면 '休'의 '人'과 '木'은 모두 의부(意符)로서 '사람이 나무에 기대어 쉰다'는 뜻을 나타낸다. 회의자가 이에 속한다.

- 하나의 의부(意符)와 하나의 음부(音符)로 구성된 한자

어떤 한자는 하나의 의부(意符)와 하나의 음부(音符)로 이루어졌다. 이 때 의부는 이 한자는 의미를 나타내고 음부는 이 한자의 음절을 나타낸다. 예를 들면 '花'의 의부(意符) '艹'는 이 글자의 의미가 식물에 속한다는 것을 나타내고, 음부(音符) '化'는 이 글자의 독음이 'huà'와 비슷하다는 것을 나타낸다. 형성자는 이에 속한다.

- 하나의 음부(音符)로 구성된 한자

어떤 한자는 하나의 음부(音符) 단독으로 이루어졌다. 이 때 음부(音符)가 기록한 것은 비형태소의 음절이다. 예를 들면 '马达'는 두 글자가 모여 '모터'라는 하나의 의미를 나타내기 때문에 두 글자를 분리하여 '马'와 '达'로 말할 경우 형태소가 아니라 형태소를 구성하는 하나의 음절 역할만을 하게 된다. 음역 외래어는 대부분 이에 속한다.

한자는 음부(音符)와 의부(意符) 구성면으로 보면 의부(意符)와 음부(音符)가 함께 글자를 구성한 형성자가 절대 다수를 차지한다. 형성자의 의부(意符)는 글자의 의미 종류를 나타내고 음부(音符)는 글자의 음절을 나타내기 때문에 한자는 형태소 문자라고 할 수 있다. 대부분의 한자의 형체는 그 형체가 나타내는 형태소의 음(音)과 의미(义)와 밀접하게 관련되어 있다. 그래서 한자는 形·音·义 통일체라고 한다.

② 음위문자(혹은 음소문자)

음위문자와 음절문자는 모두 병음문자(拼音文字)다. 음위문자는 '음소문자(音素文字)'라 칭하기도 한다. 하나의 서사부호로 하나의 음위를 기록하는 문자로 하나의 자모는 하나의 음위를 대표한다. 하나의 부호가 하나의 음절은 아니며 여러 개 자모가 모여 하나의 음절을 이룬다. 어떤 언어는 자음 자모로만 구성되었고, 어떤 언어는 자음과 모음으로 구성되었다. 아랍어 같은 음위문자는 자음 자모만 있고 모음은 부가부호로만 표시한다. 영어와 한글, 러시아어 같은 문자는 자음과 모음 자모로 구성되었다.

③ 음절문자

음절문자도 표음문자에 속한다. 자음과 모음으로 구성된 음절 단위로 이루어진 문자다. 하나의 음절은 하나의 글자를 나타내고, 하나의 단어는 몇 개의 음절로 이루어졌다. 일본어의 가나(假名 かな)는 하나의 음절을 나타낸다. '카'는 'か'로 자음과 모음이 결합된 하나의 음절이다. 한자 독음은 하나의 음절이지만 한자는 음절문자가 아니다. 한어의 음절은 400여 개가 있지만 몇 만자의 한자로 나타낸다. 표음문자 중 음절문자인 일어 가나는 일반적으로 하나의 음절이 하나의 가나를 나타낸다.

(3) **하나의 한자는 하나의 음절을 나타낸다**(汉字在语音上代表音节)

대부분의 병음문자는 자모를 사용하여 언어의 음소를 나타내고 하나의 자모나 결합된 몇 개의 자모는 하나 혹은 몇 개의 음소를 나타낸다. 한자는 사각형 모양의 하나의 글자는 하나의 음절을 나타낸다. 예를 들면 '现代化'라는 세 글자 한자는 'xiàn dài huà' 세 개 음절로 읽는다. '花儿', '盖儿'과 같은 '儿化' 음절은 두 글자가 읽을 때 하나의 음절이 된다. 이 경우는 소수에 속하기 때문에 한자는 기본적으로 한 글자가 하나의 음절을 나타낸다고 본다.

여기서 주의할 점은 하나의 한자가 하나의 음절을 나타내지만 하나의 음절이 결코 하나의 한자만을 나타내는 것은 아니다. 모든 한자가 고정된 음절을 가지고 있는 것이 아니라 하나의 음절로 많은 서로 다른 한자를 나타내는 경우가 많다. 예를 들면 'shì'라는 음절로 '是·世·示·市·式·事·室' 등 여러 개의 글자를 나타낼 수 있다. 그래서 한자를 표음문자 중의 음절문자로 보지 않는다. 음절문자는 하나의 부호를 사용하여 하나의 음절만을 나타낸다. 각 음절도 고정된 부호가 있다. 일본어는 전형적인 음절문자다.

### (4) 수량이 방대하다(数量庞大)

현대한자 총 글자 수는 6만자 이상이라고 한다. 그런데 병음문자의 자모 수는 일반적으로 몇십 개에 불과하다. 그리고 병음문자는 단어는 증가할 수 있지만 자모 수는 증가하지 않는다. 그런데 한자는 새로운 글자가 증가되기도 한다.

### (5) 구조가 복잡하다(结构复杂)

글자 수가 워낙 많고 서로 모양이 다 다르다. 따라서 구조는 필연적으로 복잡한 것이다. 통계에 의하면 한자의 기본 필획은 6종류이고 파생 필획은 25종류, 최소 편방(末级部件)은 648개에 이른다고 한다. 많은 필획과 부건 거기에다 각종 조합방식은 한자구조의 복잡함을 증가시켰다.

### (6) 이차원 평면문자(二维的平面文字)

한자는 2차원 평면문자로서 모든 한자는 가로와 세로 방향으로 펼쳐지면서 필획을 조합하는 방식으로 글자가 이루어진다.

### (7) 초시공성을 지닌다(一定的超时空性)

고금 한자의 성음의 차이가 매우 큰데 비하여 의미의 변화는 크지 않다. 그리고 2천 년간 한자의 형태 변화도 크지 않아서 先秦·两汉시기의 고서도 상당부분 이해할 수가 있다.

## 02 중국 문자학의 명칭과 유래

한자의 삼요소인 形·音·义를 기준으로 볼 때 문자학은 글자의 형태와 관련한 내용을 연구하는 학문이다. 오늘날 어학개론 한 영역인 '汉字' 혹은 '文字' 파트는 현대한자를 대상으로 하는 내용이다. 아래 내용을 통하여 '전통 문자학'과 오늘날 '현대 한자'와의 관계를 알 수 있다.

### (1) 문자학 명칭

文字学이란 말이 사용된 것은 1911년 중화민국 건립 이후로, 그 이전에는 文字学을 '小学'이라고 불렀다. 小学이란 명칭은 汉나라 때부터 쓰였다. 문헌에 의하면, 小学은 원래 어린아이를 교육하던 학교를 가리키는 말이었다. 글을 배우기 위해서는 반드시 먼저 문자의 구조와 문자의 운용을 알아야 했기 때문에 小学에서 保氏는 어린이들에게 먼저 六书를 가르쳤다. 이처럼 小学의 본래의 뜻을 학교이지만, 小学에서 六书를 먼저 가르쳤기 때문에, 과거에는 문자학을 小学이라고 불렀던 것이다. 그러므로 ≪汉书·艺文志≫에 보면, 문자의 풀이에 관한 저서들을

'小学类'에 수록하고 있다. 이 명칭은 清末까지 사용되다가 문자를 연구하는 분야가 단순히 형·음·의를 익히는 범위에서 벗어나 문자를 통해 고고학·고증학·역사학·민속학의 연구 등 여러 분야로 확대되자, 글자를 익히는 단계만을 의미하는 '小学'이란 명칭은 적당하지 않았기 때문에, 清代의 학자들이 '文字学'이란 명칭으로 바꾸어 부르기 시작하였다. 清代 이전의 문자학은 문자에 관한 전반적인 연구, 즉 자형·자음·자의를 모두 포함한 학문으로 광의의 문자학이란 의미로 사용되었었다. 그러나 中华民国 건립 후 唐兰이 ≪中国文字学≫이란 저서에서 자형만을 다룬 협의의 문자학을 주장하게 되면서 文字学은 字形만을 다루는 협의의 문자학을 뜻하게 되었다.

일반적으로 文字学은 광의의 문자학과 협의의 문자학으로 나눌 수 있다. 문자는 형·음·의 삼요소로 이루어져 있다. 광의의 문자학은 字形(즉 文字学), 字音(즉 声韵学), 字义(즉 训诂学)을 연구범위로 하며, 협의의 문자학은 字形만을 연구 대상으로 한다.

### (2) 한자의 기원

세계 어느 나라나 문자가 만들어지기 이전, 인류 문명 초기에는 서로 간에 의사를 전달하고 기억을 돕는 보조 수단으로 结绳이나 书契, 图画 등의 방법을 사용하였는데, 중국 역시 한자를 만들어 사용하기 이전에는 이 방법을 사용하여 의사를 소통하였다고 볼 수 있다.

① 结绳

结绳이란, 여러 색깔의 끈이나 새끼를 묶어 매듭을 만들어 그 색깔과 매듭의 수, 모양, 매듭 사이의 거리 등을 이용하여 일정한 의미를 표시하는 것으로, 동서양을 막론하고 고대 사회에서 가장 널리 통용되던 의사를 전달하는 방법이었다. 즉, 매듭을 크게 묶으면 전쟁과 같은 큰 사건을 나타내며, 매듭을 작게 묶으면 작은 사건을 나타내었다. 또 만약 매듭을 한 개 묶으면 하나의 물건이나 사건을 나타내며, 두 개를 묶으면 두 개의 사물을 나타내었던 것이다.

중국에서는 고대에 이 结绳의 방법을 통해 왕이 정치의 방편으로 삼았다는 기록이 있다. 사건의 대소에 따라 매듭의 크기가 달랐으며, 또한 结绳을 수단으로 하여 어떠한 내용의 약속이나 의미를 나타내었던 시기가 있었다.

② 书契

'书'는 '쓰다'라는 뜻이고, '契'는 '새기다'라는 뜻이다. 즉 书契란 나무나 다른 물체에 무늬를 새기거나 획을 그어 어떤 물건의 수량이나 개념, 약속, 사건을 표시하는 방법으로, 符节이라고도 말한다. 이 符节은 주로 두 사람 사이에 금전적인 거래가 있을 때 사용되었던 것으로, 하나의 막대기에 눈금을 표시한 후 그것을 세로로 쪼개면 빌린 사람이나 빌려준 사람 모두에게 똑같은 수량이 표시되므로, 두 사람이 거래한 내용을 확인하는데, 유용한 방법이었다.

기록에 의하면, 중국인들은 고대에 结绳과 书契를 문자, 혹은 문자의 기원으로 보았다. 문자란 한 사회 속에서 통용되는 형체와 의미, 그리고 이것을 읽을 수 있는 독음, 즉 형음의 삼요소를 반드시 갖추고 있어야만 한다. 그러나 结绳과 书契는 사람들이 보고 읽을 수 있는 독립된 음을 갖고 있지 못하기 때문에, 문자라고 부를 수 없다. 이들은 문자가 만들어지 이전에 사람들 사이에서 의사를 전달하는 수단으로 쓰였던 것이다.

③ 图画

图画 역시 의사를 전달하거나 기억을 돕는 방법 중의 하나로, 고대인들은 주위에서 흔히 볼 수 있는 동식물 등의 자연물이나 도구들을 그림으로 그려 기록으로 남겨 기억을 돕거나 의사를 전달하였다. 간혹 구체적인 형태를 갖고 있지 않는 추상적인 것들에 대해서는 符号를 표시하기도 하였다. 이러한 图画나 符号는 눈으로 보아 그것들이 나타내고자 하는 의미만을 구별할 수 있을 뿐이지, 읽을 수 있는 것은 아니었다. 따라서 사람들은 시간이 흐르면서 이러한 그림과 符号를 눈으로 보는 것만이 아니라, 입으로도 읽고 전달할 필요가 있다는 것을 느끼게 되었고, 이에 따라 음을 붙여서 읽기 시작하였다. 이렇게 붙여진 음들이 사회구성원 간에 차츰차츰 전달되어 통용되게 되었고, 누구나 그것들을 쓰고 읽게 됨으로써 이것들은 오늘날 우리들이 사용하는 文字의 형태로 발전하게 되었다.

문자가 만들어지기 전에 사람들은 이와 같이 이미 여러 가지 방법을 사용하여 의사를 전달하였는데, 이는 문자가 형성되는 바탕이 되었다.

(3) 한자 창조설과 형성시기

중국 고서 속에 가장 보편적인 설법은 황제 시대에 仓颉이라는 사람이 글자를 만들었다는 것이다. 그러나 이를 고증할 방법이 없다. 또한 문자의 탄생과 발전과정으로 본다고 하더라도 한자는 결코 한 사람이 한 시기에 한 지역에서 만들어진 것이 아니며, 긴 역사 속에서 많은 지역의 사람들에 의해 공통으로 창조되는 것이다. 다만 仓颉은 후에 복잡하게 여러 갈래로 쓰여진 문자를 정리하는 일에 관여했던 사람 중의 한 사람이었을 것이라고 본다.

원시문자는 그림이나 부호의 단계를 거쳐, 구체적인 언어를 기록해야 한다는 요구가 출현했을 것이다. 이 시기를 기원전 3,000년 말기 夏왕조 때로 보는데, 계급사회에서 통치계급이 효과적으로 통치를 하기 위해서는 비교적 완벽한 문자가 절박하게 필요했을 것이다. 이로 인해 원시문자의 발전속도가 대단히 빨라졌을 것이다. 汉字는 바로 이러한 기초위에서 夏나라와 商나라 때에(기원전 17세기) 완전한 문자 체계를 형성하였을 것이라고 보고 있다.

## (4) '文字'의 의미 변화

文字란 원래 '文+字'로 이루어진 말이었는데, 秦始皇때 瑯琊刻石에서 처음으로 '同书文字'라고 합칭한데서 시작되었으며, 그 이전에는 따로따로 사용하였었다. 文이란 원래 다른 요소가 첨가되지 않은 단독의 글자를 말하며, 字란 文과 文이 합해 만든 합체의 문자를 말한다. 六书 가운데 象形과 指事가 文에 해당되며, 会意와 形声은 字에 해당된다. ≪说文解字≫에서 "대개 사물의 종류에 의거하여 형상을 그렸으므로 이를 文이라 하고, 그 후에 형과 음이 서로 합해졌으므로 字라고 한다(≪说文解字·叙≫ : 盖依类象形, 故谓之文, 其后形声相益, 即谓之字)"라고 하였다. 즉, 문자를 구분해서 보면

① 文 : 依类象形

원시 구조의 초문으로, 둘 또는 그 이상의 독립성분으로 분석이 불가능한 글자로 독체자이다. 예를 들면, 日, 月, 水, 木, 上, 下

② 字 : 形声相益

초문이 배합하여 만들어진 것으로, 둘 또는 그 이상의 문으로 분석할 수 있는 글자로 합체자이다. 예를 들면, 名, 取, 祭, 江, 河, 宝

## 03 汉字 字形의 변천 [기출2010-15]

한자의 형체는 복잡한 모양에서 간단한 모양으로 부단히 변해왔다. 秦나라 이전의 중국 문자는 글자를 새긴 재질에 따라 甲骨文, 金石文으로 분류할 수 있고, 글자체에 따라 古文, 籀文, 小篆 등으로 분류할 수 있다. 이를 일반적으로 古代文字, 즉 古文字라고 한다. 이들 문자의 특징은 글자의 형태가 象形性이 완전히 퇴색하지 않았기 때문에 필획이 완전히 직선화되지 않았다.

汉代 이후 문자로는 隶书, 楷书, 草书, 行书가 있다. 글자체의 변천은 서서히 점진적으로 이루어졌다. 새로운 글자체의 출현과 동시에 구 글자체가 사라지는 것이 아니라 일정 시간이 지난 후 서서히 새 글자체가 구 글자체를 대체하여 세상에 퍼지게 된다. 汉代 隶书가 통행되었지만 동한 시기 許慎의 ≪说文解字≫에서는 여전히 篆书를 사용한 것을 통하여 이러한 사실을 알 수 있다. 그리고 그 후에 隶书가 사용되면서 篆书도 도장과 대련(对联)·그림 제목 등에서 여전히 대량으로 사용되고 있다.

(1) 古文字

① 甲骨文

　商 왕조는 국가 대사를 비롯하여 왕의 사적인 일까지 모든 일을 결정할 때 거북점을 쳤다. 점을 친 후에 점을 친 날짜, 점을 친 사람의 이름, 점을 친 사건, 점괘에 대한 판단, 그 점괘가 맞았는지의 여부 등을 거북의 배쪽 뼈나 동물 뼈(주로 소 엉덩이 뼈)에다 칼로 새겨 넣었다. 이처럼 점을 친 내용을 일반적으로 '卜辭'라고 하며, 이러한 문자를 甲骨文이라고 한다. 갑골문은 점을 친 문자라는 의미에서 '占卜文字'라고 하기도 하고, 商의 후기 국명인 殷의 유적지에서 발굴되었다 하여 '殷墟文字', '殷墟书契'라고도 부른다. 또한 '殷墟卜辞'라고도 한다. 현존하는 중국의 最古文字다.

　이처럼 甲骨文은 기원전 11세기에서 14세기 상대 후기에 통용되었던 글자이지만, 우리가 알게 된 것은 최근 20세기의 일이다. 1899년 河南省 安阳县 小屯村에서 발견된 이래로 지금까지 십여만 편이 출토되었는데, 이 중에서 어떤 것은 몇 개의 글자가 새겨져 있고, 어떤 것은 수 십자가 새겨져 있기도 하고, 가장 많은 것은 팔 구십자가 새겨져 있기도 하다. 발굴된 甲骨文字의 单字의 수는 약 4500자 정도이며, 그 가운데 이미 판독된 글자는 약 1500자 정도이다. 甲骨文은 다음과 같은 특징을 가지고 있다.

　첫째, 필획이 가늘고 강하다. 꺾어지는 부분의 각이 많다.

|  | 日 | 子 | 父 | 大 | 王 | 午 |
|---|---|---|---|---|---|---|
| 商代金文 | ⊙ | ⊋ | ⺧ | 大 | 王 | ∤ |
| 殷墟甲骨文 | ▱ | 旱 | ⺦ | 大 | 王 | ∤ |

　둘째, 象形 정도가 높아서 마치 한 폭의 간소화한 그림과 같다.

　셋째, 字形이 일정하지 않다. 동일한 글자가 여러 가지 형태를 가지고 있는 경우가 많다. 이체자가 많다.

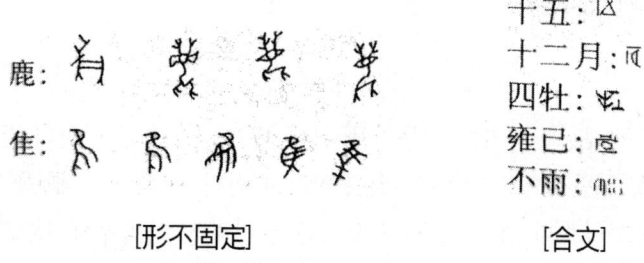

[形不固定]　　　　　　　　　[合文]

　넷째, 자형에 표음성분이 출현하였다. 그리고 뜻이 비슷한 形符가 통용되었다.

다섯째, 대부분의 갑골문은 一字一体로 글자를 한 몸체에 하나를 배열하는 것이 원칙이지만 때로는 두 개 혹은 세 개의 글자가 함께 붙어 있는 合文이 보인다. 갑골문에는 300여 개의 합문이 있다고 한다.

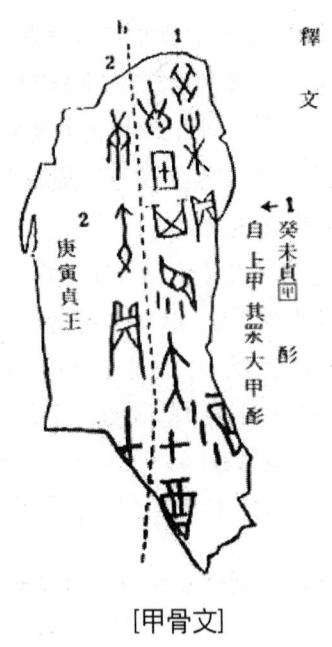

[甲骨文]

> **원문참고**

① 甲骨文的图画意味很浓, 保留着汉字的许多原始形态, 图画性强的象形字、指事字、会意字占大多数。
② 另外, 甲骨文的笔画细、硬。
③ 同一个字存在着不同的写法, 如"龟"字, 可写作🐢, 也可写作🐢。
④ 同一块甲骨上的文字, 大小不同, 往往是简单的字就小, 复杂的字就大, 在字形上一般是趋向竖长形的。

② 金文

商, 西周, 春秋, 战国 시기에 청동기물 위에 새겨진 문자를 말한다. 금문의 대표적인 시기는 주대이므로, 일반적으로 '周代의 金文'이라고 한다. 고대에는 '铜'을 '金'이라고 했기 때문에, '金文'이라고 불렀다. 청동기에 새겨 넣은 글자라는 의미에서 '铭文'이라고 하며, 명문에 새겨진 청동기 가운데 '钟'과 '鼎'이 가장 많기 때문에, '钟鼎文'이라고도 한다.

金文의 특징은 갑골문처럼 칼로 글자를 새긴 것이 아니라, 주조한 것이기 때문에 갑골문에 비해 필획이 두껍고 덩어리 형태가 자주 보이며, 글자가 보다 규격화되어 갑골문에 비하여 좌우나 상하를 바꾸어 쓴 昇体字가 상대적으로 적다. 주조 방법에 따라 두가지로 구분되는데, 글자가 오목하게 들어간 것을 阴文이라고 하고, 글자가 볼록하게 튀어나온 것을 阳文이라고 하는데, 음문을 관(款), 양문을 지(识)라고 한다. 초기 金文은 갑골문과 유사한 점이 많지만 후기 金文은 둥근 필체가 선으로 변하였다. 위로는 갑골문과 아래로는 소전체와 연결되는 단계의 문자라 할 수 있다. 금문의 특징을 살펴보면 다음과 같다.

첫째, 초기 금문은 갑골문보다 필획이 둥글고 두꺼우며 글자도 크다.
둘째, 외형은 갑골문보다 반듯하고 균형이 잡혀있으며 이체자도 비교적 적다.
셋째, 후기 금문의 필획은 둥글고 굵은데서 선으로 변화하였다. 또 자형도 상당히 정형화 되었다.
넷째, 후기 금문은 예술화되는 경향을 나타낸다. 자형이 상하로 긴 것이 특징이고, 크기도 기본적으로 일치하여 균형미를 느낄 수 있다.

|  | 辛 | 王 | 才 | 父 | 大 | 生 | 侯 |
|---|---|---|---|---|---|---|---|
| 西周早期 |  |  |  |  |  |  |  |
| 西周晚期 |  |  |  |  |  |  |  |

金文은 조상이나 부모의 송덕을 비는 내용이 가장 많다. 지금까지 출토된 商周时代의 청동기는 약 육천 개 정도이며, 새겨진 글자는 40,00자 정도이다. 이 가운데 판독된 글자는 약 2,000자 정도이다.

### 원문참고

① 金文是铸在青铜器上的汉字字体。古人称"铜"为"金", 因此将青铜器上的文字称为"金文"。
② 因为最常见的有字的青铜器具是钟和鼎, 所以金文又被称为"钟鼎文"。
③ 金文是在甲骨文的基础上发展而来的, 是周代通行的标准字体。金文的象形特点弱化了, 变得线条化, 符号化。
④ 笔画一般比甲骨文圆肥, 字形也大。
⑤ 字形定型化的程度有了提高。金文虽然也有一字多形的特点, 但比甲骨文少多了。
⑥ 字形大小基本一致, 整体字形呈现出竖长形特征。

[西周 중기의 金文]

③ 石刻文

    石刻文이란 잘 다듬어진 돌에 새긴 문자이다. 유명한 石刻文으로는 石鼓文과 诅楚文, 秦始皇이 각지를 순회하며 새겨 세운 刻石들이 있다.

- ㉠ **石鼓文** : 石鼓에 새긴 문자를 말하며, 석고란 북과 같이 생긴 돌을 말한다. 진 이전의 것으로 열 개가 있으며, 그 文辞가 석고의 둘레를 돌아가면 새겨져 있고, 그 자체는 주문에 가깝고, 그 내용은 田猎을 읊은 四言古诗이다. 석고의 조성 연대에 대해서는 논자에 따라 여러 설이 있으나, 유력한 설에 따르면 주문보다 먼저라고 본다.

- ㉡ **诅楚文** : 석고문보다 좀 뒤에 나타났으며, 秦 惠文王 때 새긴 글이다. 내용은 진 나라가 초나라의 죄악을 천지신명에게 호소하는 글이며, 진시황제가 천하를 통일한 후 제정한 소전보다 그 이전의 대전과 같기 때문에, 이것 역시 전국 시대의 문자로 보고 있다.

[石鼓文]

④ 大篆

　　대전은 일반적으로 춘추전국 시대 秦나라 문자로 글자 형태는 金文보다 가지런하고 필획이 균형이 잡혀 있으며 이체자는 여전히 있다. 대전은 '籀文'과 石鼓文이 전형적 대표다. 주문은 周 宣王 때의 사관으로 있던 籀라는 사람이 지은 ≪史籀篇≫에서 사용된 서체를 말한다. 이 자서에 사용된 서체를 후인들은 '大篆'이라 불렀다. (≪汉书艺文志≫, ≪说文解字≫에 언급) ≪史籀篇≫은 이미 없어졌으나, 그 가운데 일부분의 글자 220여 글자의 주문이 ≪说文解字≫에 보존되어 있다. 대전은 周秦间(周代부터 战国时代까지)에 서쪽지방의 문자라고 본다.

　　战国时代 秦나라의 석각문자인 石鼓文과 诅楚文을 대전이라고 하나 이에 대하여 학자들마다 의견이 분분하다.

### 원문참고

　　≪汉书·艺文志≫≪史籀十五篇≫: "周宣王太史作大篆十五篇, 建武时亡六篇. …… 史籀篇者, 周时史官教学童书也, 与孔氏壁中古文异体."

　　≪说文解字·序≫: "及宣王太史籀, 著大篆十五篇, 与古文或异."

　　段玉裁의 ≪说文解字·注≫: "大篆之名, 上别乎古文, 下别乎小篆而言, 曰史篇者, 以官名之, 曰籀篇者, 籀文者, 以人名之."

⑤ 육국문자 – 古文

　　고문이란, '六国古文', 혹은 '六国文字'라고도 한다. 전국 시대 칠웅 가운데 秦을 제외한 燕, 楚. 齐, 鲁, 赵, 魏 등의 동방 여섯 나라에서 사용되었던 문자의 총칭이다. 汉武帝(B.C. 140~B.C. 87)말년 鲁나라의 恭王이 자시의 집을 확장하기 위하여 공자의 古宅을 허물다가 벽 사이에 끼어있던 ≪尚书≫, ≪礼记≫, ≪论语≫, ≪孝经≫ 등 고서들을 발견하였다. 이 문헌들은 秦始皇 때 禁书令과 挟书律을 피하기 위해 감추어두었던 것으로, 이 책들에 사용된 문자는 당시 사용되던 隶书와 많이 달랐으므로 사람들은 이것들을 가장 오래된 문자라고 생각하여 '고문'이라고 불렀다. 이들 문헌들을 일반적으로 '壁中书'라고 부른다. 이런 古文은 그 글자체가 籀文과는 매우 다르다. 현존하는 육국고문의 자료는 ≪说文解字≫의 500여자의 고문과 후세에 출토된 전국시대의 陶器, 兵器, 죽간 등이다.

　　육국당시 국가의 분열로 인하여 서로 나라간 문자가 달랐다. 진나라만이 규범화된 대전을 사용했고, 기타 6국은 각각 다른 문자를 사용했다. 육국고문의 특징은 다음과 같다.

　　첫째, 필법이 서로 다르다.
　　둘째, 간체자가 유행하였다.
　　셋째, '鸟虫书'라고 하는 예술체가 유행했다. 조충서는 새와 벌레로 장식한 글자를 말한다.

당시 사람들은 이 문헌의 글자를 상고 시대의 고문자체로 여기고 '古文'이라고 부르게 되었던 것이다.

战国时代로 들어선 이후로 정치, 경제, 문화 등 각 방면에 커다란 변화와 발전으로 인해 문자의 응용도 넓어졌고, 문자를 사용하는 사람도 많아졌기 때문에, 문자의 형체도 일찍이 없었던 급격한 변화가 일어났다. 따라서 한자가 분화되고, 각 국의 글자 형체가 서로 다른 '문자의 异形현상'이 이 시기의 가장 두드러진 특징이다.

秦始皇이 천하를 통일한 후 문자통일 정책(书同文정책)을 펴서 秦의 문자와 다른 六国에서 사용하던 문자, 즉 古文을 모두 폐기하도록 하였으며, 또한 焚书坑儒로 인하여 많은 소중한 고서들이 사라지고, 古文 역시 더 이상 쓰이지 않게 되었다. 그러나 汉代에 들어와 古文으로 기록된 고서가 발견되고, 许慎의 ≪说文解字≫에 古文을 500여자 수록하고 있다.

### 원문참고

≪说文解字·序≫: 古文, 孔子壁中书也, 鲁恭王坏孔子宅, 而得礼记、尚书、春秋、论语、孝经, 又北平侯张苍献春秋左氏传。…… 至孔子书六经, 左丘明述春秋传, 皆以古文。

### 참고

#### 今文经과 古文经

秦始皇의 焚书坑儒와 项羽와 刘邦이 다투었던 楚汉战으로 말미암아 많은 책들이 불에 타 없어졌다. 汉初에 이르러 정치와 사회는 안정을 되찾고, 秦나라 때 시행하였던 책을 가지지 못하게 했던 법령(挟书律)을 폐기시키고, 전국에 흩어져 있는 책을 다시 모으고 정리하는 작업을 시작했다.

秦火로 망실된 고서는 한초에 널리 듣고 기억하고 있던 노인들이 외우고 읽고 한 것에 의거하여 汉代 통행되었던 예서로 써서 정리하였다. 이렇게 정리된 경서를 今文经이라 했다. 그리고 汉代에 수집한 전적 중에는 대부분 六国文字로 쓰여진 것들이 많았는데, 이를 古文经이라고 했다.

이들의 특징을 살펴보면, 今文经学派는 당시 통치자의 요구에 부합하기 위해 경서를 해석하고, 경서 속에 있는 微言大义를 밝혔기 때문에, 이들의 주석은 지나치게 자세하고 번잡하며, 또한 제멋대로 뜻을 견강부회하고, 유가 경전을 신격화시키고 있다. 이는 통치자의 통치 논리를 뒷받침함으로써 자신의 출세를 도모하고자 하는 목적이 있었기 때문이기도 하다. 이들 학파의 학술 태도는 한때는 매우 성행하였으나, 古文经学派가 흥기하면서 쇠락의 길을 걸었다.

古文经学派는 今文学派의 义理를 밝히려는 것을 반대하고, 문자의 연구와 훈고에 기초하여 경전의 옛 뜻을 밝히는데 주력하였으며, 자기 마음대로 해석하려 하지 않았다.

今文经学은 관학이고, 경학자들은 주로 박사이었다. 이에 반하여 古文经学은 사학이며, 조정에서 인정을 받지 못하였다. 두 학파는 경서를 해석할 때 근거한 판본이 서로 달랐으며, 해설 역시 각자 달랐기 때문에 서로 공격하였는데, 이 투쟁은 汉代가 끝날 때까지 지속되었다. 한말에 이르러 古文经学派가 승리를 했다. 학술상의 투쟁이나 논쟁은 항상 직접적으로 과학 연구를 심도 있게 발전하고 번영하도록 해준다. 训诂学은 바로 이들 경학파의 투쟁 속에서 발전한 것이다. 또한 당시의 경학자들은 今古文을 막론하고 모두 똑같이 章句训诂를 중요시 여겼기 때문에, 한대 훈고학의 기초가 자리를 잡게 되었다.

⑥ 小篆 [기출2001-6]

小篆은 중국 최초의 통일문자로, 秦대에서 西汉초까지 통용되었던 문자이다. 小篆이란, 大篆에 상대되는 말로, 시기적으로 후대에 쓰였다고 하여 '小篆'이라고 하였던 것이다.

秦始皇이 천하를 통일한 후 李斯 등의 제안에 따라 문자 통일을 시행하였는데, 당시 秦나라에서 쓰고 있던 大篆의 자형을 기초로 하여 간략화시키고 약간 변형시켜 만든 글자이다. 이로부터 小篆을 국가 지정의 正体로 삼았다. 이때, 小篆으로 李斯는 ≪苍颉篇≫을, 赵高가 ≪爰历篇≫을, 胡毋敬이 ≪博学篇≫을 지었는데, 이는 진대의 문자교본이다. 이 책들의 원본은 전해지지 않고 현재는 王国维 등의 집일본을 통해 전해지고 있다.

小篆은 한자의 역사에서 최초로 규범화된 문자 형체로, 현존하는 小篆의 자료로는 ≪说文解字≫에 수록되어 있는 것이 대표적이다. 汉代에는 이미 隶书를 공식서체로 사용하고 있었으나, 许慎은 小篆을 표제자로 삼아 총 9,353자의 小篆을 수록하여 자전을 만들었다. 이외에 秦始皇이 각지를 순시하면서 자신의 공적을 기록하여 세운 각석이 있는데, 그 중 泰山刻石, 会稽刻石, 瑯琊刻石 등이 小篆으로 새겨져 있다.

한자는 小篆으로 발전한 후부터 象形의 의미가 많이 줄어들었으며, 符号性이 더욱 뚜렷하게 되었다. 小篆의 형체구조는 이전의 자체에 비해 형체가 고정되어 일반적으로 한 개 글자가 한 가지 형태만 가지게 되었기 때문에, 이체자는 기본적으로 사라졌다. 글자의 위치가 고정되어 글자의 각 부분을 마음대로 변동할 수 없게 되었다. 자형이 바르고 크기가 완전히 일치하고, 이전의 자체보다 간화되었다.

[小篆]

说文解字
(1) 저작 동기

　　东汉의 대학자 许慎의 저술이다. 당시는 이미 隶书가 통용되던 시대로 小篆이 점차 쓰이지 않게 되어 사람들이 마음대로 글자를 조작하고, 근거 없는 해석을 붙이기도 하여 세상을 어지럽게 할 뿐 아니라, 그로 말미암아 공부하는 사람들이 文字가 만들어진 법칙이나 이치를 알 수 없게 되었다. 许慎은 이를 심히 걱정하여 문자가 만들어진 법칙을 천명하기 위하여 ≪说文解字≫를 저작하였다.

(2) 구성

　　이 책은 小篆위주이고 古文과 籒文을 보충하여 모두 叙文과 본문 十四篇으로 되어 있다. 오늘날 보편적으로 유통되는 ≪说文解字≫는 모두 十五篇이다. 540部로 나뉘어져 있고 9353자가 수록되어 있다. 540부의 차례는 一字로 시작하여 亥字로 끝난다.

(3) 특징

　　첫째. 汉나라 이전에 있었던 중국문자의 집대성이다.
　　둘째, 汉 이전의 문자에 대한 해설의 집대성이다.

(4) 가치와 단점

　① 가치
　　㉠ 分部의 창안이다 : 9353자를 540부로 나뉘어 정리를 하였는데 이는 이전의 文字书에는 없던 것이다.
　　㉡ 字例의 条理(법칙)을 명확히 하였다 : 9353자를 六书条例에 의하여 설명하였으며 이 책을 읽는 사람으로 하여금 문자의 形, 声, 意 상호간의 관계를 알 수 있게 하였다.
　　㉢ 字例의 划一을 기하였다 : 甲骨文이나 金文의 문자는 형체가 일치되어 있지 않다. 이에 비해 小篆은 문자가 통일된 서체였는데 说文解字는 통일된 문자체, 즉 小篆으로 기록된 文字书다.
　　㉣ 古音의 참고가 된다.
　　㉤ 古义의 총집이다.
　　㉥ 文字의 根源을 거슬러 올라가 밝힐 수 있다.
　　㉦ 言语学의 보조 역할을 할 수 있다.
　　㉧ 古代 社会研究에 활용될 수 있다.

　② 단점
　　㉠ 许慎은 책에서 "文字者, 经艺之本"이라고 하였다. ≪说文解字≫에는 종종 经义를 해석하고 있다. 그리고 许慎은 본인이 阴阳五行说을 신봉하였기 때문에 문자해석을 敬天, 信神의 의미와 결부시켰다.
　　㉡ 540부로 나뉘어 글자를 설명하였으나 检字가 쉽지 않다.

> **원문참고**
> ① 篆文分大篆与小篆。大篆是在金文极大发展的基础上演变出来的字体，它主要在春秋战国时期的秦国通行。
> ② 小篆是相对大篆而言的，小篆又称秦篆，是秦朝丞相李斯在大篆的基础上简化改进而成的，是秦代通行的标准字体。
> ③ 到汉代隶书通行之后，篆文并没有消失，而是在表示郑重的场合使用，历代的印章差不多都是用小篆。
> ④ 春秋战国时期，各诸侯国字体不同，秦始皇统一中国后，推行"书同文"的政策，以小篆为标准字体，用法令的形式在全国进行汉字规范化工作。
> ⑤ 经过小篆的规范化后，汉字体系达到空前的统一和纯洁，为汉字体系向近代化发展打下了基础，成为古代汉字向近代汉字过渡的一个重要阶段。
> ⑥ 小篆的象形程度进一步降低，符号性进一步增强，笔画连绵延长。
> ⑦ 大多数的汉字写法已经固定，一个字只有一种写法，笔画、偏旁的写法固定统一。
> ⑧ 字体大小完全一致，字形为竖长方形，汉字的方块特征基本形成。不少汉字的小篆写法比以往字体简化。

### (2) 근대문자

隶书의 탄생은 小篆의 탄생 시기와 차이가 없지만, 隶书가 등장하면서 글자의 형태변화가 생겼기 때문에, 일반적으로 隶书 이후 楷书까지를 근대문자라고 부른다. 실용성을 중시한 隶书의 탄생 배경이 한자의 형태를 简略化, 直线化, 非象形化시켰다고 볼 수 있다.

① **隶书** [기출2005-15]

隶书는 일반적으로 小篆을 간략화하여 만든 자체라고 보고 있으며, 秦代에 만들어져 汉의 중기부터 汉의 통용문자가 되었다. 그러나 일설에는 战国 末期부터 이미 古文을 简化하여 약자로 쓰기 시작하여 秦 나라에 이르러 한 글자체로 형성된 글자체라고 보기도 한다. 특히 진나라 때 강압정책을 씀으로써 감옥에 가는 사람이 많았는데, 이러한 일을 처리하는 데 간편하게 쓰기 위하여 옥졸들이 약자를 많이 사용하였다. 秦代에는 조정이나 관리들은 공인한 표준글자체인 소전을 사용하였으나, 민간에서는 小篆보다는 쓰기에 간편한 隶书를 더욱 많이 사용하였다.

일반적으로 战国时期를 거쳐 秦代와 西汉初까지 사용한 隶书를 '秦隶' 혹은 '古隶'라고 하고, 汉 武帝 이후 汉代에 사용한 隶书를 '汉隶'라고 한다. 秦隶는 소전의 둥글게 휘어진 필획이 각이 지고 평평한 필획으로 바뀌었으며 기본적으로 고문자 상형의 특징을 벗어났다.

篆书　隶书

• 汉隶와 파책

汉隶는 秦隶를 기초로 발전한 것으로 汉代 통행된 서체로 '撇 왼쪽 삐침'과 '捺 오른쪽 삐침', '긴 가로획 长横'에는 波磔이 있으며 篆书 흔적이 거의 없다. 예서의 특징은 전체 자형은 가로가 긴 직사각형 모양의 扁方形이고, 필획에 波磔이 있다는 것이다. 波磔이란 가로획, 왼쪽 삐침, 오른쪽 삐침에 파도와 같은 기복이 있으며 왼쪽, 오른쪽 삐침의 마지막 부분이 위로 들어 올려 마무리하는 기법을 말한다. 이러한 특징을 가진 예서를 '秦隶' 혹은 '古隶'와 상대적으로 '汉隶' 혹은 '今隶'라고 한다. 예서는 파세가 있어서 '八'자와 같이 좌우로 벌어진 형상을 나타내기 때문에 '八分书'라는 명칭도 있다. 서예에서의 예서는 주로 '汉隶'를 가리킨다.

[隶书]　　　　　　　　　[隶书]

기록에 의하면, 程邈이란 옥리가 秦始皇에게 죄를 지어 감옥에서 10년 동안 유폐되어 있는 동안 대전을 참고하여 문자를 만들어 진시황에게 올렸는데, 이것이 바로 隶书라고 보는 학설도 있다. 이를 기초로 하여 한나라가 건국된 이후 隶书는 민간에 널리 보급되었으며, 서체도 더욱 정교하게 정리되었다.

隶书는 문자의 기능면에서 한자의 발전 역사에 있어서 일대 혁명이라고 할 수 있으나, 이로부터 조자법과 자형 구성상의 요소를 알기 어렵게 된 글자가 많아지게 되었다. 즉 다시 말하자면, 象形字의 의미가 없어지고, 会意·形声字의 분석이 어렵게 되었다.

지금까지 전해지는 '秦隶'의 자료는 별로 없으며, 진대의 도량형 조판과 최근 몇 십 년 동안 출토된 秦나라의 죽간과 일부 병기에 새겨진 문자가 있을 뿐이다. 한대 초기에 사용된 문자도 '秦隶'에 속한다. '汉隶'의 자료는 매우 풍부하다. 동한시기의 비각만 해도 100여 종이 넘는다. '曹全碑', '礼记碑', '张迁碑' 등이 있다.

• 隶变

　한자 자체의 변화 과정 중 소전에서 예서로 넘어가는 중요한 변화를 '隶变'이라고 한다. '汉隶'는 '隶变'의 결과이다.

- 形变 : 소전의 둥글고 긴 필획이 예서의 평평하고 각이 진 필획으로 변했다.
- 省变 : 비슷한 모양의 필획들이 합병되면서 형변과 동시에 간화가 진행되어 필획이 생략 합병된 것을 가리킨다.
- 讹变 : 원래 글자의 구조를 무시하고 소전의 한 형체를 예서의 여러 가지 형체로 분화시키거나 혹은 소전의 여러 가지 형체를 혼동하여 예서의 한 가지 형체로 변화시킨 것을 말한다.

아래 그림은 小篆을 고쳐 만든 隶书가 원래의 자형과 어느 정도 달라졌는가를 잘 보여준다.

①은 '春奏奉秦泰' 다섯 글자의 小篆인데, 윗 부분의 형체가 서로 다르다. 그런데 ②의 隶书에서는 그 윗부분이 모두 같은 형태도 바뀌었다.

③은 '无马鸟燕鱼然'의 小篆인데, 이들은 아랫부분의 형체가 서로 다르다. 그런데 ④의 隶书에서는 모든 같은 형태로 바뀌었다.

[小篆과 隶书体 비교]

● 隶书의 특징
㉠ 직선화 : 곡선의 필획이 직선화되었다.
㉡ 간략화 : 合体字의 편방의 필획을 줄이거나 구조를 개조하여 자형을 고정시키고 통일시켰다. 예를 들면, 人·刀·子·心 등의 글자들이 좌우의 편방으로 쓸 경우에는 亻·刂·孑·忄 등으로 쓰게 되었다.
㉢ 非象形化 : 상형성이 소멸되고 부호의 기능이 강화되었다.
㉣ 한자의 서사속도가 향상되었다.
㉤ 한자의 구조가 간화되었다.

> **원문참고**
> ① 小篆圆转绵长的线条变为隶书平直方折的笔画。
> ② 小篆的竖长方形演变为隶书的扁方形。
> ③ 隶书比小篆更加简化, 有的是减省笔画, 有的简化偏旁, 有的用简化变形的偏旁代替难写或反夏的偏旁。
> ④ 隶书中的一个形体取代了小篆的好几个形体。
> ⑤ 隶书从根本上消除了汉字的象形性, 使汉字进一步简化, 极大地提高了汉字的书写速度。

② 楷书

현재 우리가 사용하고 있는 자체다. 楷书의 '楷'자는 본래 '법식', '모범'이란 뜻으로, 규범에 맞아 본보기가 될만한 표준 글자체이기 때문에, '真书', 혹은 '正书'라고 말하기도 하였다. 어느 개인에 의해 만들어졌다기 보다는 한자의 점진적인 변천과정에서 만들어진 자형이다. 汉代 말부터 싹트기 시작하여 魏晋南北朝를 거치면서 본격적으로 사용되었고, 唐代에 이르러 통용문자가 되었다. 楷书의 발생에 관하여는 여러 가지 설이 있는데 두 가지를 소개하면 다음과 같다.

㉠ 隶书의 형체와 구조를 약간 개변하여 만든 字体가 곧 현행의 汉字体인 楷书이다. (李敦柱 ≪汉字学总论≫)
㉡ 后汉 말에 隶书의 속체와 草书의 기초 위에 行书가 형성되었고, 다시 行书의 기초 위에서 汉魏之间에 楷书가 형성되었다고도 한다. (裘锡圭설, 최영애 ≪중국어란 무엇인가≫)

隶书와 楷书의 자체의 특징을 비교해 보면 다음과 같다.
• 隶书의 필획은 기본적으로 곧고 파세와 도법이 있다. 楷书는 파세와 도법이 없고 마지막에 잠시 멈추었다고 붓을 돌려 마무리한다.

- 隶书의 기본 자형은 편방형이지만 楷书는 정방형이다.
- 隶书는 밖으로 분산되며, 楷书는 안쪽으로 수축되고 집중된다.

> **원문참고**
>
> 楷书。"楷"字是模范、标准的意思，楷书是魏晋以来通行至今的规范标准的字体，因此人们把这种字体称为楷书。楷书是在隶书基础上发展演变而来的，至今已有1700年左右的历史了。
>
> 楷书把隶书中难写的变为好写的，如"三"、"作"，失去了波势和挑法。隶书中的平钩、慢弯钩 其次，楷书在整体字形上呈正方，而隶书是扁方形的。
>
> 再次，楷书变隶书向外伸展分散的体态而为集中收缩。楷书简单易写、区别性好、自然端正、至今仍作为标准字体。

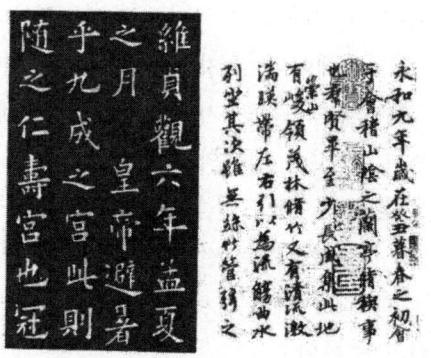

[楷书]

③ 草书

草书는 글자를 간소화시켜 빨리 쓰기 위해 만들어진 글자체이다. 草书는 대체로 전한 말에 형성되어 唐代에 이르러 성행되었다고 보고 있다. 草书는 일반적으로 시기에 따라 章草, 今草, 狂草로 나눈다. 章草는 글씨를 빨리 쓰기 위해 예서의 복잡한 필획을 간략하고 한 필획으로 연결시켜 간편하게 쓴 글자체를 말하며, 东汉 章帝가 제창한 것이어서 이름을 얻었다고 한다. 今草는 章草에서 발전한 것으로 章草에 비해 예서의 풍격이 더욱 적고 필획이 더욱 간단하고 쓰기에 편리하다. 今草의 이름은 章草와 구분하기 위하여 지어졌으며 东汉 말 张芝가 창조했다고 한다. 晋代 王羲之 부자에 의해 광범위하게 유행되었다. 今草는 필획과 필법이 극도로 간화되어 서사속도는 매우 빠르지만 알아보기가 어려운 경우도 있다. 그리고 狂草는 전혀 알아볼 수 없을 정도로 자유분방하고 미친 듯이 흘려 쓴 흘림체이기 때문에 예술적 가치만 존재한다.

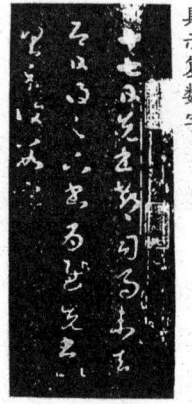

[今草 王羲之 ≪十七帖≫]

④ 行书

    楷书와 今草의 중간적 위치에 있는 글자체로, 东汉 시대부터 쓰기 시작하여 지금까지 광범위하게 통행되고 있는 서체이다. 초기의 행서는 예서와 초서의 중간 위치에 있었으나 후기로 올수록 해서와 초서의 중간적인 기운이 강해졌다. 예서든 해서든 正字(정자)로 쓰기가 힘든 까닭에 흘려 쓰게 된 것이 행서의 발단이 되었다.

    행서는 후한 말 汉 灵帝(영제)(168~189) 무렵 锺繇·胡昭의 스승이던 刘德升이 해서를 편리하게 고쳐 항간에 유행시켰다고 전한다. 행서의 특징은 해서의 골격을 유지하는 전제 하에 필획을 연결시키거나 생략시켰는데 해서의 성분이 많으면 '行楷'라고 하고 초서의 성분이 많으면 '行草'라고 부른다.

    行书는 흘려쓰기는 하되, 草书처럼 알아보기 어렵지도 않고 쓰기도 쉬워서 일상생활에서 사용하기 간편한 글자체이기 때문에 지금까지도 줄곧 애용되고 있다. 行书는 草书에 가까우면서도 草书가 아니고, 楷书에 가깝지만 楷书가 아니며, 楷书와 草书의 장점을 겸하고 있기 때문에 효율이 높고 자형의 명확성이 뛰어나기 때문에 실용적 가치가 매우 높아서 楷书의 주요한 보조 자체로 일상에서 가장 널리 사용되었다.

行书 王羲之 ≪丧乱帖≫　　　　[七种字体对照图]

汉字의 자형은 고문자 단계, 즉 갑골문자나 금문에서부터 篆文단계에 이르면 점차적으로 图画文字에서 表意文字로 변화하게 되었고, 篆文에서 隶书로 바뀌면서는 图画文字의 흔적이 사라지고 书写, 즉 쓰기에 간편한 방향으로 발전하게 되었다.

## 04 현대문자 - 简体字

현재 중국에서 쓰고 있는 간체자를 현대문자라고 부른다. 繁体字의 笔划, 혹은 형태를 간략하게 만든 글자를 '简化字' 혹은 '简体字'라고 한다. 현재 중국에서 사용하고 있는 간체자는 1964년 中国文字改革委员会, 中国文化部, 中国教育部가 합동 발표한 ≪简化汉字总表≫를 표본으로 하였다. ≪简化汉字总表≫에서는 2,238개의 간체자와 14개의 간체 偏旁을 기록하고 있다. 1949년 毛泽东 정부가 수립된 후 중국어 문자개혁의 작업은 한자의 简化, 普通话의 보급, 汉语拼音方案 제정, 이 세 가지 방향으로 진척되었다.

(1) 简化 来源

简化字의 来源은 다음 4가지로 나누어 생각할 수 있다.

① 古字

주로 秦汉이전의 甲骨, 金文, 小篆 등이 사용되던 시기의 简体字와 通用字와 异体字이다.

后(後)　无(無)　云(雲)　电(電)　从(從)　网(網)　万(萬)　礼(禮)　弃(棄)

② 草书楷化

草书의 주된 내원은 汉代에서 唐代에 이르는 사이에 생겨난 草书体字이다.

为(爲)　长(長)　东(東)　书(書)　车(車)　养(養)　兴(興)　发(發)　尽(盡)

③ 俗字

주로 宋, 元, 明, 清代의 간체자들이다. 다음과 같은 것들이 이러한 예에 해당한다.

体(體)　声(聲)　头(頭)　灯(燈)　怀(懷)　双(雙)　医(醫)　乱(亂)

④ 근래 유행하는 새 글자

다음과 같은 것들이 이러한 예에 해당된다.

灭(滅)　丛(叢)　护(護)　圣(聖)　态(態)　选(選)　类(類)　开(開)　卫(衛)

이상 네 가지 내원으로부터 简化字는 중국 사회에서 오래전부터 이미 古字, 草书体字 등의 형태로 사용되고 있었다는 것을 알 수 있다.

(2) 汉字 简化 方法

간화법에 대하여는 여러 가지 이설이 있다. ≪简化字总表≫ (6种简化方法)의한 6가지 분류 방법은 다음과 같다. [기출2020-B10] [기출2019-B7] [기출2015-A9] [기출1997-2]

① 부건(部件) 간화와 편방 유추

복잡한 부건을 간단히 하고, 간화된 편방을 사용하여 관련 편방을 간화한다. 부건간화는 형성자의 形符나 声符의 획수가 너무 많거나 복잡할 경우에는 획수가 비교적 적은 글자로 바꿔 주는 경우가 많다.

㉠ 부건(部件) 간화
- 声符를 바꾸는 방법으로, 비교적 많다.
  迁(遷)  达(達)  钟(鐘)  递(遞)  胶(膠)  惧(懼)  阶(階)  邮(郵)  邻(隣)
  拥(擁)  优(優)  灯(燈)
  长(長) : 伥(倀)  怅(悵)  帐(帳)  张(張)  胀(脹)(편방유추로 분류하기도 함)

- 形符를 바꾸는 방법으로, 매우 적다.
  猫(貓)  愿(願)  刮(颳)
  贝(貝) : 货(貨)  赁(賃)  贷(貸)  贩(販)  贬(貶)(편방유추로 분류하기도 함)

- 形符와 声符를 모두 바꾸는 방법
  帮(幫)  护(護)  惊(驚)  响(響)  吁(籲)

- 会意字의 부건을 간화하는 방법
  枣(棗)  聂(聶)  库(庫)

㉡ 편방유추
- '长'자로 유추한 간체자 : 长(長)  伥(倀)  帐(帳)  张(張)
- '马'자로 유추한 간체자 : 驯(馴)  驰(馳)  骈(駢)  骗(騙)
- '车'자로 유추한 간체자 : 轨(軌)  库(庫)  阵(陣)

② 동음이나 유사음의 글자로 대체한다. (假借)
出(齣)  谷(穀)  卜(蔔)  几(幾)  干(干 乾 幹)  丑(醜)  只(祇)
里(裏)  面(麵)  谷(穀)  胡(鬍)  征(徵)  范(範)  准(準)

가차하여 사용함으로써 필획이 간단하여서 익히기 쉬운 장점이 있기는 하지만, 의미의 혼동이 오는 경우가 많다. 간자체의 글자는 여러 가지의 의미를 지니게 되는 경우가 많은데, 이때 번체자는 각각 다른 글자이다. 예를 들면, '穀'의 간체자는 '谷'이다. '谷' 또한 '골짜기'라는 의미를 가지고 있다. 그래서 '谷'은 '골짜기'라는 의미와 '곡식'이라는 의미를 동시에 갖게 된다. 또 '干'은 '방패'라는 의미와 '마르다(乾)', '줄기(干)' 등 세 가지 이상의 의미를 동시에 갖게 된다. 그래서 뜻의 구분이 분명하지 않기 때문에 혼동이 올 수가 있다.

③ 초서해화

书(書)　尧(堯)　乐(樂)　长(長)　专(專)　书(書)　为(爲)

④ 간단한 부호 사용

복잡한 부분을 간단한 상징적 부호로 바꾼다.

办(辦)　协(協)　风(風)　区(區)　学(學)　兴(興)　汉(漢)　师(師)　坏(壞)　怀(懷)
归(歸)　难(難)　艰(艱)　观(觀)　邓(鄧)　欢(歡)　鸡(鷄)　戏(戲)　环(環)　赵(趙)

⑤ 특징이나 윤곽 보류

㉠ 특징 보류(생략) [기출2008-9]
- 左旁을 생략하는 방법 : 务(務)　录(錄)　夸(誇)　亏(虧)　隶(隸)
- 右旁을 생략하는 방법 : 杀(殺)　号(號)　虽(雖)　乡(鄕)　启(啓)
- 윗부분을 생략하는 방법 : 么(麽)　币(幣)　儿(兒)　处(處)
- 아랫부분을 생략하는 방법 : 丽(麗)　业(業)　气(氣)　巩(鞏)　筑(築)
- 중간부분을 생략하는 방법 : 奋(奮)　寻(尋)　虑(慮)
- 대부분을 생략하고 일부분을 남겨두는 방법 : 丰(豐)　灭(滅)　飞(飛)　习(習)　与(與)　厂(廠)　虫(蟲)　声(聲)　夺(奪)

㉡ 윤곽 보류

번체자 가운데 외부의 대체적인 윤곽을 남겨 두고 필획을 부분적으로 생략한다.

鸟(鳥)　龟(龜)　马(馬)　见(見)　齿(齒)

⑥ 새로운 형성자나 회의자 구성
- 새로운 형성자 구성 : 响(響)　惊(驚)　窜(竄)
- 새로운 회의자 구성 : 笔(筆)　泪(淚)　尘(塵)　体(體)　宝(寶)　灶(竈)

> **원문참고**
>
> ≪简化字总表≫主要采用了以下6种简化方法
> ① 简化部件和类推简化。如 : 优(優)、灯(燈)。有的简化一个部件，可以类推简化一系列繁体字。如长(長)、伥(倀)、帐(帳)、张(張)。
> ② 用同音或音近的字代替。如出(齣)、谷(穀)、卜(蔔)。
> ③ 草书楷化。如书(書)、尧(堯)、乐(樂)。
> ④ 换用简单的符号。如汉(漢)、鸡(鷄)、戏(戲)。
> ⑤ 保留特征或轮廓。如声(聲)、飞(飛)、夺(奪)、齿(齒)。
> ⑥ 构成新的形声字或会意字。如响(響)、窜(竄)、笔(筆)、泪(淚)。

### (3) 간체자의 한계

① 일정한 규칙이 없다.

'優 → 优'로, '擾 → 扰'로 간화되어 '憂'가 '尤'로 바뀌었는데, 또한 '猶 → 犹'로, '憂 → 忧'로 간화되는 등 간화에 일정한 규칙이 없음을 알 수 있다. 그 외에 '軍 → 军'으로 간화하였으며, '運 → 运'으로 간화하여 역시 일정한 규칙이 없다.

② 의미의 혼란이 올 수가 있다.

'像'의 간체자는 '象'인데, '铜象'이라고 하면 '铜'으로 만든 사람'의 '像'인지, 아니면 '铜으로 만든 코끼리'라는 의미인지 분명하게 파악할 수 없다.

③ 부호 대용의 폐단

첫째, 간화하기 전에는 하나의 쓰기법을 기억하면 되었으나, 간화한 뒤에는 오히려 몇 가지 쓰기법으로 늘어나 전체적으로 볼 때 오히려 복잡하다.

둘째, 부수 귀속 방면에서 문제를 가져왔다. 예를 들면, '辦'의 부수는 '辛'인데, '辦'의 간체자는 '办'으로 원래의 부수가 사라지고 없다.

## 05 汉字 구조(汉字结构)

**(1) 笔画**

① 필획 종류

  필획은 한자를 구성하는 최소단위다. 독체자와 합체자 모두 이 필획으로 이루어진다. 한자의 기본 필획은 6가지가 있다. 'ヽ(点), 一(横), ｜(竖), ノ(撇), ヘ(捺), ´(提)'이다. 6가지 기본필획과 25가지 파생필획으로 구분할 수 있다. 이 기본 필획 6가지에 'ㄱ(折), 亅(钩)' 이 둘을 더하여 8개 필획을 '永'字八法이라고도 한다.

  1965년 문화부와 중국문자개혁위원회가 발표한 ≪印刷通用汉字字形表≫와 1988년 中国语言文字工作委员会와 中华人民共和国新闻出版署가 발표한 ≪现代汉语通用字表≫에서는 5종 기본필획을 싣고 있는데, 'ヽ(点), 一(横), ｜(竖), ノ(撇), ㄱ(折)'이다. 이를 '札'字法'이라고도 한다.

> **원문참고**
> 
> 笔画是汉字最小的结构单位。写字时从落笔到收笔的一瞬间留下的点或线就是笔画。(构成汉字字形的最小连笔单位。) 汉字的基本笔画有六种:点(·)、横(一)、竖(｜)、撇(ノ)、捺(ヽ)、提(´)。

② 필획 관계

  한자 필획 간에는 '相离·相接·上交' 3종류의 관계가 있다.

  ㉠ 相离型: 三 川 八 二 六 习 小
  ㉡ 相接型: 工 丁 刀 上 几 口 正
  ㉢ 相交型: 十 七 九 丈 力 艹 又

③ 笔顺 [기출2021-A2]

  필순이란 한자를 쓸 때 필획의 선후 순서를 말한다. 한자의 필순에는 몇 가지 규칙이 있다.

- 先横后竖: 十 丁 干 于
- 先竖后横: '工', '士', '王' 등의 경우 마지막 두 획, '上'의 위 부분, '非'의 좌우 부분일 경우는 세로를 먼저 쓰고 가로를 나중에 쓴다.
- 先撇后捺: 八 人 入
- 先写主体, 后点点儿: 刃 太 瓦 叉 弋 尤
- 先撇后折: 儿 匕 九

- 从左到右 : 川 对 州 街 班 辨
- 从上到下 : 二 早 章 高
- 从外到内 : 句 厅 冈 尾 问 风 床
- 先里头后封口 : 田 四 因 国
- 先中间后左右 : 小 办 承

现行汉字笔画表

| 基本笔画 | | 变化笔画 | | 例字 | 基本笔画 | | 变化笔画 | | 例字 |
|---|---|---|---|---|---|---|---|---|---|
| 笔画 | 名称 | 笔画 | 名称 | | 笔画 | 名称 | 笔画 | 名称 | |
| 一 | 横 | 一 ⁄ | 平横 提横 | 二 地 | | | ㄱ ㄱ ㄱ 乛 乚 乙 | 横折钩 横折撇弯钩 横折弯 横钩 横折斜钩 横折弯钩 | 刀 阵 朵 买 飞 几 |
| 丨 | 竖 | 丨 丨 亅 | 短竖 长竖 竖钩 | 师 中 小 | | | ㄴ 乚 ㄴ ㄣ 乚 ㄅ | 竖折 竖弯 竖提 竖折折 竖折折撇 竖弯钩 竖折折钩 | 山 四 民 鼎 专 儿 与 |
| 丿 | 撇 | 丿 丿 | 平撇 竖撇 | 千 月 | | | ㄥ ㄥ | 撇折 撇点 | 么 女 |
| 丶 | 点 | 丶 丶 丶 ㇀ ㇏ | 短点 长点 左点 平捺 斜捺 | 主 双 刃 之 人 | 一 | 折 | ㇉ ㇂ | 弯钩 斜弯钩 | 家 戈 |
| 一 | 折 | ㄱ ㄱ 乛 乛 乛 乛 乛 | 横折 横折提 横折折 横折折折 横折折折钩 横折折折撇 横撇 | 口 计 凹 凸 乃 延 水 | | | | | |

## (2) 部件

### ① 部件

부건은 '偏旁'혹은 '构件'으로 불리기도 한다. 합체자는 부건의 조합으로 이루어지며 독체자는 하나의 부건으로 이루어진다. [기출2010논술교과내용-3] (《现代汉语》, 北京) 과거에는 합체자의 왼쪽을 '偏'이라고 했고, 오른쪽을 '旁'이라고 하였다. 지금은 습관상 합체자의 좌우, 상하, 내외를 통칭하여 편방이라고 한다.

두 개 이상의 부건으로 이루어진 글자는 부건의 조합간에는 층차가 있다. 큰 부건에서 작은 부건으로 분석하는 순서에 따라 一级部件·二级部件·三级部件 … 末级部件으로 칭한다. 한자는 기준에 따라 서로 다른 유형으로 구분된다.

㉠ 成字部件과 非成字部件

단독으로 글자가 성립되느냐에 따라 成字部件과 非成字部件으로 나뉜다. 非成字部件은 단독으로 글자가 성립된다. '岩, 界, 坐, 盆, 静' 등 글자 중 '山, 石, 田, 介, 人, 分, 青' 등은 단독으로 글자가 성립된다. 非成字部件은 단독으로 글자를 성립할 수 없다. 예를 들면 '字, 侍, 煮, 牧' 등 글자 중 '宀, 亻, 灬, 攵' 등은 단독으로 글자를 성립할 수 없다.

㉡ 单笔部件과 多笔部件

필획의 수에 따라 单笔部件과 多笔部件으로 나뉜다. 单笔部件은 하나의 필획만 있는 부건이고, 多笔部件은 두 개 혹은 두 개 이상의 필획을 가진 부건이다. '且, 丛'의 가로 획 '一'은 单笔部件이고, '寺' 중 '土'와 '寸'은 多笔部件이다.

㉢ 单一部件과 复合部件

더 작은 단위의 부건으로 나눌 수 있느냐에 따라 单一部件과 复合部件으로 나뉜다. 单一部件은 단순부건(单纯部件), 기초부건(基础部件), 말급부건(末级部件)으로 불리며 더 이상 작은 부건으로 나눌 수 없다. '分, 贝'의 '八, 刀, 亻, 乃'는 더 이상 작은 부건으로 나눌 수 없다. 복합부건은 合成部件이라고도 한다. 더 작은 부건으로 나눌 수 있는 부건을 말한다. '瓒'을 일차로 분류하면 '王'과 '赞'으로 나눌 수 있다. 이 중 '赞'은 복합부건이다. 이차 분류 후에는 '兟'와 '贝'로 분류할 수 있으며, 이 중 '兟'은 복합부건이다. 삼차 분류하면 다시 '先' 과 '先'으로 분류할 수 있다. '瓒'자 중 '王' '贝' '先'은 모두 单一部件이다.

㉣ 一层部件과 二层部件

부건의 선후 층차에 따라 一层部件, 二层部件, 三层部件 등으로 나뉜다. '瓒' 분석 중에서 '王'과 '赞'은 일층부건, '兟'와 '贝'는 이층부건, '先'과 '先'은 삼층부건이다.

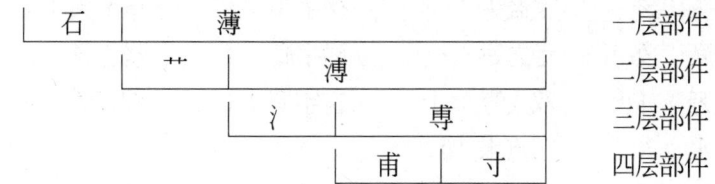

• 偏旁과 部件을 구분하는 설

편방과 부건을 구분하여 보는 설은 편방은 합체자의 구성성분이기는 하지만 최소의 필획으로 구성된 것이 아니며, 합체자의 가장 작은 구성 단위는 部件으로 보는 설이다. 예를 들면, '湖'자는 '氵'와 '胡'는 서로 각각 편방이며 '氵', '月', '十', '口'의 부건으로 구성되어 있는 것이다. '掘'자는 '扌'과 '屈' 등 두 개의 편방과 '扌', '尸', '出'의 세 개의 부건으로 구성되어 있는 것이다.

- 部首란?

부수는 한자 검색할 때 쓰이는 개념이다. 부수는 사전이나 자전 속에서 동일한 형체의 편방에 속하는 部目이다. 대체로 동일한 형체의 편방을 가지고 있는 글자는 그 아래에 속하는데, 이것이 바로 하나의 '部'이며, 이를 '部首'라고 한다.

부수는 东汉 许慎이 창조한 것으로, 그의 저서 《说文解字》에는 모두 540부로 나누었다. 매 부마다 공동으로 따르는 形旁字를 앞에다 열거하고 있는데, 이 글자를 부수라고 말한다. 《康熙字典》을 비롯한 최근에 나온 자전은 모두 214개의 부수로 나누고 있다.

② 부위의 명칭

한자는 네모형 구조다. 부건은 한자 구성성분으로 하나의 한자 안에서 정해진 위치가 있다. 한자의 부위별 명칭은 8가지가 있다 : '头', '底', '旁', '边', '心', '框', '腰', '角'

- 头 : 상하구조 글자의 윗부위 이름이다. '历'자는 '厂字头'다.
- 底 : 상하구조 글자의 아래 부위 이름이다. '历'자는 '力字底'다.
- 旁 : 좌우구조 글자의 왼쪽 부위 이름이다. '休'자는 '单人旁'이다.
- 边 : 좌우구조 글자의 오른쪽 부위 이름이다. '休'자는 '木字边'이다.
- 心 : 전포위와 삼포위 구조 글자의 안쪽 부위 이름이다. '国'자는 '玉字心'이다.
- 框 : 전포위와 삼포위 구조 글자의 바깥쪽 부위 이름이다. '围'자는 '大口框'이다.
- 腰 : 상중하 구조 글자의 중간 부위 이름이다. '蕊'자는 '心字腰'다.
- 角 : 글자의 좌상, 우상, 좌하, 우하 부위 이름을 말한다. '赢'자의 좌하 부위는 '月字角'이고, 우하부위는 '凡字角'다.

글자를 이루지 않는 부건들의 이름을 살펴보면 다음과 같다.
- 老字头 : 耂   宝盖头 : 宀   病字头 : 疒   草字头 : 艹
- 折文底 : 夂   走之底 : 辶   建字底 : 廴   竖心底 : 小
- 单人旁 : 亻   双人旁 : 彳   言字旁 : 讠   双耳旁 : 阝
- 两点水 : 冫   三点水 : 氵
- 立刀边 : 刂   单耳边 : 卩
- 大口框 : 囗   同字框 : 冂   区字框 : 匚

### (3) 整字

#### ① 독체자(独体字)와 합체자(合体字)

한자는 구조상 독체자와 합체자 두 가지가 있다. 하나의 말급부건(末级部件)으로 이루어진 글자를 독체자라고 한다. 예를 들면 '心', '女', '力', '电', '车' 등이다. 두 개 혹은 두 개 이상의 말급부건(末级部件)으로 이루어진 글자를 합체자라고 한다. 예를 들면 '村', '药', '想', '还' 등이다. 상형자와 지사자는 독체자에 속하고, 회의자와 형성자는 합체자이다. 상용한자 가운데 독체자는 3~4%밖에 되지 않으나 한자 구조의 기초가 된다. [기출2010논술교과내용-3]

#### ② 합체자의 구조형

합체자의 구조는 크게 4가지의 부건의 조합방식이 있다 : 좌우구조(左右结构)·상하구조(上下结构)·포위구조(包围结构)·틀구조(框架结构)

- ㉠ 左右组合 : A 左右结构 : 明  时  球    B 左中右结构 : 批  班  粥
- ㉡ 上下组合 : A 上下结构 : 岩  笔    B 上中下结构 : 器  葬
- ㉢ 包围组合 : A 两面包围 : a 上左包围 : 厅  庆
                           b 上右包围 : 旬  司
                           c 左下包围 : 远  赶
              B 三面包围 : a 上包围 : 问  凤
                           b 下包围 : 凶  凼
                           c 左包围 : 区  医
              C 四面包围 : 国  围
- ㉣ 框架组合 : A 一层框架 : 巫    B 二层框架 : 噩

## 06  六书

### (1) 六书 개요

#### ① 六书의 기원

六书는 여섯 가지 문자 창조 방법이다. 六书의 명칭은 周代 제도를 기록한 ≪周礼≫에 처음으로 보이나 자세한 기록은 없다고 한다. 六书의 세부 항목은 汉代 班固의 ≪汉书·艺文志≫에서 인용한 刘歆의 ≪七略≫의 설과 郑玄 등의 기록에 남아 있지만 许慎의 ≪说文解字·叙≫에서 각각의 六书에 대하여 가장 자세하게 설명하고 있다.

육서론은 고대의 한자를 연구한 학자들이 고대 한자에 근거하여 귀납해낸 이론이기 때문에 현대 한자를 육서로 분석하기에는 맞지 않을 수도 있지만 한자를 체계적으로 학습하고 연구하는데 중요한 이론이다. 육서설 자체가 완전한 이론이 아니고 의론이 분분하여 최근에는 몇몇 학자들이 三书说을 제시하고 있다. 唐兰은 ≪古文字学导论≫에서 중국문자를 象形문자·象意문자·形声문자 세 종류로 분류하였다. 陈梦家는 ≪殷墟卜辞综述≫에서 象形·假借·形声으로, 裘锡圭는 ≪文字学概要≫에서 한자를 표의자·가차자·형성자 세 종류로 삼서설을 주장하고 있다.

② 六书의 본질

한자를 육서로 분류하는 대한 그림과 설명은 갑골문·금문·소전이 약간씩 다른 경우가 흔히 있다. 그래서 육서 중 무엇으로 귀납시킬 것인가는 이 가운데 어느 설을 주로 따르느냐에 따라 학자들 간의 설명이 다른 경우가 많다. ≪说文解字·叙≫를 인용하여 六书를 설명하고, 일반적인 설을 따라 한자를 육서로 분류해 보면 다음과 같다.

象形은 实体字이며, 指事는 抽象文字이다. 이 둘은 똑같이 独体文으로서 어느 划도 분리하면 글자가 되지 않는다. 그러나 会意나 形声은 合体字로서 두 개 이상으로 분리해도 각각 뜻을 가진 지사나 象形의 独体文이 될 수 있다. 또 会意字는 意符와 意符가 합하여 이루어진 것이고, 形声字는 意符와 声符가 합하여 이루어진 것이다.

그리고 象形, 指事, 会意, 形声은 造字(体)의 방법이고, 转注와 假借는 用字(活用)의 방법이다. 또 转注는 '多字一用'이라고 할 수 있다면, 가차는 '一字数用'이라고 할 수 있다.

象形 : 有实体之形可象, 故多为名词 … 实 ⎤ 依类象形
指事 : 无实体可象而象其抽象之形, 故多为形容词 … 虚 ⎦ (独体为文)
会意 : 形符与形符相配合以表示其意义 … 形 ⎤ 形声相益  体(造字之法)
形声 : 形符与声符相配合, 半以表类, 半以示声 … 声 ⎦ (合体为字)
转注 : 其作用在于互释同义异形之字使能归类 ……… 繁 ⎤ 用(用字之法)
假借 : 其作用在于借用声同义近之字以减少造字 ……… 省 ⎦

③ 六书의 형체 구성 요소

한자의 자형은 여러 가지 부호로 구성된다. 그 가운데 象形과 指事와 같은 独体字는 전체의 5%도 되지 않는다. 반면에 会意와 形声 合体字가 95%를 차지한다. 한자의 형체를 구성하는 부호는 대략 形符·义符·声符(音符라고도 한다)로 나눌 수 있다. 表形에 속하는 것이 形符이고, 表义에 속하는 것이 义符이고, 示意에 속하는 것이 意符이고, 表音에 속하는 것이 声符이다.

⊙ 形符

실물 모습에서 그려진 상형 문자 부호이다. 합체자 속에서 하나의 편방이 되어 다른 부호와 함께 회의자·형성자를 만든다. 이런 부호는 모두 실물의 모습이지만, 字意의 의미확대 등으로 인하여 기능과 작용이 변하기도 한다. 예를 들면, '日'의 원래의 뜻은 '태양'이었는데, 후에 '날'이라는 의미로 시간을 표시한다. 그래서 '时, 昨, 暂' 등의 글자에서 '日'은 形符로 쓰인 것이 아니라, 义符로 바뀐 것이다.

ⓒ 义符와 意符

'义符'와 '意符'는 의미가 비슷하며, 차이를 분명하게 구분하기가 쉽지 않기 때문에 같이 사용하기도 한다. 그러나 굳이 뜻을 구분하면 다음과 같다.

ⓐ 义符

문자 형체 속에서 의미 유형을 구분해주는 추상적 내용을 표시하는 편방 부호이다. 예를 들면, '观', '觋', '靓', '觇' 등의 글자 중 '见'과 '论', '议', '谈', '语' 등의 글자 중 '言'이 그것이다.

ⓑ 意符

문자 형체 속에서 상징 표지로 쓰였거나 사물의 운동 의향을 표시하는 부호이다. 예를 들면, '妾', '童', '仆' 중 윗 부분 '辛'형은 사람들이 형벌을 받은 죄인이나 노예라는 뜻을 나타낸다. 그리고 '陟降' 등의 글자에서 '阝'는 원래 '形符'였는데, 여기에서는 상하의 운동을 표시하므로 '意符'로 쓰였다.

ⓒ 声符

한자 구조 가운데 "音"을 표시하는 편방이다. 주로 형성자의 형체 속에서 존재하지만, 간혹 상형 글자에도 존재한다. 그리고 形符와 义符가 声符의 역할을 겸하고 있는 부호도 있다. 형성자는 义符와 声符의 두 부분으로 이루어진다.

(2) 六书 분류 [기출2007-10] [기출2005-11]

① 象形 [기출2012-14]

象形字는 이름 그대로 물체의 모양을 본 따서 만든 글자로, 주위에서 흔히 볼 수 있는 구체적 실물이다. 象形字는 한자를 만든 초기 산물로, 지사자의 일부분, 会意字, 形声字는 모두 象形字의 기초위에 만들어진 것이다. 즉 상형자는 한자의 체계 중에서 가장 기본적인 부호이다. 따라서 象形字를 이해하는 것은 한자의 기원을 살피는데 매우 중요하다.

> **원문참고**
>
> 象形就是用描绘事物形状来表示字义的造字法。《说文解字》：象形者，画成其物·随体诘诎，日·月是也。
> (象形이란, 그 물체의 형상을 그리는 것인데, 그 물체의 모양에 따라 들어가고 나오고 그 굴곡과 기복을 그리는 것으로, 해와 달의 글자 모양이 바로 그것이다)

《说文解字》에 수록된 象形字는 그다지 많지 않은데, 수록된 9000여 글자 가운데 264개에 불과하다. 象形字는 외형을 그리는 방식에 따라 네 가지로 나눌 수 있다.

㉠ **独体象形** : 사물 전체를 그린 것. 日  月  雨  山  晶
㉡ **省体象形** : 독체상형자에서 형태와 획의 일부를 줄여 만든 것. 乌  片
㉢ **增体象形** : 단순한 형상만으로 그것이 무슨 사물인지 명백하게 나타나지 않을 경우에 다른 형체를 여기에 증가하여 보충한 것. 足  眉  果  旦
㉣ **变体象形** : 독체상형의 문자에서 부분적인 필획을 변형시키거나 아니면 문자의 위치를 좌우나 상하로 바꾸어 만드는 것. 尸  交  夭

㉠ **独体象形** : 묘사하고 있는 대상에 의해 나누어보면 다음과 같다.

　가. **天像**

　　　(日) : 태양의 모습으로 낮 혹은 시간을 나타내기도 한다.

　　　(月) : 달의 모습으로 보름달이 아닌 달을 모습을 상형하였다.

　　　(雨) : 빗물과 비가 오는 모습이다.

　　　(云/雲) : 갑골문과 금문의 '云'자는 구름이 소용돌이치는 모습으로 본래의미는 구름이다. 후에 '云'이 '말하다'라는 의미로 가차되자 '雨'를 첨가하여 구름의 의미를 나타냈다.

　　　(气) : 구름이 떠다니는 모습을 상형했다. 후에 의미가 파생되어 모든 기체를 지칭하게 되었다. 동시에 자연계의 현상과 사람의 정신 상태를 가리키는데도 사용된다.

　　　(申) : '申'은 '電'의 고문으로 번개가 번쩍이는 모양을 상형한 것이다.

　나. **地理**

　　　(山) : 산봉우리가 있는 산을 상형했다.

　　　(水) : 굽이굽이 흐르는 물을 상형했다. 중간의 곡선은 굽이치며 흐르는 물길이며, 양쪽 가장자리의 두 점은 물방울을 나타낸다.

㫾(泉) : 물이 동굴 혹은 땅 속에서 흘러나오는 모습을 상형했다.

火(火) : 불꽃이 타오르는 모습으로 불꽃을 의미한다.

田(田) : 밭의 모양을 상형했다. 본래 의미는 농사짓는 땅, 즉 전답이다.

川(川) : 굽이굽이 흐르는 물의 형상이다.

土(土) : 지면에 융기되어 있는 흙 무더기를 상형했다. 본래 의미는 흙이며, 후에 땅으로 의미가 확대되었다.

다. 인체

人(人) : 서 있는 사람의 옆 모습을 상형했다. 사람의 모습을 여러 면에서 상형한 글자는 다음과 같다.
- 大 : 정면으로 서 있는 모습
- 尸 : 누워 있는 모습
- 卩 : 무릎을 꿇고 있는 모습
- 女 : 여자의 모습
- 长 : 노인의 모습
- 儿 : 어린이의 모습

女(女) : 여자가 두 손을 모아서 무릎에 올려 놓고 있는 모습을 상형했다. 혹은 가슴이 나온 여자가 엉덩이를 뒤로 내 민 모습이라고도 한다.

子(子) : 큰 머리에 작은 몸집을 가진 영아가 포대기에 싸인 모습이다. 파생의미로 자녀를 가리킨다.

耳(耳) : 귀의 모양을 상형했다.

目(目) : 사람의 눈을 상형했다.

心(心) : 심장의 모양을 상형했다.

自(自) : 사람의 코를 상형했다. '鼻'의 초문이다. 후에 의미가 파생되어 일인칭 대명사로 쓰이게 되자, 声符 '卑'를 첨가하여 코의 의미를 나타내는 '鼻'자를 만들었다.

口(口) : 사람 혹은 동물의 입의 모습이다.

止(止) : 사람의 발을 상형했으며 본래 의미는 발이다. 후에 파생의미로 발이 멈추는 곳으로 '정지' 등으로 사용되었다.

首(首) : 머리의 형상이다. 눈과 머리카락이 있는 모습이다.

어미(母) : 어머니가 아이에게 젖을 먹이는 모양을 본뜬 글자로 '어머니'를 뜻함
어금니(牙) : 어금니의 모습
손(手) : 사람의 손의 모습이다. 다섯 손가락과 팔을 그렸다.

라. 동물

(牛) : 소의 머리를 상형하였다. 소뿔이 있는 모습이다.
(羊) : 굽은 뿔이 있는 양의 머리를 상형했다.
(马) : 머리, 몸통, 다리, 꼬리가 있는 말의 모습이다.
(鹿) : 사지가 가늘고 길며 긴 뿔을 가지고 있는 사슴의 모습을 상형했다.
(兔) : 토끼가 쪼그리고 앉아 있는 모습이다. 뒤에 노출된 것은 꼬리이다.
(鸟) : 새의 모습을 상형했다.
(鼠) : 쥐의 모습을 상형했다.
(犬) : 개의 모습을 상형했다.
(豕) : 돼지의 옆 모습을 상형했다.
(虎) : 호랑이의 모습을 상형했다.
새(隹) : 꼬리가 짧은 새들의 총칭이다. 머리, 부리, 눈, 날개의 형상을 본떴다.
제비(燕) : 제비의 전체 모습을 상형했다.
코끼리(象) : 코끼리가 서 있는 옆 모습이다. 긴 코와 큰 귀, 거대한 몸, 긴 이빨과 꼬리, 두 다리를 그린 것이다.

마. 식물

(木) : 나무를 상형한 모습이다. 위에는 나뭇가지, 아래에는 뿌리가 있고, 가운데는 줄기와 가지다.
(禾) : 뿌리와 즐기, 이삭이 아래로 처진 벼의 모습을 상형했다.
(来) : 보리의 뿌리, 줄기, 잎, 이삭을 상형했다. 본래 의미는 보리다. 후에 "오다"의 뜻으로 가차되었다.
(韭) : 부추를 상형했다. 땅에 양쪽으로 잎이 가지런하게 돋아난 부추의 모습이다.
(米) : 흩어져 있는 쌀알의 모습을 상형했다.
(竹) : 대나무의 모습을 상형했다. 두 가지가 아래로 늘어진 모습이다.
(草) : 풀이 돋아난 모습을 상형했다. '草'는 후에 만들어진 형성자이다.

바. 의복

巾(巾) : 수건을 걸어 놓은 모습이다.

糸(糸) : 실꾸러미 모양을 본떴다.

갓옷(求) : 갓옷(裘)의 초문으로 동물의 털이 달린 가죽으로 만든 옷을 그린 것이다. 후에 '衣'자를 더하여 만든 '裘'자가 본 뜻을 대신하게 되자 求는 '구하다'의 뜻으로 쓰이게 되었다.

옷(衣) : 상의의 옷섶을 여민 모습이다. 본래의 상의를 뜻하였고, '常(裳)'은 하의를 뜻하였다.

사. 건축

戶(戶) : 한 개의 문이 달린 출입문을 상형했다. 본래 의미는 문이고, 후에 문과 창문을 통칭한다. 또 이웃이나 거주자로 의미가 확대되었다.

門(門) : 문기둥과 두 짝의 문이 있는 모습이다.

瓦(瓦) : 지붕에 두 개의 기와가 서로 연결되어 있는 모양을 상형했다.

井(井) : 우물에 나무로 만든 난간이 쳐져 있는 것을 상형하였다.

宀(宀) : 지붕과 두 벽을 상형한 문자로 대부분 집과 관련된 의미를 지닌다.

广(广) : 언덕이나 동굴 벽에 의지하여 지는 집의 모습이다. 이 글자와 관련된 한자들은 대부분 집과 관계가 있다.

窗(窗) : 바깥은 창틀, 안쪽은 창살의 모습을 상형했다.

아. 기물

刀(刀) : 짧은 손잡이와 둥근 칼날과 칼등이 있는 칼의 모습이다.

弓(弓) : 활의 모양을 상형했다.

斤(斤) : 머리와 다리가 달린 도끼의 모습이다.

鼎(鼎) : 세 개의 다리, 두 개의 귀가 있는 솥의 모습이다. 음식물을 조리하는 용기였을 뿐만 아니라 종묘 제사의 礼器로 사용되었다.

壺(壺) : 술병의 뚜껑, 병 몸, 손잡이 모양을 상형했다.

玉(玉) : 끈으로 꿴 옥의 형상이다.

貝(贝) : 바다 조개의 껍질 모양을 상형했다. 고대 조개는 진귀한 장식품으로 실에 꿰어 목에 걸거나 가슴에 걸어서 부유함을 나타냈다. 후에 최초의 화폐가 되어 財富를 상징하였다.

𝕰(臼) : 쌀을 찧는데 사용되는 돌절구이다. 후에 절구와 비슷하게 생긴 물건을 가리킨다.

🪙(舟) : 木船을 간단하게 그린 모습이다.

酉(酉) : 술 단지 모양을 상형하였다. 본래 의미는 술 단지 혹은 술병이다. 후에 간지의 이름으로 가차되어 地支의 10번째가 되었다.

豆(豆) : 위는 넓적한 접시 모양이고 아래는 길고 둥근 다리를 가진 식기를 상형했다. 제사에 많이 쓰였다. 고기를 담는 식기의 모양을 본뜸. 나중에 答(답 : 팥)과 통하여 콩의 뜻으로 빌려 씀. 汉字의 部首로는 그 글자가 식기와 关系가 있음을 나타냄

콩의 뜻은 음의 차용

그릇(皿) : 받침이 달린 그릇을 그렸다.

키(其) : 겨를 날리는 키의 모양을 상형했다.

수레(車-车) : 수레를 그린 문자이다. 상하의 두개의 횡선은 둥그런 바퀴가 변한 것이고, 중간 부분은 수레의 몸체이며, 종선은 수레의 축을 나타낸다.

그물(网) : 그물의 모습을 상형했다.

ⓒ 合体象形

眉(眉) : 눈과 눈썹을 함께 그린 것으로 본래 의미는 눈썹이다.

頁(页-頁) : 사람의 머리이다. 머리가 강조된 모습이며 몸과 머리카락을 함께 그렸다. 현재는 책의 쪽수를 나타내는 말로 사용된다.

須(须-須) : 얼굴에 자라난 수염을 상형했다.

胃(胃) : 위의 모습을 상형하였다. 중간의 네 점은 위 속에 들어 있는 음식물의 모습이고 아래에 사람의 인체를 뜻하는 月(肉)을 더하여 인체의 일부임을 표시했다.

果(果) : 나무에 과실이 가득히 달려 있는 모습이다.

瓜(瓜) : 덩굴에 박이 달려 있는 모습을 상형했다.

州(州) : 강 중간에 작은 섬이 있는 모습을 상형한 글자다. 본래 의미는 물 가운데 있는 토지를 말하다. '州'는 '洲'의 본래 글자이다. 고대의 '州'는 행정구역을 나타내는 글자로 쓰였다. 현재 두 글자는 구분되어 사용되는데, 广州, 徐州 등의 지명에는 州자를 사용하고, 亚洲, 欧洲 등 대륙을 지칭할 때와 沙洲, 鹦鹉洲와 같이 섬을 가리킬 때는 洲자를 사용한다.

帶(带) : 허리띠에 수건·칼·필기도구 등 여러 가지 물건을 매단 모습과 허리띠를 묶어 하의에 주름이 잡힌 모습을 그린 것이다.

ⓒ 省体象形

𩾐(烏-乌) : 까마귀가 하늘을 향해 입을 벌리고 있는 모습이다. 까마귀는 밤에 울기를 좋아하여 입을 강조하였고, 전신이 검기 때문에 눈동자의 검은색과 혼동되어 눈을 생략했다.

片(片) : 片은 나무 木의 그림에서 반쪽을 생략한 모습이다. 본래의미는 나무 조각이다.

ⓔ 変体象形

𠤎(匕) : 사람(人)을 거꾸로 쓴 것이다. 정상적인 사람의 자세가 아니고 변화된 자세이므로 본래의 의미는 '변하다'이다. '化'의 초문이다.

厂(尸) : 사람이 누워 있는 모습을 상형했다.

夭(夭) : 사람이 고개를 숙이고 있는 모습을 그렸다.

尢(尢) : 사람의 한쪽 다리가 짧아 균형이 맞지 않는 모습을 그렸다.

交(交) : 사람의 두 다리가 교차되어 있는 모습을 그렸다.

(5) **보충**

*父 : 회초리(爻 : 여기서는 一家를 다스리는 지배권을 나타냄)로 자식을 훈계하는 엄한 아버지라는 뜻을 합(合)하여 '아버지'를 뜻함

| 字体 | 甲骨文 | 金文 | 小篆 |
|---|---|---|---|
| 字形 | ㄱ ㅋ ㅋ | | ㄱ |

*老 : 머리카락이 길고 허리가 굽은 노인이 지팡이를 짚고 서 있는 모양을 본뜸. 다른 글의 부수(部首)로 쓰일 때는 匕를 뺀 윗부분만 쓰는 경우가 많음

*京 : 언덕 위에 집이 서 있는 것을 본뜬 글자. 옛날에는 높은 곳에 신전을 모시고 그 둘레에 사람이 모여 산 데서 서울을 뜻하게 됨

*高 : 성의 망루의 모양. 높은 건물(建物)의 뜻. 후에 단순히 높음의 뜻이 됨

*永 : 여러 갈래로 흐르는 물의 줄기를 본뜬 글자로 물줄기가 합쳐지고 갈라지며 멀리 흘러간다는 데서 '길다'를 뜻함

*之 : 대지에서 풀이 자라는 모양, 전(转)하여 간다는 뜻, 음을 빌어 대사, 조사로 차용함

*贝 : 두 개의 조가비를 가진 조개류의 모양, 옛날에 조가비를 돈으로 사용했기 때문에 贝(패)가 붙는 글자는 대부분 돈과 관계(关系)가 있음

*夕 : 夕(석)은 달의 모양, 아주 옛날엔 月(월 : 달)과 夕(석)의 구별은 없었음. 나중에 달 자체

는 月(월), 달이 뜨는 밤의 뜻으로는 夕(석)이 쓰였음. 다시 나중에 해질녘은 夕(석), 밤은 夜(야)로 구별해서 쓰게 됨

* 火 : 불이 타고 있는 모양을 본뜸. 화산이 불을 뿜는 모양이라고도 일컬어짐. 나중에는 火(화)가 化(화)와 같은 음이므로 물건(物件)의 모양을 변경시키거나 없애는 것이라고 설명하지만, 아주 옛날엔 毁(훼 : 태워서 없애 버리다)와 음이 비슷하였음
* 丘 : 사방이 높고 중앙이 낮은 언덕의 모양
* 白 : 햇빛이 위를 향하여 비추는 모양을 본뜬 글자로 '희다', '밝다'를 뜻함
* 阜 : 산의 측면 단층의 모양을 본뜸
* 片 : 나무를 쪼개어 조각의 한 편을 본뜬 글자로 '조각'을 뜻함. 木(목)을 둘로 나누면 오른쪽은 片(편), 왼쪽은 장[장수장변(爿 : 나뭇조각)部가 된다고 생각했음. 그런데 옛날에는 글자를 우향, 좌향 어느 쪽으로 써도 같은 경우가 많음. 따라서 片(편)도 장수장변(爿 : 나뭇조각)部와 같아 寢床(침상)이나 나무 널빤지의 모양을 나타낸 것일 것임. 나중에 두 개로 나눈 한 쪽의 뜻으로 됨
* 卜 : 옛날에는 거북의 등딱지나 쇠뼈를 불에 구워 그 금을 보고 吉凶을 판단했음. 옛 글자는 터진 금을 나타내고, 갈라질 때 나는 소리를 따서 '복'이라고 했음
* 也 : 뱀의 모양을 본뜸. 본 뜻은 뱀. 그 음을 빌어 오로지 어조사로 쓰여지고 있음

| 字体 | 金文 | 小篆 | 楷书 |
| --- | --- | --- | --- |
| 字形 |  |  | 也 |

* 勺 : 손잡이가 있는 국자의 모양을 본뜸
* 血 : 제사에 희생의 짐승의 피를 그릇에 가득 담아 바친 모양, 옛날엔 약속을 할 때, 이 피를 서로 빨곤 하였음. 옛날엔 皿(명 : 그릇) 위에 一(일)획을 썼으나 지금은 삐침(丿 : 삐침)部를 씀
* 斤 : 가로획은 도끼의 머리를 본뜨고, 세로획은 자루를 본뜸. 그 밑에 있는 것은 나무를 본뜸. 나무를 베는 도끼. 또 음을 빌어 무게의 단위로 함
* 乐 : 옛 모양(幺작을요 : 작다)部+작을요(幺 : 작다)部 실)와 木(목)으로 현악기를 나타낸 듯함. 후세의 모양은 신을 모시는 춤을 출 때 손에 가지는 방울과 같기도 하지만 북 따위의 타악기라고도 일컬어져 왔음. 크고 작은 북이 받침 위에 놓여 있는 모양, 악기를 나타내는 말로서 나중에 음악의 뜻인 때는 '악' 그것을 듣고 즐긴다는 뜻인 때는 '락'이라 읽음
* 行 : 네거리 → 굽지 않고 바로 가는 일, 나중에 가다 → 하다란 뜻과 行列(항렬) → 같은 또래란 뜻의 두 가지로 나누어짐
* 舟 : 통나무배의 모양을 본뜬 글자. 한자의 부수(部首)로는 배와 关系가 있음을 나타냄
* 戈 : 나무로 된 자루에 끝이 뾰족한 쇠붙이를 달고, 손잡이가 있음을 나타낸 모양, 한자(汉字)의 부수(部首)로서는 무사(武事)에 관계(关系)되는 뜻을 나타냄

* 午 : 똑바로 세운 절구 공이의 모양을 본뜬 글자로 절구 공이 같은 막대를 꽂아 한낮임을 알았다는 데서 '낮'을 뜻함. 음을 빌어 십이지(十二支)의 일곱째 글자로 씀
* 丁 : 옛 모양은 무언가 한 덩이의 물건(物件)인 듯, 과일의 모양으로서 속이 찬 일이라든가, 釘(정 : 못)의 모양이며 바로 → 바로 서다 → 다른 것 보다 나와 있다 따위의 뜻을 나타낸다고도 생각됨. 음을 빌어 천간(天干)의 넷째 글자로 씀
* 井 : 우물의 난간을 나타냄. 옛 글자의 가운데 점은 두레박
* 大 : 서 있는 사람을 정면으로 본 모양, 처음에는 옆에서 본 모양인 人(인)·匕(비) 따위와 같이, 다만 인간을 나타내는 글자였으나 나중에 구분(区分)하여 훌륭한 사람 → 훌륭하다 → '크다'의 뜻을 나타냄

| 字体 | 甲骨文 | 金文 | 小篆 | 楷书 |
|---|---|---|---|---|
| 字形 | 𠆢 𠆢 𠆢 𠆢 | 大 大 大 大 | 大 | 大 |

* 又 : 오른손을 본뜬 글자. 본디는 '오른쪽', '가지다', '돕다', '권하다'를 뜻하였으나 뜻으로 빌어 썼음. 한자(汉字)의 부수(部首)로서는 손의 거동에 관한 뜻을 나타내며 音部(음부)가 될 때에는 돕다, 풍부하다의 뜻을 나타냄
* 文 : 사람 몸에 ×모양이나 心(심)자 꼴의 文身(문신)을 한 모양. 入墨(입묵 : 살갗에 바늘로 찔러 먹물이나 물감 등으로 글씨·그림·무늬를 들이는 것)을 문신이라 하고, 刑罰(형벌)로서 하는 수도 있지만 祝贺(축하)하는 표로도 하였음. 나중에 무늬 → 글자 → 학문 → 文化(문화) 따위의 뜻에 쓰임
* 而 : 턱 수염의 모양, 수염, 음을 빌어 어조사로 씀
* 足 : 무릎에서 발끝까지의 모양을 본뜬 글자로 '발'을 뜻함. 汉字의 部首로 되어 그 글자가 (발)에 관한 것임을 나타냄
* 力 : 팔에 힘을 주었을 때 근육이 불거진 모양, 农具(농구) 가래의 모양, 나중에 일하다, 힘의 뜻
* 西 : 옛 자형은 새의 둥지나 그와 비슷한 꼴을 나타냄. 그 옛 음이 死(사 : 사람이 없어지다)나 迁(천 : 옮아가다)과 관련이 있었기 때문에 西(서)는 해가 지는 것을 나타내는 데 쓰여 지고 해가 지는 방향(方向) → 서녘의 뜻을 나타내게 되었음. 나중에 西(서)의 자형을 새가 둥지에 있는 모양으로 잘 못 보아 저녁 때 해가 서쪽에 기울어 새가 둥지에 돌아가는 것이라고 설명하게 되었음

② 指事
　㉠ 지사의 정의
　　　象形이 구체적인 사물을 표현하는 것에 반해서 指事는 추상적인 개념을 나타낼 때 사용하는 방법이다. 추상적인 사물은 형상을 그릴 수 없으므로 관련된 구체적인 사물에 지시 부호를 덧붙여서 나타낸다. 象形과 指事의 구별에 대하여 귀납해보면 다음과 같다.

ⓛ 지사와 상형의 차이점

첫째, 象形은 그림이고, 指事는 부호이다.

둘째, 象形은 주로 한 가지 사물을 나타내며, 指事는 비교적 많은 사물을 포괄적으로 나타낸다. 예를 들면, '木'은 나무라는 한 가지 물체를 그린 것이나, '上'이나 '下'는 존재하는 모든 물체의 위나 아래를 광범위하게 의미한다.

셋째, 象形은 구체적인 실물을 그린 것이므로 나타내는 의미의 범위가 비교적 좁고, 指事는 추상적이므로 표현하는 의미의 범위가 비교적 넓다.

넷째, 象形은 구체적인 사물을 그린 것이므로 물질 명사가 많고, 指事는 추상명사나 동사나 형용사가 비교적 많다.

指事字는 象形字에 비하여 그 수가 훨씬 적다. ≪说文解字≫에 수록되어 있는 指事字는 129자에 불과하다. 指事字는 조자법에 따라 두 가지로 나눌 수 있다.

▸ 원문참고

指事就是用象征性符号或在象形字上加提示符号来表示字义的造字法。≪说文解字≫: 指事者, 视而可识, 察而见意, 上、下是也。
(지사란 보아서 일을 식별할 수 있고, 좀 더 자세히 살펴보면 그 상징하는 의미를 알 수 있는 것으로, 上·下가 그것이다.)

가. 独体指事

다른 요소가 첨가되거나 자형을 변형시키지 않은 순수한 형태의 指事文字

- ━(一) : 한 획을 나타낸다. 하나의 획으로 한 개를 표현했다.
- ꗃ(四) : 갑골문과 금문에서는 네 개의 가로 획을 그어서 표시했는데 소전의 四자는 사람의 입에서 공기가 나오는 모양을 묘사했으며, 呬의 본래글자이다.
- X(五) : • 금문에서는 다섯 개의 가로 획을 그어 다섯을 표현했다. 周初에는 다섯 개의 가로 획과 교차 그림 두 가지를 병용하다가 东周 이후에 전자는 없어졌다. (汉字学总论)
  • 두 개의 물체가 서로 교차한 형태로 본래 의미는 교차하다이다. 고문에서 午와 통용되었으며 후에 숫자로 가차되었다. (중국 언어와 문자)
- 八(八) : 네 손가락씩 두 손을 편 모양을 나타내어 '여덟'을 뜻함. 혹은 물건(物件)이 둘로 나누어지는 모양, 등지다, 벌어지다, 헤어지다의 뜻. 후에 숫자로 가차되었다.

九(九) : 아주 구불어진 선을 상징하였는데 여기에서 숫자의 极을 나타내게 되었다. (한자학총론)

十(十) : 큰 숫자를 셀 때 나뭇가지에 매듭을 지어 표현했는데, 매듭이 하나면 십이고, 둘이면 이십, 셋이면 삼십이다.

乃(乃) : 기가 위로 올라갈 때 순탄하게 상승하지 못하는 모양이다. 무형의 기를 추상적으로 표현하였다.

入(入) : 어떤 사물이 여러 방향에서 한 지점으로 모이는 모습을 그렸다.

小(小) : • 갑골문, 금문의 小자는 작은 알갱이로 작다는 의미를 표현했다. 소전의 小자는 하나의 물체로 둘로 나누는 것으로 자형이 변했다. (중국 언어와 문자)
• 篆文에 따르면 회의자로 간주된다. 그러나 갑골문을 보면 세 개의 작은 점을 그려 미세함을 나타낸 지사자로 볼 것이다. (汉字学总论)

上(上) : 물건이 하나의 긴 가로획 위에 있음을 나타냈다.

下(下) : 물건이 긴 가로획 아래에 있음을 나타냈다.

中(中) : 갑골문과 금문의 中자는 하나의 깃대에 여러 개의 술이 달려 있는 깃발을 그렸고, 깃대 중간에는 나무를 대고 묶어서 깃대를 튼튼하게 했는데, 이 나무 조각을 中이라고 한다. 中의 본래 의미는 중간이다.

飛(飞) : 새가 날개를 펴고 공중을 나는 모습이다. 빠르고 급하다는 의미를 나타내기도 한다. (중국 언어와 문자)

予(予) : 어떠한 물체를 서로 주고받는 모습이다. 본래의 의미는 '주다'이다. 구체적인 사물을 주고받는 것이 아니라 주고받는 동작을 나타낸다.

口(口) : 사방을 둘러싼 모습을 그렸으며, '圍'의 초문이다.

齊(齊-齐) : 세 개의 벼 혹은 보리 이삭이 가지런히 놓여있는 모습이며, 본래의 의미는 '나란하다'이고, '동등하다, 일치하다, 완전하다' 등으로 의미가 확대되었다.

나. **合体指事**

독체상형이나 독체지사의 문자에 의미를 보다 분명하게 나타내기 위하여 부호를 첨가시켜 만든 지사문자다.

刃(刃) : 칼 刀에 점을 찍어 칼날의 위치를 나타냈다.

曰(曰) : 입과 소리를 상징하는 부호이며, 본의는 '말하다'이다.

㞢(本) : 나무 木자의 뿌리 부분에 점 혹은 획을 그어 뿌리의 위치를 나타냈다. 후에 근본, 기초, 본체 등의 의미로 확대되었다.

耑(末) : 나무 木자의 끝 부분에 획을 더해서 나무의 끝을 나타냈다. 사물의 끝, 최종 등의 의미로 확대되었다.

凶(凶) : 짐승을 잡기 위해 땅에 함정을 파 놓고 ×표시를 한 모양이다. 본래 의미는 '흉하다. 나쁘다'이다.

亦(亦) : 정면으로 서 있는 사람의 겨드랑이 부분에 점을 더하여 겨드랑이의 위치를 나타냈다. 후에 '역시'로 가차되자, 形符 月(肉)과 声符 夜가 결합한 '腋'자가 만들어졌다.

旦(旦) : 지평선에서 막 떠오르는 태양을 나타내며, 본의는 '날이 밝다'이다.

立(立) : 사람이 땅 위에 정면으로 서 있는 모습이다.

甘(甘) : 입 안에 음식이 있는 것이다. 본래의 의미는 '맛있다. 달다'이다.
　　　＊상형으로 보기도 한다.

只(只) : 고서에서 어기사로 쓰였다. 사람이 말할 때 공기가 밖으로 나오는 모습이다.

朱(朱) : 나무 木에 중간에 점 혹은 획을 더하여 나무줄기의 위치를 나타냈다. 본래 의미는 나무 줄기이며, '株'의 본자이다.

寸(寸) : 손(又)에서 한 치되는 부위를 나타냈다. 又와 一의 결합이다. 본래 의미는 경맥이고, 길이의 단위 혹은 아주 짧거나 작은 것으로 의미가 확대되었다.

豕(豕) : 끈으로 돼지의 다리를 묶은 모습이며, 본래 의미는 두 다리가 묶여서 가지 못하는 것을 가리킨다. (발 얽은 돼지걸음 축)

牟(牟) : 소의 입에서 공기가 나오는 모습으로, 소가 우는 것을 나타낸다.

血(血) : 피가 그릇 안에 담겨 있는 모습으로 본래 의미는 사람 혹은 동물의 혈액이다.

卒(卒) : 옷 소매에 한 획을 그은 것으로, 이러한 표시가 있는 옷은 주로 사병이 입었기 때문에 본래의 의미는 사병의 제복이다. 후에 사병으로 의미가 확대되었다.

③ 会意

　会意란 두 개 이상의 같거나 다른 종류의 문자와 그 뜻을 합해 자형이 다르고 음과 뜻이 다른 새로운 문자를 만들어 내는 방법을 말한다. ≪说文解字≫에는 1,000여 개 정도가 수록되어 있다. 지금도 会意字는 간혹 만들어지기도 하는데, 그 예로 형성자 '陽'과 '陰'의 경우, 간체자에서 会意字인 '阴'과 '阳'으로 바뀌었다.

> **원문참고**
>
> 用两个或几个部件合成一个字,把这些部件的意义合成新字的意义,这种造字法叫会意。《说文解字》曰:会意者,比类合谊,以见指㧑,武、信是也。
> (회의란 관련 있는 두 글자(혹은 여러 글자)의 의미를 결합시켜 새로운 의미를 나타내는 것으로, 武와 信이 그것이다)

会意字들을 外形에 따라 분류해보면 다음과 같다.

## 가. 同体会意

형체가 서로 같은 문자를 결합시켜 만든 会意字

- (林): 두 개의 나무(木)으로 숲을 의미한다.
- (炎): 두 개의 火로, 불길이 왕성함을 나타낸다.
- (从): 한 사람은 앞서가고 다른 사람은 뒤따르는 모습으로 '따르다'를 의미한다.
- (比): 두 사람이 바짝 붙어 서 있는 모습이며, '나란히 서 있다', '가깝다'는 의미를 나타낸다. 후에 '비교하다', '겨루다'로 의미가 확장되었다.
- (北): 두 사람이 등을 맞대고 서 있는 모습이다. '등지다', '어긋나다'는 의미를 나타낸다. 후에 北이 북쪽을 나타내는 방위사로 가차되자, '등지다'의 의미를 나타내기 위해 '月(肉)'을 더해서 '背'가 되었다.
- (幷): 두 사람이 나란히 서 있는 모습이다.
- (丝): 실을 두 개 합쳐 놓은 모습이다.
- (衆-众): 갑골문에서는 태양아래 사람들이 허리를 굽히고 일하는 모습이다. 금문과 소전에서는 태양(日)이 눈(目)으로 변해서 노예주들의 눈이 노예들을 일하는 모습을 감시하고 있다. 그래서 众의 본의는 많은 노예들이다. 여기서 사람이나 물건이 많은 것으로 의미가 확대되었다.
- (友): 악수를 하기 위해 오른 손 두개가 나란히 있는 모습이다. 본의는 '친구'이다.
  - 朋: 같은 스승 밑에서 공부한 사람을 지칭
  - 友: 뜻이 통하고 가는 길이 같은 사람을 지칭
- (步): 두 개의 止가 아래위로 놓여 있는 것으로 오른발과 왼발이 번갈아가며 앞으로 나가는 모습으로 '걷다'를 의미한다.
- (卉): 풀이 무더기로 자라 있는 모습이다. 卉는 각종 풀을 총칭하는 말이며 주로 관상용의 풀을 의미한다.

☵(森) : 나무가 많은 모습으로 숲을 의미한다.

☵(磊) : 돌이 많이 쌓여 있는 모습으로 '돌무더기'를 의미한다. 돌무더기는 높기 때문에 '높다'의 의미로 확대되었다. (돌무더기 뢰)

☵(焱) : 불길이 왕성해서 불꽃이 날아다니는 모습으로 본의는 '불꽃'이다.

☵(晶) : 밤 하늘 여기 저기 흩어져 있는 별들의 모습을 세 개의 별로 나타냈다. 본의는 '밝다'이다.

☵(芔) : 많은 풀을 의미한다. (잡풀우거질 망)

☵(品) : 많은 입을 뜻한다. (여러 사람의 입 집)

## 나. 异体会意

형체가 서로 다른 문자의 자형과 자의를 결합시켜 만든 会意字

☵(戍) : 사람이 활을 어깨에 메고 있는 모습으로 '지키다'의 의미를 나타낸다.

☵(休) : 사람이 나무 그늘에 앉아 쉬는 모습이다. '쉬다'의 의미를 나타낸다.

☵(牢) : 소와 같은 가축이 우리 안에 갇혀 있는 모습이다. '소 우리', '우리에 갇히다'의 의미를 나타내며, 후에 '감옥'의 뜻으로 확대되었다.

☵(即) : 왼쪽에는 밥그릇이 있고 오른쪽에는 꿇어 앉은 사람이 음식을 먹으려고 하는 모습이며, 본의는 '음식을 먹다'이다. 음식을 먹으려면 음식에 가까이 가야 하기 때문에 '가까이 하다'로 의미가 확대되었다.

☵(好) : 여인이 어린 아이를 안고 즐거워하는 모습이다. '좋아하다'의 의미이다.

| 字体 | 甲骨文 | 金文 | 小篆 | 楷书 |
|---|---|---|---|---|
| 字形 | ☵ ☵ ☵ | ☵ ☵ ☵ | ☵ | 好 |

☵(苗) : 경작지에 싹이 돋아나고 있는 모습이다. '싹이 돋다'의 의미이다.

☵(莫) : 풀 숲으로 태양이 지는 모습을 그렸다. 후에 부정사로 쓰이게 되면서 日자를 더하여 저녁이라는 뜻의 '暮'자를 만들었다.

☵(删) : 죽간에 쓰여진 글씨를 칼로 깎아내는 모습을 그렸다. '깎다, 없애다'의 의미이다.

☵(牧) : 손에 작대기를 들고 소를 몰고 있는 모습이다. '소를 몰다'의 의미이다.

☵(宿) : 갑골문에서는 사람이 무릎을 꿇고 자리에 앉아 있는 모습이거나, 집안에 자리를 깔고 누워 있는 모습이며 '쉬다' '잠자다'의 본의를 뜻한다.
 * 형성자로 보기도 한다.

𤕫(疒) : 갑골문의 그림에서는 사람이 침대에 누워 온 몸에 땀을 흘리는 모습이다. 본의는 질병이다. 한자에서 疒을 따르는 글자들은 대부분 질병과 관련이 있다. (병들어 기댈 녁)

取 : 한 손에 귀를 들고 있는 모습으로, 본의는 '귀를 베어서 갖다'이다. 又(우 : 손)와 耳(이 : 귀)를 뜻하는 글, 손으로 귀를 떼다 → 떼다, 옛날 전쟁에서 적을 잡으면 증거물로 그 왼쪽 귀를 잘라내어 가져 왔다는 데서 '취하다'를 뜻함

| 字体 | 甲骨文 | 金文 | 小篆 | 楷书 |
|---|---|---|---|---|
| 字形 | 𦔮 𦔯 𦔰 | | 取 | 取 |

得 : 갑골문의 得은 한 손에 조개를 쥐고 있는 것으로 '획득하다'는 의미를 나타냈다. 금문과 소전에서는 彳을 더해 동작성을 강조했다. (중국 언어와 문자)

及 : 한 사람이 앞에서 뛰고, 다른 사람이 뒤에서 쫓아가면서 손으로 앞 사람을 붙잡는 모습이다. 본의는 '쫓아가다', '붙잡다'이다.

秉 : 한 손에 벼를 잡고 있는 모습이며, 본의는 '잡다'이다.

| 字体 | 甲骨文 | 金文 | 小篆 | 楷书 |
|---|---|---|---|---|
| 字形 | 秉 秉 | | 秉 | 秉 |

戒 : 두 손으로 창을 들고 있는 모습이다. 본의는 '창을 들고 지키다'이며, 여기서 '수비하다. 금지하다' 등으로 의미가 확대되었다.

伐 : 사람이 창을 들고 적군의 머리를 베는 모습이다. 형성으로 보기도 한다.

益 : 그릇의 물이 밖으로 흘러넘치는 모습이고, 본의는 '물이 그릇 밖으로 흘러넘치다'이다. '풍족하다. 부유하다', '이득'으로 의미가 확대되었다. 溢의 본자이다.

析 : 나무와 둥근 손잡이가 달린 도끼며, 도끼로 나무를 자르는 것을 나타낸다.

至 : 화살촉이 아래로 땅에 떨어지는 모습이다. 본의는 '도달하다'이고, '지극하다'의 의미가 확대되었다.

之 : 출발지에서 발이 밖으로 나가는 모습이다. 본의는 '가다', '떠나다'이다. 후에 대명사, 접속사, 전치사, 부사 등으로 가차되었다.
　　*지사자로 보기도 한다.

陟 : 오른발과 왼발이 언덕을 올라가는 모습이다. 본의는 '오르다'이다. '향상되다'의 의미로 확대되었다. '陟降'은 '오르고 내리다'이다.

阩(降) : 두 발이 언덕[阝(=阜)] 아래로 내려오는 모습이다. 본의는 '높은 곳에서 아래로 내려오다'이다. 옛날에는 신이나 영혼이 신성한 사닥다리를 오르내려 천지간(天地间)을 왕래(往来)한다고 생각하여 그것을 陟(척)・降(강)이라 하였음

| 字体 | 甲骨文 | 金文 | 小篆 | 楷书 |
|---|---|---|---|---|
| 字形 | (갑골문 자형) | | 阩 | 降 |

逐(逐) : 사람이 돼지를 쫓아가는 모습이며, 본의는 '쫓다'이다.
祭(祭) : 사람이 손에 든 고기를 제상에 놓는 모습이며, 술과 고기로 신과 조상에게 제사 지내고 공양하는 것을 나타낸다.
相(相) : 나무를 자세히 관찰하는 모습을 나타낸다. 본의는 "사물의 외형을 자세히 살펴 그 우열을 판단하다"이며, 사람이나 사물의 '외형'으로 의미가 확대되었다.
明(明) : 본의는 밝다이다.
- 달이 지고 해가 지는 새벽을 의미한다.
- 月가 창(囧)으로 달빛이 비치는 모습을 나타낸다.

見(见) : 사람이 눈을 크게 뜨고 보는 모습이다. 안석궤(几 : 책상)部는 사람, 目(목)은 눈, 见(견)은 눈의 기능 → 보는 일, 나중에 이쪽으로부터 보는 것을 视(시), 저쪽으로부터 나타나 보이는 것을 见(견)으로 나누어 썼음
既(既) : 무릎 꿇고 앉은 사람과 식기(食器)인데, 사람이 식기에서 고개를 돌리고 무릎을 꿇고 앉아 있는 모습이다. 식사를 끝내고 떠나려는 것을 나타낸다. 본의는 '끝내다'이고, '이미'의 뜻으로 의미가 확대되었다.
走(走) : 윗부분은 양팔을 앞뒤로 흔들며 달리는 사람이고, 아래의 止는 발이다. 본의는 '달리다'이다. 고대에는 '走'가 '달리다'이고, '걷다'는 '行'이었는데, 후에 '走'가 '달리다'에서 '걷다'로 의미가 변했다.
臭(臭) : 自(코, 自는 鼻의 本字이다)와 犬(개)이며, 본의는 '냄새를 맡다'이다. 개는 후각이 특히 발달한 동물이기 때문에 개와 코를 이용해서 '냄새를 맡다'는 의미를 표현했다. '냄새를 맡다'에서 '냄새'로 의미가 확대되어 '无声无臭'는 '소리도 없고 냄새도 없다'를 뜻한다. 오늘날에는 臭가 '악취'를 뜻하고, 臭에 口를 더한 嗅가 '냄새를 맡다'를 뜻한다.
吠(吠) : 입(口)과 개(犬)의 조합으로 본의는 '개가 짖다'이다.

다. 보충
* 夫 : 一(일)은 여기서 상투의 모양. 大(대)는 사람, 어른, 훌륭한 사람을 나타냄. 夫(부)는 상투를 튼 어엿한 丈夫(장부). 장부란 지금의 成人(성인)에 해당하는 말이며 옛날엔 스무살이 되면 상투를 틀고 冠(관)을 썼음

| 字体 | 甲骨文 | 金文 | 小篆 | 楷书 |
|---|---|---|---|---|
| 字形 | 夫 夫 | 夫 夫 夫 | 夫 | 夫 |

* 宗 : 갓머리(宀 : 집, 집 안)部와 示(시 : 신이 들리는 나무로 된 받침)의 합자(合字). 조상을 모시는 사당 → 같은 조상을 모시는 한 宗中(종중) 사람들 → 근본이 되는 것, 조상의 영혼을 모신 곳. 또 제사를 지내는 일족의 长의 뜻
* 天 : 사람이 서 있는 모양(大)과 그 위로 끝없이 펼쳐져 있는 하늘(一)의 뜻을 합한 글자로 '하늘'을 뜻함. 지사로 보기도 함
* 是 : 해(日)처럼 정확하고 바르다(正)는 뜻이 합(合)하여 '옳다'를 뜻함
* 武 : 창(戈)과 같은 무기(武器)로 병란을 막아 그치게(止) 한다는 뜻이 합(合)하여 '호반' '굳세다'를 뜻함
* 男 : 田(전 : 논밭)과 力(력 : 농기구)의 합자(合字). 논이나 밭을 가는 사람 → 남자
* 初 : 衣(의 : 옷)와 刀(도 : 가위)의 합자(合字). 재단을 하는 것은 의류를 만드는 시초의 일이라는 뜻
* 麦 : 来(래 : 보리)과 뒤져올치(夂 : 머뭇거림, 뒤져 옴)部(발로 밟는 일)의 합자(合字). 麦(맥)은 보리밟기를 하고 있는 모습. 본디 来(래)가 보리를 뜻하는 글자였으나 온다는 뜻으로 쓰게 되어 보리의 뜻으론 麦(맥)을 쓰게 되었음
* 食 : 사람(人)이 살아가기 위해 좋아하며(良) 즐겨먹는 음식물로 '밥'을 뜻함. 사람에게 먹이는 것 → 먹을 것 → 먹게 하다는 饲(사)였는데 그 뜻에도 食을 씀, 부수(部首)로서는 그 글자가 음식물 먹는데 관계가 있음을 나타냄
* 亡 : 사람이(人) 망하고 도망해 와서 숨는다는 뜻이 합(合)하여 '망하다'를 뜻함
* 正 : 하나(一)밖에 없는 길에서 잠시 멈추어서(止) 살핀다는 뜻을 합(合)하여 '바르다'를 뜻함
* 采 : 손톱조(爫(=爪) : 손톱)部와 木(목)으로 이루어져 나무 싹이나 열매 따위를 '따다'의 뜻. 采(채)의 본디 글자. 采(채)를 영지(領地)의 뜻으로 빌려 쓰게 되어 '따다'의 뜻에는 采(채)를 씀
* 史 : 中(중)과 又(우 : 손)의 합자(合字). 中(중)은 신을 모실 때 쓴 나뭇가지, 또 天文(천문)을 조사할 때 쓰는 계산용 막대, 又(우)는 손 → 손에 가지다, 나중에 천문이나 나라 일을 기록하는 관리(官吏) → 기록 → 역사의 뜻이 됨

| 字体 | 甲骨文 | 金文 | 小篆 | 楷书 |
|---|---|---|---|---|
| 字形 | | | | 史 |

\* 吏 : 一(일 : 오로지)과 史(사 : 공적인 기록을 적는 사람)의 합자(合字)로 관리(官吏)를 말함. 본디 事(사)와 같은 글자이었음. 나중에 事(사 : 일), 史(사 : 관리)로 나누어 씀

| 字体 | 甲骨文 | 金文 | 小篆 | 楷书 |
|---|---|---|---|---|
| 字形 | | | | 吏 |

\* 我 : 手(수)와 창과(戈 : 창, 무기)部를 합한 글자라고 생각하였으나 옛 모양은 톱니 모양의 날이 붙은 무기(武器)인 듯하다. 나중에 발음이 같으므로 나, 자기의 뜻으로 쓰게 되었음

| 字体 | 甲骨文 | 金文 | 小篆 | 楷书 |
|---|---|---|---|---|
| 字形 | | | | 我 |

\* 邑 : 口(구 : 나라)와 병부절방(卩(=㔾) : 무릎마디, 무릎을 꿇은 모양)部의 합자(合字)

| 字体 | 甲骨文 | 金文 | 小篆 | 楷书 |
|---|---|---|---|---|
| 字形 | | | | 邑 |

\* 劣 : 力(힘)과 少(적다)이므로 '힘이 적다', 즉 '약하다'이다.
\* 扁 : 户(문)와 册(책)이므로 '문에 걸어두는 책', 즉 '匾(현판)'이다.

④ 形声 [기출2014-A5] [기출2013-13] [기출2011-18] [기출2006-6] [기출2001-6]

㉠ 형성의 정의

의미를 나타내는 부분과 음을 나타내는 부분을 결합하여 새로운 글자를 만든다. '江'과 '河'가 그 예이다. 뜻을 나타내는 부호인 형부(形符)에 의해 글자의 의미 범주를 알 수 있고, 성부(声符)에 의해 글자의 독음을 알 수 있다. 이때 形符의 表义 작용은 매우 복잡하다.

또 달리 말하면 표의자인 상형, 지사, 회의에 표음 성분인 성부(声符)를 더하는 것으로 주음(注音)과 함께 표의(表意)도 할 수 있는 발전적인 조자법이다. 표음기능이 강조되어 '해성(谐声)' 또는 '상성(象声)'이라고도 한다.

> **원문참고**
> 由表示字义类属的部件和表示字音的部件组成新字, 这种造字法叫形声。≪说文解字≫ 曰: 形声者, 以事为名, 取譬相成, 江·河是也。
> (형성이란, 사물로서 글자의 뜻을 삼고, 소리(声符)를 첨가시켜 글자를 이루게 한 것으로, 江과 河가 그것이다)

ⓒ 声符와 形符의 역할

    ⓐ 义符의 表义 작용
- 의부와 글자의 의미가 같다.
  '爸', '船' 등으로, 이런 글자는 그다지 많지 않다.

- 의부가 개념을 표시한다.
  '柏', '猫' 등으로, 가장 많은 비중을 차지한다.

- 의부와 글자의 의미가 밀접하게 관련되어 있다.
  '江', '浅' 등이다.

- 의부가 글자의 의미와 별로 관계가 없다.
  '枪'는 나무로 만들지 않았으며, '笑'는 '竹'과는 무관하다.

- 의부와 글자의 의미가 모순된다.
  이 경우는 옛 사람의 잘못된 인식으로 만들어진 글자를 나중에 고치지 않았기 때문이다. 예를 들면, '虹'는 곤충과 무관한 '무지개'란 의미이다.

    ⓑ 声符의 表声 작용
声符는 形声字에서 소리를 표시하기는 하지만, 声符와 글자의 음이 완전히 일치하는 경우는 실제로 그다지 많지 않다. 이것은 글자를 만드는 사람이 완전히 같은 소리의 声符를 찾기가 쉽지 않았거나, 혹은 찾아도 획수가 많거나, 僻字로 쓰기가 어렵고 알아보기 어려우므로, 음이 유사한 글자를 찾아서 声符로 삼았기 때문이다.

ⓒ 형부와 성부의 결합 방식에 따른 분류
形声字의 기본형으로 形声字 가운데 가장 많은 글자를 차지한다. 하나의 形符와 声符만으로 결합된 것이다. 형성자는 형부와 성부의 결합방식에 따라 다음의 여덟 가지 유형으로 분류할 수 있다.

## 가. 좌형우성(左形右声)

형성자의 가장 기본적인 결합 방식으로 가장 많은 수를 차지한다. 형부가 왼쪽에 있고, 성부가 오른쪽에 있다.

牪(特) : '특별히 큰 소'를 뜻한다. 형부 '牛'와 성부 '寺'가 결합했다.
吻(吻) : '입술'을 뜻한다. 형부 '口'와 성부 '勿'이 결합했다.
肝(肝) : 신체기관의 일부인 '간'을 뜻한다. 형부 '月(肉)'과 성부 '干'이 결합했다.
觸(觸) : '뿔로 받다'의 뜻이다. 형부 '角'과 성부 '蜀'자가 결합했다.
餘(餘) : '배불리 먹다'를 뜻한다. 형부 '食'과 성부 '余'가 결합했다.

* 铜 : 금속의 일종인 '구리'를 뜻하는 글자이며, 금속과 관련된 의미를 나타내는 형부 '金'과 성부 '同'을 결합해서 만든 형성자이다. '金'은 주로 형부로 사용되며, 대부분 왼쪽에 위치한다. '银, 铁, 钢, 钟' 등이 모두 그러하다.
* 泳 : '헤엄치다'를 뜻하는 글자이며, '헤엄치다'는 물과 관련된 의미를 나타내므로 형부 '수水'와 성부 '永'이 결합했다. '헤엄치다'를 뜻하는 '游' 역시 형부 '水'와 성부 '斿'의 형성자이다. '水'는 주로 형부로 사용되며, 왼쪽에 있을 때는 '氵'로 형태가 변하고, '浆'처럼 아래 있을 때는 형태 변화가 없다.
* 烤 : '굽다'를 뜻하는 글자이며, 조리방법의 하나이다. '불'이 필요한 조리법이므로 부로가 관련된 의미를 나타내는 형부 '火'와 성부 '考'가 결합했다. '火'는 주로 형부로 사용되며, 주로 글자의 왼쪽이나 아래에 위치한다. 아래에 위치할 때는 자형의 균형을 위해 '烈, 蒸, 煮, 煎, 然, 熟'처럼 '灬'로 자형이 변한다.
* 骑(騎) : '말을 타다'를 뜻하는 글자이며, 후에 자전거나 오토바이를 타는 것까지 의미가 확대되었다. 말과 관련된 의미를 나타내는 형부 '马'와 성부 '奇'가 결합했다. '马'는 주로 형부로 사용되며, 글자의 왼쪽이나 아래에 주로 위치하고 자형의 변화는 없다. '驽, 驾, 惊'은 '马'가 형부이면서 아래에 위치한 글자들이다.
* 跟 : '따르다' 혹은 '발뒤꿈치'를 뜻하는 글자이므로 발 혹은 발로 행해지는 동작과 관련된 의미를 나타내는 형부 '足'과 성부 '艮'이 결합했다. '足'은 주로 형부로 사용되며, 왼쪽이나 아래에 주로 위치한다. '距, 趾, 跋, 迹'은 좌형우성(左形右声)이고 '蹩, 蹙'은 상성하형(上声下形)이다.
* 饭(飯) : '밥'을 뜻하는 글자이므로, '먹다' 혹은 '음식물'과 관련된 의미를 나타내는 형부 '食'과 성부 '反'이 결합했다. '食'은 주로 형부로 사용되며, 대부분 왼쪽에 위치하며 '饕, 餐'처럼 아래쪽에 있는 경우도 있다.
* 航 : '배'를 뜻하는 글자이므로, 배와 관련된 의미를 나타내는 형부 '舟'와 성부 '亢'

이 결합했다. '舟'는 주로 형부로 사용되며, '舰, 舱, 船, 舶'처럼 대부분 왼쪽에 위치한다.

* 姑 : '시어머니' 혹은 '고모'를 뜻하는 글자이므로, 여자와 관련된 의미를 나타내는 형부 '女'와 성부 '古'가 결합했다. '女'는 주로 형부로 사용되며, 대부분 왼쪽에 위치하지만, '妾, 婆, 姿, 娶'처럼 아래에 있거나 '妆'처럼 오른쪽에 있는 경우도 있다.

### 나. 우형좌성(右形左声)

형부가 오른쪽에 성부가 왼쪽에 있는 형성자이다.

壮(壯) : '힘이 센 남자'라는 뜻이다. 형부 '士'와 성부 '爿'이 결합했다.

* 领(領) : '옷깃'이나 '목'을 뜻하는 글자이고, '옷깃'이나 '목'은 모두 물체의 가장 위 부분에 있기 때문에 후에 '우두머리', '지도자'로 의미가 확대되었다. '머리'와 관련된 의미를 나타내는 형부 '页'과 성부 '令'이 결합했다. '头, 颠, 额, 顶, 颜, 颌, 硕' 모두 우형좌성(右形左声)의 형성자인데, '页'은 주로 형부로 사용되고 일반적으로 오른쪽에 위치한다.

* 视(視) : '보다'를 뜻하는 글자이므로, '보다'와 관련된 의미를 나타내는 형부 '见'과 성부 '示'가 결합했다. '示'는 '社, 祀, 祖, 祭'처럼 '神' 혹은 '祭祀'와 관련된 의미를 나타내는 형부로 주로 사용되며 왼쪽이나 아래쪽에 위치하는데, '视'의 경우에는 '성부'이면서 오른쪽에 위치한다.

### 다. 상형하성(上形下声)

형부가 위쪽에 성부가 아래쪽에 있는 형성자다.

箭(箭) : 화살을 뜻한다. 형부 '竹'과 성부 '前'이 결합했다.

蓝(藍-蓝) : 풀의 일종인 '쪽'을 뜻한다. 형부 '草'와 성부 '监'이 결합했다.

雾(霧-雾) : 안개를 뜻한다. 형부 '雨'와 성부 '务'가 결합했다.

空(空) : '비다'를 뜻한다. 형부 '穴'과 성부 '工'이 결합했다. '穴'은 주로 형부에 사용되며, '究, 窄, 窈, 窕'처럼 주로 위에 있다.

芝(芝) : '신령스런 약초'를 뜻한다. 형부 '艹'와 성부 '之'가 결합했다.

简(簡) : '죽간'을 뜻한다. 형부 '竹'과 성부 '间'이 결합했다.

### 라. 하형상성(下形上声)

형부가 아래쪽에 성부가 위쪽에 있는 형성자다.

煮(煮) : '삶다'를 의미한다. 형부 '火'와 성부 '者'가 결합했다.

悲(悲) : '슬프다'를 뜻한다. 형부 '心'과 성부 '非'가 결합했다. '心'은 주로 형부로 사용되며, 왼쪽이나 아래에 위치한다. '情, 悔, 恨, 悟'처럼 좌형우성(左形右声)의 경우에는 '忄'으로 자형이 변한다.

璧(璧) : '옥'을 뜻한다. 형부 '玉'과 성부 '辟'이 결합했다.

資(资) : '재물'을 뜻한다. 형부 '贝'와 성부 '次'가 결합했다. '贝'는 주로 형부로 사용되며, '贡, 货, 贷'처럼 상성하형(上声下形)이거나 '财, 购, 贿'처럼 좌형우성(左形右声)이기도 하다.

*剪 : '가위', '자르다'를 뜻하는 글자이므로, 자르는 행위 혹은 자르는 도구와 관련된 의미를 나타내는 형부 '刀'와 성부 '前'이 결합한다. '刀'는 형부로 주로 사용되며, 오른쪽이나 아래에 주로 위치한다. '刖, 判, 刻, 划'처럼 좌성우형(左声右形)의 경우에는 '刂'로 자형이 변한다.

*璧 : '옥'을 뜻하는 글자이므로, 형부 '玉'과 성부 '辟'이 결합했다. '玉'은 주로 형부로 사용되며, '珍, 理, 瑞, 琉, 璃'처럼 왼쪽에 있거나 '莹, 玺'처럼 아래에 있다.

마. 내형외성(内形外声)

형부가 안에 성부가 밖에 있는 형성자이다.

聞(聞-闻) : '듣다'를 뜻한다. 형부 '耳'와 성부 '门'이 결합했다. '耳'는 주로 형부로 사용되며, 위치는 '聪, 聆'처럼 좌형우성(左形右声)인 경우도 있고, '聋'처럼 상성하형(上声下形)인 경우도 있다.

問(問-问) : '묻다'를 뜻한다. 형부 '口'와 성부 '门'이 결합했다. '口'는 주로 형부로 사용되며 위치는 '吐'와 '吹'처럼 왼쪽에 있는 글자도 있고, 吾처럼 밑에 있는 글자도 있다.

悶(悶-闷) : '고민하다'를 뜻한다. 형부 '心'과 성부 '门'이 결합했다.

바. 외형내성(外形内声)

형부가 밖에 성부가 안에 있는 형성자이다.

裹(裹) : '싸다'를 뜻한다. 형부 '衣'와 성부 '果'가 결합했다. '衣'는 주로 형부에 사용되며, 위치는 '制, 衷, 里'처럼 상성하형(上声下形)인 경우도 있고, '衬, 褓'처럼 좌형우성(左形右声)인 경우도 있다.

街(街) : '거리'를 뜻한다. 형부 '行'과 성부 '圭'가 결합했다. '行'이 형부로 쓰일 때는 주로 '衒, 衙'처럼 '彳'과 '亍'사이에 성부가 들어간다.

闊(闊-阔) : '트이다', '통하다'의 뜻이다. 형부 '門'과 성부 '活'이 결합했다. '門'은 주로 형부로 사용되며, 위치는 '合, 阅'처럼 외형내성(外形内声)이다.

사. 형부가 글자의 한쪽 모서리에 위치하는 경우

疆(疆) : '경계', '땅'을 뜻한다. 형부 '土'와 성부 '强'이 결합했다. '土'는 주로 형부로 사용되며, '坑, 址'처럼 왼쪽에 있는 글자도 있고, '坚, 壁'처럼 아래에 있는 글자도 있다. '吐'처럼 성부로 사용되기도 한다.

穎(穎-颖) : '이삭'을 뜻한다. 형부 '禾'와 성부 '頃'이 결합했다. '禾'는 대부분 형부로 사용되며, '种, 租'처럼 좌형우성(左形右声)인 글자도 있다.

島(島-岛) : '섬'을 뜻한다. 형부 '山'과 성부 '鳥'의 일부분이 생략되어 결합했다. 이처럼 형성자에서 자형의 균형이나 서사의 편리를 위해 성부의 일부가 생략된 글자를 '생성자(省声字)'라고 한다.

騰(騰-腾) : '오르다'의 뜻이다. 형부 '马'와 성부 '勝'이 결합했다. '勝'의 일부분이 생략되었다. '島'와 마찬가지로 '勝'의 일부분이 생략된 '省声字'이다.

아. 성부가 글자의 한쪽 모서리에 위치하는 경우

近(近) : '가깝다'의 뜻이다. 거리의 이동과 관련된 의미를 지니는 형부 '辶'과 성부 '斤'이 결합했다. '辶'은 대부분 형부로 사용되며 위치도 고정적이다.

病(病) : '질병, 아프다'의 뜻이다. 형부 '疒'와 성부 '丙'이 결합했다. '疒'도 역시 대부분 형부로 사용되며 위치가 고정적이다.

房(房) : '방'을 뜻한다. 형부 '户'와 성부 '方'이 결합했다. '戶'는 주로 형부로 사용된다.

迹(迹) : '발자국'을 뜻한다. 형부 '辶'과 성부 '亦'이 결합했다.

*赶 : '달리다'를 뜻하는 글자이므로, 이동과 관련된 의미를 나타내는 형부 '走'와 성부 '干'이 결합했다. '走'는 주로 형부로 사용되며, '赵, 起, 越'처럼 위치가 고정적이다.

자. 형부와 성부의 생략

또, 형성자의 형부와 성부는 기존에 존재하는 글자를 결합해서 만든 글자이므로, 어떤 경우에는 자형의 균형이나 서사의 편리를 위해 일부를 생략하기도 한다. 그래서 형부와 성부의 생략에 따라 '형부의 일부가 생략된 생형자(省形字)'와 '성부의 일부가 생략된 생성자(省声字)'로 분류할 수 있다.

이러한 형부와 성부의 생략이 모두 글자가 만들어지면서 동시에 발생하는 것은 아니고, 사용 과정 중에 생략되기도 한다. 예를 들어, 岛는 소전에서는 성부의 생략이 없었는데, 예서에서는 '岛'로 성부가 생략되었다.

● 생형자(省形字)

형부의 일부가 생략된 형성자이다.

亭(亭) : '높은 집'을 의미한다. 성부 '丁'과 형부 '高'의 일부분이 생략되어 결합했다.

星(星) : '별'을 뜻한다. 형부 '晶'의 일부분이 생략되어 성부 '生'과 결합했다.

| 字体 | 甲骨文 | 金文 | 小篆 | 楷书 |
|---|---|---|---|---|
| 字形 | 晶 ᠂ ᠈ ᠍ | ᠍ | ᠍ | 星 |

晨(晨) : '새벽'을 뜻한다. 형부 '晶'의 일부분이 생략되어 성부 '辰'과 결합했다.

考(考) : '늙다'의 뜻이다. 형부 '老'의 일부분이 생략되어 성부 '丂'와 결합했다.

| 字体 | 甲骨文 | 金文 | 小篆 | 楷书 |
|---|---|---|---|---|
| 字形 | ᠍ | | ᠍ | 考 |

弑(弑) : '신하가 군주를 죽이다'의 뜻이다. 형부 '杀'과 성부 '式'이 결합했다.

● 생성자(省声字)

성부의 일부가 생략된 형성자이다.

疫(疫) : '돌림병'을 뜻한다. 형부 '疒'과 성부 '役'의 일부분이 생략되어 결합했다.

夜(夜) : '저녁'을 뜻한다. 형부 '夕'과 성부 '亦'의 일부분이 생략되어 결합했다.

畿(畿) : '왕이 다스리는 지역', 즉 '수도에서 가까운 지역'을 의미하는 글자이며, 흔히 '京畿'라고 말한다. '畿'는 '땅' 혹은 '행정 구획'과 연관된 의미이므로 '田'을 형부로 하고, '幾'를 성부로 한다. 이 때 '幾'의 일부가 생략되기 때문에 생성자이다.

覺(覺-觉) : '깨어나다'를 뜻한다. 형부 '见'과 성부 '學'이 생략되어 결합했다.

* 죄수(童) : '죄수'를 뜻한다. 형부 '辛'과 성부 '重'자가 생략되어 결합했다. 지금은 '아이'의 뜻으로 쓰이고 있다.
* 炊 : '불을 때다'를 뜻하는 글자이며, '불'과 관련된 의미를 나타내는 형부 '火'와 성부 '吹'의 결합이다. 이 때 '吹'의 일부분이 생략되었으므로 생성자이다.
* 斋(齋) : 제사를 지내기 전에 심신을 정갈하게 하는 것을 뜻하는 글자이며, '제사'와 관련된 의미를 나타내는 형부 '示'와 성부 '齊'가 결합한 형성자이며, '齊'의 일부분이 생략된 생성자이다.
* 桌 : '탁자'를 뜻하는 글자이며, 탁자는 주로 나무로 만들기 때문에 '木'이 형부다. '卓'이 성부인데 그 일부가 생략되었기 때문에 생성자이다.

### 차. 형부와 성부의 교체

형성자는 사용 과정 중에서 표음(表音)과 표의(表意)기능을 보완하거나 서사의 편리를 위해 형부 혹은 성부를 교체하기도 한다.

● 형부의 교체(交替)와 통용(通用)

형부의 교체는 주로 의미를 좀 더 명확하게 나타내기 위해서 발생하는 현상이고, 형부의 통용은 형부의 의미가 비슷한 경우 두 글자가 통용되는 현상이다.

* 砲 - 炮 : '포'는 원래 돌을 멀리 쏘는 무기였기 때문에 '石'이 형부로 쓰인 '砲'로 썼지만, 화약이 발명된 이후에는 화약을 발사하는 무기로 쓰였기 때문에 '炮'로 썼다. 무기의 변화에 따라 '石'에서 '火'로 형부가 교체되었다.
* 晖, 煇 - 辉 : '빛'을 뜻하는 이 세 글자는 처음에는 빛과 관련이 있는 '日(태양)' 혹은 '火(불)'가 형부였지만 후에는 '밝다', '빛'을 뜻하는 '光'으로 교체되었다.
* 驩 - 歡 : '기쁘다'를 뜻하는 驩은 원래 '말이 기뻐하다'를 뜻하는 글자였기 때문에 '馬'를 따르지만, 후에 '기뻐하다'의 통칭으로 의미가 확대되면서 '입을 벌리다'를 뜻하는 '欠'으로 형부가 교체되었다.
* 跡 - 迹 : '자취'나 '흔적'을 뜻할 때 두 글자 모두 사용할 수 있다. 이처럼 통용이 가능한 것은 형부인 '足'과 '辶'의 의미가 비슷하기 때문이다. '足'은 '발과 관련된 것'을 의미하고, '辶'은 원래 '辵'으로 '彳'과 '止'가 결합한 글자이므로 역시 '발과 관련된 것' 그 중에서도 특히 '进, 退, 过'처럼 이동 동작과 관련된 것을 표현한다.
* 鍊 - 煉 : '쇠붙이를 불에 달구어서 단단하게 하는 것'을 뜻하는 글자들인데, 한 글자는 '金'을 따르고 한 글자는 '火'를 따른다. 이것은 보는 관점에 따라 글자를 다르게 만들 수 있기 때문이다. '鍊'은 '쇠붙이를 단련하다'에 초점을 둔 것이고, '煉'은 '불로 단련하다'에 주안점을 둔 것이다.

● 성부의 교체

성부의 교체는 주로 독음을 좀 더 정확하게 나타내거나, 성부를 좀 더 사용하기 편한 글자로 바꾸기 위해서이다.

* 證 – 证 : 證은 원래 등(登)을 성부로 하는 글자였지만, 후에 좀 더 정확하게 독음을 표시하기 위해 '正'으로 교체되었다.
* 蹟 – 跡 : '蹟'과 '亦' 중에 '亦'이 필획이 적어서 사용하기에 편하기 때문에 교체되었다.
* 纖 – 纤 : '千'이 기존의 성부에 비해 필획도 간단하고 쉽게 알 수 있는 글자이기 때문에 더욱 충실하게 표음(表音)의 역할을 수행할 수 있다.

카. 多形一声

두 개 혹은 세 개의 形符를 가진 形声字를 말한다.

- 橪(梁) : '물위에 놓은 다리'를 뜻한다. 형부 '水'와 '木', 성부 '刅'이 결합했다.
- 㴭(泰) : '물이 새나가다'의 뜻이다. 두 손을 모아 그 안에 물을 담아 조금씩 새어나 감을 나타냈다. 형부 두 손과 물(水)이 형부이며, '大'는 성부이다.
- 絕(绝) : '칼로 실을 자른다'의 뜻이다. 형부 '刀'와 '糸', 성부 '卩'이 결합했다.

形声는 후대로 내려오면서 새로운 조자 방법의 하나로서 많은 形声字를 만들어지게 하였다. 形声은 象形, 指事, 会意에 비해 훨씬 쉽고 편리하게 많은 문자를 만들 수 있는 방법이기 때문에, 形声字가 한자 가운데 절대다수를 차지하게 되었다. 그래서 六书에서도 形声字가 가장 많아 ≪说文解字≫ 9,353자 중 形声字가 7,600여 자를 차지하고 있으며, 또한 현재 한자 중에 形声字가 95% 이상을 차지하고 있다.

타. 보충

* 禽 : 뜻을 나타내는 짐승발자국유(内 : 짐승의 발자국)部와 음(音)을 나타내는 今(금)이 합(合)하여 이루어짐. 아랫부분은 네발, 중간부분은 머리를 각각 본떴으며, 今(금)은 음(音)을 나타냄. 처음에는 짐승 전부를 뜻했으나 구별하여 특히 새를 뜻함

| 字体 | 甲骨文 | 金文 | 小篆 | 楷书 |
|---|---|---|---|---|
| 字形 |  |  |  | 禽 |

*鳳 : 뜻을 나타내는 새조(鳥 : 새)部와 음(音)을 나타내는 동시(同時)에 크다는 뜻을 가진 凡[범 → 봉은 변음(變音)]으로 이루어짐. (큰 새)

| 字体 | 甲骨文 | 金文 | 小篆 | 楷书 |
|---|---|---|---|---|
| 字形 | (갑골문) | | 鳳 | 凤 |

*齒 : 음(音)을 나타내는 止[지 → 치는 변음(變音)]와 이를 물고 있거나 잘 움직여 씹거나 함을 나타내는 나머지 글자의 합자(合字)로 이를 뜻함. 이는 生长(생장)과 깊은 관계가 있으므로 나이의 뜻도 나타냄

| 字体 | 甲骨文 | 金文 | 小篆 | 楷书 |
|---|---|---|---|---|
| 字形 | (갑골문) | | 齒 | 齿 |

*聞 : 뜻을 나타내는 귀이(耳 : 귀)部와 음(音)을 나타내는 門(문 : 입구)으로 이루어짐. 소리가 귀로 들어가다 → 들리다

| 字体 | 甲骨文 | 金文 | 小篆 | 楷书 |
|---|---|---|---|---|
| 字形 | | | ? | 闻 |

*伊 : 뜻을 나타내는 사람인변(亻(=人) : 사람)部와 음(音)을 나타내는 尹(윤)으로 이루어짐

| 字体 | 甲骨文 | 金文 | 小篆 | 楷书 |
|---|---|---|---|---|
| 字形 | (갑골문) | | 伊 | 伊 |

*受 : 뜻을 나타내는 또우(又 : 오른손, 또, 다시)部와 爪(조 : 손), 음(音)을 나타내는 민갓머리(冖 : 덮개, 덮다)部[舟주의 생략형(省略形) → 수는 변음(變音)]의 합자(合字). 손에서 손으로 물건(物件)을 주고받는 모양. 주는 것도 받는 것도 受(수)였으나 나중에 授(주다)와 受(수 : 받다)로 나누어졌음

| 字体 | 甲骨文 | 金文 | 小篆 | 楷书 |
|---|---|---|---|---|
| 字形 | (갑골문) | (금문) | 受 | 受 |

\* 百 : 뜻을 나타내는 동시(同時)에 음(音)을 나타내는 흰백(白 : 희다, 밝다)部와 一(일)의 뜻을 합(合)하여 '일백'을 뜻함

| 字体 | 甲骨文 | 金文 | 小篆 | 楷书 |
|---|---|---|---|---|
| 字形 | (갑골문 자형) | | 百 | 百 |

\* 年 : 禾(화)는 벼, 음(音)을 나타내는 人(인) 또는 千(천)은 많음을 나타냄. 年(연)은 가을에 많은 수확이 있음, 익다, 나중에 벼가 자라는 기간에서 年月(연월)의 해란 뜻으로 쓰고, 익다의 뜻은 稔(임)으로 씀

| 字体 | 甲骨文 | 金文 | 小篆 | 楷书 |
|---|---|---|---|---|
| 字形 | (갑골문 자형) | | 年 | 年 |

⑤ 转注

转注에 대하여 학자들마다 여러 가지 학설을 내놓기는 하였으나 아직까지 정설이 없다. 다만, 转注는 글자를 응용하는 방법으로서 새로운 글자를 만드는 방법이 아니라는 점에 대해서는 서로가 공인하고 있다. ≪说文解字≫의 해석에 따르자면, 转注는 부수가 같고 의미가 같거나 유사한 문자들끼리 서로 뜻을 풀이하거나 통용해 쓰는 것이라고 할 수 있다.

**원문참고**

≪说文解字≫曰 : 转注者, 建类一首, 同意相受, 考·老是也。
(전주란, 뜻이 같은 글자들을 모아 하나의 부수를 세우고, 같은 뜻으로 서로 해석하는 것으로, 考와 ·老가 그것이다 – ≪중국어란 무엇인가, 최영애≫)

위에서 소개한 ≪说文解字≫서에 설명한 转注에 대한 章炳麟의 설명에 따르면, '类'는 声类를 말하며, '首'는 语基에 해당한다. 转注란 双声 혹은 叠韵과 같은 同音을 포괄하고 있으며 문자의 뜻이 서로 같은 글자들이 상호 수용하여 쓰일 수 있는 방식을 말한다. '考·老'는 자형은 서로 달라도 운모가 같고 또 뜻이 같으므로 转注라고 할 수 있다.

전주에는 다음과 같은 유형이 있다.

㉠ 同音转注
　(九 究) : 九와 究는 발음과 의미가 서로 같다. '궁구하다'로 뜻으로 쓰인다.

ⓒ 双声转注
(依 倚) : 모두 '의지하다'의 뜻으로 쓰인다.
(更 改) : 두 글자는 모두 '고친다'는 뜻으로 전주가 가능하다.

ⓒ 叠韵转注
(考 老) : 모두 '늙다'의 뜻으로 쓰인다.
(香 芳) : 두 글자는 모두 '향기'를 뜻한다.

ⓔ 넓은 의미의 전주

넓은 의미의 전주는 비록 자형과 자음은 다를지라도 의미가 상통하여 상호 해석되는 경우를 말한다.

初 : 옷을 지을 때 먼저 베를 가위로 재단하는 일이 옷을 만드는 일의 시초가 된다는 뜻이었는데, 의미가 확대하여 모든 일의 시초를 뜻하게 되었다.

類 : 개가 서로 비슷함을 나타내는 글자였는데 인신하여 사물이 서로 비슷함을 일컫게 되었다. 그리고 '착하다'는 뜻으로도 쓰였다.

⑥ 假借

假借란 글자의 뜻과는 상관없이 음만 같은 글자를 빌려 쓰는 방법이다. 假借는 转注와 마찬가지로 조자방법이 아니라, 글자를 운용하는 방법이다. 假借字가 생성된 원인은 추상적 개념을 표시하는 단어들과 문법적 의미를 표시하는 단어들은 상형을 비롯한 조자방법으로 만들 수 없기 때문이었다. 이 때문에 사람들이 음이 같거나 비슷한 단어들을 빌려 이러한 개념들을 나타내었다. 가차설에 대하여 전주와 마찬가지로 이설이 많다.

**원문참고**

≪说文解字≫曰 : 假借者, 本无其字, 依声托事, 令、长是也。
(가차란, 본래 그것을 뜻하는 글자가 없어서 음이 비슷한 글자에 의탁하여 뜻을 나타내는 것으로, 令·长이 바로 그것이다)

* 来 : 원래 보리 모양을 본뜬 상형자이다. 하늘에서 떨어진 보리라 하여 이를 줄여 '来'자로 하였기 때문에 어느 지점으로 이르는 것(至)을 '来'라고 말하여 '往来'의 뜻으로 가차되었다. 이렇게 되자 '来'가 그 본뜻을 잃게 되었으므로 '보리'를 칭하는 자로 '麦'을 쓰게 되었다.

* 朋党 : '朋'의 고문의 '凤'이다. '凤'이 날아가면 수많은 뭇 새들이 이를 따라 같이 날아간다는 생각에서 후세에 '朋党'의 자로 가차되었다.

*韦 : 지금의 '违'와 같은 뜻이었는데, 가죽의 뜻으로 가차되었다. 후에 가죽의 뜻으로 '革' 자가 쓰이면서 假借义가 상실되었다.

*公 : '公'의 본뜻은 공평하다는 뜻인데, 나라의 三公은 모름지기 私를 버리고 공평, 공정하게 일을 맡아 수행해야 하므로 이 뜻을 빌어 관직자의 칭호로 쓰이게 되었다.
乌呼 : '乌'는 원래 까마귀를 나타낸 상형자인데, '乌呼'라는 감탄사로 가차되었다.
而 : '턱수염'을 象形한 글자인데, 접속사로 가차되었다.
耳 : 사람의 귀를 象形한 글자인데, 조사로 가차되었다.
然 : 불이 탄다는 뜻인데 조사나 부사 등으로 가차되었다.
其 : 겨를 까부는 키를 象形한 글자인데, 후세에 3인칭 지시대명사로 가차되었다.

*그 외 假借字
北(배반하다 → 북쪽)
州(물이 흐르는 가운데 사람이 살 수 있는 높은 땅 → 九州)
年(곡물이 성숙함 → 해 년)
日(태양 → 하루)
月(달 → 한 달)
道(길 → 도덕)
自(사람의 코를 본뜬 자 → 自己)
女(부녀자 → 너)

## 07 표준한자(规范汉字) 사용

표준한자(规范汉字)란 중화인민공화국 관련 부서가 발표한 한자정리 방면의 자표(字表)와 권위 있는 저서가 발표한 규정 한자다. 규범한자와 대립되는 비표준한자란 중화인민공화국 발표한 한자정리자표(汉字整理字表)가 규정한 한자에 부합되지 한자인데, 예를 들면 이미 간화로 된 번체자·이미 정리된 이체자·구자형(旧字形)·착별자(错别字)는 모두 비표준한자에 속한다.

한자표준화는 네 가지 방향으로 진행한다. 즉, 정량(定量), 정형(定形), 정음(定音), 정서(定序)다. 정량(定量)이란 한자 학습과 활용의 편의와 정보 검색과 생산관리, 그 외 한자 타이핑 등 한자 처리 기능의 편의를 위하여 현대한어 사용 한자 수량을 규정하는 것을 말한다. 현대 통용한자는 대략 6000~9000자다. 그 중 현대한어 상용자는 3000~4000자다. 정형(定形)이란 현행한자의 표준 글자 형태를 통일하는 것이다. 한자정형 임무 중 중요한 임무는 이체자 정리다. 정음(定音)이란 한자 발음을 하나로 통일하는 것이다. 정서(定序)란 현행 한자의 배열 순서를 말한다. 의서법(义序法)과

음서법(音序法) 그리고 형서법(形序法), 부수법(部首法)이 있다. 의서법이란 글자의 의미에 따라 한자를 배열함을 말하고, 음서법이란 글자의 발음에 따라 분류, 형서법이란 글자의 형태에 따라 분류함을 말한다. 부수법이란 부수에 의하여 한자를 배열하는 방법이다.

이 밖에 표준한자를 사용하기 위해서는 다음과 같은 사항을 주의하여 지켜야 한다.

**(1) 정리된 한자를 잘 이해하고 정확하게 사용해야 한다.**

중화인민공화국 성립된 이후 공식 발표한 《简化字总表》·《第一批异体字整理表》·《现代汉语通用字表》 등을 잘 이해하고 따른다. 한자는 획수가 많고 또 새로 발표된 한자는 구형과 다른 경우도 있기 때문에 정확한 필순과 총획수, 편방 등의 모양에 주의해야 한다.

即(卽) 郎(郞) 者(者) 吕(呂) 黄(黃) 争(爭) 录(彔) 羽(羽)

괄호 안 글자는 모두 구형으로 사용하지 않도록 규정하였다.

**(2) 异体字를 사용하지 않는다.**

중화인민공화국 정부가 발표한 《第一批异体字整理表》에서는 통용시간이 비교적 길고 넓은 지역에서 사용하면서 필획이 적은 한자를 표준한자로 정리하고, 그 외 그다지 통용되지 않으면서 필획도 비교적 많은 글자들을 이체자로 정하였다. 이런 이체자들은 사용하지 않도록 한다.

异体字는 正字와 상대적인 개념인데, 일반적으로 음과 의미는 같지만 형체가 다른 일련의 글자를 말하는데 이런 글자들 가운데 가장 많이 통용되는 글자를 正字라 하고 나머지를 异体字라 한다. 重文·或体·俗体는 모두 异体字의 별칭이다.

이체자는 학습의 부담을 증가시키고 언어 사용을 혼란을 야기시킬 수 있는 등 부정적 영향이 크기 때문에 汉字를 효율적으로 학습하기 위하여 중국은 1950년대에 汉字의 자형을 간화하는 동시에 异体字를 전면적으로 정리하였다. 이 때 문화부와 中国文字改革委員会가 공동으로 异体字 천여자를 도태시켰는데, 异体字를 정리할 때 글자를 선택하는 기준은 다음과 같다.

① 从俗 : 가장 널리 통용되고 보편적으로 쓰이는 글자를 선택한다.
② 从简 : 필획이 비교적 간단한 글자를 선택한다.
③ 음은 같으나 뜻에 狭·广의 차이가 있을 때는 의미 범위가 비교적 넓은 자를 선택한다.
④ 쓰기 편하게 하기 위해 편방위치의 차이로 생긴 이체자는 주로 편방이 좌우로 배열된 글자를 선택한다.
⑤ 학습과 사용의 편리를 위하여 形声字의 声旁으로 쓰는 자는 보다 많은 글자의 편방으로 쓰이는 글자를 선택한다.

异体字의 정리 과정에서 여러 원칙간의 충돌이 생기면 일반적으로 从俗을 위주로 한다.

> **원문참고**
> 异体字是社会上并存并用的同音、同义而书写形式不同的字。如："柏〔栢〕", 在 《第一批异体字整理表》 公布前, 二者在社会上并存并用, 但它们音、义相同, 只是字形不同。它的存在没有任何积极作用, 只会增加人们的负担。在学习和应用中要记住不同的异体, 浪费时间和精力, 在印刷、打字等工作中浪费物质财富。

(3) **착별자(错别字) 주의** [기출2020-B10] [기출2017-A14] [기출2013-5] [기출2011논술교과교육-1]

错别字는 '错字'와 '别字'를 합해서 일컫는 말이다. '错字'는 글자를 잘못 쓴 것이며, '别字'는 비슷한 글자로 바꿔 쓴 것이다. '别字' 또한 잘못 쓴 글자이기 때문에 '错别字'를 '错字'라고도 한다. 한자사용에 있어서 글자 모양이 비슷하거나 의미가 비슷하고 발음이 비슷할 경우 틀리게 쓰기 쉽기 때문에 특히 쓰는데 주의해야 한다.

委<u>屈</u>求全　　黄<u>粮</u>一梦　　礼<u>上</u>往来　　响<u>扼</u>行云
得<u>泷</u>望蜀　　重蹈<u>夏</u>辙　　<u>淹</u>没无闻　　<u>濯</u>发难数

위 성어 가운데 밑줄친 글자는 모두 착별자이다. 바르게 고쳐 쓰면 다음과 같다.

委<u>曲</u>求全　　黄<u>粱</u>一梦　　礼<u>尚</u>往来　　响<u>遏</u>行云
得<u>陇</u>望蜀　　重蹈<u>覆</u>辙　　<u>湮</u>没无闻　　<u>擢</u>发难数

# 부록

**제1장** 2015 개정 중국어 교육과정(중국어판)
**제2장** 2015 개정 교육과정 질의·응답 자료
**제3장** '2022 개정 교육과정' 총론 주요사항 발표
　　　　－더 나은 미래, 모두를 위한 교육－
**제4장** 현대중국어의 외래어
**제5장** 汉语拼音正词法基本规则

# 제 01 장 2015 개정 중국어 교육과정(중국어판)

교육론과 어학개론

## 中国语 I

### 01 特征

随着交通和情报通信技术的飞跃发展，现今世界作为一个生活圈，各国的政治、经济、技术、文化等相互交融，外国语学习和外国文化理解已成为世界公民应具有的非常重要的素质。学习外语不仅是拥有用外语交流的手段同时还是体验他国人们思考方式和文化的机会。最近，我们国家正慢慢变成多文化社会，立足于对多样的语言文化的理解和交流，形成和平安全的共同体，为此，应该让多样的外国语教育更具活性化。

中国，国土广阔、资源丰富、人口众多加上最近飞跃成长的经济，正对国际社会实施巨大的影响力。中国语是世界上使用人口最多的语言，也是联合国(UN)官方语言之一，汉字文化圈的代表语言。中国很久以前就和我国有非常密切的关系，现在在政治经济外交文化等多个领域相互高度依存。韩中建交之后，除了经济交流还有很多民间交流，最近受韩流影响，文化交流和观光也有快速扩大的趋势。考虑到中国在国际社会的地位及和我国的密切关系，中国语可以说是在我国外语教育课程中一定要重点对待的语言。

第二外语科目以利用外国语进行交际的能力、能理解外国文化的世界市民意识、和能活用多样化的外语情报的信息处理能力当做重要的力量。

学习者通过学习中国语能够具有和中国人能进行日常交际的能力，并能享有中国语表现出来的文化价值和情报，同时可以成长为对世界见闻广泛，具有包容创造品德的世界市民。

"中国语I" 是以中国语初学者为对象，能培养基本交际能力，同时通过理解中国文化培养尊重其他文化的姿态的科目，同时"中国语I"也是为学习"中国语II"打下基础的科目。

## 02 目标

　　习得日常生活所需的基础中国语，培养对中国语的持续兴趣和自信感，同时通过相互理解中国文化和我国的文化，培养用中国语进行交际的积极态度和能力。

가. 理解基础交际的基本表达，并根据情景积极活用。
나. 培养在理解中国文化基础上的交际能力，在相互理解中国文化和我国文化的基础上培养作为世界市民的均衡态度和姿势。
다. 活用多种媒体和资料，培养调查和处理与中国语和中国相关情报的能力。

## 03 内容体系及成就基准

가. 内容体系

| 领域 | 核心要素 | 内容 | 技能 |
|---|---|---|---|
| 语言内容 | 发音和文字 | • 现代中国语的标准发音和汉语拼音<br>• 汉字(包括简化字) | • 听和辨别发音<br>• 听发音并把握意思<br>• 听发音并跟读<br>• 回答提问<br>• 根据情况说话<br>• 正确朗读<br>• 阅读并把握意思<br>• 阅读并把握大意<br>• 听写发音<br>• 填写信息<br>• 写简单的句子 |
| | 词汇 | • 日常生活交际所需词汇的意思<br>＊以[附表Ⅱ]所给出的基本词汇为中心，使用400个左右的单词。 | |
| | 文法 | • 中国语基本语序<br>• 基本词汇的用法<br>• 主要语法<br>＊参考[附表Ⅰ]中给出的交际基本表达和[附表Ⅱ]中给出的基本词汇表。 | |
| | 交际表达 | • 社交表达，感情和想法表达，事实和情报传达，要求和同意表达，和生活有关的表达等能够有效培养交际能力的内容。<br>＊参考[附表Ⅰ]中给出的交际基本表达。 | |
| 文化内容 | 文化 | • 中国概观<br>• 语言文化<br>• 生活文化<br>• 艺术文化<br>• 传统文化<br>＊还可涉及到除此之外的人物，地理，历史，自然等 | • 适用于交际情景<br>• 小组活动<br>• 体验理解<br>• 相互比较 |

## 4. 成就基准

### (1) 听

[12중Ⅰ-01-01] 听发音，辨别声母、韵母、声调。
[12중Ⅰ-01-02] 听单词或简单的句子，把握意思。
[12중Ⅰ-01-03] 听基本的交际表达，把握意思。
[12중Ⅰ-01-04] 听简单的文章或对话，理解内容。

(가) **学习要素**：基本词汇表，交际基本表达
- 社交表达：相遇、个人事项、联系方式、约定、祝贺/祝愿、分别
- 感情和想法表达：感谢、道歉、喜悦/快乐、满足/不满、同意/反对、称赞/感叹、担心/安慰、指责、惊讶/意外
- 事实和情报传达：描写、说明、经验、比较、选择、推测、条件
- 要求和承诺表达：命令/禁止、请求、建议/提案、承诺/拒绝
- 与生活相关的表达：时间、日期/星期、天气、购物、饮食、健康、通信、爱好、场所/交通、学校生活

(나) 성취기준 설명
- 发音包括声调、声母和韵母。主要母音和各声调的配合，通过交换声母和韵母，能听辨声调、声母和韵母。
- 听单词或句子，简单的对话，重点在于首先把握大概意思。

(다) 教学方法及注意事项

① 教学方法
- 听发音，选出相应的声调、声母、韵母。这时，和音节相比，内容应以单词为主，尽量听实际交际时使用的发音。
- 根据语调区别陈述句、疑问句、感叹句、祈使句，并做出恰当的反应或行动。
- 反复听单词或简单的句子，并通过图画或动作表现出来。
- 听基本的交际表达并做出恰当反应。
- 看活用基本交际表达的简短影像推想意思。
- 听简单的文章或对话，把握核心词汇，理解整体意思和说话人的交际意图。
- 听简单的文章或对话，按脉络排列句子顺序。

② 注意事项
- 建议听力领域也融合活用说和写等其他语言技能。

- 发音听力练习从音节开始扩大到单词、表达。
- 听发音在答题纸上选相应发音时, 现代中国语中没有的发音 (如：ja, zin, gi等) 不要作为错误发音出现。

(라) 评价方法及注意事项
- 听单词或简单表达的发音, 评价是否能辨别声调、声母、韵母。
- 听单词或简单的表达, 利用图画、动作、资料评价是否能根据发音区分意思。
- 听基本的交际表达或简单对话, 评价是否能准确把握状况和意思。
- 听基本的交际表达, 评价是否能回答与内容相关的提问。

(2) 说

[12중Ⅰ-02-01] 听单词或简单的句子并跟着说。
[12중Ⅰ-02-02] 说的时候留意基本交际表达的发音。
[12중Ⅰ-02-03] 听与个人和日常生活相关的提问并正确回答。
[12중Ⅰ-02-04] 日常生活中所需的简单会话。

(가) 学习要素：基本词汇表, 交际基本表达
- 社交表达：相遇、个人事项、联系方式、约定、祝贺/祝愿、分别
- 感情和想法表达：感谢、道歉、喜悦/快乐、满足/不满、同意/反对、称赞、感叹、担心/安慰、指责、惊讶/意外
- 事实和情报传达：描写、说明、经验、比较、选择、推测、条件
- 要求和承诺表达：命令/禁止、请求、建议/提案、承诺/拒绝
- 与生活相关的表达：时间、日期/星期、天气、购物、饮食、健康、通信、爱好、场所/交通、学校生活

(나) 成就基准说明
- 留意声调、声母、韵母, 跟着说单词或简单的句子。
- 根据情况说出基本交际表达。

(다) 教学方法及注意事项
- 听单词或简单的句子, 学习者用正确的发音跟着说。
- 通过听单词或简单的句子后传达给下一位的小组活动, 反复练习说。
- 听与社交及生活相关表达等的提问, 能恰当回答。
- 指着教室内的事物进行问答。

- 留意语调自然地说出学习过的句子。
- 设定情景，恰当说出交际的基本表达。
- 活用时间、购物、通信等多样化主题，进行问答练习。
- 以学过的交际基本表达为基础，把类似情景编成简单的角色剧进行练习。

(라) 评价方法及注意事项

① 评价方法
- 评价是否能用比较准确的发音说出单词或简单的句子。
- 对于学过的短句或容易的对话，评价是否能简单回答提问。
- 评价是否能恰当回答与基本交际有关的提问。

② 注意事项
- 实施遂行评价时，评价是否能根据情景活用交际基本表达。

(3) 读

[12중Ⅰ-03-01] 正确朗读汉语拼音或汉字标出的单词或句子。
[12중Ⅰ-03-02] 阅读句子或简单的文章，把握意思惑信息。
[12중Ⅰ-03-03] 阅读对话或简短文章，把握主题或要点、细节内容。

(가) 学习要素：基本词汇表，交际基本表达
- 社交表达：相遇、个人事项、联系方式、约定、祝贺/祝愿、分别
- 感情和想法表达：感谢、道歉、喜悦/快乐、满足/不满、同意/反对、称赞/感叹、担心/安慰、指责、惊讶/意外
- 事实和情报传达：描写、说明、经验、比较、选择、推测、条件
- 要求和承诺表达：命令/禁止、请求、建议/提案、承诺/拒绝
- 与生活相关的表达：时间、日期/星期、天气、购物、饮食、健康、通信、爱好、场所/交通、学校生活

(나) 成就基准说明
- 朗读汉语拼音或汉字标出的单词或句子。
- 阅读句子或简单的文章并把握意思。
- 阅读简单的留言、信件、电子邮件等，把握中心内容或细节内容。
- 阅读简单的指示或介绍等，把握信息。

(다) 教学方法及注意事项
- 用准确的发音朗读汉语拼音或汉字标出的单词或表达。
- 留意声调及变调，正确朗读。
- 注意停顿，自然地朗读句子。
- 阅读句子或简单的文章选择相关的内容或图画。
- 阅读简单的文章或对话，把握主题或要点、脉络。

(라) 评价方法及注意事项
① 评价方法
- 评价是否能准确朗读汉语拼音或汉字标出的单词或简单的句子。
- 评价是否能阅读简短文章把握主题或要点、细节内容。

② 注意事项
- 通过评价朗读汉语拼音或汉字的能力，能够随时检验反馈。
- 评价是否理解了单词或句子的意思或内容时，不仅可以提出汉语拼音或汉字，还可以提出说明或图画、资料等。

(4) 写

[12중Ⅰ-04-01] 用汉语拼音或汉字准确写出单词或简单的句子。
[12중Ⅰ-04-02] 用单词或简单的表达记录信息。
[12중Ⅰ-04-03] 注意单词用法和词序造句子。
[12중Ⅰ-04-04] 根据所给情景写简单的文章。

(가) 学习要素：基本词汇表，交际基本表达
- 社交表达：相遇、个人事项、联系方式、约定、祝贺/祝愿、分别
- 感情和想法表达：感谢、道歉、喜悦/快乐、满足/不满、同意/反对、称赞/感叹、担心/安慰、指责、惊讶/意外
- 事实和情报传达：描写、说明、经验、比较、选择、推测、条件
- 要求和承诺表达：命令/禁止、请求、建议/提案、承诺/拒绝
- 与生活相关的表达：时间、日期/星期、天气、购物、饮食、健康、通信、爱好、场所/交通、学校生活

(나) 成就基准说明
- 根据学习水准，用汉语拼音和汉字准确写出基本词汇。

- 按照基本词序和单词用法造句子。
- 在简单的格式中记录所需信息。
- 写简单的留言、信件、电子邮件或日记等。

(다) 教学方法及注意事项
- 先用汉语拼音再逐渐使用汉字写出单词或简单的句子。
- 在空格处填入单词或简单表达来完成句子。
- 在和日常生活相关的简单格式中记录所需信息。
- 按正确词序排列所给单词完成句子。
- 阅读简单的文章或对话，针对提问用简单的句子写出答案。
- 给出日常生活的主题或格式，据此写简单的文章。
- 只改换学过的对话或文章中的单词和简单表达，模仿写相似的文章。
- 给出单词和句子，活用句子写简单的文章。

(라) 评价方法及注意事项

① 评价方法
- 评价是否能用汉语拼音或汉字写出听到的单词或简单的句子
- 评价是否能阅读简单的句子，推理内容在空格处填入恰当的单词。
- 评价是否能注意单词用法和词序写句子。
- 评价是否能活用学过的句子写信、留言等。

② 注意事项
- 需要评价汉语拼音和汉字书写的准确性，但根据学生水准做出调整，避免丧失对中国语的学习动机。

(5) 文化

[12중Ⅰ-05-01] 理解中国文化，应用于交际情景中。
[12중Ⅰ-05-02] 通过多样化的活动体验并理解中国文化。
[12중Ⅰ-05-03] 活用多种关于中国文化的资料，参与小组活动。
[12중Ⅰ-05-04] 比较中国和我国的文化，培养尊重文化多样性的态度。

(가) 学习要素：基本词汇表，交际基本表达，文化相关情报
- 中国概观：国旗、语言、少数民族、人口、行政区域等。
- 语言文化：打招呼、称呼、数字、谐音、语言礼节等。

- 生活文化：旅行、运动、家庭、日常生活、学校生活、健康、爱好、交通手段、饮食等。
- 艺术文化：京剧、音乐、电影、文化等。
- 传统文化：节日、传统的衣食住、传统游戏、传统工艺等。
- 其他：人物、地理、自然等。
  * 以上给出的文化内容可以有选择地使用。

(나) 成就基准说明
- 在理解中国文化的基础上，根据情况正确使用基本的交际表达。
- 调查并理解中国文化的多样性。
- 相互比较中国和我国的文化，培养尊重文化多样性的态度。
- 通过理解中国文化，可以具备尊重多样化价值观的世界市民的姿态。

(다) 教学方法及注意事项
① 教学方法
- 理解生日、家庭、饮食等与日常生活相关的文化，并练习相关的简单表达。
- 举行和传统服装、传统游戏、传统工艺等和传统文化相关的多样化活动，直接体验中国文化。
- 鉴赏中国电影、音乐、京剧等，理解中国的艺术文化。
- 介绍学生喜欢的中国电影、漫画或歌曲等资料，写电影观后感或跟着歌曲唱几遍自然背诵。
- 调查与中国文化相关的多样的资料，分小组发表。
- 制作介绍中国文化的小册子、宣传海报等多种介绍资料。
- 设定和学过的中国文化相关的对话情景，分小组把理解的内容通过角色剧表现出来。
- 了解中国文化，比较和我国文化的异同点并发表。

② 注意事项
- 说明文化时，根据需要可以使用我们的语言。
- 文化内容构成以最近的客观有公信力的资料为主。
- 文化学习的终极目标是帮助培养中国语的交际能力，以此为主旨安排教学方法。

(라) 评价方法及注意事项
- 评价是否能理解和交际相关的日常生活文化。
- 评价是否能通过比较韩中文化理解两国文化的异同点。
- 用韩国语记述评价对中国文化的理解程度及通过比较中国和我国文化的尊重文化多样性的态度

- 遂行评价可以通过小组活动调查或体验中国文化并发表的形式等来进行。
- 评价是否能通过小组协同学习，制作出具有创意性的中国文化介绍资料。

## 04 教学及评价的方向

**가. 教学方向**

(1) 树立符合教育课程特征和目标的教学计划。
- 考虑使用通过协作共同解决问题的经验，可以强化关怀他人和共同体意识涵养等人性教育的方法
- 通过提高交际能力，扩展相互理解幅度，同时实现个人的创意性开发。
- 教育的终极目标是获得交际的能力，据此树立教学计划。
- 通过对中国文化的理解，使学习者具有尊重多样价值观的作为世界市民应有的姿态。

(2) 分析学习内容，树立教学计划。
- 指向把听说读写四种能力有机地结合起来进行指导的一体化教学方式。
- 为使学习者能在实际状况中活用学过的内容，按主题和情景展开学习活动。
- 通过以交际为中心的练习和重复，使学过的内容可以积极活用于多样的日常情景中。
- 指向介绍文化内容同时练习语言技能等的语言技能和文化一体化的教学
- 树立考虑学生的成就水准和学习动机的以学习者为中心的教学计划。
- 减少韩国语的使用，尽量活用中国语分主题和情景进行学习，培养实际交际能力。

(3) 树立包括学习动机诱发方法、活动类型(个人、同桌、小组、全体)、以学生为中心的授课活动、授课内容确认活动等的教学计划。
- 考虑学生的外国语使用能力、学习类型和战略等，为实现以学生为中心的授课活动，选定多样的教学方法。
- 活用角色剧、游戏、歌曲等诱发学生学习动机，提高兴趣和自信感。
- 积极活用同桌活动、小组活动等的相互作用，诱导学生自发参与。
- 展开能让学生自己活用情报通信技术和其他多样教学资料理解中国文化的授课。
- 通过以学生为中心的任务和体验学习实现自我主导的学习。
- 自发展开学习状况，在自由的氛围中发言。
- 为了提高学习效果，积极活用图画、照片、音像等各种视听资料和电脑或网上资料。
- 考虑到学校条件、水准、特性等，可以有选择地活用教学方法。

4. 评价方向
(1) 树立符合教育课程特征和目标的评价计划。
- 以作为教学基本方向的人性教育、交际能力提高、世界市民意识培养为基础，确定评价方向。
- 为保证评价的客观性，事先选定明确的评价基准。
- 评价结果既活用于个别指导中，也反映在以后的教学计划中。
- 活用资料选辑，留下学习过程的记录，作为自我评价资料来活用。

(2) 分析学习内容，树立评价计划。
- 评价以基本词汇和交际基本表达为中心与日常生活相关的基本的理解和表达中国语的语言活用能力。
- 为了确认成就基准达到与否，随时实施形成评价，使评价成为教学的一个环节。
- 评价项目根据成就基准设定，通过评价可以知道学生们是否达到成就基准。
- 和枝节例外的项目比起来，更应以基本的重要的项目为中心来评价。
- 活用与实际生活相关的内容和情景作为问题的素材，不是评价单纯的背诵能力，而是要能评价知识活用的能力。
- 根据学习活动的特点，弹性调节流畅性和准确性的比重。
- 以学过的内容为中心，全面评价听说读写的能力。
- 评价个别语言能力的同时也适当实行综合语言能力的评价。
- 和基本知识相比，文化领域更应对是否理解与交际相关的日常生活文化进行重点评价。

(3) 树立包括学习动机诱发方法、活动类型(个人、同桌、小组、全体)、以学生为中心的授课活动、授课内容确认活动等的评价计划。
- 进行教学中，通过实施形成评价，检查学生是否很熟悉学习的成就基准，帮助把握学习上的问题点，提示学生今后的学习方向。
- 为了诱导学习者积极参与授课，在评价中反映出交际活动参与度。
- 考虑到成就基准的特征，在笔试和遂行评价中选择恰当的评价方法。
- 在教学过程中完成综合任务，用观察评价、自我评价、学生相互评价等多样方法实施对于综合语言能力的评价。
- 也要能评价搜集归纳情报的能力、合作进行交际或解决问题的能力。
- 通过遂行评价，尽量活用直接评价方法评价和文化相关的情报通信及其他教学资料搜索和活用的能力。
- 尽量在授课活动中实施遂行评价，具体计划在授课中如何实行遂行评价并向学生公布，具体设定评分标准，实施公正的评价。
- 考虑到学校条件、水准、特性等，可以有选择地活用评价方法。

## 中国语 Ⅱ

### 01 特征

随着交通和情报通信技术的飞跃发展，现今世界作为一个生活圈，各国的政治、经济、技术、文化等相互交融，外国语学习和外国文化理解已成为世界公民应具有的非常重要的素质。学习外语不仅是拥有用外语交流的手段同时还是体验他国人们思考方式和文化的机会。最近，我们国家正慢慢变成多文化社会，立足于对多样的语言文化的理解和交流，形成和平安全的共同体，为此，应该让多样的外国语教育更具活性化。

中国，国土广阔、资源丰富、人口众多加上最近飞跃成长的经济，正对国际社会实施巨大的影响力。中国语是世界上使用人口最多的语言，也是联合国(UN)官方语言之一，汉字文化圈的代表语言。中国很久以前就和我国有非常密切的关系，现在在政治经济外交文化等多个领域相互高度依存。韩中建交之后，除了经济交流还有很多民间交流，最近受韩流影响，文化交流和观光也有快速扩大的趋势。考虑到中国在国际社会的地位及和我国的密切关系，中国语可以说是在我国外语教育课程中一定要重点对待的语言。

<u>第二外语科目以利用外国语进行交际的能力、能理解外国文化的世界市民意识、和能活用多样化的外语情报的信息处理能力当做重要的力量。</u>学习者通过学习中国语能够具有和中国人能进行日常交际的能力，并能享有中国语表现出来的文化价值和情报，同时可以成长为对世界见闻广泛，具有包容创造品德的世界市民。

"中国语Ⅱ"是对"中国语Ⅰ"习得的基本语言内容和能力进行扩展和深化，通过更高水准的听说读写活动和对中国文化的理解，进一步培养交际能力的科目。

### 02 目标

习得日常生活中所需的多样的中国语，培养对中国语持续的兴趣和自信感。 同时通过对中国文化和我国文化的相互理解，培养想用中国语进行交际的积极的态度和能力。

가. 理解多样的交际表达，并根据情景积极活用。
나. 培养在理解中国文化基础上的交际能力，在相互理解中国文化和我国文化的基础上培养作为世界市民的均衡态度和姿势。
다. 活用多样的媒体和资料，调查与中国语和中国相关的情报，培养用中国语交流的能力。

## 03 内容体系及成就基准

### 가. 内容体系

| 领域 | 核心要素 | 内容 | 技能 |
|---|---|---|---|
| 语言内容 | 发音和文字 | • 现代中国语的标准发音和汉语拼音<br>• 汉字(包括简化字) | • 听发音并把握意思<br>• 回答提问<br>• 根据情况说话<br>• 正确朗读<br>• 阅读并把握意思<br>• 阅读并把握大意<br>• 填写信息<br>• 按照格式写文章<br>• 写简短的文章 |
| | 词汇 | • 交际所需词汇的意思<br>＊以[附表Ⅱ]所给出的基本词汇为中心，使用800个左右的单词。 | |
| | 文法 | • 中国语多样的语序<br>• 技能语和商用词汇的用法<br>• 各种口语和句子间的连接<br>＊参考[附表Ⅰ]中给出的交际基本表达和[附表Ⅱ]中给出的基本词汇表。 | |
| | 交际表达 | • 社交表达，感情和想法表达，事实和情报传达，要求和同意表达，和生活有关的表达等能够有效培养交际能力的内容。<br>＊参考[附表Ⅰ]中给出的交际基本表达。 | |
| 文化内容 | 文化 | • 中国概观<br>• 语言文化<br>• 生活文化<br>• 艺术文化<br>• 传统文化<br>＊还可涉及到除此之外的人物，地理，历史，自然等。<br>＊以"中国语Ⅰ"的内容为基准，根据需要可以使用深化内容。 | • 适用于交际情景<br>• 小组活动<br>• 体验理解<br>• 相互比较<br>• 调查说明 |

## ㄴ. 成就基准

### (1) 听

> [12중Ⅱ-01-01] 听单词或常用表达把握意思。
> [12중Ⅱ-01-02] 听交际表达或句子把握意思。
> [12중Ⅱ-01-03] 听短文或对话把握脉络。

(가) **学习要素**：基本词汇表，交际基本表达
- 社交表达：相遇、个人事项、联系方式、约定、祝贺/祝愿、分别
- 感情和想法表达：感谢、道歉、喜悦/快乐、满足/不满、同意/反对、称赞/感叹、担心/安慰、指责、惊讶/意外
- 事实和情报传达：描写、说明、经验、比较、选择、推测、条件
- 要求和承诺表达：命令/禁止、请求、建议/提案、承诺/拒绝
- 与生活相关的表达：时间、日期/星期、天气、购物、饮食、健康、通信、爱好、场所/交通、学校生活

(나) **成就基准说明**
- 听单词、常用表达、交际表达、短文或对话等，把握意思。

(다) **教学方法及注意事项**
① **教学方法**
- 反夏听单词或常用表的，找出意思。
- 听常用表达或交际表达，分小组对内容进行问答。
- 看活用交际表达的简短视频，推测出内容。
- 听短文或对话，按照内容排列顺序。

② **注意事项**
- 在听的领域建议和听说、听写等其他语言技能的成就基准统一活用。

(라) **评价方法及注意事项**
- 评价是否能听单词或常用表达后准确把握发音和意思。
- 评价是否能听交际表达或句子后准确把握情况和意思。
- 评价是否能听短文或对话后正确排列顺序。
- 评价是否能听短文或对话后把握相关情报。

(2) 说

> [12중Ⅱ-02-01] 注意发音和语调，用正确的发音说出句子。
> [12중Ⅱ-02-02] 听比较长的和个人及日常生活相关的提问，做出恰当回答。
> [12중Ⅱ-02-03] 根据情景自然说出交际表达或句子。
> [12중Ⅱ-02-04] 自然表达日常生活中要求的比较长的对话。

(가) 学习要素：基本词汇表，交际基本表达
- 社交表达：相遇、个人事项、联系方式、约定、祝贺/祝愿、分别
- 感情和想法表达：感谢、道歉、喜悦/快乐、满足/不满、同意/反对、称赞、感叹、担心/安慰、指责、惊讶/意外
- 事实和情报传达：描写、说明、经验、比较、选择、推测、条件
- 要求和承诺表达：命令/禁止、请求、建议/提案、承诺/拒绝
- 与生活相关的表达：时间、日期/星期、天气、购物、饮食、健康、通信、爱好、场所/交通、学校生活

(나) 成就基准说明
- 注意发音和语调，用准确发音说出句子或表达。
- 听比较长的句子，做出恰当回答。
- 根据主题或情景，使用恰当的交际表达。

(다) 教学方法及注意事项
- 注意发音和语调，听比较长的句子，准确地跟着读
- 读比较长的句子，把内容传达给下一位。
- 听提问，根据情景或主题做出恰当回答。
- 活用交际基本表达，根据情景或主题说话。
- 活用多样的交际主题，和同桌一起练习问答。
- 以交际基本表达为基础，重编类似情景，表演角色剧。

(라) 评价方法及注意事项
- 评价是否能用准确的发音和正确的语序说比较长的句子或对话。
- 评价是否能恰当回答对学过的句子内容进行的提问。
- 评价是否能根据情景恰当说出交际表达或句子等。
- 按小组分角色，通过遂行评价等评价是否能根据情景恰当活用交际基本表达。

(3) 读

> [12중Ⅱ-03-01] 注意发音，准确读出单词或句子。
> [12중Ⅱ-03-02] 阅读比较长的句子或短文，把握意思或情报。
> [12중Ⅱ-03-03] 读短文或对话，把握主题或大意。

(가) **学习要素**：基本词汇表，交际基本表达
- 社交表达：相遇、个人事项、联系方式、约定、祝贺/祝愿、分别
- 感情和想法表达：感谢、道歉、喜悦/快乐、满足/不满、同意/反对、称赞/感叹、担心/安慰、指责、惊讶/意外
- 事实和情报传达：描写、说明、经验、比较、选择、推测、条件
- 要求和承诺表达：命令/禁止、请求、建议/提案、承诺/拒绝
- 与生活相关的表达：时间、日期/星期、天气、购物、饮食、健康、通信、爱好、场所/交通、学校生活

(나) **成就基准说明**
- 用准确的发音读汉语拼音或汉字标示的句子。
- 阅读比较长的句子、短文或对话，把握意思。

(다) **教学方法及注意事项**
- 注意语调或停顿，自然地朗读句子。
- 阅读比较长的句子或短文，简单总结核心情报。
- 阅读短文或对话，把握脉络。
- 阅读短文或对话，推测整体意思并发表。

(라) **评价方法及注意事项**
- 评价是否能准确朗读比较长的句子。
- 评价阅读比较长的句子或短文把握主题和大意的能力。
- 评价是否能阅读比较长的句子或短文用韩国语准确解释。
- 把短文或对话分段后，打乱顺序，评价是否能推测内容再排列。
- 评价阅读生活中使用的简短的应用文推测内容的能力。

(4) 写

> [12중Ⅱ-04-01] 用汉语拼音或汉字准确写出单词或句子。
> [12중Ⅱ-04-02] 按照格式写简单的文章。
> [12중Ⅱ-04-03] 注意单词的用法和语序，准确写出比较长的句子。
> [12중Ⅱ-04-04] 根据所给情景，写简短的文章。

(가) **学习要素**：基本词汇表，交际基本表达
- 社交表达：相遇、个人事项、联系方式、约定、祝贺/祝愿、分别
- 感情和想法表达：感谢、道歉、喜悦/快乐、满足/不满、同意/反对、称赞、感叹、担心/安慰、指责、惊讶/意外
- 事实和情报传达：描写、说明、经验、比较、选择、推测、条件
- 要求和承诺表达：命令/禁止、请求、建议/提案、承诺/拒绝
- 与生活相关的表达：时间、日期/星期、天气、购物、饮食、健康、通信、爱好、场所/交通、学校生活

(나) **成就基准说明**
- 用汉语拼音或汉字正确写单词或句子。
- 按照语序和句子的用法写比较长的句子。
- 按照格式或情景写简短文章。

(다) **教学方法及注意事项**
- 用汉语拼音或汉字写句子。
- 给出条件或提问，完成句子。
- 按照格式写简单的文章。
- 在网站上用中国语输入检索情报。
- 阅读简单的文章或对话，用句子写出问题的答案。
- 活用学过的表达，根据情景写句子，每个小组写成一篇文章。
- 活用交际基本表达，根据主题写简短文章。
- 给出日常生活、学校生活等多样主题，简单写出自己的想法。

(라) **评价方法及注意事项**
- 听深化水准的单词或句子，评价是否能用汉语拼音或汉字准确写出。
- 评价是否能读比较长的句子，推测内容并在空格处填入恰当的单词。
- 评价是否能用完整的句子总结学过的内容。
- 评价是否能活用学过的表达或句子按照各种格式写简短的文章。

(5) 文化

> [12중Ⅱ-05-01] 理解中国文化并应用于交际情景中。
> [12중Ⅱ-05-02] 通过各种活动体验理解中国文化。
> [12중Ⅱ-05-03] 调查中国文化并加以说明。
> [12중Ⅱ-05-04] 活用关于中国文化的各种资料，参与小组活动。
> [12중Ⅱ-05-05] 比较中国和我国的文化，具有尊重文化多样性的态度。

(가) 学习要素：基本词汇表、交际基本表达、文化相关内容
- 涉及语言文化、生活文化、艺术文化、传统文化等比中国语Ⅰ深化的内容。
- 也可以涉及到人物、地理、历史、自然、社会问题、价值观等。

(나) 成就基准说明
- 调查理解中国文化的多样性。
- 相互比较中国和我国的文化，培养尊重文化多样性的态度。
- 在理解中国文化的基础上，可以根据情景恰当运用基本交际表达。

(다) 教学方法及注意事项
- 理解语言文化和与日常生活相关的文化特征，在交际情景中加以考虑表达。
- 鉴赏中国艺术文化，并写鉴赏文。
- 调查中国政策或社会焦点，与我国的比较后，进行发表或讨论。
- 比较韩中两国文化，进行发表或讨论。
- 按中国经济、社会、文化等领域，分小组写中国新闻并发表。

(라) 评价方法及注意事项
- 阅读关于中国文化的短文，评价是否能总结或整理后用中国语发表。
- 评价是否能通过学过的文化主题的韩中文化比较，用韩国语有条理地陈述自己的立场或意见。
- 评价是否能活用网络，检索与学过的文化主题相关的情报并发表。
- 评价是否能通过小组协同学习，制作具有创意性的中国文化介绍资料。

## 04 教学及评价方向

**가. 教学方向**

(1) 树立符合教育课程特征和目标的教学计划。
- 考虑使用通过协作共同解决问题的经验,可以强化关怀他人和共同体意识涵养等人性教育的方法
- 通过提高交际能力,扩展相互理解幅度,同时实现个人的创意性启发。
- 教育的终极目标是获得交际的能力,据此树立教学计划。
- 通过对中国文化的理解,使学习者具有尊重多样价值观的作为世界市民应有的姿态。

(2) 分析学习内容,树立教学计划。
- 指向把听说读写四种能力有机地结合起来进行指导的一体化教学方式。
- 为使学习者能在实际状况中活用学过的内容,按主题和情景展开学习活动。
- 通过以交际为中心的练习和重复,使学过的内容可以积极活用于多样的日常情景中。
- 指向介绍文化内容同时练习语言技能等的语言技能和文化一体化的教学
- 树立考虑学生的成就水准和学习动机的以学习者为中心的教学计划。
- 减少韩国语的使用,尽量活用中国语分主题和情景进行学习,培养实际交际能力。

(3) 树立包括学习动机诱发方法、活动类型(个人、同桌、小组、全体)、以学生为中心的授课活动、授课内容确认活动等的教学计划。
- 考虑学生的外国语使用能力、学习类型和战略等,为实现以学生为中心的授课活动,选定多样的教学方法。
- 活用角色剧、游戏、歌曲等诱发学生学习动机,提高兴趣和自信感。
- 积极活用同桌活动、小组活动等的相互作用,诱导学生自发参与。
- 展开能让学生自己活用情报通信技术和其他多样教学资料理解中国文化的授课。
- 通过以学生为中心的任务和体验学习实现自我主导的学习。
- 自发展开学习状况,在自由的氛围中发言。
- 为了提高学习效果,积极活用图画、照片、音像等各种视听资料和电脑或网上资料。
- 考虑到学校条件、水准、特性等,可以有选择地活用教学方法。

4. 评价方向

(1) 树立符合教育课程特征和目标的评价计划。
- 以作为教学基本方向的人性教育、交际能力提高、世界市民意识培养为基础，确定评价方向。
- 为保证评价的客观性，事先选定明确的评价基准。
- 评价结果既活用于个别指导中，也反映在以后的教学计划中。
- 活用资料选辑，留下学习过程的记录，作为自我评价资料来活用。

(2) 分析学习内容，树立评价计划。
- 评价以基本词汇和交际基本表达为中心与日常生活相关的基本的理解和表达中国语的语言活用能力。
- 为了确认成就基准达到与否，随时实施形成评价，使评价成为教学的一个环节。
- 评价项目根据成就基准设定，通过评价可以知道学生们是否达到成就基准。
- 和枝节例外的项目比起来，更应以基本的重要的项目为中心来评价。
- 活用与实际生活相关的内容和情景作为问题的素材，不是评价单纯的背诵能力，而是要能评价知识活用的能力。
- 根据学习活动的特点，弹性调节流畅性和准确性的比重。
- 以学过的内容为中心，全面评价听说读写的能力。
- 评价个别语言能力的同时也适当实行综合语言能力的评价。
- 对于文化的评价，不只是基础知识，还要重点评价是否理解和交际相关的文化内容。

(3) 树立包括学习动机诱发方法、活动类型(个人、同桌、小组、全体)、以学生为中心的授课活动、授课内容确认活动等的评价计划。
- 进行教学中，通过实施形成评价，检查学生是否很熟悉学习的成就基准，帮助把握学习上的问题点，提示学生今后的学习方向。
- 为了诱导学习者积极参与授课，在评价中反映出交际活动参与度。
- 考虑到成就基准的特征，在笔试和遂行评价中选择恰当的评价方法。
- 在教学过程中完成综合任务，用观察评价、自我评价、学生相互评价等多样方法实施对于综合语言能力的评价。
- 也要能评价搜集归纳情报的能力、合作进行交际或解决问题的能力。
- 通过遂行评价，尽量活用直接评价方法评价和文化相关的情报通信及其他教学资料搜索和活用的能力。
- 尽量在授课活动中实施遂行评价，具体计划在授课中如何实行遂行评价并向学生公布，具体设定评分标准，实施公正的评价。
- 考虑到学校条件、水准、特性等，可以有选择地活用评价方法。

[附表 1]

# [交际基本表达]

○ 下面是高中教育课程中建议履修的交际基本表达。也可以设定这里未提出的情景或主题。
○ 下面提出的交际基本表达可以参考与句子构造、句子种类、其他语法相关的事项。

## 1. 社交表达

가. 相遇
你好！
好久不见！
最近怎么样？
早上好！
我来介绍一下，这位是张老师。
认识你很高兴。
欢迎！欢迎！

나. 个人信息
你叫什么名字？/ 我叫○○○。
您贵姓？/ 我姓○。
你多大了？/ 我今年十七岁。
他今年多大年纪了？
你弟弟几岁了？
你是哪国人？/ 我是韩国人。
我是○○高中二年级的学生。

다. 联络方式
你的手机号码是多少？
你的邮件地址是什么？
我怎么跟你联系？

라. 约定
咱们什么时候见面？
下午两点在学校门口见，不见不散。

마. 祝贺、祈愿
祝你生日快乐！
祝贺你！
新年快乐！
恭喜恭喜！

| | | |
|---|---|---|
| 바. 分别 | | 再见！<br>明天见！<br>时间不早了，该回家了。<br>我走了。/ 慢走。 |

2. 感情及意见表达

| | | |
|---|---|---|
| 가. 感谢 | | 谢谢！/ 不谢！<br>太感谢你了！/ 不客气！<br>非常感谢您帮助我。 |
| 나. 道歉 | | 对不起。/ 没关系。<br>真抱歉，我来晚了。 |
| 다. 喜悦、快乐 | | 太高兴了！<br>今天玩儿得很开心。 |
| 라. 满足、不满 | | 我觉得不错。<br>挺好的。<br>还行。<br>好是好，不过有点儿贵。 |
| 마. 同意、反对 | | 我也这么想。<br>可不是嘛！<br>我听你的！<br>我不同意你的意见。 |
| 바. 称赞、感叹 | | 你汉语说得不错！/ 哪儿啊。<br>真棒！<br>好极了！ |
| 사. 担心、安慰 | | 我怕做不好。<br>加油！<br>别担心。 |
| 아. 指责 | | 你怎么现在才来？<br>你为什么不接电话？<br>你不该这么做。 |

| | | |
|---|---|---|
| | 자. 惊讶、意外 | 真的吗？<br>怎么回事？<br>真没想到！<br>真是太突然了！ |

3. 事实和情报传达

| | | |
|---|---|---|
| | 가. 描写 | 他人很好。<br>教室里干干净净的。<br>那里的风景美极了。 |
| | 나. 说明 | 我们班有三十个学生。<br>我是从韩国来的。<br>我昨天在网上买了一些书。 |
| | 다. 经验 | 你去过中国吗？<br>这部电影我看过两遍。<br>我以前没吃过北京烤鸭。 |
| | 라. 比较 | 这个跟那个一样大。<br>哪个更好？<br>哥哥比我大三岁。<br>今天没有昨天暖和。 |
| | 마. 选择 | 在这儿吃还是带走？<br>喝咖啡或者喝绿茶都可以。<br>不是你去，就是我去。 |
| | 바. 推测 | 他会来的。<br>说不定他已经到了。<br>今天他没来，可能病了。<br>看样子，要下雪。 |
| | 사. 条件 | 要是有空，就去看一下吧。<br>明天不下雨，我就去。<br>有问题的话，就来找我。 |

## 4. 要求和承诺表达

가. 命令、禁止
: 站起来!
你得好好儿听课。
不要迟到。
上课别说话。
请勿拍照。

나. 请求
: 请把门关好。
麻烦你帮我照张相。
借我用用,行不行?
你能教教我吗?

다. 建议、提案
: 多喝点儿水。
最好明天去。
你来我家玩儿吧。
我们一起去,怎么样?

라. 承诺、拒绝
: 好吧。
没问题。
不行。
不好意思,我有事,去不了。

## 5. 生活相关表达

가. 时间
: 现在几点了?/ 八点二十分。
我每天早上六点起床。
我来北京已经一年多了。
你汉语学了多长时间了?

나. 日期、星期
: 今天星期几?
你的生日是几月几号?
你是哪年出生的?

다. 天气
: 今天天气怎么样?/ 晴转多云。
外面下着雨。
今天最高气温是多少度?
春天风沙很大。

| | | |
|---|---|---|
| 라. 购买 | | 这个多少钱一斤？ |
| | | 苹果怎么卖？ |
| | | 有没有大一点儿的？ |
| | | 便宜点儿吧。 |
| | | 可以试试吗？ |
| | | 我要两个。 |
| | | 一共一百八。 |
| | | 找您五块钱。 |
| 마. 饮食 | | 你想吃点儿什么？你来点吧。 |
| | | 我爱吃辣的。 |
| | | 来一碗牛肉面。 |
| | | 请慢用。 |
| | | 我已经吃饱了，不吃了。 |
| | | 尝尝这个菜，味道怎么样？ |
| 바. 健康 | | 你哪儿不舒服？ |
| | | 有点儿头疼。 |
| | | 不用打针，吃点儿药就行。 |
| | | 这药怎么吃？一天三次，一次两片。 |
| | | 早睡早起身体好。 |
| 사. 通信 | | 喂！是王老师吗？/ 我就是。您是哪一位？ |
| | | 请稍等。 |
| | | 你打错了。 |
| | | 我给你发短信。 |
| | | 你上网查查。 |
| | | 我发的邮件收到了吗？ |
| 아. 爱好 | | 你有什么爱好？ |
| | | 我不会打太极拳，我想学。 |
| | | 我是一个棒球迷。 |
| 자. 场所、交通 | | 请问，地铁站怎么走？ |
| | | 洗手间在哪儿？ |

|  |  |
|---|---|
|  | 一直走，到十字路口往右拐。 |
|  | 走十分钟就到了。 |
|  | 我是坐火车来的。 |
|  | 来不及了，打车去吧。 |
|  | 路上堵车了。 |
|  | 电影院离这儿不太远，我们走着去吧。 |
| 차. 学校生活 | 下星期就要考试了。 |
|  | 她去图书馆借书。 |
|  | 谁教你们汉语？ |
|  | 我忘了带作业。 |
|  | 这个字怎么念？ |
|  | 老师，请再说一遍！ |

[附表 II]

# [基本词汇表]

○ 建议使用本表给出的基本词汇。
○ 单词即使有发音、意思，用法的差异，原则上以字形为准只展示一次。
○ 下面情况视同基本词汇。
　－ 数词(基本数字, 序数, 位数). 如) '一', '两', '零', '一百', '第一', '千', '万', '亿' 等。
　－ 表达星期、季节、节日、纪念日等的单词。如) '星期天', '礼拜一', '春天', '中秋节', '国庆节' 等。
　－ 固有名词(人名、地名、国家名、语言名等)。
　－ 单音节方位词和与 '边', '面', '头'组合成的方位词。如) '东', '前', '左', '里', '东边', '上面', '里头' 等。
　－ 复合方向补语。 如) '～上来', '～上去', '～起来', '～过去' 等。
　－ 和'们'组合成的单词。如) '我们', '他们', '咱们' 等。
○ 基本词汇组合产生的单词保持原来单词意思的情况视同基本词汇。如) '头疼', '开门', '早饭', '绿茶', '冷水', '不行', '不够' 等。
○ 基本词汇里包含的离合词，语素分开使用的情况，分别视同基本词汇。
○ 基本词汇里包含的重叠词，各语素视同基本词汇。如) '谢谢', '妈妈' 等。
○ 基本词汇加后缀或省略都视同基本词汇。如) '花儿', '鸟儿', '一点儿' 等。
＊ 基本词汇表标示的发音依据为『现代汉语词典』(第6版)。
　 但排除发音中方言、姓氏等日常生活几乎不使用的部分。

교육론과 어학개론

# 제02장 2015 개정 교육과정 질의·응답 자료

## 목차

### 총론 Q&A

1. 『문·이과 통합형 교육과정』과 이번에 발표한 『2015 개정 교육과정』은 다른 교육과정인가요? · 1
2. 『2015 개정 교육과정』의 기본 방향은 무엇인가요? ························································· 1
3. 『2015 개정 교육과정』에서 추구하는 인간상은 무엇인가요? ·········································· 2
4. 『2015 개정 교육과정』에서 처음으로 역량을 제시하였는데, 제시한 역량은 무엇인가요? ············ 3
5. 『2009 개정 교육과정』과 『2015 개정 교육과정』의 차이점은 무엇인가요? ····················· 3
6. 『2015 개정 교육과정』이 적용되면 학교 현장은 무엇이 달라지나요? ····························· 4
7. 인문학적 소양 교육은 무엇이며 어떻게 이루어지나요? ······················································ 5
8. 과학기술 소양 교육은 무엇이며 어떻게 이루어지나요? ······················································ 5
9. 예술·체육교육을 통한 인성교육 강화 방안은? ······································································· 6
10. 소프트웨어(SW) 교육은 어떻게 이루어지나요? ···································································· 7
11. 안전교육은 어떻게 이루어지나요? ··························································································· 8
12. 창의적 체험활동은 어떻게 달라지나요? ··················································································· 8
13. 범교과학습 주제는 어떻게 달라지나요? ··················································································· 9
14. 교육과정 개정을 위한 현장 의견수렴은 어떻게 진행되었나요? ······································ 10
15. 『2015 개정 교육과정』의 적용 일정은 어떻게 되나요? ················································ 11
16. 새로운 교육과정 안착을 위한 후속 조치는 무엇인가요? ················································· 11

### 초등학교 교육과정 Q&A

17. 초등학교 교육과정의 큰 변화는 무엇인가요? ········································································ 13
18. 초등학교 교육과정과 누리과정은 어떻게 연계되나요? ······················································ 14
19. 초등학교 소프트웨어(SW) 교육은 어떻게 이루어지나요? ················································ 14
20. 초등학교 안전교육은 어떻게 이루어지나요? ········································································ 15

## 중학교 교육과정 Q & A

21. 중학교 교육과정의 큰 변화는 무엇인가요? ·········································· 17
22. 학교스포츠클럽 활동은 어떻게 되나요? ·············································· 17
23. 자유학기는 어떻게 운영되나요? ························································ 18

## 고등학교 교육과정 Q & A

24. 고등학교 교육과정의 큰 변화는 무엇인가요? ······································ 20
25. 고등학교에서 문·이과가 없어지게 되면, 대학 진학을 위한 선택적인 문과, 이과 교육은 사라지게 되나요? ··························································· 20
26. 『공통과목』은 어떻게 구성되나요? ····················································· 21
27. 『통합사회』는 어떤 과목인가요? ························································ 21
28. 『통합과학』은 어떤 과목인가요? ························································ 22
29. 『공통과목』과 교과별『필수이수단위』는 어떤 관계인가요? ··················· 23
30. 학생들이 자신의 진로에 맞게 과목을 선택할 수 있나요? ····················· 23
31. 진로에 따른 과목 선택은 구체적으로 어떻게 이루어지나요? ··············· 24
32. 대학수학능력시험과는 어떻게 연계되나요? ······································· 25
33. 『NCS 기반 교육과정』은 『2015 개정 교육과정』과 다른 교육과정인가요? ····· 25
34. 『NCS 기반 교육과정』의 적용 일정은 『2015 개정 교육과정』과 차이가 있나요? ····· 25
35. 『NCS 기반 교육과정』은 『2009 개정 교육과정』과 어떤 차이가 있나요? ······· 26

## 총론 Q&A

**1** 『문·이과 통합형 교육과정』과 이번에 발표한 『2015 개정 교육과정』은 다른 교육과정인가요?

○ 그렇지 않습니다. 『문·이과 통합형 교육과정』은 『2015 개정 교육과정』이 지향하는 바를 특징적으로 표현한 것이며,
  - 교육과정의 공식 명칭은 『2015 개정 교육과정』입니다.

**2** 『2015 개정 교육과정』의 기본 방향은 무엇인가요?

○ 『2015 개정 교육과정』은 모든 학생들이 인문·사회·과학기술에 대한 기초 소양을 함양하여 인문학적 상상력과 과학기술 창조력을 갖춘 창의융합형 인재로 성장할 수 있도록 우리 교육의 근본적인 패러다임을 전환하고자 하는 교육과정입니다.
  - 기초 소양 함양을 위해 『공통과목』을 도입하고 통합적 사고력을 기르기 위해 『통합사회』, 『통합과학』 과목을 신설하였습니다.

○ 미래 사회가 요구하는 핵심역량을 기를 수 있는 교과 교육과정을 개발하고자 하였습니다.
  - 각 교과는 단편지식보다 핵심개념과 원리를 제시하고, 학습량을 적정화하여 토의·토론 수업, 실험·실습 활동 등 학생들이 수업에 직접 참여하면서 역량을 함양할 수 있도록 하였으며,
  - 과정 중심의 평가가 확대되도록 구성하였습니다.

○ 또한, 대학입시 중심으로 운영되어온 고등학교 문·이과 이분화와 수능 과목 중심의 지식 편식 현상을 개선하고자 하였습니다.
  - 어느 영역으로 진로진학을 결정하든 문·이과 구분 없이 인문·사회·과학기술에 관한 기초 소양을 갖출 수 있으며, 진로와 적성에 따라 다양한 『선택과목』을 이수할 수 있도록 하였습니다.

○ 한편, 새로운 교육과정이 학교 현장에 안착될 수 있도록 교과서, 대입제도, 교원 양성 및 연수 체제 등 교육제도 전반에 걸친 제도 개선을 병행 추진하고 있습니다.

**3** 『2015 개정 교육과정』에서 추구하는 인간상은 무엇인가요?

○ 『2015 개정 교육과정』이 추구하는 인간상은 홍익인간의 이념을 바탕으로 '자주적인 사람', '창의적인 사람', '교양 있는 사람', '더불어 사는 사람'입니다.

  • 자주적인 사람 – 전인적 성장을 바탕으로 자아정체성을 확립하고 자신의 진로와 삶을 개척하는 사람
  • 창의적인 사람 – 기초 능력의 바탕 위에 다양한 발상과 도전으로 새로운 것을 창출하는 사람

> - 교양 있는 사람 – 문화적 소양과 다원적 가치에 대한 이해를 바탕으로 인류 문화를 향유하고 발전시키는 사람
> - 더불어 사는 사람 – 공동체 의식을 가지고 세계와 소통하는 민주 시민으로서 배려와 나눔을 실천하는 사람

**4** 『2015 개정 교육과정』에서 처음으로 역량을 제시하였는데, 제시한 역량은 무엇인가요?

> ○ 『2015 개정 교육과정』은 교과와 창의적 체험활동, 그리고 학교생활 전반에 걸쳐 학생의 실제적 삶 속에서 무언가를 할 줄 아는 실질적인 능력을 기를 수 있도록 하기 위해 역량을 제시하였습니다.
> - 총론에는 '자기관리 역량', '지식정보처리 역량', '창의적 사고 역량', '심미적 감성 역량', '의사소통 역량', '공동체 역량' 등 6가지를 제시하였고,
> - 교과에는 총론의 역량과 연계하여 교과에 맞는 역량을 제시하고, 교과의 특성에 맞는 교육과정을 운영하도록 하고 있습니다.

※ 『2015 개정 교육과정』의 핵심역량

> - 자기관리 역량 – 자아정체성과 자신감을 가지고 자신의 삶과 진로에 필요한 기초 능력과 자질을 갖추어 자기주도적으로 살아갈 수 있는 능력
> - 지식정보처리 역량 – 문제를 합리적으로 해결하기 위하여 다양한 영역의 지식과 정보를 처리하고 활용할 수 있는 능력
> - 창의적 사고 역량 – 폭넓은 기초 지식을 바탕으로 다양한 전문 분야의 지식, 기술, 경험을 융합적으로 활용하여 새로운 것을 창출하는 능력
> - 심미적 감성 역량 – 인간에 대한 공감적 이해와 문화적 감수성을 바탕으로 삶의 의미와 가치를 발견하고 향유할 수 있는 능력
> - 의사소통 역량 – 다양한 상황에서 자신의 생각과 감정을 효과적으로 표현하고 다른 사람의 의견을 경청하며 존중하는 능력
> - 공동체 역량 – 지역·국가·세계 공동체의 구성원에게 요구되는 가치와 태도를 가지고 공동체 발전에 적극적으로 참여하는 능력

**5** 『2009 개정 교육과정』과 『2015 개정 교육과정』의 차이점은 무엇인가요?
  ※ ≪보도자료 참고 1 [현행 교육과정 대비 신구 대조표] 참조≫

6  『2015 개정 교과정』이 적용되면 학교 현장은 무엇이 달라지나요?

○ 그 동안에는 학생들이 습득해야 할 학습량이 과도하여 배움을 즐기는 교육이 이루어지지 않았습니다. 새로운 교육과정에서는 각 교과의 **핵심개념**을 중심으로 학습량을 적정화하여, 학습경험의 질을 개선하여 미래사회를 대비하는 교육을 제시합니다.
  - 새로운 교육과정이 적용되면 학교 현장에서는 **토론학습, 협력학습, 탐구활동, 프로젝트학습** 등 교과 특성에 따라 다양한 교수·학습이 이루어지면서 학생들의 활발한 수업 참여가 이루어질 것으로 기대됩니다.
○ **초등학교**에서는 초등 1~2학년(군)에 한글교육을 강조하는 등 유아 **교육과정(누리과정)과 연계**를 강화하고,
  - 초등 1~2학년의 경우 수업시수를 주당 1시간 늘리되, 학생들의 추가적인 학습 부담이 생기지 않도록 **창의적 체험활동** 시간을 활용해 체험 중심의 '안전한 생활'을 편성·운영하도록 하였습니다.
○ **중학교**에서는 학교 교육과정 운영의 자율성과 유연성이 확대됩니다.
  - 자유학기의 관련 지침 제시로 경쟁 중심의 학교교육에서 벗어나 함께 문제를 해결하고 자신의 꿈과 끼를 살린 다양한 교육활동의 기틀이 마련됩니다.
○ **고등학교**에서는 학생들이 공통과목 이수 후 자신의 **진로와 적성**에 따라 다양한 과목을 선택하여 이수할 수 있습니다.
  - 학생들은 단순히 문과와 이과로 구분되어 수업을 듣는 것이 아니라 자신의 진로에 따라 과목을 선택할 수 있게 되며, 이를 위해 진로에 따른 상세한 과목 편성 안내서를 개발하여 제공할 예정입니다.

7  인문학적 소양 교육은 무엇이며 어떻게 이루어지나요?

○ 인문학적 소양이란 세상을 보는 안목과 인간을 이해하는 능력을 말합니다.
○ 인문소양 교육을 통해 학생들은 인간존중의 가치를 실천하고, 다양성을 존중하고 배려하는 사회인으로 기릅니다.
○ 인문학적 소양 함양을 위해 문학 교육을 이론 위주에서 감성과 소통 중심의 학습으로 전환하며, 연극교육 등을 활성화합니다.
○ 교과별로 학습내용에 인문학적 요소를 강화합니다.

◆ 교과별 인문학 요소 강화 방안(예시)

- 국어 : 인문 고전읽기 교육 강화
- 사회/도덕 : 고전과 윤리(진로선택) 신설, 토의·토론교육의 활성화 등
- 체육 : 스포츠 과학과 인간의 관계, 스포츠 문화의 이해 등
- 음악/미술 : 예술활동 및 감상·비평활동을 통한 예술적 감수성과 심미안 계발 등
- 기술·가정 : 가정을 기반으로 한 인간발달에 대한 이해, 기술발전이 인류에 미친 영향 이해 등

8 과학기술 소양 교육은 무엇이며 어떻게 이루어지나요?

○ 과학기술적 소양이란 자연, 인간, 사회와 문명에 대한 과학적 지식을 바탕으로 개인 및 사회적 문제들을 합리적이고 과학적으로 판단하고 해결할 수 있는 능력을 의미합니다.

○ 과학기술 소양을 기르기 위해 과학과 교육과정을 대주제 중심으로 재구조화하여 융합·복합적 사고가 가능한 교육내용으로 구성합니다.
 - 특히 고등학교에서는 『통합과학』과 『과학탐구실험』 과목을 통해 실험·탐구 중심 수업으로 운영합니다.

○ 과학기술 인력 양성의 중요성을 감안하여, 이공계 진로를 계획하는 학생들이 과학교과의 일반선택 및 진로선택 과목을 충실하게 이수할 수 있도록 편성·운영 모델을 제시할 예정입니다.

9 예술·체육 교육을 통한 인성교육 강화 방안은 무엇인가요?

○ 2015 개정 교육과정에서는 예술·체육교육을 활성화하여 학생들의 감수성 및 정서를 함양하고 협동과 배려 등 인성교육을 강화합니다.

○ 연극 교육의 경우, 초·중·고 전반에 연극 교육을 체계적으로 실시함으로써 타인을 이해하고 공감하며, 나아가 배려하는 체험을 확대합니다.
 - 초 5~6학년 국어교과에 활동 중심의 연극 대단원을 개설하고,
 - 중학교 국어에는 연극 소단원을 구성하며,
 - 고등학교는 예술 교과군의 일반 선택에 「연극」 과목을 신설하여 체험중심의 연극교육이 이루어지도록 하였습니다.

○ 체육교육의 경우, 학생들의 바른 인성 함양을 위해 체육과 교육과정 전반에 거쳐 정의적 내용요소를 대폭 확대*하였습니다.
 ※ 인성 내용 요소 : 22개(현행) → 35개(2015 개정)
 - 스포츠 활동에 참여하며 규칙 준수, 협동심, 책임감, 배려, 페어플레이, 팀워크 등을 실천할 수 있도록 교육과정을 구성하였습니다.
 - 또한, 중학교 학교스포츠클럽활동*을 내실있게 운영함으로써 인성 덕목을 생활 속에서 실천할 수 있도록 강조하였습니다.
 ※ 연간 34~68시간 운영(총 136시간)

○ 음악·미술의 경우, 표현 및 감상·비평 활동을 통해 예술적 감성을 계발하여 학생들의 인성 역량*을 키워갑니다.
 ※ (음악) 음악적 감성 역량, 문화적 공동체 역량 등
   (미술) 미적 감수성, 미술문화이해 능력 등

○ 창의적 체험활동에서는 예술 동아리를 활성화하고, 중학교 자유학기에는 예술·체육 활동 프로그램 등을 적극 개발하여 운영합니다.

## 10 소프트웨어(SW) 교육은 어떻게 이루어지나요?

○ 창조경제 시대에 필요한 논리적 사고력과 창의력 증진을 위해 컴퓨터를 이용한 문제해결 능력을 함양하는 소프트웨어(SW) 교육을 실시합니다.
  - 교육과정은 다양한 문제를 창의적이고 효율적으로 해결하는 컴퓨팅 사고력을 함양하고 협업적 문제해결 과정을 통해 의사소통능력, 공동체 의식을 함양하는 내용으로 구성합니다.
  - 소프트웨어의 제작 원리에 대한 이해와 더불어, 발달 수준에 따른 놀이 중심의 다양한 교수·학습방법과 교육용 도구를 활용한 프로그래밍 체험을 통해 쉽고 재미있게 학습하도록 구성하였습니다.

○ 이를 위해 소프트웨어 관련 교육과정을 아래와 같이 운영합니다.
  - 초등학교는 실과교과의 ICT 활용 중심의 정보 관련 단원을 소프트웨어 기초소양 내용 중심으로 확대 개편하였습니다.
  - 중학교는 선택교과의 『정보』를 소프트웨어 내용 중심으로 개편하고, 『과학/기술·가정/정보』 교과군에 필수과목으로 포함하였습니다.
  - 고등학교는 심화선택 『정보』 과목을 소프트웨어 중심으로 내용을 개편하고, 일반선택 과목으로 전환하였습니다.

○ 내실있는 SW교육을 위해 초·중등 교원의 SW교육 역량 강화를 위한 연수를 실시할 예정입니다.
  - 초등학교의 경우, 2018년까지 전체 초등교사의 30%인 6만명을 대상으로 직무연수를 실시하고, 이 중 6천명(초등학교 1개교당 1명)에게 심화연수를 실시하여 핵심교원으로 양성할 예정입니다.
  - 중학교의 경우, 『정보』 과목 교사 및 '정보·컴퓨터' 자격증 소지 교사 전체를 대상으로 심화연수를 실시하고, 부족한 교원은 시·도 협의를 거쳐 연차별로 확충할 예정입니다

## 11 안전교육은 어떻게 이루어지나요?

○ 초등학교 저학년부터 교과 및 창의적 체험활동을 통해 체계적인 안전교육을 실시하여 안전의식이 내면화될 수 있도록 합니다.
  - 초등학교 1~2학년의 수업 시수를 주당 1시간 늘려 창의적 체험활동시간으로 확보하고, 증가된 시간은 『안전한 생활』로 편성·운영합니다.
  - 초등학교 3학년~고등학교까지 관련 교과*에 '안전' 단원을 신설하여 이론과 실천·체험을 체계적으로 다루며, 이를 통해 궁극적으로 안전을 생활화하도록 구성하였습니다.

  *초·중·고등학교에 심폐소생술(CPR) 교육을 강화하고, 체육, 기술·가정(실과), 과학, 보건 등 관련 교과(목)에 안전 단원을 신설하며, 창의적 체험활동 시간에 체험중심의 안전 교육이 실시될 수 있도록 교육기반 마련

## 12 창의적 체험활동은 어떻게 달라지나요?

○ 창의적 체험활동 교육과정의 편성·운영에 대한 학교현장의 혼란을 예방하고, 안정적인 운영을 돕기 위해 현행 4개 영역 체제를 유지하였습니다.
  - 나눔과 배려의 실천, 개인의 소질 계발이라는 창의적 체험활동의 목표에 보다 접근하기 위해 각 영역별 활동내용을 조정하였습니다.

  *창의적 체험활동 영역별 활동내용
  > • 자율활동 – 자치·활동, 창의주제활동 등
  > • 동아리활동 – 예술·체육활동, 학술문화활동, 실습노작활동, 청소년단체활동 등
  > • 봉사활동 – 이웃돕기활동, 환경보호활동, 캠페인활동 등
  > • 진로활동 – 자기이해활동, 진로탐색활동, 진로설계활동 등

○ 학교급별 특성, 학생 발달 수준 등을 고려하여 차별화된 운영이 가능하도록 편성·운영 중점을 별도로 설정하였습니다.
  - 초등학교에서는 학생들의 발달 수준 및 학교의 여건 등을 고려하여 창의적 체험활동의 영역을 선택적으로 편성·운영할 수 있도록 허용하였으며,
  - 중학교에서는 학생들의 발달 수준, 학교의 여건 등을 고려하여 창의적 체험활동의 영역을 자율적으로 편성·운영하고, 학교스포츠클럽 활동 및 자유학기에 이루어지는 다양한 활동과 연계하여 운영할 수 있도록 하였고,
  - 고등학교는 학생들의 발달 수준, 학교의 여건 등을 고려하여 자율적으로 편성·운영하고 학생의 진로와 연계하여 다양한 활동이 이루어지도록 하였습니다.

○ 특히, 영역의 중복성 문제를 해결하고자 하였습니다.
  - 봉사활동과 진로활동은 자율활동, 동아리활동과 연계하여 운영하도록 강조하였으며, 활동 결과를 NEIS에 편리하게 기재할 수 있도록 추가적인 이행 조치를 마련할 계획입니다.

## 13 범교과학습 주제는 어떻게 달라지나요?

○ 『2009 개정 교육과정』에서 설정된 39개의 범교과학습 주제가 지나치게 세분화되어 창의적 체험활동을 파행적으로 운영하게 만든다는 학교 현장의 요구를 반영하여 10개*의 범주로 통합·조정하였습니다.

  *『2015 개정 교육과정』의 10대 범교과학습 주제
  > 안전·건강교육, 인성교육, 진로교육, 민주시민교육, 인권교육, 다문화교육, 통일교육, 독도교육, 경제·금융교육, 환경·지속가능발전교육

○ 또한, 범교과학습의 내실있는 운영을 위해 주제별 내용요소를 설정하고, 관련된 교과(목) 성취기준에 범교과학습 내용을 연계·반영하였습니다.
- 교과학습을 통해 범교과학습 주제가 체계적으로 다뤄지도록 하였으며, 향후 교과서 개발 시 범교과학습 주제를 반영하여 개발하도록 할 예정입니다.

## 14 교육과정 개정을 위한 현장 의견 수렴은 어떻게 진행되었나요?

○ 『2015 개정 교육과정』에 대한 관련 기관, 전문가, 전문직, 교원 등 의견 수렴을 추진('15년 추진 실적)하였습니다.

▶ 교육, 경제, 사회, 법학, 자연과학, 교원단체, 언론 등 사회 전분야의 저명 인사로 구성된 '국가교육과정 정책자문위원회'를 구성·운영하여 교육과정 정책 전반에 대한 자문('14.1~)

▶ 국가교육과정 포럼 운영
- 관련 기관·전문가·교원들의 의견 수렴으로 **현장 적합성 높은 교육과정 개발**
- 2015년 전문가 포럼(3회), 현장교원 포럼(4회), 합동포럼(1회, 예정) 운영
  ※ 2014년 전문가 포럼 3회, 현장 교원 포럼 4회, 합동포럼(1회)

▶ 시·도교육청 교육과정 전문직 워크숍 운영
- 2015 개정 교육과정의 **학교급별 교육과정 개정 중점** 관련 의견 수렴

▶ 시·도교육청 권역별 핵심교원 연수 운영
- 현장중심의 교육개정 개정을 위한 **교과별 개정 중점** 관련 의견 수렴
- 권역별 300명, 총4권역 1,200명 연수 및 의견수렴

▶ 정책연구진 합동워크숍
- 교육과정 개발 방향 공유 및 **정책 연구팀 간의 소통**을 통해 질 높은 교육과정 개발 체제 구축(5회)

▶ 교과별 전문가 협의회 개최
- 교과교육과정 연구진 주최로 **현안 조정 및 학습내용 적정화**를 위한 교과 전문가 협의회 개최(22회)

▶ 현장교원 집합 및 온라인 검토
- (집합검토) 교과교육과정 내용 적정성, 교과 간·교과 내 중복성 검토(2015.7.3~7.4)
- (온라인 서면 검토) 교과별 핵심역량 중심의 학습내용 적정화에 대한 체계적 검토(2015.6.23~7.4)

**15** 『2015 개정 교육과정』의 적용 일정은 어떻게 되나요?

> ○ 교육과정 고시 이후, 교과서 개발・검정・선정 등의 과정을 거쳐 2017학년도부터 연차적으로 학교 현장에 적용됩니다.
>   ※ 2015 개정 교육과정 적용 일정
>   > ▶ 2015년 9월 : 「2015 개정 교육과정」 고시
>   > ▶ 2017년 3월 : 초1~2학년 적용
>   > ▶ 2018년 3월 : 초1~4학년, 중1학년, 고1학년 적용
>   > ▶ 2019년 3월 : 초1~6학년, 중1~2학년, 고1~2학년 적용
>   > ▶ 2020년 3월 : 초1~고3학년 전학년 적용
>
> ○ 단, 교과서의 개발과 상관없이 교육과정의 자율적인 편성・운영 및 교실수업의 개선을 목적으로 하는 중학교의 자유학기는 2016년부터 전면시행합니다.

**16** 새로운 교육과정 안착을 위한 후속 조치는 무엇인가요?

> ○ 학생들이 학습에 흥미를 갖고 자기주도적 학습이 가능하도록 흥미있고 재미있는 질 좋은 교과서를 개발하도록 하겠습니다.
> ○ 새로운 교육과정에 따른 다양한 수업과 평가가 이루어질 수 있도록 교원의 자발적 연수를 유도하는 정책을 시・도교육청과 함께 추진하겠습니다.
>   − 또한 새로 개설되는 교과를 위해 교원양성기관(교육대학, 사범대학)의 교육과정을 개편 등을 검토하겠습니다.

## 초등학교 교육과정 Q&A

**17** 초등학교 교육과정의 큰 변화는 무엇인가요?

○ 초등학교에서는 1~2학년의 수업시수가 증배되었습니다.
- 국제 비교를 통해 우리나라 초등 수업시수 조정이 필요하다는 문제 제기* 및 초등 저학년에서의 학교 돌봄 기능 확대에 대한 학부모 요구 등을 감안하여 주당 1시간(1~2학년군 전체 64시간)을 증배하였습니다.

<초등학교 1~2학년 연간 수업시수 국제비교(온정덕, 2014)>

단위 : 시간(60분)

| 구분 | 한국 | 영국 | 미국 | 핀란드 | 프랑스 | 독일 | 싱가포르 |
|---|---|---|---|---|---|---|---|
| 1~2학년 연간시수 | 560 | 645~765 | 845.5 | 570 | 864 | 798 | 646 |

○ 초등학교 1~2학년(군)에 한글교육을 강조하는 등 유아 교육과정(누리과정)과의 연계를 강화하여,
- 1학년 1학기에 최소 45차시 이상 한글을 배우고, 「국어」, 「초등통합」, 「수학」의 읽기·쓰기 활동을 1학년 2학기부터 늘리는 등 2학년까지* 모든 학생이 한글을 읽고 쓸 수 있도록 하였습니다.
  *1-2학년군 '국어활동' 교과서는 한글 읽기, 쓰기 활동을 강화한 워크북 형태
- 초등 1~2학년의 경우 수업시수를 주당 1시간 늘리되, 학생들의 추가적인 학습 부담이 생기지 않도록 창의적 체험활동 시간을 활용해 체험 중심의 「안전한 생활」을 편성·운영하도록 하였습니다.

**18** 초등학교 교육과정과 누리과정은 어떻게 연계되나요?

○ 초1~2학년 교육과정과 누리과정의 내용 체계의 연계 강화를 위해 교육과정 총론 및 교과 교육과정 지침 등을 개선합니다.
  ※ 초등 통합 교육과정 개발 시 누리과정 전문가와 공동 연구 및 개발 추진
  - 누리과정 활동영역 : 신체운동·건강, 의사소통, 사회관계, 예술경험, 자연탐구
  - 초1~2학년 교과(군) : 국어, 수학, 바른 생활, 슬기로운 생활, 즐거운 생활

○ 아울러 누리과정 5세반 교사와 초등학교 1, 2학년 담임교사와의 합동 연수 등을 통해 우선적으로 연계 교육을 강화할 예정입니다.

**19** 초등학교 소프트웨어(SW) 교육은 어떻게 이루어지나요?

○ 초등학교 소프트웨어 관련 교육을 아래와 같이 운영합니다.
- 실과교과의 ICT 활용 중심의 정보 관련 내용을 소프트웨어 기초 소양 교육으로 개편하여 5~6학년군에서 17시간 내외로 학습하게 됩니다.

- 교육 내용은 소프트웨어의 제작원리를 이해하고, 놀이 중심의 알고리즘* 체험과 교육용 도구를 활용한 프로그래밍 체험 등을 통해 쉽고 재미있게 학습할 수 있도록 합니다.
   *문제해결을 위한 일련의 절차와 과정을 의미하며, 프로그래밍의 기초 단계임

## 20 초등학교 안전교육은 어떻게 이루어지나요?

○ 교과 및 창의적 체험활동을 통해 체계적인 안전교육을 실시하여 안전의식이 내면화 될 수 있도록 합니다.
- 초등 1~2학년은 체험 활동 중심의 『안전한 생활』을 신설(주당 1시간)하되, 창의적 체험활동 시간을 활용하여 편성·운영합니다. 이는 국어, 수학, 통합교과 등 일반 교과와의 연계 학습을 병행할 수 있습니다.

  ※ 『안전한 생활』 영역

  - 생활안전, 교통안전, 신변안전, 재난안전
    - 주제 중심, 체험 중심으로 안전의식을 내면화할 수 있는 교수·학습 활동 전개
    - 교육과정 재구성을 통해 일반 교과와의 통합 학습도 가능하도록 함

  ※ 일반 교과 연계 학습

  (예시) 즐거운 생활 '봄 나들이' 활동 중 '위험한 동식물로부터 보호하기' 내용 등

○ 3학년~6학년까지 체육, 실과 등 관련 교과에 '안전' 단원을 신설합니다.
- 교과 및 창의적 체험활동 등의 학습 과정에서 안전이 다뤄지고, 이를 통해 안전이 생활화되도록 할 예정입니다.

## 중학교 교육과정 Q&A

**21** 중학교 교육과정의 큰 변화는 무엇인가요?

○ 시범 실시되어 오던 자유학기제가 『2015 개정 교육과정』에 정식 반영되어 2016년부터 모든 중학교에 시행됩니다.
 - 중학교 과정 중 한 학기는 학생들이 지필평가에 대한 부담에서 벗어나 체험 중심의 교과 활동과 장래 진로에 대한 탐색·설계를 집중적으로 할 수 있도록 '자유학기제 편성·운영 지침'을 마련하여 시행합니다.
○ 소프트웨어(SW) 교육 강화를 위해 정보과목을 필수화하였습니다.
 - 기존 선택과목이던 정보과목을 『과학/기술·가정/정보』 교과군으로 조정하고, 필수과목으로 지정하였습니다. 이를 통해 정보화 사회의 기초 소양을 체계적으로 갖출 수 있도록 기반을 마련하였으며,
 - 보다 재미있고 흥미로운 SW교육이 가능하도록 교과서 및 보조 교재 등을 개발하여 보급할 예정입니다.

**22** 학교스포츠클럽 활동은 어떻게 되나요?

○ 학교스포츠클럽 활동은 학생들의 학교폭력 및 인성교육, 학생들의 체력증진 등을 위해 현행대로 3년 동안 136시간을 유지합니다.
 - 단, 비전공 교사 담당에 따른 수업 부담 등의 문제 등을 해결하기 위해 문체부, 기재부 등과 스포츠 강사를 지원하는 방안을 모색할 예정입니다.

**23** 자유학기는 어떻게 운영되나요?

○ 학교가 자율적인 교육과정 편성·운영의 권한을 갖고, 학생 참여 및 활동 중심의 교실 수업을 확산하는데 우선적인 목적이 있습니다.
 - 2015개정 교육과정의 방향과 같이 암기식 수업을 최소화하고 수업에 참여하는 학생들의 태도와 자기 표현력 향상을 위해 협동학습, 토론 수업이 대폭 확대될 예정입니다.
 - 또한 명사·전문가 특강, 독서 등의 간접 체험학습을 직접적인 체험 학습과 연계하여 폭넓은 진로 탐색의 기회를 제공하게 됩니다.
○ 이러한 자유학기의 목적을 구체적으로 구현할 수 있도록 교과활동 및 창의적 체험활동과 연계하여 '진로탐색활동', '주제선택활동', '예술·체육활동', '동아리활동' 등 특색있는 활동들을 운영하게 됩니다.

※ 교과 및 창의적 체험활동 연계 활동

> - **진로탐색활동** – 진로학습, 진로상담·검사, 진로체험, 진로포트폴리오 작성 등
> - **주제선택활동** – 학생의 흥미, 관심사에 기반, 교과/창체연계 프로젝트 학습 등
> - **예술·체육활동** – 1학생 1문화·예술 1체육 활동(학교스포츠클럽활동 포함) 전개
> - **동아리활동** – 학생의 희망, 의사를 적극적으로 고려한 집단 활동

○ 기존 중간·기말고사 등 지필형 총괄평가를 지양하고, 과정 중심의 평가를 통해 학생들의 성장·발달과정을 면밀하게 관찰하고, 환류하겠습니다.
  - 이를 통해 자기 주도 학습을 유도하고, 또래와의 협력학습을 촉진하는 계기가 될 수 있도록 하였습니다.
  - 또한 학생들이 지필 시험 부담에서 벗어나 다양한 활동에 적극 참여하게 함으로써 교수·학습 활동과 연계된 자연스러운 과정 중심 평가가 이뤄지도록 하겠습니다.

## 고등학교 교육과정 Q & A

**24** 고등학교 교육과정의 큰 변화는 무엇인가요?

○ 2015 개정 교육과정은 문·이과의 진로와 관계없이 모든 학생들이 인문·사회·과학기술에 대한 기초소양을 함양하고, 미래사회가 요구하는 역량을 기를 수 있도록 『공통과목』을 도입하였습니다.
  - 이를 통해 문·이과로 나뉘어 지나치게 특정 계열에 편중하여 이루어지던 지식 교육에서 탈피하고, 균형 잡힌 소양교육이 가능하도록 하였습니다.

**25** 고등학교에서 문·이과가 없어지게 되면, 대학 진학을 위한 선택적인 문과, 이과 교육은 사라지게 되나요?

○ 문·이과 구분 없이 공통과목을 이수하게 하는 것이며, 진학을 위한 선택 교육도 집중적으로 받을 수 있습니다.
○ 현행 교육과정 지침에서는 문과, 이과의 이원화된 구분을 하고 있지 않습니다. 다만, 학교에서는 6차 교육과정까지의 운영 관습과 수능 등 대입 전형의 필요에 의해 문·이과의 과정을 구분하고 있습니다.
  - 지난 6차 교육과정까지는 일반계 고등학교에서 인문과정, 자연과정, 직업과정 등으로 분리·운영하였으나, 현재는 학생의 진로와 관련한 엄격한 과정을 별도로 두지 않고 있습니다.
○ 2015 개정 교육과정에서는 문·이과 구분 없이 모든 학생들이 인문·사회·과학기술에 대한 기초소양 및 미래사회가 요구하는 역량 함양을 위해 『공통과목』을 이수하도록 한 것이며,
  - 이러한 소양교육을 바탕으로 학생의 희망과 적성을 고려한 진로에 따른 다양한 『선택과목』도 이수하도록 하였습니다.
  - 이러한 문·이과 통합 교육을 현실화하기 위해 수능제도 개편방안도 마련 중이며, 세부적인 사항은 2017년에 확정 발표할 예정입니다.

**26** 『공통과목』은 어떻게 구성되나요?

○ 『공통과목』은 문·이과 구분 없이 모든 고등학생들이 배워야 할 필수적인 내용으로 구성하여, 기초소양을 함양하고 아울러 학생들의 기초 학력을 보장할 수 있도록 구성된 과목입니다.
  - 『공통과목』은 『국어』, 『수학』, 『영어』, 『사회』, 『과학』(이상 8단위), 『한국사』(6단위)로 구성되며, 사회와 과학은 『통합사회』와 『통합과학』으로 통합적 관점에서 개발하였고, 실험·실습·탐구 중심의 과학교육을 위해 『과학탐구실험』(2단위) 과목도 포함되었습니다.

## 27 『통합사회』는 어떤 과목인가요?

○ 『통합사회』는 초·중학교 사회의 기본 개념과 탐구방법을 바탕으로 지리, 일반사회(정치, 경제, 법 등), 윤리, 역사의 기본적 내용을 대주제 중심의 통합적 접근을 통해 사회 현상을 종합적으로 이해할 수 있도록 구성하였습니다.
  - 특히, 복잡하고 급변하는 사회 현상에 대한 종합적 이해*와 사회적 갈등 해결 능력 등을 함양하기 위해 토의·토론학습, 프로젝트 학습, 탐구 학습 등 다양한 활동 중심의 수업이 이루어질 수 있도록 구성하였습니다.
    * 그 동안 사회탐구 과목을 수능 시험 위주로 선택 이수함으로써 지식 편식 및 인문·사회적 소양 부족에 대한 문제 제기가 지속됨

○ 『통합사회』는 사회 현상을 통합적으로 이해할 수 있는 대주제*를 선정하여 사회 현상의 특징, 사회 문제의 발생 원인과 해결 방안, 자연과 인간 삶의 조화, 사회적 갈등 해결 방안 등을 모색하는 과목으로 운영됩니다.
  * 행복, 자연환경, 생활공간, 인권, 시장, 정의, 인구, 문화, 세계화

## 28 『통합과학』은 어떤 과목인가요?

○ 『통합과학』은 중학교까지 학습한 자연과학의 핵심 개념을 적용하여 자연 현상을 통합적으로 이해하여, 미래 사회에 필요한 과학적 기초 소양을 함양할 수 있도록 학습 내용과 난이도를 재구조화하여 모든 학생들을 대상으로 한 필수과목입니다.
  - 이를 기반으로 자연 현상과 인간의 관계, 과학기술의 발달과 미래 생활 예측과 적응, 사회문제에 대한 합리적 판단 능력 등 미래 사회에 필요한 과학적 소양 함양을 목표로 합니다.

○ 자연현상에 대한 4개의 핵심 개념*을 중심으로 분과 학문적 지식수준을 넘어 다양한 형태의 통합을 통한 융복합적 사고력 신장이 가능하도록 구성하였습니다.
  * 물질과 규칙성, 시스템과 상호작용, 변화와 다양성, 환경과 에너지

  - 여러 분야의 기초 개념의 융합과 동료 간 탐구 협업을 통해 새로운 가치 창출 및 역량 습득이 가능한 대주제 학습*, 학교 밖 현장 체험을 통한 실생활 연계**, 전통적인 과학-기술-사회 연계 STS 학습*** 등으로 구성됩니다.
    * 현대 생활과 밀접한 관련된 융합·복합적 주제(에너지, 물질, 생명, 우주 등)의 수준을 적정화하여 기술, 공학, 예술, 수학 등 다양한 교과와 관련지어 이해함으로써 통합적 사고가 가능하도록 구성
    ** 이론적 기초 지식들을 학습자의 선행 경험과 친근한 상황 속에서 학습할 수 있도록 연계
    *** 사회적 문제에 대해 적극적으로 해결하려는 태도 및 합리적 가치 판단력을 지닌 민주 시민으로 육성

## 29 『공통과목』과 교과별『필수이수단위』는 어떤 관계인가요?

○ 『공통과목』은 고등학교 단계에서 배워야 할 필수적인 내용으로 구성된 과목이고, 필수이수단위는 학생들의 교과 간 균형 잡힌 학습을 위해 필요한 해당 교과(군)의 최소이수단위를 가리킵니다.
  - 따라서,『공통과목』은 해당 교과별 필수이수단위 범위 내에서 이수하게 됩니다. 예를 들어 국어 교과의 경우,『공통과목』'국어' 8단위를 이수한 이후에, 일반선택이나 진로선택에서 개인의 진로나 적성에 따라 과목을 선택하여 필수이수단위인 10단위 이상을 이수하게 됩니다.

## 30 학생들이 자신의 진로에 맞게 과목을 선택할 수 있나요?

○ 학생의 진로와 적성에 따른 맞춤형 교육과정 운영이 가능하도록 선택과목을『일반선택』과『진로선택』으로 구분하여 개발하였습니다.
  -『일반선택』: 고등학교 단계에서 필요한 각 교과별 학문의 기본적 이해를 바탕으로 한 과목으로, 기본 이수단위는 5단위이며 2단위 범위 내에서 증감 운영이 가능합니다.
  -『진로선택』: 교과 융합학습, 진로 안내학습, 교과별 심화학습 및 실생활 체험학습 등이 가능한 과목으로, 학생들은 진로선택 과목을 통해 보다 심화된 학습이나 자신의 진로에 도움이 되는 과목을 배울 수 있으며, 기본이수단위는 5단위이고, 3단위 범위 내에서 증감 운영을 허용하는 등 보다 유연성을 더 부여하였습니다.

○ 한편, 학생의 진로나 적성에 따른 과목 선택권을 확대하기 위하여 단위학교에서는 학생의 선택에 따라 진로선택과목을 3과목 이상 이수하도록 편성하여야 합니다.

## 31 자신의 진로 선택에 따라 어떤 과목을 이수하게 되나요?

○ 모든 학생이『공통과목』을 필수적으로 이수한 후에는 진로와 적성에 따라 다양한『선택과목』을 이수할 수 있습니다.
  - 문과, 이과로 양분된 엄격한 과정이 아니라 자신의 진로에 따른 교육과정 이수가 가능하도록 『선택과목』을 구체적으로 안내하고 이에 따른 과목을 선택할 수 있도록 지원할 예정입니다.

※ 진로에 따른 과목 선택(예시)

| 교과군 | | 경상계열(사회 중심) | | 어문계열(외국어 중심) | |
|---|---|---|---|---|---|
| | | 일반선택 | 진로선택 | 일반선택 | 진로선택 |
| 기초 | 국어 | 문학, 독서, 언어와 매체 | 고전 읽기 | 문학, 독서, 화법과 작문, 언어와 매체 | 심화 국어 |
| | 수학 | 수학Ⅰ, 확률과 통계 | 경제 수학 | 수학Ⅰ, 확률과 통계 | |
| | 영어 | 영어Ⅰ, 영어Ⅱ | 영미 문학 읽기 | 영어Ⅰ, 영어Ⅱ, 영어 회화 | 진로 영어<br>영미 문학 읽기<br>심화 영어Ⅰ(전문) |

| 교과군 | | | | | |
|---|---|---|---|---|---|
| 탐구 | 사회 | 세계지리, 세계사, 경제, 사회·문화, 정치와 법 | 사회문제 탐구 고전과 윤리 한국 사회의 이해 (전문) | 한국지리, 생활과 윤리, 정치와 법 | |
| | 과학 | 물리학Ⅰ | 과학사 | 생명과학Ⅰ | |
| 체육예술 | | 체육, 운동과 건강, 음악, 미술 | | 체육, 운동과 건강, 음악, 미술, 연극 | |
| 생활교양 | | 한문Ⅰ, 실용 경제 진로와 직업, 논술 | | 중국어Ⅰ, 한문Ⅰ, 진로와 직업 | 중국어 회화Ⅰ(전문) 중국어Ⅱ |

| 교과군 | | 예술계열(예술 중심) | | 이공계열(수학, 과학 중심) | |
|---|---|---|---|---|---|
| | | 일반선택 | 진로선택 | 일반선택 | 진로선택 |
| 기초 | 국어 | 문학, 독서 | 고전 읽기 | 문학, 독서, 화법과 작문 | |
| | 수학 | 수학Ⅰ, 확률과 통계 | | 수학Ⅰ, 수학Ⅱ, 미적분 | 기하, 수학과제 탐구 |
| | 영어 | 영어Ⅰ, 영어 독해와 작문, 영어회화 | 영미 문학 읽기, 실용 영어 | 영어Ⅰ, 영어 독해와 작문, 영어 회화 | 진로 영어 |
| 탐구 | 사회 | 한국지리, 생활과 윤리 | 여행지리 | 사회·문화 | |
| | 과학 | | 융합과학 | 물리학Ⅰ, 화학Ⅰ, 지구과학Ⅰ | 물리학Ⅱ, 화학Ⅱ, 지구과학Ⅱ, 융합과학 |
| 체육예술 | | 체육, 운동과 건강, 음악, 미술, 연극 | 미술 창작, 드로잉, 매체 미술(전문) | 체육, 운동과 건강, 음악, 미술 | |
| 생활교양 | | 일본어Ⅰ, 한문Ⅰ, 진로와 직업, 철학 | | 기술·가정, 정보, 진로와 직업, 환경 | |

### 32 대학수학능력시험과는 어떻게 연계되나요?

○ '2015 개정 교육과정'과 관련한 대입제도에 대해서는 현재 다각적인 의견수렴을 포함한 정책연구를 진행하고 있으며, 이에 대한 최종안은 교육과정 적용 이전인 2017년에 확정·발표할 예정입니다.
- 『2015 개정 교육과정』은 2018학년도 1학년부터 적용되며, 이에 따른 대학수학능력시험은 2021학년도 대학입시부터 적용됩니다.
※ 새로운 교육과정은 현재 중학교 1학년 학생이 고등학교 1학년에 입학하는 2018년부터 적용

## 교육론과 어학개론

**33** 『NCS 기반 교육과정』은 『2015 개정 교육과정』과 다른 교육과정인가요?

○ 그렇지 않습니다. 『NCS 기반 교육과정』은 『2015 개정 교육과정』에서 특성화고와 산업수요 맞춤형 고등학교에 적용되는 교육과정으로 고교 직업교육과정의 기본 방향을 표현한 것입니다.
- 『NCS 기반 교육과정』은 산업현장에서 요구하는 직무 중심으로 직업교육체제를 구축하여 '할 줄 아는 교육'을 지향하는 교육과정입니다.
※ 국가직무능력표준(NCS, National Competency Standards)은 산업현장의 직무를 수행하기 위해 필요한 능력(지식, 기술, 태도)을 국가적 차원에서 표준화한 것

**34** 『NCS 기반 교육과정』의 적용 일정은 『2015 개정 교육과정』과 차이가 있나요?

○ 특성화고와 산업수요 맞춤형 고등학교의 교육과정은 『2015 개정 교육과정』과 동일하게 2018년도 1학년부터 적용됩니다.
- 다만, 별도로 교과서를 개발하지 않고 NCS 학습모듈*을 교과서로 활용하는 전문교과의 실무과목에 한해서 2016년도부터 우선 적용할 수 있습니다.
*NCS 학습모듈 : 산업계 직무수요를 반영한 NCS를 교육·훈련기관에서 배울 수 있도록 개발한 학습교재

**35** 『NCS 기반 교육과정』은 『2009 개정 교육과정』과 어떤 차이가 있나요?

○ 『NCS 기반 교육과정』으로 변화되는 주요 내용은 17개 교과군으로 개편, 기준학과의 재구조화, 기준학과별 인력양성 유형 제시입니다.
- NCS 대분류와 교육과정의 연계 강화를 위해 한국고용직업분류(KECO)에 따른 인력구조 특성의 분석을 토대로 5개 계열*이 17개 교과군**으로 개편됩니다.
  *5개 계열 : 농생명 산업, 공업, 상업 정보, 수산·해운, 가사·실업
  **17개 교과군 : 경영·금융, 보건·복지, 디자인·문화콘텐츠, 미용·관광·레저, 음식조리, 건설, 기계, 재료, 화학공업, 섬유·의류, 전기·전자, 정보·통신, 식품가공, 인쇄·출판·공예, 환경·안전, 농림·수산해양, 선박운항
- NCS 중분류별 고교 단계 인력양성 기능(취득가능 자격 등) 분석을 통해 기준학과가 현행 62개에서 47개*로 조정되고,
  *기준학과(예시) : 경영·사무과, 디자인과, 기계과, 정보컴퓨터과, 농업과, 항해과
- 특성화고와 산업수요 맞춤형고(마이스터고) 졸업생이 수행할 수 있는 **직무(일자리)**를 명확하게 설정하도록 기준학과에 해당하는 **인력양성 유형***이 제시됩니다.
  *인력양성 유형(예시) : 고객 상담원, 경영 지원 사무원, 기계설계원, 기계 설치·정비원

○ 전문교과 체제가 전문 공통 과목과 기초 과목, 실무 과목으로 개편*되고, 보통교과 영역 안에 일부 실용 과목**이 편성됩니다.
  - 직업 맥락의 기초학습능력 및 창의역량, 직업기초능력 등 전문교과의 공통적 성격의 **전문 공통 과목**,
  - 기준학과별 실무과목의 선행과목 또는 해당 분야의 기초역량 제고를 위한 **기초 과목**,
  - 기준학과별 인력양성 유형에 적합한 NCS 능력단위(요소)를 재구성한 **실무과목**으로 개편됩니다.
    * 전문 공통 과목 1개, 기초 과목 178개, 실무과목 293개 등 총 472개 과목으로 구성
    ** 실용 과목 : 실용국어, 실용수학, 실용영어, 지식재산일반, 실용경제

# 제03장 '2022 개정 교육과정' 총론 주요사항 발표
## - 더 나은 미래, 모두를 위한 교육 -

◆ 미래 변화에 대응하는 역량 및 기초소양 함양 강화
　- 지속가능한 사회를 위한 생태전환교육 및 민주시민교육을 전 교과에 반영
　- 미래 세대 핵심 역량으로 디지털 기초 소양 강화 및 정보교육 확대
◆ 학습자의 성장을 지원하는 고교학점제 등 학생 맞춤형 교육 강화
　- 학생들의 탐구 역량 강화를 위한 교과 재구조화 및 과목 선택권 확대
　- 학교급 전환 시기의 진로 연계 및 학교생활 적응을 위한 진로연계학기 도입
◆ 현장의 자율적인 혁신을 지원·촉진하는 학교 교육과정 자율성 강화
　- 학교 자율시간 도입, 시도별 지역 교육과정 근거 마련 등 교육과정 자율성 확대
　- 초등학교 놀이 및 신체활동 강화, 중학교 자유학기 운영 방안 개선
◆ 학생의 삶과 연계한 깊이 있는 학습을 위한 교과 교육과정 개발 방향 제시
　- 학습량 적정화, 비판적 사고 함양 및 탐구 중심으로 교수·학습과 평가 개선
　- 2022년 하반기까지 총론과 연계한 역량 함양 교과 교육과정 확정·고시

### ≪주요 개정 방향≫

□ 미래 사회가 요구하는 역량 함양이 가능한 교육과정을 개발한다.
　○ 이를 위해 삶과 연계한 깊이 있는 학습과 탐구 능력을 강조하고, 디지털 기초소양과 생태전환·민주시민교육을 강화한다.
　○ 또한 학습 부진 학생, 특수교육 대상 학생과 다문화 학생 등 다양한 특성을 가진 학생을 지원하는 모두를 위한 교육을 강화한다.
□ 학습자의 삶과 성장을 지원하는 맞춤형 교육과정을 개발한다.
　○ 학습자 주도성을 강화하고, 진로연계 교육과정 운영 및 고교학점제 등 모든 학생의 개별 성장 맞춤형 교육과정을 구현한다.

□ 지역·학교 교육과정 자율성 확대 및 책임 교육을 구현한다.
  ○ 학교 자율시간을 도입하여 다양한 지역 연계 교육과정 운영이 가능하도록 선택과목 개발·운영, 교사의 교육과정 운영 자율권을 확대하고,
  ○ 지역사회와 교육공동체 간 **상호 협조 체제 마련**을 통해 지역·학교 간 **교육격차를 완화**할 수 있도록 지원한다.
□ 디지털·인공지능 교육환경에 맞는 교수·학습 및 평가체제를 구축한다.
  ○ 실생활 맥락과 연계한 수업, 온·오프라인 연계 수업 및 평가, 창의력 및 비판적 사고력 함양을 위한 교수·학습 및 평가로 개선한다.

## ≪ 주요 추진 과제 ≫

### 1 미래 변화에 대응하는 교육과정 혁신

○ 새 교육과정은 우리 교육이 지향해야 할 가치와 소양 및 역량을 기초로 교육적 **인간상, 핵심역량, 교육목표**를 개선할 예정이다.

| ■ 추구하는 인간상<br>- (핵심가치) 자기 주도성, 창의와 혁신, 포용과 시민성 중심으로 현행 교육과정의 인간상을 재구조화 | **+** | ■ 인간상과 핵심역량을 연계하여 교육목표 개선<br>- 시민성, 개인과 사회의 지속가능성 및 생태 감수성 등 반영 검토 |

○ 언어, 수리, 디지털 소양 등을 **기초소양**으로 강조하고, 학습자가 스스로 자신의 학업과 진로를 설계할 수 있도록 **자기 주도성**을 강화한다.
○ 인간과 환경의 공존, 지속가능한 사회를 위한 **생태전환교육** 및 시민성 함양을 위한 **민주시민교육** 등 **공동체 가치 교육**을 강화한다.
  - 기후환경변화 등에 대응하는 생태환경 교육을 **교육목표와 전(全) 교과의 내용요소**에 반영한다.
○ 디지털 기초 소양을 함양할 수 있도록 학교급별 발달 단계에 따라 내용 기준을 개발하고, 모든 교과*에 디지털 소양을 강화한다.

  * (예시) 학교급별 디지털 기초 소양 내용 기준을 마련하고 교과별 교육과정에 반영

  - 또한, 디지털 혁신 기술의 기초·심화 원리 학습을 위해 학교별 자율적인 **정보 교과목 편제**와 **교육과정 편성 기준**을 마련할 수 있도록 지원한다.

    ※ (초·중) 학교자율시간 + 정보(실과) 초 34시간, 중 68시간 (고) 정보교과 신설과 선택과목 개설 등

○ 다양한 특성을 가진 학생이 차별받지 않도록 지원하고, 지역·학교 간 교육 격차를 완화할 수 있는 지원 체제를 마련할 예정이다.
  - 학교급을 연계하여 특색 있는 교육과정을 운영할 수 있도록 소규모학교 및 초·중등 통합운영학교 지원 체제를 마련하고,
  - 직업계 고등학교 현장 실습 및 교육과정 편성·운영 시 직업 생활의 공통 기본소양으로 노동인권 및 안전의 중요성을 강화한다.
    ※ 과목신설 : (전문공통과목) 노동인권과 산업안전보건, (교양교과) 인간과 경제활동 등

○ 특수교육 교육과정은 기본 교육과정의 성격을 확립하고 장애 특성과 정도 등을 고려하여 교과 이외의 '일상생활 활동*'을 신설한다.
    * 의사소통 방법, 자립 생활, 여가 활동, 신체활동 등으로 구성
  - 또한, 일반학교 특수교육 대상학생의 통합교육을 강화하기 위해 초·중등학교 교육과정 총론에 통합교육 기준 및 지원 방향 등을 제시한다.
    ※ 특수교육 대상학생 중 72.2% (70,864명)가 일반학교 특수학급 및 일반학급에 배치

## ② 현장의 자율적인 혁신을 지원·촉진하는 교육 강화

○ 초·중학교에서 학교 자율시간을 활용할 수 있도록 교육과정 총론에 근거를 마련하고, 다양한 선택과목을 개발·운영할 수 있도록 학교급별 교육과정 편성·운영 지침을 개선한다.
  ※ 교과(군) 및 창의적 체험활동 20% 범위 내 시수 증감, 수업량 유연화를 통한 학교 자율시간 확보
  - 시도교육(지원)청과의 협조지원체제를 구축하여 다양한 학교 자율시간 활용 모형을 안내하고 교원 역량 강화 등 현장의 자율적 혁신을 지원한다.

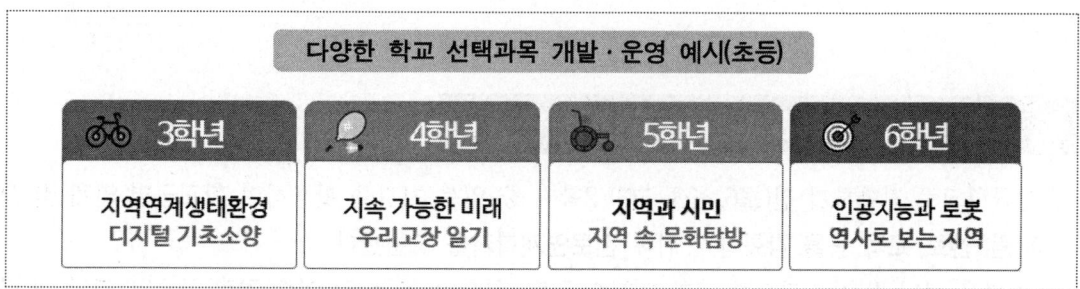

다양한 학교 선택과목 개발·운영 예시(초등)

| 3학년 | 4학년 | 5학년 | 6학년 |
|---|---|---|---|
| 지역연계생태환경<br>디지털 기초소양 | 지속 가능한 미래<br>우리고장 알기 | 지역과 시민<br>지역 속 문화탐방 | 인공지능과 로봇<br>역사로 보는 지역 |

○ 초·중학교의 교육과정 운영의 유연성을 제고한다.
- 초등학교는 1학년 입학초기 적응활동과 창의적 체험활동의 중복을 개선하고, 국어시간을 활용하여 한글 해득 교육을 강화한다.
- 초등학교 1~2학년 '즐거운 생활' 교과를 재구조화하여 학생들의 발달단계에 맞는 실외 놀이 및 신체활동 내용을 강화한다.

| '즐거운 생활' 재구성 (현행) 80시간 → (개선) 128시간 | + | 안전한 생활 시수 중 일부(16시간)를 증배 | = | 즐거운 생활 내 144시간 |

※ 주 2회 이상 실외놀이 및 신체활동을 운영할 수 있도록 '즐거운 생활' 교과 재구조화

- 중학교는 자유학기를 개선하여 자유학기(1학년)*와 진로연계학기(3학년 2학기)로 운영하고, 편성 영역 및 운영 시수를 적정화한다.

  * 주제선택 및 진로탐색 활동의 2개 영역으로 통합·운영하고 1개 학기 총 102시간 운영

- 또한, 학교스포츠클럽 활동의 의무 편성 시간을 적정화하여 학교 교육과정 편성·운영의 어려움을 해소하고 근본 취지를 되살린다.

○ 학생의 자기 주도성과 선택을 확대하고 학생의 자발적 참여와 실천을 위해 창의적 체험활동 영역을 재구조화*하고 자치활동을 강화한다.

  * (현행) 자율 활동, 동아리 활동, 봉사 활동, 진로활동 4개 영역 → (개선안) 자율·자치 활동, 동아리 활동, 진로활동 3개 영역

○ 범교과 학습 주제는 그간 제기되어 온 학교 교육과정 편성·운영의 어려움을 해소하기 위해 관련 주제를 교과와 연계하여 반영하고 중·장기적으로 의무적 부과 시수를 조정하는 법령 정비 등을 추진한다.

  ※ 타 법령에 명시되어 과다하게 부과하는 조항에 대한 일몰제 부여 등 특별법 제정 방안 검토

### ③ 교육과정 혁신을 통한 학습자 맞춤형 교육 강화

□ 상급학교로 진학하기 전(초6, 중3, 고3) 2학기 중 일부 기간을 활용하여 학교급별 연계 및 정서 지원, 진로 교육 등을 강화하기 위해 진로연계학기를 도입한다.
  ○ 다음 학년 학습에 필요한 교과별 학습 경로, 학습법, 진로 및 이수 경로 등으로 교과 내 단원을 구성하고, 진로 탐색·설계활동으로 운영한다.

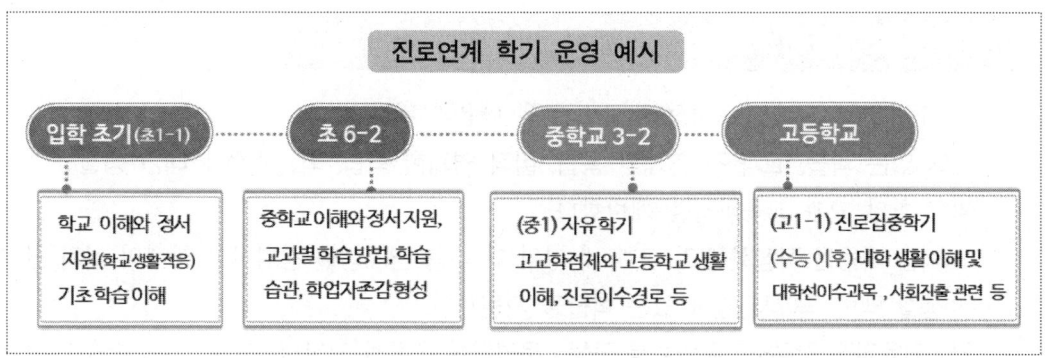

□ 고교학점제 기반 고등학교 맞춤형 교육과정을 구현한다.
　○ 고등학교의 수업·학사운영이 '학점' 기준으로 전환됨에 따라, 1학점의 수업량을 17회(16+1회)에서 16회로 적정화하고,
　　- 과목별 기본이수학점(5단위 → 4학점) 및 증감 범위를 조정하여 다양한 선택과목 개설 및 교육과정 편성의 유연성을 확보한다.
　○ 필수이수학점을 조정(94단위 → 84학점)하고 자율이수학점 범위를 확대(86단위 → 90학점)하여 학생의 진로와 적성에 맞게 과목을 선택할 수 있도록 한다.
　○ 고교 단계 공통소양 함양을 위한 공통과목 유지 및 다양한 탐구·융합 중심의 선택과목을 실질적으로 선택할 수 있도록 일반 선택과목 적정화하고,
　　- 창의력 및 비판적 사고 함양 등의 역량함양을 위해 실생활 체험 및 응용을 위한 **융합 선택과목** 신설한다.
　　- 다양한 진로관련 및 심화 학습으로 현행의 진로 선택과목을 재구조화하고, 특수목적고에서 개설되었던 **전문교과Ⅰ**은 일반고 학생들도 선택할 수 있도록 **보통교과로 통합**한다.
　○ 지역 연계 공동교육과정 운영 및 학교 밖 교육 학점 인정 등을 통해 학생의 흥미와 적성을 고려한 다양한 학습기회를 확대한다.

□ 직업계 고등학교는 신산업기술의 생성 및 기술 고도화에 대비하여 **전문교과를 재구조화**하고 학생 희망에 따라 세부전공, 부전공, 타 전공과목을 이수할 수 있도록 **선택 자율이수 학점을 확대**한다.
　※ 학습자 수준에 따라 **보통교과 대체 이수 과목**을 통해 **기초학력 신장** 지원, 직업 생활에 필요한 핵심역량인 **직업기초능력 함양**을 위해 **보통교과 내 진로 선택 과목 신설**
　○ 학교에서 직업 세계로의 이행에 필요한 직업 생활의 **공통 기본소양** 함양을 위해 **전문공통과목**을 세분화하고, 학생의 디지털 소양 함양을 위한 전문교과 교육과정을 개선한다.
　※ (현행) 성공적인 직업 생활 → (개선) 노동인권과 산업안전보건, 디지털 정보 기술 등

## 4 교육환경 변화에 적합한 교과 교육과정 개발 및 지원

☐ 향후 역량 함양 교과 교육과정 개정 방향은 다음과 같다.
　○ 깊이 있는 학습, 교과 간 연계와 통합, 삶과 연계한 학습, 학습과정에 대한 성찰을 중심으로 역량 함양 교과 교육과정을 개발한다.
　　- 학습 내용을 적정화하고, 교과 내 영역 간 내용 연계성을 강화하고 학생의 삶과 연계한 실생활 맥락 속에서 깊이 있는 학습을 지원한다.
　○ 국가교육과정 각론조정위원회를 구성·운영하여 총론과 교과 간 연계 강화, 학습량 적정화 및 중복내용 해소, 교과서 개발에 대한 공통지침 제시 등 교과별 연구를 조정하는 역할을 한다.
　　- 또한 총론과 교과연구 간 소통과 연계를 강화하기 위해 각론 조정 연구 추진 및 합동 연수(워크숍), 전문가 협의회 등을 운영할 계획이다.
　○ 시안 개발 연구 과정에 현장 교원의 참여를 50% 이상 확보하여 보다 현장 적합성 높은 교과 교육과정을 개발한다.

☐ 디지털 기반 교수·학습 혁신 및 교육과정 지원 체제를 구축한다.
　○ 원격수업 등 교실 수업 개방성 증대와 디지털 기반(인프라)을 활용한 다양한 교육방식의 현장 안착을 위해 교육과정 개선과 지원을 강화한다.

| 교육과정 | 교수·학습 및 평가 | 운영기반 마련 |
|---|---|---|
| ✓ 온·오프라인 연계 등 원격수업을 반영한 총론 교육과정 편성·운영기준 마련<br>✓ 교과 교육과정 등에 다양한 원격수업유형 제시<br>✓ 지역 및 학교 상황 등을 고려한 온·오프라인 수업 및 온라인 공동 교육과정 | ✓ 다양한 원격수업 모델 및 공정한 평가기준 마련<br>✓ 빅데이터·AI의 맞춤형 교수·학습 및 평가 활용<br>✓ 원격수업에서의 온라인평가 및 과정중심평가 등 활성화<br>✓ 창의력, 비판적 사고력 등 역량 함양을 위한 평가 강화 | ✓ 학습관리시스템(LMS)을 통한 출결, 평가 등 운영<br>✓ 원격 수업 유형에 따른 다양한 학습 콘텐츠 개발<br>✓ 다양한 원격 교수·학습 및 평가 모델 구안<br>✓ 원격 수업에 대한 교원역량 강화 지원 |

　○ 온·오프라인 각각의 특성을 최적화한 교육과정 편성·운영이 가능하도록 총론과 교과교육과정에 근거를 마련하고 교육기술(에듀테크)을 활용한 다양한 방식의 교수·학습 및 평가 체제 구축한다.
　○ 비판적 사고력, 창의력 등 미래 역량 함양을 지원하는 평가, 과정 중심 평가 등을 강화하는 방향으로 개선한다.

##《향후 계획》

□ 초·중등학교 교육과정의 큰 틀의 개정 방향과 교과목별 시수 등을 정하는 총론 주요사항을 발표(2021년 11월)한 이후, 이를 토대로 구체적인 **총론과 교과 교육과정 시안 개발**을 추진한다.
    ○ 2022년 하반기에 새 교육과정을 **최종 확정·고시**할 예정이며, 2024년부터 초등학교 1~2학년, 2025년부터 중·고등학교에 연차 적용한다.

□ 새 교육과정의 현장 안착을 위해 **교원 정책 및 대입제도의 종합적 개선**과 함께 미래형 학습 환경 조성을 위한 학교 공간 재구조화와 교과용 도서 개발 등 후속 지원을 이어갈 예정이다.
    ○ 고교학점제 도입 및 교과목 구조 개편에 따라 **교원 양성 기관 체제**를 개편하고 현장 교원 연수를 강화한다.
    ○ 새로운 교육과정의 취지에 부합하는 '미래형 평가-대입 제도' 개편을 추진하여 학교 수업의 다양화·개별화, 공교육을 통한 자기 주도적 진로 설계 등 **역량 교육을 지원**한다.

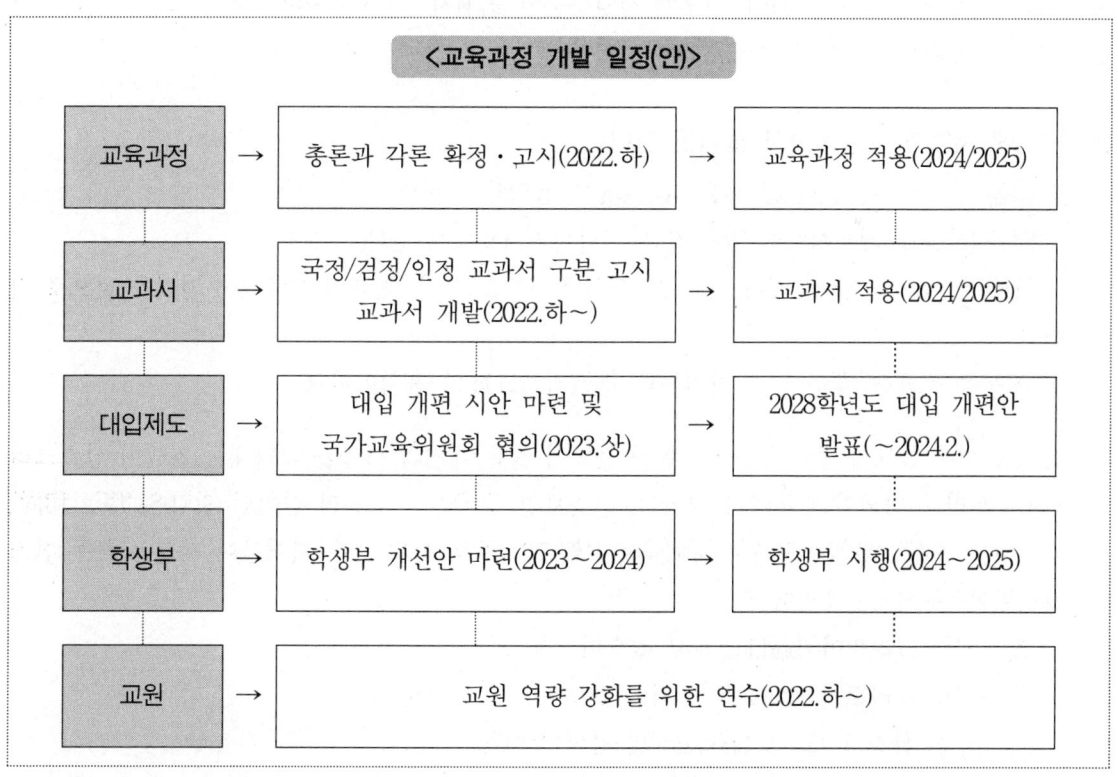

[출처] '2022 개정 교육과정' 총론 주요사항 발표 - 더 나은 미래, 모두를 위한 교육 - (작성자 : 교육부)

# 제04장 현대중국어의 외래어

교육론과 어학개론

## 01 외래어의 도입

중국은 역사상 외래어를 대량 중국어에 들여왔던 세 시기가 있었다.

첫 번째는 서역과의 교류가 빈번하고 불교경전을 활발히 번역하였던 汉唐시기(BC 202~AD 907)이고, 두 번째는 五·四(1919) 전후에 서양문물의 东渐시기에 이루어졌으며, 세 번째는 1978년 중국의 개혁개방이 시작된 후부터 지금까지이다.

**(1) 汉代에 서역과 교류하면서 들어온 단어**

'葡萄'는 이란어 'budawa' 혹은 'badaga'를 음역한 것이다.

'狮子'는 고대 페르시아어 'sēr' 혹은 이란어 'šorɣ'에서 왔다.

'石榴'는 이란어 'arsak'에서 왔는데, '安石榴'라고도 한다. 张骞이 서역에서 가져온 것으로 전해진다.

'骆驼'는 원래는 '橐它'라고 하였는데 匈奴말 'dada'의 음역어이다.

东汉 이후 불교가 중국에 들어오면서 불교의 많은 개념과 사물을 나타내는 말들이 산스크리트어로부터 음역되어 중국에 들어왔다. 언뜻보면 중국민족 고유의 단어인 것같은 '塔', '和尚', '僧', '尼', '菩萨', '罗汉', '南无', '阿弥陀佛', '袈裟', '阎罗' 등과 같은 단어들이 사실은 모두 산스크리트어로부터 온 음역어이다.

'佛'은 산스크리트어 'buddha'에서 왔으며,

'塔'은 산스크리트어 'stupa'를 음역한 것이다

'比丘尼'는 산스크리트어 'bhiksuni'의 음역어이다.

'刹那'는 산스크리트어 'sana'의 음역어이다.

'舍利'는 산스크리트어 'sarira'의 음역어이다.

불교 어휘 외에 일상의 많은 단어들이 이때에 산스크리트어로부터 들어왔다.
'琉璃'는 산스크리트어 'veluriya'의 음역어이다.
'苹果'는 산스크리트어 'bimbara'의 음역어이다.

宋代 이후 북방의 소수민족이 발흥하여, 거란이 요를 여진족이 금을, 몽고족이 원나라를 각각 세웠다. 그 중에서도 元은 중원으로 들어와 100여년간이나 중국을 통치했다.
'西瓜'는 여진족어 'xeko'의 음역어이다.
'站'은 몽고어 'jam'의 음역어인데, ≪广韵≫에 "独立也"라고 되어 있는 것을 볼 때 원래는 단지 '坐'에 상대되는 말로 쓰였으며, 근대의 단어 '驿站', '车站' 등에 쓰이는 '站'의 의미는 몽고어 'jam'에서 온 것이다. 터키어나 러시아어의 'yam'도 몽고어 'jam'에서 온 것이다.
'胡同'은 몽고어 'gudum'에서 왔으며 '衚衕'이라고도 한다.

## (2) 5·4 전후 들어온 단어

'沙发'은 'sofa'인데, 上海语에서 '沙'자는 [so]로 발음이 되고, '加拿大'는 'Canada'인데, 상해어에서 '加'자는 [ka]로 발음이 되는데 이들은 '普通话'의 발음과는 서로 부합이 안되고, 上海语로 읽어야만 원래의 발음과 맞으므로 상해어에서 먼저 만들어져 共同语에 흡수된 것임을 알 수 있다. '马拉松'도 吴语에서 번역된 것인데, 즉 吴语에는 'sh'음이 없고 's'음만 있으므로 [malasuŋ]이라는 발음으로 음역되었다. 广州语에서 만들어진 대표적인 외래어 단어는 '鸦片'(opium)과 '三明治'(sandwich), '快巴'(fiber), '的确凉'(decron) 등이다. '葡萄牙', '西班牙' 등도 반세기 전 共同语인 '普通话'가 널리 보급되지 못했을 때 역자가 자신의 방언음으로 번역한 결과이며, '布丁'(pudding), '万隆'(Bandung), '孟买'(Bombay)들도 남방방언음으로 번역된 단어들이다.

이 시기에 일본유학을 다녀온 많은 지식인들의 번역을 통해 일본에서 만들어진 '取缔', '谈判', '否决', '信号', '性能', '作物' 등과 같은 한자어가 '借形'의 형태로 중국어에 대량 유입되었다. 이들 간의 다양한 유형에 대해서는 다음장 '외래어의 유형'에서 상술하기로 한다.

## (3) 1978년 중국 개혁 개방 이후 들어온 단어

'的士'(taxi), '巴士'(bus), '恤衫'(shirt), '菲林'(film), '香波'(shampoo) 등과 같이 원래 '普通话'에 흡수되지 못했거나 혹은 '普通话'에서 이미 의역어로 대체된 음역의 외래어들이 전국적으로 쓰이게 되어 '普通话'에 있던 기존의 단어들 - '出租汽车', '公共汽车', '衬衫', '胶卷儿', '洗发精' - 이 위협을 받고 있다. 이 중 뭐니뭐니해도 가장 큰 생명력을 가진 단어는 이미 많은 파생어까지 만들어낸 '的士'와 '巴士'로서 실제로 '普通话'의 书面语와 口语에는 이미 '巴士'와 '的士'를 응용한 '大巴', '中巴', '小巴', '打的', '面的'이란 말이 널리 쓰이고 있다. 이 중 '大巴', '中巴', '小巴'는 각각 '大型巴士', '中型巴士', '小型巴士'의 줄임형태로 볼 수 있다. '打的'란 홍콩말인 '搭的士'(택

시를 타다)에서 '搭'의 谐音인 '打'를 '的士'의 '的'을 각각 따온 말로서, '搭乘出租汽车'라고 말하는 것보다 간결 명쾌하다. '面的'란 '面包的士'의 축략형태로서 승합택시라고 할 수 있으며, 여기에서 '打面的'란 말이 또 생겨났다. 현재 위의 말들은 중국 대부분의 도시에서 들을 수 있다.

## 02 외래어의 유형

외래어는 음역성분을 가진 단어와 일본어에서 들어온 단어 등, 크게는 두 가지 유형으로 나눌 수 있다. 음역성분을 가진 단어는 다시 순수 음역어와 반음역어로 나누어지고 일본어에서 온 '借形词'는 고대 중국어의 단어로서 외래사물을 번역하였으되 그 의미는 고대 중국어의 원래 의미와 일치하지 않는 것, 일본의 어떤 사물이나, 외래의 사물 및 개념을 나타내기 위하여 기존의 한자를 이용하여 일본이 새로운 단어를 만든 경우, 한자의 字形을 모방하여 일본이 기존에 없던 새 한자를 창조한 경우 등의 다섯 가지 유형으로 세분할 수 있다.

### (1) 순수 음역어

'吨'(ton), '磅'(pound), '威士忌'(whisky), '沙拉'(salad), '巧克力'(chocolate), '图腾'(Totem), '伊甸'(Eden), '耶和华'(Jehovah), '撒旦'(satan), '夏娃'(Eve), '亚当'(Eden)처럼 도량형 단위나 일상 생활의 소비품 혹은 종교의 명칭에서 많이 찾아볼 수 있다. 이런 음역어 중의 한자는 단지 음만 나타내고 뜻은 없다. 그런 반면 다음의 음역어들은 음역한 음이 원래 단어의 독음과 비슷할 뿐만 아니라 뜻도 원래 단어의 의미와 상당히 부합한다. 이렇게 음과 뜻이 상관관계에 있는 음역어들은 일면 문자유희같도 하지만 상당히 절묘한 배합으로 생명력이 있다.

| | |
|---|---|
| 绷带 (bandage) | 俱乐部 (club)*[1] |
| 可口可乐 (cocacola) | 引擎 (engine) |
| 基因 (gene) | 盖世太保 (gestapo) |
| 幽默 (humour) | 引得 (index) |
| 芒果 (mango) | 百事可乐 (pepsicola) |
| 抬头 (title) | 维他命 (vitamin) |
| 壁里砌(печь · pechka) | 浪漫史 (romance)* |
| 浪漫 (romantic)* | 香波 (shampoo) |
| 声纳 (sonar) | 佃农 (tenant) |
| 台风 (typhoon)[2] | 乌托邦 (utopia) |

---

1) *표시가 있는 것은 일본에서 만들어진 음역어들이다.

이들은 전체 단어를 순수 음역하였을 뿐만 아니라, 또한 각기 의미가 적절히 전달되는 语素를 사용하여 음역어지만 그 글자 하나하나의 의미 또한 원 뜻과 절묘한 조화를 이룬다. 이들을 통해 중국인의 탁월한 한자 운용 감각을 엿볼 수 있다.

### (2) 半音译외래어(세종류)

① 기본적인 音译을 마친 후, 단어가 속한 부류나 기본적인 특징을 나타내는 语素를 첨가한 것

| | |
|---|---|
| 艾滋病 (AIDS) | 酒吧 (bar)*3) |
| 啤酒 (beer) | 巴蕾舞 (ballet) |
| 卡车 (car) | 卡片 (card) |
| 摄氏(温度计) (Celsius)4) | 雪茄烟 (cigar) |
| 咖厘粉 (curry) | 鸡尾酒 (cocktail) |
| 大理花 (dahlia) | 华氏 (Fahrenheit) |
| 法兰绒 (flannel) | 几何学 (geometria) |
| 乔其纱 (georgette) | 哥特式 (gothic) |
| 高尔夫球 (golf)5) | 爵士乐 (jazz) |
| 紧士裤 (jeans) | 金酒 (jin) |
| 吉普车 (jeep) | 可兰经 (koran) |
| 霓红灯 (neon) | 乒乓球 (ping－pong) |
| 路透社 (Reuters) | 来福枪 (rifle) |
| 车胎 (tire)* | 鲨鱼 (shark) |
| 沙丁鱼 (sardine) | 沙皇 (TIaPb) |
| 恤衫 (shirt) | 扑克牌 (poker) |
| 香槟酒 (champagne) | 伊斯兰教 (Islam) |

② 일부는 음역을 하고 일부는 의역을 한 단어이다.

①과 달리 ②의 의역부분은 원래 단어의 한 구성부분이다. 원래 이러한 단어는 pidgin English에서 유래하였다고도 한다.

---

2) 영어 속의 'typhoon'은 1560년에 사용되기 시작하였는데, 그의 어원에 대하여 서양의 汉学者들은 희랍어의 'typhon'이라고도 하고, 아랍어의 'tūfān'에서 왔다고도 한다. 또 어떤 이는 广东语 '大风'의 译音이라고도 하고, 台湾의 단어인 '台风'을 빌어왔다는 설도 있다(罗常培, 앞의 책, p.33). ≪汉语外来词词典≫(p.336)에서도 'typhoon'은 중국어 '大风'의 粤语 方言音이라고 하였다.
3) *표시가 있는 것은 음역성분이 뒤에 있는 특수한 예이다.
4) '摄氏'와 '华氏'를 한, 중, 일 삼국에서 공통적으로 사용하고 있는 점으로 볼 때 이들도 일본에서 먼저 번역되었을 가능성이 크다.
5) 이러한 반음역어들은 오랜기간 사용하게 되면 뜻을 나타내는 부분들은 자연 그다지 필요하지 않게 되어 '香槟', '芭蕾', '吉普', '雪茄', '扑克', '高尔夫'처럼 순수음역어로 변하기도 한다.

霹雳舞 (break dance)　　　　　冰激淋 (ice-cream)
多普勒效应 (Doppler effect)　　盖洛普民意测验 (Gallup poll)
华尔街 (Wall street)　　　　　剑桥 (cambridge)
厘米 (centi-meter)　　　　　　米奇老鼠(米老鼠) (Mickey Mouse)
迷你裙 (mini-skirt)6)　　　　　摩托车 (motocycle)
柠檬水 (lemonade)　　　　　　纳粹主义 (Nazism)
希腊主义 (Hellenism)　　　　　诺贝尔奖金 (Nobel Prize)
新西兰 (Newzealand)　　　　　新德里 (Newdelhi)

앞에서도 말했듯이 표의문자라는 중국어의 특성상 이 언어의 사용자인 중국인들은 전통적으로 음역보다는 의역을 선호해왔다. 음역어와 의역어가 서로를 도태시키기도 하고 공존하기도 하는 중국어 외래어 도입의 역사를 살펴보면, 과거 한동안의 공존시기를 지나 이제는 거의 의역어가 음역어를 대체한 경우 외에도, 아직도 어느 하나가 우세를 차지하지 못하고 공존하고 있는 경우, 의역어가 있음에도 불구하고 특이하게 음역어가 의역어를 대체하고 있는 경우 등의 다양한 유형으로 나누어 볼 수 있다.

|  | A(音译语) | B(意译语) |
|---|---|---|
| ㉠ | 凡士林(vaseline) | 石油脂 |
|  | 司的克(stick) | 手杖 |
|  | 德律风(telephone) | 电话7) |
|  | 德谟克拉西(democracy) | 民主主义 |
|  | 士敏土, 水门汀(cement)8) | 水尼 |
|  | 布拉吉(Платье) | 连衣裙 |
|  | 哀的美敦书(ultimatum) | 最後通牒 |
|  | 虎列拉(cholera) | 霍乱9) |
|  | 窒夫斯(typhus) | 伤寒 |
|  | 巴斯笃(Pest) | 鼠疫 |

---

6) '迷你裙'과 ①의 '路透社'등도 음역부분이 원래 단어의 음을 나타낼 뿐만 아니라 원래 단어의 의미와도 상당히 부합하여 한자 운용의 묘를 살리고 있다.
7) '电话'와 '民主主义'는 일본에서 만들어진 한자 단어이므로, 이것은 중국인이 만든 음역어가 일본에서 빌어온 '借形词'에 의해 도태된 경우이다.
8) '水门汀'은 上海语에서 만들어진 시멘트의 음역어이다.
9) '虎列拉'와 '窒夫斯'는 일본어에서 먼저 한자를 이용하여 음역해 놓은 것을 중국에서 잠시 사용한 경우이다. '霍乱'과 '伤寒'은 일본어로부터 온 '借形词'를 도태시킨 중국에서 만든 의역어이다.

|   | 外来语 | 意译어 |
|---|---|---|
| | 瓦斯(gas) | 媒气 |
| | 引得(index) | 索引 |
| | 卡通(cartoon) | 漫画片 |
| | 杯葛(boycott) | 抵制 |
| | 菲林(film) | 胶卷儿 |
| | 拷贝(copy) | 复印 |
| | 克力架(cracker) | 饼干 |
| | 尼古丁(nicotine) | 烟咸 |
| | 开士米(cashmere) | 山羊绒 |
| ㉡ | 麦克风(microphone) | 扩音器 |
| | 盘尼西林(penicilin) | 青霉素 |
| | 歇斯底里(hysteria) | 癔病 |
| | 维他命(vitamine) | 维生素 |
| | 荷尔蒙(hormone) | 激素 |
| | 莱塞光, 橍谢(laser) | 激光 |
| | 迷你裙(mini skirt) | 超短裙 |
| | 引擎(engine) | 发动机 |
| | 幽浮(UFO) | 飞蹀 |
| | 芝士(cheese) | 干酪 |
| | 白脱(butter) | 黄油 |
| | 米(meter) | 公尺 |
| | 基因(gene) | 遗传因子 |
| | 吉普(jeep) | 越野车 |
| | 吉他(guitar) | 六弦金 |
| | 保龄球(bowling) | 地滚球 |
| ㉢ | 穆斯林(muslim) | 回教徒 |
| | 伊斯兰教(islam) | 回教 |
| | 尼龙(nylon) | 锦纶 |
| | 卡车(truck) | 载重汽车 |
| | 巴士(bus) | 公共汽车 |
| | 的士(taxi) | 出租汽车 |

㉠은 음역어 혹은 반음반의역어가 거의 의역어로 대체되어서, 음역어는 이제 사전 속에서나 존재하게 되었다. ㉡의 음역어도 이제는 거의 의역어로 바꾸어졌다고 할 수 있지만 아직 음역어가 완전히 도태된 것은 아니다. 도리어 중국대륙이 음역어를 점차 의역으로 바꾸어 갈 때에, 음역어를 그대로 쓰고 있던 대만, 홍콩과의 교류가 활발해지면서 여러 가지 매체를 통하여 이들 음역어가 다시 등장하여 사용빈도가 높아지고 있는 추세이다. ㉢은 전통적으로 의역어를 선호하는 중국인들의 기호와는 상반되게 음역어가 의역어를 대체하였거나 현재 대체되어 가고 있는 특수한 경우의 단어들이다.

* 출처 : ≪현대중국어의 외래어연구≫, 손경옥, (中国语文学论丛 第12辑)에서 발췌.

# 제05장 汉语拼音正词法基本规则

교육론과 어학개론

≪汉语拼音正词法基本规则≫(国家标准) 国家技术监督局 2012-06-29批准、发布，2012-10-01实施。

术语和定义

下列术语和定义适用于本文件。
词(word)：语言里最小的，可以独立运用的单位。

汉语拼音方案(scheme for Chinese phonetic alphabet)
给汉字注音和拼写普通话语音的方案，1958年2月11日第一届全国人民代表大会第五次会议批准。方案采用拉丁字母，并用附加符号表示声调，是帮助学习汉字和推广普通话的工具。

汉语拼音正词法(the Chinese phonetic alphabet orthography)
汉语拼音的拼写规范及其书写格式的准则。

### 制定原则
1. 本标准是在≪汉语拼音方案≫确定的音节拼写规则的基础上进一步规定的词的拼写规则。
2. 以词为拼写单位，并适当考虑语音、语义等因素，并兼顾词的拼写长度。
3. 按语法词类分节规定分词连写规则。

### 总则
1. 拼写普通话基本上以词为书写单位。例如：

   rén(人)　　　　　　　pǎo(跑)
   hǎo(好)　　　　　　　nǐ(你)
   sān(三)　　　　　　　gè(个)
   hěn(很)　　　　　　　bǎ(把)
   hé(和)　　　　　　　 de(的)

ā(啊)　　　　　　　　　　　pēng(砰)
fúróng(芙蓉)　　　　　　　qiǎokèlì(巧克力)
māma(妈妈)　　　　　　　péngyou(朋友)
yuèdú(阅读)　　　　　　　wǎnhuì(晚会)
zhòngshì(重视)　　　　　　dìzhèn(地震)
niánqīng(年轻)　　　　　　qiānmíng(签名)
shìwēi(示威)　　　　　　　niǔzhuǎn(扭转)
chuánzhī(船只)　　　　　　dànshì(但是)
fēicháng(非常)　　　　　　dīngdōng(叮咚)
āiyā(哎呀)　　　　　　　　diànshìjī(电视机)
túshūguǎn(图书馆)

2. 表示一个整体概念的双音节和三音节结构，连写。例如：
　　quánguó(全国)　　　　　　zǒulái(走来)
　　dǎnxiǎo(胆小)　　　　　　huánbǎo(环保)
　　gōngguān(公关)　　　　　chángyòngcí(常用词)
　　àiniǎozhōu(爱鸟周)　　　　yǎnzhōngdīng(眼中钉)
　　èzuòjù(恶作剧)　　　　　　pòtiānhuāng(破天荒)
　　yīdāoqiē(一刀切)　　　　　duìbuqǐ(对不起)
　　chīdexiāo(吃得消)

3. 四音节及四音节以上表示一个整体概念的名称，按词或语节(词语内部由语音停顿而划分成的片段)分写，不能按词或语节划分的，全都连写。例如：
　　wúfèng gāngguǎn(无缝钢管)　　　　huánjìng bǎohù guīhuà(环境保护规划)
　　jīngtǐguǎn gōnglǜ fàngdàqì(晶体管功率放大器)
　　Zhōnghuá Rénmín Gònghéguó(中华人民共和国)
　　Zhōngguó Shèhuì Kēxuéyuàn(中国社会科学院)
　　yánjiūshēngyuàn(研究生院)
　　hóngshízìhuì(红十字会)　　　　　　yúxīngcǎosù(鱼腥草素)
　　gāoměngsuānjiǎ(高锰酸钾)　　　　gǔshēngwùxuéjiā(古生物学家)

4. 单音节词重叠，连写；双音节词重叠，分写。例如：
　　rénrén(人人)　　　　　　niánnián(年年)
　　kànkan(看看)　　　　　　shuōshuo(说说)

dàdà(大大)  hónghóng de(红红的)
gègè(个个)  tiáotiáo(条条)
yánjiū yánjiū(研究研究)  shāngliang shāngliangng(商量商量)
xuěbái xuěbái(雪白雪白)  tōnghóng tōnghóng(通红通红)

重叠并列即AABB式结构，连写。例如：
láilaiwǎngwǎng(来来往往)  shuōshuōxiàoxiào(说说笑笑)
qīngqīngchǔchǔ(清清楚楚)  wānwānqūqū(弯弯曲曲)
fāngfāngmiànmiàn(方方面面)  qiānqiānwànwàn(千千万万)

5. 单音节前附成分(副、总、非、反、超、老、阿、可、无、半等) 或单音节后附成分(子、儿、头、性、者、员、家、手、化、们等)与其他词语，连写。例如：

fùbùzhǎng(副部长)  zǒnggōngchéngshī(总工程师)
fùzǒnggōngchéngshī(副总工程师)  fēijīnshǔ(非金属)
fēiyèwù rényuán(非业务人员)  fǎndàndào dǎodàn(反弹道导弹)
chāoshēngbō(超声波)  lǎohǔ(老虎)
āyí(阿姨)  kěnì fǎnyìng(可逆反应)
wútiáojiàn(无条件)  bàndǎotǐ(半导体)
zhuōzi(桌子)  jīnr(今儿)
quántou(拳头)  kēxuéxìng(科学性)
shǒugōngyèzhě(手工业者)  chéngwùyuán(乘务员)
yìshùjiā(艺术家)  tuōlājīshǒu(拖拉机手)
xiàndàihuà(现代化)  háizimen(孩子们)

6. 为了便于阅读和理解，某些并列的词、语素之间或某些缩略语当中可用连接号。例如：
bā-jiǔ tiān(八九天)  shíqī-bā suì(十七八岁)
rén-jī duìhuà(人机对话)  zhōng-xiǎoxué(中小学)
lù-hǎi-kōngjūn(陆海空军)  biànzhèng-wéiwù zhǔyì(辨证唯物主义)
Cháng-Sānjiǎo(长三角[长江三角洲])  Hù-Níng-HángDìqū(沪宁杭地区)
Zhè-Gàn Xiàn(浙赣线)  Jīng-Zàng Gāosù Gōnglù(京藏高速公路)

基本规则

1. 分词连写规则

1.1 名词

1.1.1 名词与后面的方位词，分写。例如：
  shān shàng(山上)    shù xià(树下)
  mén wài(门外)     mén wàimian(门外面)
  hé li(河里)      hé lǐmian(河里面)
  huǒchē shàngmian(火车上面) xuéxiào pángbiān(学校旁边)
  Yǎngdìng Hé shàng(永定河上) Huáng Hé yǐnán(黄河以南)

1.1.2 名词与后面的方位词已经成词的，连写。例如：
  tiānshang(天上)    dìxia(地下)
  kōngzhōng(空中)    hǎiwài(海外)

1.2 动词

1.2.1 动词与后面的动态助词"着"、"了"、"过"，连写。例如：
  kànzhe(看着)     tǎolùn bìng tōngguòle(讨论并通过了)
  jìnxíngguo(进行过)

1.2.2 句末的"了"兼做语气助词，分写。例如：
  Zhè běn shū wǒ kàn le.(这本书我看了。)

1.2.3 动词与所带的宾语，分写。例如：
  kàn xìn(看信)     chī yú(吃鱼)
  kāi wánxiào(开玩笑)   jiāoluí jīngyàn(交流经验)
  动宾式合成词中间插入其他成分的，分写。例如：
  jūle yīgè gōng(鞠了一个躬) lǐguo sān cì fà(理过三次发)

1.2.4 动词(或形容词)与后面的补语，两者都是单音节的，连写；其余情况，分写。例如：
  gǎohuài(搞坏)     dǎsǐ(打死)
  shútòu(熟透)     jiànchéng(建成〔楼房〕)
  huàwéi(化为〔蒸气〕)   dàngzuò(当做〔笑话〕)
  zǒu jìnlái(走进来)    zhěnglǐ hǎo(整理好)
  jiànshè chéng(建设成〔公园〕) gǎixiě wéi(改写为〔剧本〕)

1.3 形容词

1.3.1 单音节形容词与用来表示形容词生动形式的前附成分或后附成分，连写。例如：

  mēngmēngliàng(蒙蒙亮)    liàngtángtáng(亮堂堂)

  hēigulōngdōng(黑咕隆咚)

  1.3.2 形容词和后面的"些"、"一些"、"点儿"、"一点儿"，分写。例如：

  dà xiē(大些)    dà yīxiē(大一些)

  kuài diǎnr(快点儿)    kuài yīdiǎnr(快一点儿)

1.4 代词

1.4.1 人称代词、疑问代词与其他词语，分写。例如：

  Wǒ ài Zhōngguó.(我爱中国。)  Tāmen huílái le.(他们回来了。)

  Shuí shuō de?(谁说的？)  Qù nǎlǐ?(去哪里？)

1.4.2 指示代词"这"、"那"，疑问代词"哪"和名词或量词，分写。例如：

  zhè rén(这人)    nà cì huìyì(那次会议)

  zhè zhī chuán(这只船)    nǎ zhāng bàozhǐ(哪张报纸)

指示代词"这"、"那"、"哪"与后面的"点儿"、"般"、"边"、"时"、"会儿"，连写。例如：

  zhèdiǎnr(这点儿)    zhèbān(这般)

  zhèbiān(这边)    nàshí(那时)

  nàhuìr(那会儿)

1.4.3 "各"、"每"、"某"、"本"、"该"、"我"、"你"等与后面的名词或量词，分写。例如：

  gè guó(各国)    gè rén(各人)

  gè xuékē(各学科)    měi nián(每年)

  měi cì(每次)    mǒu rén(某人)

  mǒu gōngchǎng(某工厂)    běn shì(本市)

  běn bùmén(本部门)    gāi kān(该刊)

  gāi gōngsī(该公司)    wǒ xiào(我校)

  nǐ dānwèi(你单位)

1.5 数词和量词

1.5.1 汉字数字用汉语拼音拼写，阿拉伯数字则仍保留阿拉伯数字写法。例如：

  èr líng líng bā nián(二〇〇八年)  èr fēn zhī yī(二分之一)

wǔ yòu sì fēn zhī sān(五又四分之三)　　sān diǎn yī sì yī liù(三点一四一六)
líng diǎn liù yī bā(零点六一八)　　635 fēn jī(635分机)

1.5.2 十一到九十九之间的整数，连写。例如：
shíyī(十一)　　shíwǔ(十五)
sānshísān(三十三)　　jiǔshíjiǔ(九十九)

1.5.3 "百"、"千"、"万"、"亿"与前面的个位数，连写；"万"、"亿"与前面的十位以上的数，分写，当前面的数词为"十"时，也可连写。例如：
shí yì líng qīwàn èrqiān sānbǎi wǔshíliù/ shíyì líng qīwàn èrqiān sānbǎi wǔshíliù(十亿零七万二千三百五十六)
liùshísān yì qīqiān èrbǎi liùshíbā wàn sìqiān líng jiǔshíwǔ(六十三亿七千二百六十八万四千零九十五)

1.5.4 数词与前面表示序数的"第"中间，加连接号。例如：
dì-yī(第一)　　dì-shísān(第十三)
dì-èrshíbā(第二十八)　　dì-sānbǎi wǔshíliù(第三百五十六)
数词(限于"一"至"十") 与前面表示序数的"初"，连写。例如：
chūyī(初一)　　chūshí(初十)

1.5.5 代表月日的数词，中间加连接号。例如：
wǔ-sì(五四)　　yī'èr-jiǔ(一二·九)

1.5.6 数词和量词，分写。例如：
liǎng gè rén(两个人)　　yī dà wǎn fàn(一大碗饭)
liǎng jiān bàn wūzi(两间半屋子)　　kàn liǎng biàn(看两遍)
数词、量词与表示约数的"多"、"来"、"几"，分写。例如：
yībǎi duō gè(一百多个)　　shí lái wàn rén(十来万人)
jǐ jiā rén(几家人)　　jǐ tiān gōngfu(几天工夫)
"十几"、"几十"连写。例如：
shíjǐ gè rén(十几个人)　　jǐshí gēn gāngguǎn(几十根钢管)
两个邻近的数字或表位数的单位并列表示约数，中间加连接号。例如：
sān-wǔ tiān(三五天)　　qī-bāgè(七八个)
yì-wàn nián(亿万年)　　qiān-bǎi cì(千百次)
复合量词内各并列成分连写。例如：

réncì(人次)                                       qiānwǎxiǎoshí(千瓦小时)
dūngōnglǐ(吨公里)                                 qiānkèmǐměimiǎo(千克·米/秒)

### 1.6 副词

副词与后面的词语，分写。例如：

hěn hǎo(很好)                                     dōu lái(都来)
gèng měi(更美)                                    zuì dà(最大)
bù lái(不来)                                      bù hěn hǎo(不很好)
gānggāng zǒu(刚刚走)                              fēicháng kuài(非常快)
shífēn gǎndòng(十分感动)

### 1.7 介词

介词与后面的其他词语，分写。例如：

zài qiánmiàn zǒu(在前面走)                        xiàng dōngbian qù(向东边去)
wèi rénmín fúwù(为人民服务)                       cóng zuótiān qǐ(从昨天起)
bèi xuǎnwéi dàibiǎo(被选为代表)                   shēng yú 1940 nián(生于1940年)
guānyú zhège wèntí(关于这个问题)                  cháozhe xiàbian kàn(朝着下边看)

### 1.8 连词

连词与其他词语，分写。例如：

gōngrén hé nóngmín(工人和农民)                    tóngyì bìng yōnghù(同意并拥护)
guāngróng ér jiānjù(光荣而艰巨)                   bùdàn kuài érqiě hǎo(不但快而且好)
Nǐ lái háishì bù lái?(你来还是不来？)
Rúguǒ xià dàyǔ, bǐsài jiù tuīchí.(如果下大雨，比赛就推迟。)

### 1.9 助词

1.9.1 结构助词"的"、"地"、"得"、"之"、"所"等与其他词语，分写。其中，"的"、"地"、"得"前面的词是单音节的，也可连写。例如：

dàdì de nǚ'ér(大地的女儿)
Zhè shì wǒ de shū.(这是我的书。)
Wǒmen guòzhe xìngfú de shēnghuó.(我们过着幸福的生活。)
Shāngdiàn li bǎimǎnle chī de, chuān de, yòng de./ Shāngdiàn li bǎimǎnle chīde, chuānde, yòngde.(商店里摆满了吃的、穿的、用的。)
mài qīngcài luóbo de(卖青菜萝卜的)

Tā zài dàjiē shang mànman de zǒu.(他在大街上慢慢地走。)

Tǎnbái de gàosu nǐ ba.(坦白地告诉你吧。)

Tā yī bù yī gè jiǎoyìnr de gōngzuòzhe.(他一步一个脚印儿地工作着。)

dǎsǎo de gānjìng(打扫得干净)　　　　xiě de bù hǎo/ xiěde bù hǎo(写得不好)

hóng de hěn/ hóngde hěn(红得很)　　lěng de fādǒu/ lěngde fādǒu(冷得发抖)

shàonián zhī jiā(少年之家)　　　　　zuì fādá de guójiā zhī yī(最发达的国家之一)

jù wǒ suǒ zhī(据我所知)

bèi yīngxióng de shìjì suǒ gǎndòng(被英雄的事迹所感动)

### 1.9.2 语气助词与其他词语，分写。例如：

Nǐ zhīdào ma?(你知道吗？)　　　　Zěnme hái bù lái a？(怎么还不来啊？)

Kuài qù ba!(快去吧！)　　　　　　Tā shì yīdìng huì lái de.(他是一定会来的。)

Huǒchē dào le(火车到了。)

Tā xīnlǐ míngbai, zhǐshì bù shuō bàle.(他心里明白，只是不说罢了。)

### 1.9.3 动态助词

动态助词主要有"着"、"了"、"过"。见6.1.2.1的规定。

## 1.10 叹词

叹词通常独立于句法结构之外，与其他词语分写。例如：

A ! Zhēn měi!(啊！真美！)

Ng,nǐ shuō shénme?(嗯，你说什么？)

Hng,zǒuzhe qiáo ba!(哼，走着瞧吧！)　　Tīng míngbai le ma?Wèi!(听明白了吗？喂！)

Aiyā, wǒ zěnme bù zhīdào ne!(哎呀，我怎么不知道呢！)

## 1.11 拟声词

拟声词与其他词语，分写。例如：

"hōnglōng"yī shēng("轰隆"一声)　　　chánchán liúshuǐ(潺潺流水)

módāo huòhuò(磨刀霍霍)　　　　　　jījīzhāzhā jiào gè bù tíng(叽叽喳喳叫个不停)

Dà gōngjī wōwō tí.(大公鸡喔喔啼。)　　"Dū—"qìdí xiǎng le.("嘟—"汽笛响了。)

Xiǎoxī huāhuā de liútǎng.(小溪哗哗地流淌。)

1.12 成语和其他熟语

1.12.1 成语通常作为一个语言单位使用，以四字文言语句为主。结构上可以分为两个双音节的，中间加连接号。例如：

fēngpíng-làngjìng(风平浪静)　　　　àizēng-fēnmíng(爱憎分明)

shuǐdào-qúchéng(水到渠成)　　　　yángyáng-dàguān(洋洋大观)

píngfēn-qiūsè(平分秋色)　　　　　　guāngmíng-lěiluò(光明磊落)

diānsān-dǎosì(颠三倒四)

结构上不能分为两个双音节的，全部连写。例如：

céngchū-bùqióng(层出不穷)　　　　bùyìlèhū(不亦乐乎)

zǒng'éryánzhī(总而言之)　　　　　àimònéngzhù(爱莫能助)

yīyīdàishuǐ(一衣带水)

1.12.2 非四字成语和其他熟语内部按词分写。例如：

bēi hēiguō(背黑锅)　　　　　　　yī bíkǒng chū qìr(一鼻孔出气儿)

bā gānzi dǎ bù zháo(八竿子打不着)

zhǐ xǔ zhōuguān fàng huǒ, bù xǔ bǎixìng diǎn dēng(只许州官放火，不许百姓点灯)

xiǎochōng bàn dòufu－－yīqīng-èrbái(小葱拌豆腐－－一青二白)

2. 人名地名拼写规则

2.1 人名拼写

2.1.1 汉语人名中的姓和名分写，姓在前，名在后。复姓连写。双姓中间加连接号。姓和名的首字母分别大写，双姓两个字首字母都大写。笔名、别名等，按姓名写法处理。例如：

Lǐ Huá(李华)　　　　　　　　　Wáng Jiànguó(王建国)

Dōngfāng Shuò(东方朔)　　　　　Zhūgě Kǒngmíng(诸葛孔明)

Zhāng-Wáng Shūfāng(张王淑芳)　　Lǔ Xùn(鲁迅)

Méi Lánfāng(梅兰芳)　　　　　　Zhāng Sān(张三)

Wáng Mázi(王麻子)

2.1.2 人名与职务、称呼等，分写；职务、称呼等首字母小写。例如：

Wáng bùzhǎng(王部长)　　　　　Tián zhǔrèn(田主任)

Wú kuàijì(吴会计)　　　　　　　Lǐ xiānsheng(李先生)

Zhào tóngzhì(赵同志)　　　　　　Liú lǎoshī(刘老师)

Dīng xiōng(丁兄)　　　　　　　Zhāng mā(张妈)

Zhāng jūn(张君)　　　　　　　　　Wú lǎo(吴老)
Wáng shì(王氏)　　　　　　　　　Sūn mǒu(孙某)
Guóqiáng tóngzhì(国强同志)　Huìfāng āyí(惠芳阿姨)

2.1.3 "老"、"小"、"大"、"阿"等与后面的姓、名、排行，分写，分写部分的首字母分别大写。例如：

Xiǎo Liú(小刘)　　　　　　　　　Lǎo Qián(老钱)
Lǎo Zhāng tóur(老张头儿)　　　Dà Lǐ(大李)
A Sān(阿三)

2.1.4 已经专名化的称呼，连写，开头大写。例如：

Kǒngzǐ(孔子)　　　　　　　　　Bāogōng(包公)
Xīshī(西施)　　　　　　　　　　Mèngchángjūn(孟尝君)

## 2.2 地名拼写

2.2.1 汉语地名中的专名和通名，分写，每一分写部分的首字母大写。例如：

Běijīng Shì(北京市)　　　　　　Héběi Shěng(河北省)
Yālù Jiāng(鸭绿江)　　　　　　　Tài Shān(泰山)
Dòngtíng Hú(洞庭湖)　　　　　　Táiwān Hǎixiá(台湾海峡)

2.2.2 专名与通名的附加成分，如是单音节的，与其相关部分连写。例如：

Xīliáo Hé(西辽河)　　　　　　　Jǐngshān Hòujiē(景山后街)
Cháoyángménnèi Nánxiǎojiē(朝阳门内南小街)　Dōngsì shítiáo(东四十条)

2.2.3 已专名化的地名不再区分专名和通名，各音节连写。例如：

Hēilóngjiāng(黑龙江〔省〕)　　　Wángcūn(王村〔镇〕)
Jiǔxiānqiáo(酒仙桥〔医院〕)
不需区分专名和通名的地名，各音节连写。例如：
Zhōukǒudiàn(周口店)　　　　　　Sāntányìnyuè(三潭印月)

2.3 非汉语人名、地名的汉字名称，用汉语拼音拼写。例如：

Wūlán fū(乌兰夫, Ulanhu)
Jièchuān Lóngzhījiè(芥川龙之介, Akutagawa Ryunosuke)
Āpèi Āwàngjìnměi(阿沛-阿旺晋美, Ngapoi Ngawang Jigme)
Mǎkèsī(马克思, Marx)　　　　　　Wūlǔmùqí(乌鲁木齐, Urumqi)
Lúndūn(伦敦, London)　　　　　　Dōngjīng(东京, Tokyo)

2.4 人名、地名拼写的详细规则，遵循GB/T28039《中国人名汉语拼音字母拼写规则》《中国地名汉语拼音字母拼写规则(汉语地名部分)》。

3. 大写规则

　　Yǒude rén sǐ le,（有的人死了,）

3.1 句子开头的字母大写。例如：

　　Chūntiān lái le.（春天来了。）

　　Wǒ ài wǒ de jiāxiāng.（我爱我的家乡。）

　　诗歌每行开头的字母大写。例如：

　　《Yǒude Rén》（《有的人》）

　　Zāng Kèjiā(臧克家)

　　Yǒude rén huózhe,（有的人活着,）

　　Tā yǐjīng sǐ le；（他已经死了；）

　　Tā hái huózhe.（他还活着。）

3.2 专有名词的首字母大写。例如：

　　Běijīng(北京)

　　Qīngmíng(清明)

　　Fēilǜbīn(菲律宾)

　　由几个词组成的专有名词，每个词的首字母大写。例如：

　　Guójì Shūdiàn(国际书店)　　　　Hépíng Bīnguǎn(和平宾馆)

　　Guāngmíng Rìbào(光明日报)

　　Guójiā Yǔyán Wénzì Gōngzuò Wěiyuánhuì(国家语言文字工作委员会)

　　在某些场合，专有名词的所有字母可全部大写。例如：

　　XIANDAI HANYU CIDIAN(现代汉语词典)　　BEIJING(北京)

　　LI HUA(李华)　　　　　　　　　　　　DONGFANG SHUO(东方朔)

3.3 专有名词成分与普通名词成分连写在一起的，是专有名词或视为专有名词的，首字母大写。例如：

　　Míngshǐ(明史)　　　　　　　　Hànyǔ(汉语)

　　Yuèyǔ(粤语)　　　　　　　　　Guǎngdōnghuà(广东话)

　　Fójiào(佛教)　　　　　　　　　Tángcháo(唐朝)

　　专有名词成分与普通名词成分连写在一起的，是一般语词或视为视为一般语词的，首字母小写。例如：

guǎnggān(广柑)　　　　　　　　　jīngjù(京剧)
ējiāo(阿胶)　　　　　　　　　　zhōngshānfú(中山服)
chuānxiōng(川芎)　　　　　　　zàngqīngguǒ(藏青果)
zhāoqín- mùchǔ(朝秦暮楚)　　　qiánlǘzhījì(黔驴之技)

4. 缩写规则

4.1 连写的拼写单位(多音节词或连写的表示一个整体概念的结构)，缩写时取每个汉字拼音的首字母，大写并连写。例如：
Běijīng(缩写：BJ)(北京)　　　　ruǎnwò(缩写：RW)(软卧)

4.3 分写的拼写单位(按词或语节分写的表示一个整体概念的结构)，缩写时以词或语节为单位取首字母，大写并连写。例如：
hànyǔ shuǐpíng kǎoshì(缩写：HSK)(汉语水平考试)
pǔtōnghuà shuǐpíng cèshì(缩写：PSC)(普通话水平测试)

4.3 为了给汉语拼音的缩写形式做出标记，可在每个大写字母后面加小圆点。例如：
Běijīng(北京) 也可缩写：B.J. guójiā　　biāozhǔn(国家标准) 也可缩写：G.B.

4.4 汉语人名的缩写，姓全写，首字母大写或每个字母大写；名取每个汉字拼音的首字母，大写，后面加小圆点。例如：
Lǐ Huá(缩写：Lǐ H.或LI H.)(李华)
Wáng Jiànguó(缩写：Wáng J. G.或WANG J.G.)(王建国)
Dōngfāng Shuò(缩写：Dōngfāng S.或DONGFANG S.)(东方朔)
Zūgě Kǒngmíng(缩写：Zūgě K.M.或ZHUGE K.M.)(诸葛孔明)

5. 标调规则

5.1 声调符号标在一个音节的主要元音(韵腹)上。韵母iu、ui，声调符号标在后面的字母上面。在i上标声调符号，应省去i上的小点。例如：
āyí(阿姨)　　　　　　　　　　cèlüè(策略)
dàibiǎo(代表)　　　　　　　　guāguǒ(瓜果)
huáishù(槐树)　　　　　　　　kǎolǜ(考虑)
liúshuǐ(流水)　　　　　　　　xīnxiān(新鲜)
轻声音节不标声调。例如：
zhuāngjia(庄稼)　　　　　　　qīngchu(清楚)
kàndeqǐ(看得起)

5.2 "一"、"不"一般标原调，不标变调。例如：

　　yī jià(一架)　　　　　　　　　　　yī tiān(一天)

　　yī tóu(一头)　　　　　　　　　　　yī wǎn(一碗)

　　bù qù(不去)　　　　　　　　　　　bù duì(不对)

　　bùzhìyú(不至于)

　　在语言教学等方面，可根据需要按变调标写。例如：

　　yī tiān(一天) 可标为yì tiān，bù duì(不对) 可标为bú duì。

5.3 ABB、AABB形式的词语，BB一般标原调，不标变调。例如：

　　lǜyóuyóu(绿油油)　　　　　　　　　chéndiàndiàn(沉甸甸)

　　hēidòngdòng(黑洞洞)　　　　　　　piàopiàoliàngliàng(漂漂亮亮)

　　有些词语的BB在语言实际中只读变调，则标变调。例如：

　　hóngtōngtōng(红彤彤)　　　　　　　xiāngpēnpēn(香喷喷)

　　huángdēngdēng(黄澄澄)

5.4 在某些场合，专有名词的拼写，也可不标声调。例如：

　　Li Huɑ(缩写：Li H.或LI H.)(李华)　　　Beijing(北京)

　　RENMIN RIBAO(人民日报)　　　　　WANGFUJING DAJIE(王府井大街)

5.5 除了《汉语拼音方案》规定的符号标调法以外，在技术处理上，也可采用数字、字母等表明声调，如采用阿拉伯数字1、2、3、4、0分别表示汉语四声和轻声。

6. 移行规则

6.1 移行要按音节分开，在没有写完的地方加连接号。音节内部不可拆分。例如：

　　guāngmíng(光明) 移作"……guāng-

　　míng"(光明)

　　不能移作"……gu-

　　āngmíng"(光明)。

　　缩写词(如GB, HSK，汉语人名的缩写部分) 不可移行。

　　Wáng J. G.(王建国) 移作"……Wáng

　　J. G."(王建国)

　　不能移作"……Wáng J.-

　　G."(王建国)。

6.2 音节前有隔音符号，移行时，去掉隔音符号，加连接号。例如：
Xī'ān(西安) 移作"……Xī-
ān"(西安)
不能移作"……Xī'-
ān"(西安)。

6.2 在有连接号处移行时，末尾保留连接号，下行开头补加连接号。例如：
chēshuǐ- mǎlóng(车水马龙) 移作"……chēshuǐ-
-mǎlóng"(车水马龙)

7. 标点符号使用规则

汉语拼音拼写时，句号使用小圆点"."，连接号用半字线"-"，省略号也可使用3个小圆点"…"，顿号也可用逗号","代替，其他标点符号遵循GB/T 15834的规定。

## 变通规则

1. 根据识字需要(如小学低年级和幼儿汉语识字读物)，可按字注音。

2. 辞书注音需要显示成语及其他词语内部结构时，可按词或语素分写。例如：
   chīrén shuō mèng(痴人说梦)　　　　wèi yǔ chóumóu(未雨绸缪)
   shǒu kǒu rú píng(守口如瓶)　　　　Hēng-Hā èr jiàng(哼哈二将)
   Xī Liáo Hé(西辽河)　　　　　　　　Nán-Běi Cháo(南北朝)

3. 辞书注音为了提示轻声音节，音节前可标中圆点。例如：
   zhuāng·jia(庄稼)　　　　　　　　　qīng·chu(清楚)
   kàn·deqǐ(看得起)
   如是轻重两读，音节上仍标声调。例如：
   hóu·lóng(喉咙)　　　　　　　　　　zhī·dào(知道)
   tǔ·xīngqì(土腥气)

4. 在中文信息处理方面，表示一个整体概念的多音节结构，可全部连写。例如：
   guómínshēngchǎnzǒngzhí(国民生产总值)
   jìsuànjītǐcéngchéngxiàngyí(计算机体层成像仪)
   shìjièfēiwùzhìwénhuàyíchǎn(世界非物质文化遗产)

### 저자 장영희

- 중앙대학교 중어과 졸
- 타이베이 국립정치대학교 중문과 석사
- 타이베이 국립정치대학교 중문과 박사
- 중등학교 2급 정교사 자격증 소지

현) 월비스임용 전공 중국어 강의

전) 
- 커넥츠 임용단기 전공 중국어 강의(2021)
- 희소고시학원 전공 중국어 강의(2001~2020)
- 주타이베이 한국대사관 영사과 근무
- 가천대학교 겸임교수, 번역대학원, 교육대학원 강의
- 중앙대학교, 남서울대학교, 단국대학교
- 한신대학교, 방송통신대학교 출강

[주요 저서]
- 전공중국어 교육론과 어학개론 ❶
- 전공중국어 어법 ❷
- 전공중국어 문학개론(현당대·고대문학) ❸
- 중국어 독해 입문편
- 중국어 이론 실력강화편
- 중국어 독해 실력강화편
- 중국어 필독단어집
- 중국어 교원임용 기출문제 해설
- 중국어 95점 면접과 수업실기(2차)

#### 안내
- 장영희임용중국어 : http://cafe.daum.net/imyongchina

## 전공중국어 ❶ 교육론과 어학개론

인  쇄 : 2022년 1월 3일
발  행 : 2022년 1월 7일
편저자 : 장영희
발행인 : 강명임 · 박종윤
발행처 : **(주) 도서출판 미래가치**
등  록 : 제2011-000049호
주  소 : 서울시 영등포구 선유로130 에이스하이테크시티3 511호
전  화 : 02-6956-1510
팩  스 : 02-6956-2265

ⓒ 장영희, 2022 / ISBN 979-11-6773-076-3  13720
- 낙장이나 파본은 교환해 드립니다.
- 이 책의 무단전재 또는 복제행위는 저작권법 제136조에 의거하여 처벌을 받게 됩니다.

정가 20,000원